MBA MPA MPAcc
管理类与经济类综合能力

写作真题库

论说文真题分类手册

主编 张乃心

使用指南

1. 分类手册中涉及的真题范围：截至目前已有的论说文真题。其中包括 1997—2023 年管理类综合能力真题、1998—2013 年 MBA 综合能力真题，以及 2011—2023 年经济类综合能力真题。本手册将所有的真题从五个不同的维度进行了分类总结。

2. 建议大家在完成大部分论说文真题的审题和行文练习后，再使用本手册总结规律、提高效率。

3. 每道真题可以有多个分类维度。例如，同一个材料，在审题过程中，基于材料类型可分类为故事类型，基于价值取向可分类为价值取向单一类型；在行文过程中，基于主体可分类为有特定主体类型，基于结构可分类为单一类型，基于理由可分类为努力更大更强类型等。

4. 同一道真题，在同一分类维度内，解读方式不同，也可能同时归属于同一分类维度下的不同类型。例如，某真题的题目为"重视他人意见"，在理由这一分类维度下，既可以将其理解为是努力更大更强类型，也可以理解为是借助外力规避风险类型。

5. 对真题进行分类是为了更好地发现和总结规律，提高审题和行文的效率及准确度。主观题具有一定的灵活性，当发现某些真题无法归类到当前分类类别中，或者大家的理解角度有所不同时，也不必强求达到统一，而是要以真题为大。

6. 本手册中不再对真题一一解读，大家可对照《写作真题库》中的详细解析进行学习。

7. 在未特殊说明的情况下，题干要求均为："根据下述材料，写一篇 700 字左右的论说文，题目自拟。"

Contents 目录

专题一　按照材料类型分类 ·· 1
　　类型一　故事类型 ··· 3
　　类型二　说理类型 ··· 11
　　专题总结 ·· 19

专题二　按照价值取向分类 ·· 21
　　类型一　题干价值取向单一 ·· 23
　　类型二　题干价值取向不单一 ·· 29
　　专题总结 ·· 38

专题三　按照行文主体分类 ·· 39
　　类型一　题干中有特定主体 ·· 41
　　类型二　题干中无特定主体 ·· 52
　　专题总结 ·· 57

专题四　按照行文结构分类 ·· 59
　　类型一　A 好 ··· 61
　　类型二　A 促 B ·· 71
　　类型三　A 更好 ··· 73
　　类型四　A、B 可共存 /A、B 相辅相成 ··· 76
　　类型五　A 和 B 好 /A、B 缺一不可 ·· 77
　　专题总结 ·· 78

专题五　按照理由类别分类 ·· 79
　　类型一　努力更大更强 ·· 81

类型二　借助外力规避风险 ··· 86

类型三　非借助外力规避风险 ··· 88

类型四　克制欲望 ·· 89

类型五　让别人开开心心 ·· 92

类型六　教育相关 ·· 93

类型七　个人素质相关 ··· 95

类型八　其他 ··· 97

专题总结 ··· 99

附录　历年真题分类速查表 ·· 101

管理类综合能力考试论说文真题分类速查 ································ 102

MBA 综合能力考试（10 月）论说文真题分类速查 ···················· 104

经济类综合能力考试论说文真题分类速查 ································ 105

专题一

按照材料类型分类

在审题过程中，通常需要先判断题干材料的类型。不同类型的材料审题方向和审题思路都存在着较大的差异。

通过确定材料类型，我们能够更加高效地从宏观上确定审题方向。

如果题干是故事类型，则需要重点关注主语、发生事件、结果等要素。

如果题干是说理类型，则需要重点关注关键词的个数及它们之间的关系。

从题干的材料类型出发，大致可以分为如下两类。

类型一：故事类型

情况一：1 主语 1 事件 1 结果。

情况二：N 主语 N 事件 1 结果。

情况三：N 主语 N 事件 2 结果。

情况四：1 主语 1 事件 2 结果。

情况五：N 主语 N 事件无结果。

类型二：说理类型

情况一：单一类型。

情况二：择一类型。

情况三：关系类型。

再次强调，论说文的审题具有一定的主观性，从不同的角度去理解，每道题可能会有不同的分类结果。所以大家的分类不必与本书中的分类完全一致，只要契合真题即可。

类型一　故事类型

故事类型的材料，需要重点关注题干中的主语、事件和结果。根据这三个要素可以确定审题方向。故事类型审题方向的判断如下表：

主语数量	事件数量	结果数量	审题方向
1	1	1	做 / 不做该事件
$N(N>1)$	$N(N>1)$	1	求 N 个事件的共性
$N(N>1)$	$N(N>1)$	2	求 N 个事件的差异
1	1	2	在做与不做中择一
$N(N \geq 1)$	$N(N \geq 1)$	无	根据题干信息决定

> 情况一：一个主语，发生一个事件，取得一个结果，审题方向为"做 / 不做该事件"

2022 年管理类（鸟类会飞）

鸟类会飞是因为它们在进化过程中不断优化了其身体结构。飞行是一项较特殊的运动，鸟类的躯干进化成了适合飞行的流线型；飞行也是一项需要付出高能量代价的运动，鸟类增强了翅膀、胸肌部位的功能，又改进了呼吸系统，以便给肌肉持续提供氧气。同时，鸟类在进化过程中舍弃了那些沉重的、效率低的身体部件。

2009 年管理类（三鹿奶粉）

以"由三鹿奶粉事件所想到的"为题，写一篇 700 字左右的论说文。

2012 年 10 月 MBA（3G 和 4G 时代）

2012 年 7 月 6 日《科技日报》报道：
我国主导的 TD-LTE 移动通信技术已于 2010 年 10 月被国际电信联盟确立为国际 4G 标准。TD-LTE 是我国自主创新的第三代移动通信技术 TD-SCDMA 的演进技术。TD-SCDMA 的成功规模商用为 TD-LTE 的快速发展奠定了坚实的基础。目前，TD-LTE 已形成由中国主导、全球广泛参与的产业链，全球几乎所有通信系统和芯片制造商都已支持该技术。

在移动通信技术的1G和2G时代，我们只能使用美国和欧洲的标准。通过艰难的技术创新，到3G和4G时代中国自己的通信标准已经成为世界三大国际标准之一。

2021年经济类（食蚁兽）

巴西热带雨林中的食蚁兽在捕食时，使用带黏液的长舌伸进蚁穴捕获白蚁，但不管捕获多少，每次捕食都不超过3分钟，然后去寻找下一个目标，从来不摧毁整个蚁穴。而那些没有被食蚁兽捕获的工蚁就会马上修复蚁穴，蚁后也会开始新一轮繁殖，很快产下更多的幼蚁，从而使蚁群继续生存下去。

2019年经济类（毛毛虫实验）

阅读下面的材料，并据此写一篇不少于600字的论说文，题目自拟。

法国科学家约翰·法伯曾做过一个著名的"毛毛虫实验"。这种毛毛虫有一种"跟随者"的习性，总是盲目地跟着前面的毛毛虫走。法伯把若干个毛毛虫放在一只花盆的边缘上，首尾相接，围成一圈。他在花盆周围不远的地方，撒了一些毛毛虫喜欢吃的松叶。毛毛虫开始一个跟一个，绕着花盆，一圈又一圈地走。一个小时过去了，一天过去了，毛毛虫们还在不停地、固执地团团转。一连走了七天七夜，终因饥饿和筋疲力尽而死去。这其中，只要有任何一只毛毛虫稍稍与众不同，便立刻会吃到食物，改变命运。

> **情况二：N个主语，发生N个事件，取得一个结果，审题方向为"求N个事件的共性"**

2020年管理类（挑战者号）

据报道，美国航天飞机"挑战者号"采用了斯沃克公司的零配件。该公司的密封圈技术专家博易斯乔利多次向公司高层提醒：低温会导致橡胶密封圈脆裂而引发重大事故。但是，这一意见一直没有受到重视。1986年1月27日，佛罗里达州卡纳维拉尔角发射场的气温降到零摄氏度以下，美国宇航局再次打电话给斯沃克公司，询问其对航天飞机的发射还有没有疑虑之处。为此斯沃克公司召开会议，博易斯乔利坚持认为不能发射，但公司高层认为他所持理由还不够充分，于是同意宇航局发射。1月28日上午，航天飞机离开发射平台，仅过了73秒，悲剧就发生了。

2013年管理类（波音麦道）

20世纪中叶，美国的波音和麦道两家公司几乎垄断了世界民用飞机的市场，欧洲的飞机制造商深感忧虑。虽然欧洲各国之间的竞争也相当激烈，但还是采取了合作的途径，法国、德国、英国和西班牙等决定共同研制大型宽体飞机，于是"空中客车"便应运而生。面对新的市场竞争态势，波音公司和麦道公司于1997年一致决定组成新的波音公司，以抗衡来自欧洲的挑战。

2005年10月MBA（一首小诗）

根据下面这首诗，写一篇700字左右的论说文，题目自拟。

如果你不能成为挺立山顶的苍松，

那就做山谷一棵小树陪伴溪水淙淙；

如果你不能成为一棵大树，

那就化作一丛茂密的灌木；

如果你不能成为一只香獐，

那就化作一尾最活跃的小鲈鱼，享受那美妙的湖光；

如果你不能成为大道宽敞，

那就铺成一条小路目送夕阳；

如果你不能成为太阳，

那就变成一颗星星在夜空闪亮。

不可能都当领航的船长，

还要靠水手奋力划桨；

世上有大事、小事需要去做，

最重要的事在我们身旁。

2004年10月MBA（滑铁卢战役）

在滑铁卢战役的第一阶段，拿破仑的部队兵分两路。右翼由拿破仑亲自率领，在利尼迎战布鲁查尔；左翼由奈伊将军率领，在卡特勒布拉斯迎战威灵顿。拿破仑和奈伊都打算进攻，而且，两个人都精心制定了对各自战事而言均为相当优秀的作战计划。但不幸的是，这两个计划均打算用格鲁希指挥的后备部队，从侧翼给敌人以致命一击，但他们事前并没有就各自的计划交换意见。当天的战斗中，拿破仑和奈伊所发布的命令又含糊不清，致使格鲁希的部队要么踌躇不前，要么在两个战场之间疲于奔命，一天之中没有投入任何一方的作战行动，最终导致拿破仑惨败。

2000 年 10 月 MBA（幼儿园）

根据下面一则材料，写一篇不少于 500 字的议论文，题目自拟。

有人问一位诺贝尔奖奖金获得者："您在哪所大学学到了您认为是最主要的一些东西？"出人意料，这位学者回答说是在幼儿园，他说："把自己的东西分一半给小伙伴们，不是自己的东西不要拿，东西要放整齐，做错事要表示歉意，要仔细观察大自然。从根本上说，我学到的全部东西就是这些。"

> **情况三**：N 个主语，发生 N 个事件，取得两个结果（结果有好有坏），审题方向为"求 N 个事件的差异"

2006 年管理类（和尚挑水）

根据以下材料，围绕企业管理写一篇论说文，题目自拟，700 字左右。

两个和尚分别住在东、西两座相邻的山上的寺庙里。两山之间有一条清澈的小溪。这两个和尚每天都在同一时间下山去溪边挑够一天用的水。久而久之，他们就成为好朋友了。光阴如梭，日复一日，不知不觉已经过了三年。有一天，东山的和尚没有下山挑水，西山的和尚没有在意："他大概睡过头了。"哪知第二天，东山的和尚还是没有下山挑水；第三天、第四天也是如此；过了十天，东山的和尚还是没有下山挑水。西山的和尚担心起来："我的朋友一定是生病了，我应该去拜访他，看是否有什么事情能够帮上忙。"于是他爬上了东山，去探望他的老朋友。

到达东山的寺庙，西山和尚看到他的老友正在庙前打拳，一点也不像十天没喝水的样子。他好奇地问："你已经十天都没有下山挑水了，难道你已经修炼到可以不用喝水就能生存的境界了吗？"东山和尚笑笑，带着他走到寺庙后院，指着一口井说："这三年来，我每天做完功课后，都会抽空挖这口井。如今终于挖出水来了，我就不必再下山挑水啦。"西山和尚不以为然："挖井花费的力气远远甚于挑水，你又何必多此一举呢？"

2001 年管理类（成功女神）

根据所给的材料，写一篇 600 字左右的议论文，题目自拟。

1831年，瑞典化学家萨弗斯特朗发现了钒元素。对这一重大发现，后来他在给他朋友化学家维勒的信中这样写道："在宇宙的极光角，住着一位漂亮可爱的女神。一天，有人敲响了她的门。女神懒得动，在等第二次敲门。谁知这位来宾敲过后就走了。她急忙起身打开窗户张望：'是哪个冒失鬼？啊，一定是维勒！'如果维勒再敲一下，不是会见到女神了吗？过了几天又有人来敲门，一次敲不开，继续敲。女神开了门，是萨弗斯特朗。他们相晤了，钒便应运而生！"

1999年管理类（画一天，卖一年）

根据所给材料，写一篇500字左右的议论文，题目自拟。

一位画家在拜访德国著名画家门采尔时诉苦说："为什么我画一张画只要一天的时间，而卖掉它却要等上整整一年？"门采尔严肃认真地对他说："倒过来试试吧，如果你用一年的时间去画它，那么只需一天就能够把它卖掉。"

2009年10月MBA（牦牛群）

根据以下材料，结合企业管理写一篇700字左右的论说文，题目自拟。

《动物世界》里的镜头：一群体型庞大的牦牛正在草原上吃草。突然，不远处来了几只觅食的狼。牦牛群奔跑起来，狼群急追……终于，有一头体弱的牦牛掉队，寡不敌众，被狼分食了。

《动物趣闻》里的镜头：一群牦牛正在草原上吃草。突然，来了几只觅食的狼。一头牦牛发现了狼，它的叫声提醒了同伴。领头的牦牛站定与狼对视，其余的牦牛也围在一起，站立原地。狼在不远处虎视眈眈地转悠了好一阵，见没有进攻的机会，就没趣地走开了。

2008年10月MBA（卷柏）

南美洲有一种奇特的植物——卷柏。说它奇特，是因为它会走。卷柏生存需要充足的水分，当水分不充足时，它就会把根从土壤里拔出来，整个身躯卷成一个圆球状。由于体轻，只要稍有一点风，它就会随风在地面滚动。一旦滚到水分充足的地方，圆球就会迅速打开，根重新钻到土壤里，暂时安居。当水分又不充足，住得不称心如意时，它就会继续游走，以寻求更好的生存环境。

难道卷柏不走就不能生存了吗？一位植物学家做了一个实验：用挡板圈出一块空地，把一株卷柏放到空地中水分最充足的地方，不久卷柏便扎根生存下来。几天后，当这里水分减少时，卷柏便拔出根须，准备漂移。但实验者用挡板对其进行严格控制，限制了它游走的可能。结果实验者发现，卷柏又回到那里重新扎根生存；而且在几次将根拔出又不能移动以后，便再也不动了；而且，卷柏此时的根已经深深扎入泥土，长势比任何时期都好，也许它发现，根扎得越深，水分越充分……

2006年10月MBA（可口可乐）

根据以下材料，围绕企业管理写一篇论说文，题目自拟，700字左右。

20世纪80年代，可口可乐公司因为缺少发展空间而笼罩在悲观情绪之中：一方面，它以35%的市场份额控制着软饮料市场，这个市场份额几乎是在反垄断政策下企业能达到的最高点；另一方面，面对更年轻、更充满活力的百事可乐的积极进攻，可口可乐似乎只能采取防守的策略，为一两个百分点的市场份额展开惨烈的竞争。尽管可口可乐的主管很有才干，员工工作努力，但是他们内心其实很悲观，看不到如何摆脱这种宿命：在顶峰上唯一可能的路径就是向下。

郭思达（Roberto Goizueta）在接任可口可乐的CEO后，在高层主管会议上提出这样一些问题："世界上44亿人口每人每天消费的液体饮料平均是多少？"

答案是："64盎司。"（1盎司约为28克）

"那么，每人每天消费的可口可乐又是多少呢？"

"不足2盎司。"

"那么，在人们的肚子里，我们市场份额是多少？"郭思达最后问。

通过这些问题，高管和员工们关注的核心问题不再是可口可乐在美国可乐市场中的占有率，也不再是在全球软饮料市场中的占有率，而变成了在世界上每个人要消费的液体饮料市场中的占有率。而这个问题的答案是：可口可乐在世界液体饮料市场中的份额微乎其微，少到可以忽略不计。高层主管们终于意识到，可口可乐不应该只盯着百事可乐，还有咖啡、牛奶、茶甚至水，而这一市场的巨大空间远远超出人们的想象。

情况四：一个主语，发生一个事件，取得两个结果（结果有好有坏），审题方向为"在做与不做中择一"

2014年管理类（孔雀的选择）

生物学家发现，雌孔雀往往选择尾巴大而艳丽的雄孔雀作为配偶，因为雄孔雀尾巴越大越艳丽，表明它越有生命活力，其后代的健康越能得到保证。但是，这种选择也产生了问题：孔雀尾巴越大越艳丽，就越容易被天敌发现和猎获，其生存反而会受到威胁。

2007 年管理类（南极司各脱）

电影《南极的司各脱》描写英国探险家司各脱上校到南极探险的故事。司各脱历尽艰辛，终于到达南极，却在归途中不幸冻死了。在影片的开头，有人问司各脱："你为什么不能放弃探险的生涯？"他回答："留下第一个脚印的魅力。"司各脱为留下第一个脚印付出了生命的代价。

2005 年管理类（丘吉尔的决策）

根据下述内容，自拟题目写一篇短文，评价丘吉尔的决策，说明如果你是决策者，在当时的情况下你会做出何种选择，并解释决策依据。700 字左右。

第二次世界大战期间，英国首相丘吉尔曾做出一个令他五脏俱焚的决定。当时，盟军已经破译了德军的绝密通信密码，并由此得知德军下一个空袭目标是英国的一个城市考文垂。但是，一旦通知这个城市做出任何非正常的疏散和防备，都将引起德军的警觉，使破译密码之事暴露，从而丧失进一步了解德军重大秘密的机会。所以，丘吉尔反复权衡，最终下令，不对这个城市做任何非正常的提醒。结果，考文垂在这次空袭中一半被焚毁，上千人丧生。然而，通过这个密码，盟军了解到德军在几次重大战役中的兵力部署情况，制定了正确的应对策略，取得了重大的军事胜利。

情况五：N 个主语，发生 N 个事件，无结果，审题方向为"根据题干信息决定"

2004 年管理类（旅行者和三个人）

根据以下材料，自拟题目撰写一篇 600 字左右的论说文。

一位旅行者在途中看到一群人在干活，他问其中一位在做什么，这个人不高兴地回答："你没有看到我在敲打石头吗？若不是为了养家糊口，我才不会在这里做这些无聊的事。"旅行者又问另外一位，他严肃地回答："我正在做工头分配给我的工作，在今天收工前我可以砌完这面墙。"旅行者问第三位，他喜悦地回答："我正在盖一座大厦。"他为旅行者描绘大厦的形状、位置和结构，最后说："再过不久，这里就会出现一座宏伟的大厦，我们这个城市的居民就可以在这里聚会、购物和娱乐了。"

2011年10月MBA（地委书记种树）

2010年春天，已持续半年的干旱让云南很多地方群众的饮水变得异常困难，施甸县大亮山附近群众家里的水管却依然有清甜的泉水流出，他们的水源地正是大亮山林场。乡亲们深情地说："多亏了老书记啊，要不是他，不知道现在会是什么样子。"

1988年3月，61岁的杨善洲从保山地委书记的岗位上退休，婉拒了省委书记劝其搬至昆明安度晚年的邀请，执意选择回到家乡施甸县种树。20多年过去了，曾经山秃水枯的大亮山完全变了模样：森林郁郁葱葱，溪流四季不断；林下山珍遍地，枝头莺鸣燕歌……

一位地委书记，为何退休后选择到异常艰苦的地方去种树？

"在党政机关工作多年，因工作关系没有时间去照顾家乡父老，他们找过多次我也没给他们办一件事。但我答应退休后帮乡亲们办一两件有益的事，许下的承诺就要兑现。至于具体做什么，考察来考察去，还是为后代绿化荒山比较现实。"关于种树，年逾八旬的杨善洲这样解释。

2010年10月MBA（荣钢集团捐款）

唐山地震孤儿捐款支援汶川灾区

2008年5月18日，在中宣部等共同发起的《爱的奉献》抗震救灾大型募捐活动中，天津民营企业荣程联合钢铁集团有限公司董事长张祥青代表公司再向四川灾区捐款7 000万元，帮助灾区人民重建"震不垮的学校"。至此，荣程联合钢铁集团公司在支援四川灾区抗震救灾中累计捐款1亿元。

"我们对灾区人民非常牵挂，荣钢集团人大多来自唐山，亲历过32年前的唐山大地震，接受过全国人民对唐山灾区的无私援助，32年后为四川地震灾区捐款，回馈社会，是应尽的义务，我们必须做！"张祥青说。

张祥青在1976年唐山大地震时失去父母，年仅8岁的他不幸成为孤儿，他深深感受到来自全国四面八方的涓涓爱心。1989年，张祥青与妻子张荣华开始了艰苦的创业历程，从卖早点、做豆腐开始，最后组建了荣钢集团。企业发展了，荣钢集团人不忘回报社会，支援汶川地震灾区是其中一例。

2020年经济类（退休老人马旭）

阅读下面的文字，根据要求作文。请结合实际写一篇600字左右的论说文。

2018年，武汉一名退休老人向家乡木兰县教育局捐赠1 000万元，引起了广泛的关注。这笔巨款是马旭与丈夫一分一毫几十年积攒下来的，他们至今生活简朴，住在一个不起眼的小院里，家里没有一件像样的家具。

马旭于1932年出生于黑龙江省木兰县，1947年参军入伍，在东北军政大学学习半年后，成为解放军第四野战军的一名卫生员，先后参加过解放战争、抗美援朝战争，期间多次立功受奖。20世纪60年代，她被调入空降兵部队，成为一名军医，后来主动要求学习跳伞，成为新中国第一代女空降兵。此后20多年里，马旭跳伞多达140多次，创下空降女兵跳伞次数最多和年龄最大两项记录。

如今，马旭的事迹家喻户晓，许多地方邀请她参加各类活动，她大多婉拒。她说："我的一生都是党和部队给的，我只是做了我力所能及的事。只要活着，我们还会继续攒钱捐款，把自己的一切献给党和国家。"

类型二　说理类型

情况一：单一类型

单一类型是最简单的说理类型材料。通常题干中只有一个关键词，找到这一关键词，根据题干中的价值取向，表达支持或反对即可。

2018年管理类（人工智能）

有人说，机器人的使命，应该是帮助人类做那些人类做不了的事，而不是替代人类。技术变革会夺取一些人低端烦琐的工作岗位，最终也会创造更高端、更人性化的就业机会。例如，历史上铁路的出现抢去了很多挑夫的工作，但又增加了千百万的铁路工人。人工智能也是一种技术变革，人工智能也将促进未来人类社会的发展。有人则不以为然。

2012年管理类（十力语要）

中国现代著名哲学家熊十力先生在《十力语要》（卷一）中说："吾国学人，总好追逐风气，一时之所尚，则群起而趋其途，如海上逐臭之夫，莫名所以。曾无一刹那，风气或变，而逐臭者复如故。此等逐臭之习，有两大病。一、各人无牢固与永久不改之业，遇事无从深入，徒养成浮动性。二、大家共趋于世所矜尚之一途，则其余千途万途，一切废弃，无人过问。此二大病，都是中国学人死症。"

2010年管理类（追求真理）

一个真正的学者，其崇高使命是追求真理。学者个人的名利乃至生命与之相比都微不足道，但因为其献身于真理就会变得无限伟大。一些著名大学的校训中都含有追求真理的内容。然而，近年学术界的一些状况与追求真理这一使命相去甚远，部分学者的功利化倾向越来越严重，抄袭剽窃、学术造假、自我炒作、沽名钓誉等现象时有所闻。

2002年管理类（压力）

阅读下面一段材料，按要求作文。

在这次激烈的招聘考试中，有些志在必得的应聘者未能通过，有些未抱希望的应聘者却取得了好成绩。前者说，压力太大，影响了发挥；后者说，没有压力，发挥了高水平。看来，压力确实会破坏人的情绪。但是，人们又常说，没有压力就没有动力，这说明压力又不可缺少。究竟应当如何认识和对待压力呢？

请以"压力"为话题，写一篇文章。题目自拟，不少于700字。

1998年管理类（儿童高消费）

根据所给材料，写一篇500字左右的议论文，题目自拟。

当前，儿童高消费已经越来越严重，许多家长甚至让孩子吃名牌、穿名牌、用名牌、玩名牌，而自己却心甘情愿地过着节俭的日子。

1997年管理类（洋招牌）

根据所给材料，写一篇500字左右的议论文。题目自拟。

时下，商店、企业取洋名似乎成了一种时尚，许多店铺、厂家竞相挂起了洋招牌，什么爱格尔、欧兰特、哈勃尔、爱丽芬、奥兰多等触目皆是。翻开新编印的黄页电话号码簿，各种冠了洋名的企业也明显增多。甚至国货产品广告，也以取洋名为荣。

2013年10月MBA（实现中国梦）

阅读以下资料，给全国的企业经理写一封公开信，并在信前添加合适的标题文字，700字左右。

改革开放以来，中国经济发展的速度举世瞩目。按国际货币基金组织的统计，在188个国家与地区中，1980年，我国按美元计算的GDP位列第11位，只是美国的7.26%，日本的18.63%，从2010年起位列世界第2位，成为世界第二大经济体。到2012年，我国的GDP

是美国的52.45%，日本的137.95%，与30年前不可同日而语。然而，从能源消耗看，形势非常严峻。1980年，我国能源消耗总量为6.03亿吨标准煤，到2012年增加到36.20亿吨，为1980年的6倍。按石油进口量排名，1982年我国在世界排名中位列第43位，从2009年起上升到第2位，而且面临继续上升的困境。与能源消耗相关的污染问题也频频现于报端，引起全国民众和政府的极大关注。能源消耗和污染问题已经成为阻碍我们实现"中国梦"的两个难关，对此，我们要群策群力，攻坚克难。

2002年10月MBA（易经）

阅读下面的材料，根据要求作文。

中国古代的《易经》中说："穷则变，变则通。"这就是说，当我们要解决一个问题而遇到困难无路可走时，就应变换一下方式方法，这样往往可以提出连自己也感到意外的解决办法，从而收到显著的效果。

请以"穷则变，变则通"为话题写一篇作文，可以写你自己的经历、体验或看法，也可以联系生活实际展开议论。文体自选，题目自拟，不少于700字。

1999年10月MBA（领导者素质）

以"小议企业领导者的素质"为题，写一篇500字左右的议论文。

1998年10月MBA（下棋）

用下面的一段话作为一篇议论文的开头，接下去写完一篇立论与它观点一致的议论文。字数要求500字左右，题目自拟。

投下一着好棋，有时可以取得全盘的主动。但是，光凭一着好棋，并不能说有把握最后胜利，还必须看以后的每着棋下得好不好。

2023年经济类（社会事务的处理）

一种社会事务，往往涉及诸多因素（如春运涉及交通设施、气候条件、民俗文化、经济环境、科学技术等），所以要依赖诸多部门的通力合作才能处理好。

2018年经济类（教授穿金戴银）

阅读下面的材料，并据此写一篇不少于600字的论说文，题目自拟。

近期有报道称，某教授颇喜穿金戴银，全身上下都是世界名牌，一块手表价值几十万，所有的衣服和鞋子都是专门定制的，价格不菲。他认为对"好东西"的喜爱没啥好掩饰的。"以前很多大学教授都很邋遢，有些人甚至几个月都不洗澡，现在时代变了，大学教授应多注意个人形象，不能太邋遢了。"

2013年经济类（尚拙）

根据下述材料，写一篇600字左右的论说文，题目自拟。

被誉为清代中兴名臣的曾国藩，其人生哲学很独特，就是"尚拙"，他曾说"天下之至拙，能胜任天下之至巧，拙者自知不如他人，自便会更虚心"。

2012年经济类（抢购茅台）

中国大陆500毫升茅台价格升至1 200元，纽约华人聚居区法拉盛，1 000毫升装的同度数茅台价格为220至230美元，500毫升约合670元人民币。因海外茅台价格便宜，质量有保证，华人竞相购买，回国送人。

这些年，中国游客在海外抢购"MADE IN CHINA"商品的消息已不是什么新鲜事了。服装、百货、日用品，中国造的东西，去了美国反而更便宜。有媒体报道Levi's 505牛仔裤，广东东莞生产，在中国商场的价格是899元人民币，在美国的亚马逊网站的价格是24.42美元，合人民币166元，价格相差5.4倍。

（摘自《茅台酒为何在美国更便宜？》，《新京报》，2011年1月7日）

2011年经济类（蚁族）

自2007年以来，青年学者廉思组织的课题组对蚁族进行了持续跟踪调查。廉思和他的团队撰写的有关蚁族问题的报告多次得到中央领导的批示和高度重视。在2008年、2009年对北京蚁族进行调查的基础上，课题组今年在蚁族数量较多的北京、上海、广州、武汉、西安、重庆、南京等大城市同时展开调查，历时半年有余，发放问卷5 000余份，回收有效问卷4 807份，形成了第一份全国范围的蚁族生存报告。此次调查有一些新发现，主要有：随着高校毕业生就业形势的日趋严峻，蚁族的学历层次上升；蚁族向上流动困难，"三十而离"；五成蚁族否认自己属于弱势群体；等等。

（摘自《调查显示：蚁族学历层次上升，五成人否认自己弱势》，《中国青年报》，2010年12月10日）

情况二：择一类型

当题干中出现两个或者两个以上的关键词，且材料对其进行比较或者选择时，往往就是择一类型。择一类型的审题方向为择一，即从多个关键词中选择一个。如何确定选择哪一个呢？

①看题干本身是否有倾向。
②看社会主流价值观是否有倾向。
③如果以上都没有倾向，就选择自己擅长的方向展开论证。

2017 年管理类（扩大研发）

一家企业遇到了这样一个问题：究竟是把有限的资金用于扩大生产呢，还是用于研发新产品？有人主张投资扩大生产，因为根据市场调查，原产品还可以畅销三到五年，由此可以获得可靠而丰厚的利润。有人主张投资研发新产品，因为这样做虽然有很大的风险，但风险背后可能有数倍于甚至数十倍于前者的利润。

2011 年管理类（拔尖冒尖）

众所周知，人才是立国、富国、强国之本。如何使人才尽快地脱颖而出，是一个亟待解决的问题。人才的出现有多种途径，其中有"拔尖"，有"冒尖"。拔尖是指被提拔而成为尖子，冒尖是指通过奋斗、取得成就而得到社会公认。有人认为，我国当今某些领域的管理人才，拔尖的多而冒尖的少。

2008 年管理类（原则与原则上）

"原则"就是规矩，就是准绳。而在日常生活和工作中，常见的表达方式是："原则上……，但是……"。请以"原则"与"原则上"为议题写一篇论说文，题目自拟，700字左右。

2000 年管理类（毛泽东周谷城）

根据所给材料写一篇500字左右的议论文，题目自拟。

解放初期，有一次毛泽东和周谷城谈话。毛泽东说："失败是成功之母。"周谷城回答说："成功也是失败之母。"毛泽东思索了一下，说："你讲得好。"

2003年10月MBA（读经读史）

"读经不如读史。"

对上述观点进行分析，论述你同意或不同意这一观点的理由，可根据经验、观察或者阅读，用具体理由或实例佐证自己的观点。题目自拟，全文500字左右。

2001年10月MBA（相马赛马）

近些年来，新闻媒体经常报道公开招考公务员，乃至招考厅局级领导干部的消息，这同我国传统习惯中的"伯乐相马"似乎有了不同。

请以"相马""赛马"为话题，写一篇600字左右的议论文，题目自拟。

2022年经济类（免费乘坐交通工具）

我国不少地方规定老年人可以免费乘坐公共交通工具，这一规定体现了对老年人的关怀。但是在具体实施过程中出现了一些问题。如在早晚高峰时，老年人免费乘车在一定程度上影响了上班族的通勤；还有，有些老年人也由于各种原因无法享受这一福利。因此，有的地方把老年人免费乘车的福利改为发放津贴。

2017年经济类（穷人福利）

阅读下面的材料，以"是否应该对穷人提供福利？"为题，写一篇不少于600字的论说文。

国家是否应该对穷人提供福利存在较大的争论。反对者认为：贪婪、自私、懒惰是人的本性。如果有福利，人人都想获取。贫穷在大多数情况下是懒惰造成的。为穷人提供福利相当于把努力工作的人的财富转移给了懒惰的人。因此，穷人不应该享受福利。

支持者则认为：如果没有社会福利，则穷人没有收入，就会造成社会动荡，社会犯罪率会上升，相关的合理支出也会增多，其造成的危害可能大于提供社会福利的成本，最终也会影响努力工作的人的利益。因此，为穷人提供社会福利能够稳定社会秩序，应该为穷人提供福利。

2016年经济类（延迟退休）

阅读下面的材料，以"延长退休年龄之我见"为题，写一篇不少于600字的论说文。

自从国家拟推出延迟退休政策以来，就受到了社会各界的广泛关注，同时也引起激烈的争论。为什么要延长退休年龄？

赞成者说，如果不延长退休年龄，养老金就会出现巨大缺口；另外，中国已经步入老年社会，如果不延长退休年龄，就会出现劳动力紧缺的现象。

反对者说，延长退休年龄就是剥夺劳动者应该享受的退休福利，退休年龄的延长意味着领取养老金时间的缩短；另外，退休年龄的延长也会给年轻人就业造成巨大压力。

2015 年经济类（取乎其上）

根据下述材料，写一篇 600 字左右的论说文，题目自拟。

《论语》云："取乎其上，得乎其中；取乎其中，得乎其下；取乎其下，则无所得矣。"

《孙子兵法》云："求其上，得其中；求其中，得其下；求其下，必败。"

2014 年经济类（勇气）

根据下述材料，写一篇 600 字左右的论说文，题目自拟。

我懂得了，勇气不是没有恐惧，而是战胜恐惧。勇者不是感觉不到害怕的人，而是克服自身恐惧的人。

——南非前总统纳尔逊·曼德拉

情况三：关系类型

如果材料中有多个关键词，且题干在讨论关键词之间的关系，往往就是关系类型。关系类型材料的审题方向为支持或反对材料中的关系。

2023 年管理类（领导艺术）

人们常说"领导艺术"，可见领导与艺术之间存在着某种相似点，如领导一个团队完成某项任务就和指挥一个乐队演奏某首乐曲一样。

2021 年管理类（实业与教育）

我国著名实业家穆藕初在《实业与教育之关系》中指出，教育最重要之点在道德教育（如责任心和公共心之养成、机械心之拔除）和科学教育（如观察力、推论力、判断力之养成）。完全受此两种教育，实业界中坚人物遂由此产生。

2019 年管理类（知识的真理性）

知识的真理性只有经过检验才能得到证明。论辩是纠正错误的重要途径之一，不同观点的冲突会暴露错误而发现真理。

2016 年管理类（多样一致）

亚里士多德说："城邦的本质在于多样性，而不在于一致性。……无论是家庭还是城邦，它们的内部都有着一定的一致性。不然的话，它们是不可能组建起来的。但这种一致性是有一定限度的。……同一种声音无法实现和谐，同一个音阶也无法组成旋律。城邦也是如此，它是一个多面体。人们只能通过教育使存在着各种差异的公民统一起来组成一个共同体。"

2015 年管理类（仁与富）

孟子曾引用阳虎的话："为富，不仁矣；为仁，不富矣。"（《孟子·滕文公上》）这段话表明了古人对当时社会上为富为仁现象的一种态度，以及对两者之间关系的一种思考。

2007 年 10 月 MBA（眼高手低）

著名作家曹禺先生说过这样一段话：我看，应该给"眼高手低"正名。它是褒义词，而不是贬义词。我们认真想一想，一个人做事眼高手低是正常的，只有眼高起来，手才能跟着高起来。一个人不应该怕眼高手低，怕的倒是眼也低手也低。我们经常是眼不高，手才低的。

专题总结

材料类型		适用真题		
		管理类综合能力	MBA 综合能力（10 月）	经济类综合能力
故事类型	1 主语 1 事件 1 结果	2022 年（鸟类会飞） 2009 年（三鹿奶粉）	2012 年（3G 和 4G 时代）	2021 年（食蚁兽） 2019 年（毛毛虫实验）
	N 主语 N 事件 1 结果	2020 年（挑战者号） 2013 年（波音麦道）	2005 年（一首小诗） 2004 年（滑铁卢战役） 2000 年（幼儿园）	—
	N 主语 N 事件 2 结果	2006 年（和尚挑水） 2001 年（成功女神） 1999 年（画一天，卖一年）	2009 年（牦牛群） 2008 年（卷柏） 2006 年（可口可乐）	
	1 主语 1 事件 2 结果	2014 年（孔雀的选择） 2007 年（南极司各脱） 2005 年（丘吉尔的决策）	—	
	N 主语 N 事件 无结果	2004 年（旅行者和三个人）	2011 年（地委书记种树） 2010 年（荣钢集团捐款）	2020 年（退休老人马旭）
说理类型	单一类型	2018 年（人工智能） 2012 年（十力语要） 2010 年（追求真理） 2002 年（压力） 1998 年（儿童高消费） 1997 年（洋招牌）	2013 年（实现中国梦） 2002 年（易经） 1999 年（领导者素质） 1998 年（下棋）	2023 年（社会事务的处理） 2018 年（教授穿金戴银） 2013 年（尚拙） 2012 年（抢购茅台） 2011 年（蚁族）
	择一类型	2017 年（扩大研发） 2011 年（拔尖冒尖） 2008 年（原则与原则上） 2000 年（毛泽东周谷城）	2003 年（读经读史） 2001 年（相马赛马）	2022 年（免费乘坐交通工具） 2017 年（穷人福利） 2016 年（延迟退休） 2015 年（取乎其上） 2014 年（勇气）
	关系类型	2023 年（领导艺术） 2021 年（实业与教育） 2019 年（知识的真理性） 2016 年（多样一致） 2015 年（仁与富）	2007 年（眼高手低）	—

专题二

按照价值取向分类

按照论说文考试大纲的要求，在审题过程中，需要"对题干材料的观点进行分析，表达自己的观点并加以论证"。也就是说，论说文的观点应该是基于材料的观点所得出的。

但论说文的命题方式较为灵活。有些材料直接论证某种观点/行为等的好或坏，需要我们表示支持或反对；有些材料中抛出了多个观点，需要我们给出态度。

通过对材料价值取向进行分类梳理，有利于大家更好地把握审题方向。

基于材料的价值取向，主要分为如下两类。

类型一：题干价值取向单一

情况一：支持题干的观点/行为。

情况二：反对题干的观点/行为。

类型二：题干价值取向不单一

情况一：题干有选择倾向。

情况二：题干没有选择倾向。

类型一　题干价值取向单一

情况一：支持题干的观点/行为

如果题干中的观点/行为的结果是好的，我们应该表示支持，需要重点寻找导致好结果的情节。

2023 年管理类（领导艺术）

人们常说"领导艺术"，可见领导与艺术之间存在着某种相似点，如领导一个团队完成某项任务就和指挥一个乐队演奏某首乐曲一样。

2022 年管理类（鸟类会飞）

鸟类会飞是因为它们在进化过程中不断优化了其身体结构。飞行是一项较特殊的运动，鸟类的躯干进化成了适合飞行的流线型；飞行也是一项需要付出高能量代价的运动，鸟类增强了翅膀、胸肌部位的功能，又改进了呼吸系统，以便给肌肉持续提供氧气。同时，鸟类在进化过程中舍弃了那些沉重的、效率低的身体部件。

2021 年管理类（实业与教育）

我国著名实业家穆藕初在《实业与教育之关系》中指出，教育最重要之点在道德教育（如责任心和公共心之养成、机械心之拔除）和科学教育（如观察力、推论力、判断力之养成）。完全受此两种教育，实业界中坚人物遂由此产生。

2019 年管理类（知识的真理性）

知识的真理性只有经过检验才能得到证明。论辩是纠正错误的重要途径之一，不同观点的冲突会暴露错误而发现真理。

2016 年管理类（多样一致）

亚里士多德说："城邦的本质在于多样性，而不在于一致性。……无论是家庭还是城邦，它们的内部都有着一定的一致性。不然的话，它们是不可能组建起来的。但这种一致性是有一定限度的。……同一种声音无法实现和谐，同一个音阶也无法组成旋律。城邦也是如此，它是一个多面体。人们只能通过教育使存在着各种差异的公民统一起来组成一个共同体。"

2013年管理类（波音麦道）

20世纪中叶，美国的波音和麦道两家公司几乎垄断了世界民用飞机的市场，欧洲的飞机制造商深感忧虑。虽然欧洲各国之间的竞争也相当激烈，但还是采取了合作的途径，法国、德国、英国和西班牙等决定共同研制大型宽体飞机，于是"空中客车"便应运而生。面对新的市场竞争态势，波音公司和麦道公司于1997年一致决定组成新的波音公司，以抗衡来自欧洲的挑战。

2012年10月MBA（3G和4G时代）

2012年7月6日《科技日报》报道：

我国主导的TD-LTE移动通信技术已于2010年10月被国际电信联盟确立为国际4G标准。TD-LTE是我国自主创新的第三代移动通信技术TD-SCDMA的演进技术。TD-SCDMA的成功规模商用为TD-LTE的快速发展奠定了坚实的基础。目前，TD-LTE已形成由中国主导、全球广泛参与的产业链，全球几乎所有通信系统和芯片制造商都已支持该技术。

在移动通信技术的1G和2G时代，我们只能使用美国和欧洲的标准。通过艰难的技术创新，到3G和4G时代中国自己的通信标准已经成为世界三大国际标准之一。

2011年10月MBA（地委书记种树）

2010年春天，已持续半年的干旱让云南很多地方群众的饮水变得异常困难，施甸县大亮山附近群众家里的水管却依然有清甜的泉水流出，他们的水源地正是大亮山林场。乡亲们深情地说："多亏了老书记啊，要不是他，不知道现在会是什么样子。"

1988年3月，61岁的杨善洲从保山地委书记的岗位上退休，婉拒了省委书记劝其搬至昆明安度晚年的邀请，执意选择回到家乡施甸县种树。20多年过去了，曾经山秃水枯的大亮山完全变了模样：森林郁郁葱葱，溪流四季不断；林下山珍遍地，枝头莺鸣燕歌……

一位地委书记，为何退休后选择到异常艰苦的地方去种树？

"在党政机关工作多年，因工作关系没有时间去照顾家乡父老，他们找过多次我也没给他们办一件事。但我答应退休后帮乡亲们办一两件有益的事，许下的承诺就要兑现。至于具体做什么，考察来考察去，还是为后代绿化荒山比较现实。"关于种树，年逾八旬的杨善洲这样解释。

2010年10月MBA（荣钢集团捐款）

唐山地震孤儿捐款支援汶川灾区

2008年5月18日，在中宣部等共同发起的《爱的奉献》抗震救灾大型募捐活动中，天津民营企业荣程联合钢铁集团有限公司董事长张祥青代表公司再向四川灾区捐款7 000万元，帮助灾区人民重建"震不垮的学校"。至此，荣程联合钢铁集团公司在支援四川灾区抗震救灾中累计捐款1亿元。

"我们对灾区人民非常牵挂，荣钢集团人大多来自唐山，亲历过32年前的唐山大地震，接受过全国人民对唐山灾区的无私援助，32年后为四川地震灾区捐款，回馈社会，是应尽的义务，我们必须做！"张祥青说。

张祥青在1976年唐山大地震时失去父母，年仅8岁的他不幸成为孤儿，他深深感受到来自全国四面八方的涓涓爱心。1989年，张祥青与妻子张荣华开始了艰苦的创业历程，从卖早点、做豆腐开始，最后组建了荣钢集团。企业发展了，荣钢集团人不忘回报社会，支援汶川地震灾区是其中一例。

2005年10月MBA（一首小诗）

根据下面这首诗，写一篇700字左右的论说文，题目自拟。

如果你不能成为挺立山顶的苍松，

那就做山谷一棵小树陪伴溪水淙淙；

如果你不能成为一棵大树，

那就化作一丛茂密的灌木；

如果你不能成为一只香獐，

那就化作一尾最活跃的小鲈鱼，享受那美妙的湖光；

如果你不能成为大道宽敞，

那就铺成一条小路目送夕阳；

如果你不能成为太阳，

那就变成一颗星星在夜空闪亮。

不可能都当领航的船长，

还要靠水手奋力划桨；

世上有大事、小事需要去做，

最重要的事在我们身旁。

2002年10月MBA（易经）

阅读下面的材料，根据要求作文。

中国古代的《易经》中说："穷则变，变则通。"这就是说，当我们要解决一个问题而遇到困难无路可走时，就应变换一下方式方法，这样往往可以提出连自己也感到意外的解决办法，从而收到显著的效果。

请以"穷则变，变则通"为话题写一篇作文，可以写你自己的经历、体验或看法，也可以联系生活实际展开议论。文体自选，题目自拟，不少于700字。

2000年10月MBA（幼儿园）

根据下面一则材料，写一篇不少于500字的议论文，题目自拟。

有人问一位诺贝尔奖奖金获得者："您在哪所大学学到了您认为是最主要的一些东西？"出人意料，这位学者回答说是在幼儿园，他说："把自己的东西分一半给小伙伴们，不是自己的东西不要拿，东西要放整齐，做错事要表示歉意，要仔细观察大自然。从根本上说，我学到的全部东西就是这些。"

1999年10月MBA（领导者素质）

以"小议企业领导者的素质"为题，写一篇500字左右的议论文。

1998年10月MBA（下棋）

用下面的一段话作为一篇议论文的开头，接下去写完一篇立论与它观点一致的议论文。字数要求500字左右，题目自拟。

投下一着好棋，有时可以取得全盘的主动。但是，光凭一着好棋，并不能说有把握最后胜利，还必须看以后的每着棋下得好不好。

2023年经济类（社会事务的处理）

一种社会事务，往往涉及诸多因素（如春运涉及交通设施、气候条件、民俗文化、经济环境、科学技术等），所以要依赖诸多部门的通力合作才能处理好。

2021年经济类（食蚁兽）

巴西热带雨林中的食蚁兽在捕食时，使用带黏液的长舌伸进蚁穴捕获白蚁，但不管捕获多少，每次捕食都不超过3分钟，然后去寻找下一个目标，从来不摧毁整个蚁穴。而那些没有被食蚁兽捕获的工蚁就会马上修复蚁穴，蚁后也会开始新一轮繁殖，很快产下更多的幼蚁，从而使蚁群继续生存下去。

2015 年经济类（取乎其上）

根据下述材料，写一篇 600 字左右的论说文，题目自拟。
《论语》云："取乎其上，得乎其中；取乎其中，得乎其下；取乎其下，则无所得矣。"
《孙子兵法》云："求其上，得其中；求其中，得其下；求其下，必败。"

2013 年经济类（尚拙）

根据下述材料，写一篇 600 字左右的论说文，题目自拟。
被誉为清代中兴名臣的曾国藩，其人生哲学很独特，就是"尚拙"，他曾说"天下之至拙，能胜任天下之至巧，拙者自知不如他人，自便会更虚心"。

情况二：反对题干的观点/行为

如果题干中的观点/行为的结果是坏的，我们应该表示反对，需要重点寻找导致坏结果的情节。

2020 年管理类（挑战者号）

据报道，美国航天飞机"挑战者号"采用了斯沃克公司的零配件。该公司的密封圈技术专家博易斯乔利多次向公司高层提醒：低温会导致橡胶密封圈脆裂而引发重大事故。但是，这一意见一直没有受到重视。1986 年 1 月 27 日，佛罗里达州卡纳维拉尔角发射场的气温降到零摄氏度以下，美国宇航局再次打电话给斯沃克公司，询问其对航天飞机的发射还有没有疑虑之处。为此斯沃克公司召开会议，博易斯乔利坚持认为不能发射，但公司高层认为他所持理由还不够充分，于是同意宇航局发射。1 月 28 日上午，航天飞机离开发射平台，仅过了 73 秒，悲剧就发生了。

2012 年管理类（十力语要）

中国现代著名哲学家熊十力先生在《十力语要》（卷一）中说："吾国学人，总好追逐风气，一时之所尚，则群起而趋其途，如海上逐臭之夫，莫名所以。曾无一刹那，风气或变，而逐臭者复如故。此等逐臭之习，有两大病。一、各人无牢固与永久不改之业，遇事无从深入，徒养成浮动性。二、大家共趋于世所矜尚之一途，则其余千途万途，一切废弃，无人过问。此二大病，都是中国学人死症。"

2009年管理类（三鹿奶粉）

以"由三鹿奶粉事件所想到的"为题，写一篇700字左右的论说文。

1998年管理类（儿童高消费）

根据所给材料，写一篇500字左右的议论文，题目自拟。

当前，儿童高消费已经越来越严重，许多家长甚至让孩子吃名牌、穿名牌、用名牌、玩名牌，而自己却心甘情愿地过着节俭的日子。

1997年管理类（洋招牌）

根据所给材料，写一篇500字左右的议论文。题目自拟。

时下，商店、企业取洋名似乎成了一种时尚，许多店铺、厂家竞相挂起了洋招牌，什么爱格尔、欧兰特、哈勃尔、爱丽芬、奥兰多等触目皆是。翻开新编印的黄页电话号码簿，各种冠了洋名的企业也明显增多。甚至国货产品广告，也以取洋名为荣。

2013年10月MBA（实现中国梦）

阅读以下资料，给全国的企业经理写一封公开信，并在信前添加合适的标题文字，700字左右。

改革开放以来，中国经济发展的速度举世瞩目。按国际货币基金组织的统计，在188个国家与地区中，1980年，我国按美元计算的GDP位列第11位，只是美国的7.26%，日本的18.63%，从2010年起位列世界第2位，成为世界第二大经济体。到2012年，我国的GDP是美国的52.45%，日本的137.95%，与30年前不可同日而语。然而，从能源消耗看，形势非常严峻。1980年，我国能源消耗总量为6.03亿吨标准煤，到2012年增加到36.20亿吨，为1980年的6倍。按石油进口量排名，1982年我国在世界排名中位列第43位，从2009年起上升到第2位，而且面临继续上升的困境。与能源消耗相关的污染问题也频频现于报端，引起全国民众和政府的极大关注。能源消耗和污染问题已经成为阻碍我们实现"中国梦"的两个难关，对此，我们要群策群力，攻坚克难。

2004 年 10 月 MBA（滑铁卢战役）

在滑铁卢战役的第一阶段，拿破仑的部队兵分两路。右翼由拿破仑亲自率领，在利尼迎战布鲁查尔；左翼由奈伊将军率领，在卡特勒布拉斯迎战威灵顿。拿破仑和奈伊都打算进攻，而且，两个人都精心制定了对各自战事而言均为相当优秀的作战计划。但不幸的是，这两个计划均打算用格鲁希指挥的后备部队，从侧翼给敌人以致命一击，但他们事前并没有就各自的计划交换意见。当天的战斗中，拿破仑和奈伊所发布的命令又含糊不清，致使格鲁希的部队要么踌躇不前，要么在两个战场之间疲于奔命，一天之中没有投入任何一方的作战行动，最终导致拿破仑惨败。

2019 年经济类（毛毛虫实验）

阅读下面的材料，并据此写一篇不少于 600 字的论说文，题目自拟。

法国科学家约翰·法伯曾做过一个著名的"毛毛虫实验"。这种毛毛虫有一种"跟随者"的习性，总是盲目地跟着前面的毛毛虫走。法伯把若干个毛毛虫放在一只花盆的边缘上，首尾相接，围成一圈。他在花盆周围不远的地方，撒了一些毛毛虫喜欢吃的松叶。毛毛虫开始一个跟一个，绕着花盆，一圈又一圈地走。一个小时过去了，一天过去了，毛毛虫们还在不停地、固执地团团转。一连走了七天七夜，终因饥饿和筋疲力尽而死去。这其中，只要有任何一只毛毛虫稍稍与众不同，便立刻会吃到食物，改变命运。

类型二　题干价值取向不单一

如果题干中的故事/理论的结果是未知的，或者是在做选择，又或者是在讨论，我们需要根据题干的引导选择审题方向。

情况一：题干有选择倾向

2018 年管理类（人工智能）

有人说，机器人的使命，应该是帮助人类做那些人类做不了的事，而不是替代人类。技术变革会夺取一些人低端烦琐的工作岗位，最终也会创造更高端、更人性化的就业机会。例如，历史上铁路的出现抢去了很多挑夫的工作，但又增加了千百万的铁路工人。人工智能也是一种技术变革，人工智能也将促进未来人类社会的发展。有人则不以为然。

2015 年管理类（仁与富）

孟子曾引用阳虎的话："为富，不仁矣；为仁，不富矣。"（《孟子·滕文公上》）这段话表明了古人对当时社会上为富为仁现象的一种态度，以及对两者之间关系的一种思考。

2011 年管理类（拔尖冒尖）

众所周知，人才是立国、富国、强国之本。如何使人才尽快地脱颖而出，是一个亟待解决的问题。人才的出现有多种途径，其中有"拔尖"，有"冒尖"。拔尖是指被提拔而成为尖子，冒尖是指通过奋斗、取得成就而得到社会公认。有人认为，我国当今某些领域的管理人才，拔尖的多而冒尖的少。

2010 年管理类（追求真理）

一个真正的学者，其崇高使命是追求真理。学者个人的名利乃至生命与之相比都微不足道，但因为其献身于真理就会变得无限伟大。一些著名大学的校训中都含有追求真理的内容。然而，近年学术界的一些状况与追求真理这一使命相去甚远，部分学者的功利化倾向越来越严重，抄袭剽窃、学术造假、自我炒作、沽名钓誉等现象时有所闻。

2008 年管理类（原则与原则上）

"原则"就是规矩，就是准绳。而在日常生活和工作中，常见的表达方式是："原则上……，但是……"。请以"原则"与"原则上"为议题写一篇论说文，题目自拟，700 字左右。

2007 年管理类（南极司各脱）

电影《南极的司各脱》描写英国探险家司各脱上校到南极探险的故事。司各脱历尽艰辛，终于到达南极，却在归途中不幸冻死了。在影片的开头，有人问司各脱："你为什么不能放弃探险的生涯？"他回答："留下第一个脚印的魅力。"司各脱为留下第一个脚印付出了生命的代价。

2006 年管理类（和尚挑水）

根据以下材料，围绕企业管理写一篇论说文，题目自拟，700 字左右。

两个和尚分别住在东、西两座相邻的山上的寺庙里。两山之间有一条清澈的小溪。这两个和尚每天都在同一时间下山去溪边挑够一天用的水。久而久之，他们就成为好朋友了。光阴如梭，日复一日，不知不觉已经过了三年。有一天，东山的和尚没有下山挑水，西山的和尚没有在意："他大概睡过头了。"哪知第二天，东山的和尚还是没有下山挑水；第三天、第四天也是如此；过了十天，东山的和尚还是没有下山挑水。西山的和尚担心起来："我的朋友一定是生病了，我应该去拜访他，看是否有什么事情能够帮上忙。"于是他爬上了东山，去探望他的老朋友。

到达东山的寺庙，西山和尚看到他的老友正在庙前打拳，一点也不像十天没喝水的样子。他好奇地问："你已经十天都没有下山挑水了，难道你已经修炼到可以不用喝水就能生存的境界了吗？"东山和尚笑笑，带着他走到寺庙后院，指着一口井说："这三年来，我每天做完功课后，都会抽空挖这口井。如今终于挖出水来了，我就不必再下山挑水啦。"西山和尚不以为然："挖井花费的力气远远甚于挑水，你又何必多此一举呢？"

2005 年管理类（丘吉尔的决策）

根据下述内容，自拟题目写一篇短文，评价丘吉尔的决策，说明如果你是决策者，在当时的情况下你会做出何种选择，并解释决策依据。700 字左右。

第二次世界大战期间，英国首相丘吉尔曾做出一个令他五脏俱焚的决定。当时，盟军已经破译了德军的绝密通信密码，并由此得知德军下一个空袭目标是英国的一个城市考文垂。但是，一旦通知这个城市做出任何非正常的疏散和防备，都将引起德军的警觉，使破译密码之事暴露，从而丧失进一步了解德军重大秘密的机会。所以，丘吉尔反复权衡，最终下令，不对这个城市做任何非正常的提醒。结果，考文垂在这次空袭中一半被焚毁，上千人丧生。然而，通过这个密码，盟军了解到德军在几次重大战役中的兵力部署情况，制定了正确的应对策略，取得了重大的军事胜利。

2004 年管理类（旅行者和三个人）

根据以下材料，自拟题目撰写一篇 600 字左右的论说文。

一位旅行者在途中看到一群人在干活，他问其中一位在做什么，这个人不高兴地回答："你没有看到我在敲打石头吗？若不是为了养家糊口，我才不会在这里做这些无聊的事。"旅行者又问另外一位，他严肃地回答："我正在做工头分配给我的工作，在今天收工前我可以砌完这面墙。"旅行者问第三位，他喜悦地回答："我正在盖一座大厦。"他为旅行者描绘大厦的形状、位置和结构，最后说："再过不久，这里就会出现一座宏伟的大厦，我们这个城市的居民就可以在这里聚会、购物和娱乐了。"

2001年管理类（成功女神）

根据所给的材料，写一篇600字左右的议论文，题目自拟。

1831年，瑞典化学家萨弗斯特朗发现了钒元素。对这一重大发现，后来他在给他朋友化学家维勒的信中这样写道："在宇宙的极光角，住着一位漂亮可爱的女神。一天，有人敲响了她的门。女神懒得动，在等第二次敲门。谁知这位来宾敲过后就走了。她急忙起身打开窗户张望：'是哪个冒失鬼？啊，一定是维勒！'如果维勒再敲一下，不是会见到女神了吗？过了几天又有人来敲门，一次敲不开，继续敲。女神开了门，是萨弗斯特朗。他们相晤了，钒便应运而生！"

2000年管理类（毛泽东周谷城）

根据所给材料写一篇500字左右的议论文，题目自拟。

解放初期，有一次毛泽东和周谷城谈话。毛泽东说："失败是成功之母。"周谷城回答说："成功也是失败之母。"毛泽东思索了一下，说："你讲得好。"

1999年管理类（画一天，卖一年）

根据所给材料，写一篇500字左右的议论文，题目自拟。

一位画家在拜访德国著名画家门采尔时诉苦说："为什么我画一张画只要一天的时间，而卖掉它却要等上整整一年？"门采尔严肃认真地对他说："倒过来试试吧，如果你用一年的时间去画它，那么只需一天就能够把它卖掉。"

2009年10月MBA（牦牛群）

根据以下材料，结合企业管理写一篇700字左右的论说文，题目自拟。

《动物世界》里的镜头：一群体型庞大的牦牛正在草原上吃草。突然，不远处来了几只觅食的狼。牦牛群奔跑起来，狼群急追……终于，有一头体弱的牦牛掉队，寡不敌众，被狼分食了。

《动物趣闻》里的镜头：一群牦牛正在草原上吃草。突然，来了几只觅食的狼。一头牦牛发现了狼，它的叫声提醒了同伴。领头的牦牛站定与狼对视，其余的牦牛也围在一起，站立原地。狼在不远处虎视眈眈地转悠了好一阵，见没有进攻的机会，就没趣地走开了。

2008 年 10 月 MBA（卷柏）

南美洲有一种奇特的植物——卷柏。说它奇特，是因为它会走。卷柏生存需要充足的水分，当水分不充足时，它就会把根从土壤里拔出来，整个身躯卷成一个圆球状。由于体轻，只要稍有一点风，它就会随风在地面滚动。一旦滚到水分充足的地方，圆球就会迅速打开，根重新钻到土壤里，暂时安居。当水分又不充足，住得不称心如意时，它就会继续游走，以寻求更好的生存环境。

难道卷柏不走就不能生存了吗？一位植物学家做了一个实验：用挡板圈出一块空地，把一株卷柏放到空地中水分最充足的地方，不久卷柏便扎根生存下来。几天后，当这里水分减少时，卷柏便拔出根须，准备漂移。但实验者用挡板对其进行严格控制，限制了它游走的可能。结果实验者发现，卷柏又回到那里重新扎根生存；而且在几次将根拔出又不能移动以后，便再也不动了；而且，卷柏此时的根已经深深扎入泥土，长势比任何时期都好，也许它发现，根扎得越深，水分越充分……

2007 年 10 月 MBA（眼高手低）

著名作家曹禺先生说过这样一段话：我看，应该给"眼高手低"正名。它是褒义词，而不是贬义词。我们认真想一想，一个人做事眼高手低是正常的，只有眼高起来，手才能跟着高起来。一个人不应该怕眼高手低，怕的倒是眼也低手也低。我们经常是眼不高，手才低的。

2006 年 10 月 MBA（可口可乐）

根据以下材料，围绕企业管理写一篇论说文，题目自拟，700 字左右。

20 世纪 80 年代，可口可乐公司因为缺少发展空间而笼罩在悲观情绪之中：一方面，它以 35% 的市场份额控制着软饮料市场，这个市场份额几乎是在反垄断政策下企业能达到的最高点；另一方面，面对更年轻、更充满活力的百事可乐的积极进攻，可口可乐似乎只能采取防守的策略，为一两个百分点的市场份额展开惨烈的竞争。尽管可口可乐的主管很有才干，员工工作努力，但是他们内心其实很悲观，看不到如何摆脱这种宿命：在顶峰上唯一可能的路径就是向下。

郭思达（Roberto Goizueta）在接任可口可乐的 CEO 后，在高层主管会议上提出这样一些问题：

"世界上 44 亿人口每人每天消费的液体饮料平均是多少？"

答案是："64 盎司。"（1 盎司约为 28 克）

"那么,每人每天消费的可口可乐又是多少呢?"

"不足2盎司。"

"那么,在人们的肚子里,我们市场份额是多少?"郭思达最后问。

通过这些问题,高管和员工们关注的核心问题不再是可口可乐在美国可乐市场中的占有率,也不再是在全球软饮料市场中的占有率,而变成了在世界上每个人要消费的液体饮料市场中的占有率。而这个问题的答案是:可口可乐在世界液体饮料市场中的份额微乎其微,少到可以忽略不计。高层主管们终于意识到,可口可乐不应该只盯着百事可乐,还有咖啡、牛奶、茶甚至水,而这一市场的巨大空间远远超出人们的想象。

2001年10月MBA(相马赛马)

近些年来,新闻媒体经常报道公开招考公务员,乃至招考厅局级领导干部的消息,这同我国传统习惯中的"伯乐相马"似乎有了不同。

请以"相马""赛马"为话题,写一篇600字左右的议论文,题目自拟。

2020年经济类(退休老人马旭)

阅读下面的文字,根据要求作文。请结合实际写一篇600字左右的论说文。

2018年,武汉一名退休老人向家乡木兰县教育局捐赠1 000万元,引起了广泛的关注。这笔巨款是马旭与丈夫一分一毫几十年积攒下来的,他们至今生活简朴,住在一个不起眼的小院里,家里没有一件像样的家具。

马旭于1932年出生于黑龙江省木兰县,1947年参军入伍,在东北军政大学学习半年后,成为解放军第四野战军的一名卫生员,先后参加过解放战争、抗美援朝战争,期间多次立功受奖。20世纪60年代,她被调入空降兵部队,成为一名军医,后来主动要求学习跳伞,成为新中国第一代女空降兵。此后20多年里,马旭跳伞多达140多次,创下空降女兵跳伞次数最多和年龄最大两项记录。

如今,马旭的事迹家喻户晓,许多地方邀请她参加各类活动,她大多婉拒。她说:"我的一生都是党和部队给的,我只是做了我力所能及的事。只要活着,我们还会继续攒钱捐款,把自己的一切献给党和国家。"

2018年经济类(教授穿金戴银)

阅读下面的材料,并据此写一篇不少于600字的论说文,题目自拟。

近期有报道称,某教授颇喜穿金戴银,全身上下都是世界名牌,一块手表价值几十万,所有的衣服和鞋子都是专门定制的,价格不菲。他认为对"好东西"的喜爱没啥好掩饰的。"以前很多大学教授都很邋遢,有些人甚至几个月都不洗澡,现在时代变了,大学教授应多注意个人形象,不能太邋遢了。"

2017 年经济类(穷人福利)

阅读下面的材料,以"是否应该对穷人提供福利?"为题,写一篇不少于 600 字的论说文。

国家是否应该对穷人提供福利存在较大的争论。反对者认为:贪婪、自私、懒惰是人的本性。如果有福利,人人都想获取。贫穷在大多数情况下是懒惰造成的。为穷人提供福利相当于把努力工作的人的财富转移给了懒惰的人。因此,穷人不应该享受福利。

支持者则认为:如果没有社会福利,则穷人没有收入,就会造成社会动荡,社会犯罪率会上升,相关的合理支出也会增多,其造成的危害可能大于提供社会福利的成本,最终也会影响努力工作的人的利益。因此,为穷人提供社会福利能够稳定社会秩序,应该为穷人提供福利。

2016 年经济类(延迟退休)

阅读下面的材料,以"延长退休年龄之我见"为题,写一篇不少于 600 字的论说文。

自从国家拟推出延迟退休政策以来,就受到了社会各界的广泛关注,同时也引起激烈的争论。为什么要延长退休年龄?

赞成者说,如果不延长退休年龄,养老金就会出现巨大缺口;另外,中国已经步入老年社会,如果不延长退休年龄,就会出现劳动力紧缺的现象。

反对者说,延长退休年龄就是剥夺劳动者应该享受的退休福利,退休年龄的延长意味着领取养老金时间的缩短;另外,退休年龄的延长也会给年轻人就业造成巨大压力。

2014 年经济类(勇气)

根据下述材料,写一篇 600 字左右的论说文,题目自拟。

我懂得了,勇气不是没有恐惧,而是战胜恐惧。勇者不是感觉不到害怕的人,而是克服自身恐惧的人。

——南非前总统纳尔逊·曼德拉

2012 年经济类(抢购茅台)

中国大陆 500 毫升茅台价格升至 1 200 元,纽约华人聚居区法拉盛,1 000 毫升装的同度数茅台价格为 220 至 230 美元，500 毫升约合 670 元人民币。因海外茅台价格便宜，质量有保证，华人竞相购买，回国送人。

这些年，中国游客在海外抢购"MADE IN CHINA"商品的消息已不是什么新鲜事了。服装、百货、日用品，中国造的东西，去了美国反而更便宜。有媒体报道 Levi's 505 牛仔裤，广东东莞生产，在中国商场的价格是 899 元人民币，在美国的亚马逊网站的价格是 24.42 美元，合人民币 166 元，价格相差 5.4 倍。

（摘自《茅台酒为何在美国更便宜？》，《新京报》，2011 年 1 月 7 日）

情况二：题干没有选择倾向

2017 年管理类（扩大研发）

一家企业遇到了这样一个问题：究竟是把有限的资金用于扩大生产呢，还是用于研发新产品？有人主张投资扩大生产，因为根据市场调查，原产品还可以畅销三到五年，由此可以获得可靠而丰厚的利润。有人主张投资研发新产品，因为这样做虽然有很大的风险，但风险背后可能有数倍于甚至数十倍于前者的利润。

2014 年管理类（孔雀的选择）

生物学家发现，雌孔雀往往选择尾巴大而艳丽的雄孔雀作为配偶，因为雄孔雀尾巴越大越艳丽，表明它越有生命活力，其后代的健康越能得到保证。但是，这种选择也产生了问题：孔雀尾巴越大越艳丽，就越容易被天敌发现和猎获，其生存反而会受到威胁。

2002 年管理类（压力）

阅读下面一段材料，按要求作文。

在这次激烈的招聘考试中，有些志在必得的应聘者未能通过，有些未抱希望的应聘者却取得了好成绩。前者说，压力太大，影响了发挥；后者说，没有压力，发挥了高水平。看来，压力确实会破坏人的情绪。但是，人们又常说，没有压力就没有动力，这说明压力又不可缺少。究竟应当如何认识和对待压力呢？

请以"压力"为话题，写一篇文章。题目自拟，不少于 700 字。

2003年10月MBA（读经读史）

"读经不如读史。"

对上述观点进行分析，论述你同意或不同意这一观点的理由，可根据经验、观察或者阅读，用具体理由或实例佐证自己的观点。题目自拟，全文500字左右。

2022年经济类（免费乘坐交通工具）

我国不少地方规定老年人可以免费乘坐公共交通工具，这一规定体现了对老年人的关怀。但是在具体实施过程中出现了一些问题。如在早晚高峰时，老年人免费乘车在一定程度上影响了上班族的通勤；还有，有些老年人也由于各种原因无法享受这一福利。因此，有的地方把老年人免费乘车的福利改为发放津贴。

2011年经济类（蚁族）

自2007年以来，青年学者廉思组织的课题组对蚁族进行了持续跟踪调查。廉思和他的团队撰写的有关蚁族问题的报告多次得到中央领导的批示和高度重视。在2008年、2009年对北京蚁族进行调查的基础上，课题组今年在蚁族数量较多的北京、上海、广州、武汉、西安、重庆、南京等大城市同时展开调查，历时半年有余，发放问卷5 000余份，回收有效问卷4 807份，形成了第一份全国范围的蚁族生存报告。此次调查有一些新发现，主要有：随着高校毕业生就业形势的日趋严峻，蚁族的学历层次上升；蚁族向上流动困难，"三十而离"；五成蚁族否认自己属于弱势群体；等等。

（摘自《调查显示：蚁族学历层次上升，五成人否认自己弱势》，《中国青年报》，2010年12月10日）

专题总结

价值取向类型		适用真题		
		管理类综合能力	MBA 综合能力（10 月）	经济类综合能力
题干价值取向单一	支持	2023 年（领导艺术） 2022 年（鸟类会飞） 2021 年（实业与教育） 2019 年（知识的真理性） 2016 年（多样一致） 2013 年（波音麦道）	2012 年（3G 和 4G 时代） 2011 年（地委书记种树） 2010 年（荣钢集团捐款） 2005 年（一首小诗） 2002 年（易经） 2000 年（幼儿园） 1999 年（领导者素质） 1998 年（下棋）	2023 年（社会事务的处理） 2021 年（食蚁兽） 2015 年（取乎其上） 2013 年（尚拙）
	反对	2020 年（挑战者号） 2012 年（十力语要） 2009 年（三鹿奶粉） 1998 年（儿童高消费） 1997 年（洋招牌）	2013 年（实现中国梦） 2004 年（滑铁卢战役）	2019 年（毛毛虫实验）
题干价值取向不单一	题干有倾向	2018 年（人工智能） 2015 年（仁与富） 2011 年（拔尖冒尖） 2010 年（追求真理） 2008 年（原则与原则上） 2007 年（南极司各脱） 2006 年（和尚挑水） 2005 年（丘吉尔的决策） 2004 年（旅行者和三个人） 2001 年（成功女神） 2000 年（毛泽东周谷城） 1999 年（画一天，卖一年）	2009 年（牦牛群） 2008 年（卷柏） 2007 年（眼高手低） 2006 年（可口可乐） 2001 年（相马赛马）	2020 年（退休老人马旭） 2018 年（教授穿金戴银） 2017 年（穷人福利） 2016 年（延迟退休） 2014 年（勇气） 2012 年（抢购茅台）
	题干无倾向	2017 年（扩大研发） 2014 年（孔雀的选择） 2002 年（压力）	2003 年（读经读史）	2022 年（免费乘坐交通工具） 2011 年（蚁族）

专题三

按照行文主体分类

出现以下几种情况时，行文应围绕特定主体展开。

1. 题干中明确要求写某一主体。

2. 题干是围绕某一主体展开的。

3. 题干描述的是某一主体的行为。如"学术创新"描述的是学者这一主体的行为。

4. 题干中所描述的行为只适用于某一类主体。如"心态"只适用于人这一主体。

当主体无法直接作为论说文的主体展开论证，大家可将主体引申到人、组织等，或者在行文中不专门强调某一主体。

故基于材料的行文主体，主要分为如下两类。

类型一：题干中有特定主体

情况一：企业、管理者（政府管理者除外）。

情况二：国家、政府、政府管理者、行政人员。

情况三：个人。

情况四：其他。

类型二：题干中无特定主体

类型一　题干中有特定主体

情况一：企业、管理者（政府管理者除外）

2023 年管理类（领导艺术）

人们常说"领导艺术"，可见领导与艺术之间存在着某种相似点，如领导一个团队完成某项任务就和指挥一个乐队演奏某首乐曲一样。

2021 年管理类（实业与教育）

我国著名实业家穆藕初在《实业与教育之关系》中指出，教育最重要之点在道德教育（如责任心和公共心之养成、机械心之拔除）和科学教育（如观察力、推论力、判断力之养成）。完全受此两种教育，实业界中坚人物遂由此产生。

2020 年管理类（挑战者号）

据报道，美国航天飞机"挑战者号"采用了斯沃克公司的零配件。该公司的密封圈技术专家博易斯乔利多次向公司高层提醒：低温会导致橡胶密封圈脆裂而引发重大事故。但是，这一意见一直没有受到重视。1986 年 1 月 27 日，佛罗里达州卡纳维拉尔角发射场的气温降到零摄氏度以下，美国宇航局再次打电话给斯沃克公司，询问其对航天飞机的发射还有没有疑虑之处。为此斯沃克公司召开会议，博易斯乔利坚持认为不能发射，但公司高层认为他所持理由还不够充分，于是同意宇航局发射。1 月 28 日上午，航天飞机离开发射平台，仅过了 73 秒，悲剧就发生了。

2017 年管理类（扩大研发）

一家企业遇到了这样一个问题：究竟是把有限的资金用于扩大生产呢，还是用于研发新产品？有人主张投资扩大生产，因为根据市场调查，原产品还可以畅销三到五年，由此可以获得可靠而丰厚的利润。有人主张投资研发新产品，因为这样做虽然有很大的风险，但风险背后可能有数倍于甚至数十倍于前者的利润。

2013 年管理类（波音麦道）

20世纪中叶，美国的波音和麦道两家公司几乎垄断了世界民用飞机的市场，欧洲的飞机制造商深感忧虑。虽然欧洲各国之间的竞争也相当激烈，但还是采取了合作的途径，法国、德国、英国和西班牙等决定共同研制大型宽体飞机，于是"空中客车"便应运而生。面对新的市场竞争态势，波音公司和麦道公司于1997年一致决定组成新的波音公司，以抗衡来自欧洲的挑战。

2009 年管理类（三鹿奶粉）

以"由三鹿奶粉事件所想到的"为题，写一篇700字左右的论说文。

2006 年管理类（和尚挑水）

根据以下材料，围绕企业管理写一篇论说文，题目自拟，700字左右。

两个和尚分别住在东、西两座相邻的山上的寺庙里。两山之间有一条清澈的小溪。这两个和尚每天都在同一时间下山去溪边挑够一天用的水。久而久之，他们就成为好朋友了。光阴如梭，日复一日，不知不觉已经过了三年。有一天，东山的和尚没有下山挑水，西山的和尚没有在意："他大概睡过头了。"哪知第二天，东山的和尚还是没有下山挑水；第三天、第四天也是如此；过了十天，东山的和尚还是没有下山挑水。西山的和尚担心起来："我的朋友一定是生病了，我应该去拜访他，看是否有什么事情能够帮上忙。"于是他爬上了东山，去探望他的老朋友。

到达东山的寺庙，西山和尚看到他的老友正在庙前打拳，一点也不像十天没喝水的样子。他好奇地问："你已经十天都没有下山挑水了，难道你已经修炼到可以不用喝水就能生存的境界了吗？"东山和尚笑笑，带着他走到寺庙后院，指着一口井说："这三年来，我每天做完功课后，都会抽空挖这口井。如今终于挖出水来了，我就不必再下山挑水啦。"西山和尚不以为然："挖井花费的力气远远甚于挑水，你又何必多此一举呢？"

2010 年 10 月 MBA（荣钢集团捐款）

唐山地震孤儿捐款支援汶川灾区

2008年5月18日，在中宣部等共同发起的《爱的奉献》抗震救灾大型募捐活动中，天津民营企业荣程联合钢铁集团有限公司董事长张祥青代表公司再向四川灾区捐款7 000万元，帮助灾区人民重建"震不垮的学校"。至此，荣程联合钢铁集团公司在支援四川灾区抗震救灾中累计捐款1亿元。

"我们对灾区人民非常牵挂，荣钢集团人大多来自唐山，亲历过32年前的唐山大地震，接受过全国人民对唐山灾区的无私援助，32年后为四川地震灾区捐款，回馈社会，是应尽的义务，我们必须做！"张祥青说。

张祥青在1976年唐山大地震时失去父母，年仅8岁的他不幸成为孤儿，他深深感受到来自全国四面八方的涓涓爱心。1989年，张祥青与妻子张荣华开始了艰苦的创业历程，从卖早点、做豆腐开始，最后组建了荣钢集团。企业发展了，荣钢集团人不忘回报社会，支援汶川地震灾区是其中一例。

2009年10月MBA（牦牛群）

根据以下材料，结合企业管理写一篇700字左右的论说文，题目自拟。

《动物世界》里的镜头：一群体型庞大的牦牛正在草原上吃草。突然，不远处来了几只觅食的狼。牦牛群奔跑起来，狼群急追……终于，有一头体弱的牦牛掉队，寡不敌众，被狼分食了。

《动物趣闻》里的镜头：一群牦牛正在草原上吃草。突然，来了几只觅食的狼。一头牦牛发现了狼，它的叫声提醒了同伴。领头的牦牛站定与狼对视，其余的牦牛也围在一起，站立原地。狼在不远处虎视眈眈地转悠了好一阵，见没有进攻的机会，就没趣地走开了。

2006年10月MBA（可口可乐）

根据以下材料，围绕企业管理写一篇论说文，题目自拟，700字左右。

20世纪80年代，可口可乐公司因为缺少发展空间而笼罩在悲观情绪之中：一方面，它以35%的市场份额控制着软饮料市场，这个市场份额几乎是在反垄断政策下企业能达到的最高点；另一方面，面对更年轻、更充满活力的百事可乐的积极进攻，可口可乐似乎只能采取防守的策略，为一两个百分点的市场份额展开惨烈的竞争。尽管可口可乐的主管很有才干，员工工作努力，但是他们内心其实很悲观，看不到如何摆脱这种宿命：在顶峰上唯一可能的路径就是向下。

郭思达（Roberto Goizueta）在接任可口可乐的CEO后，在高层主管会议上提出这样一些问题：

"世界上44亿人口每人每天消费的液体饮料平均是多少？"

答案是："64盎司。"（1盎司约为28克）

"那么，每人每天消费的可口可乐又是多少呢？"

"不足2盎司。"

"那么，在人们的肚子里，我们市场份额是多少？"郭思达最后问。

通过这些问题，高管和员工们关注的核心问题不再是可口可乐在美国可乐市场中的占有率，也不再是在全球软饮料市场中的占有率，而变成了在世界上每个人要消费的液体饮料市场中的占有率。而这个问题的答案是：可口可乐在世界液体饮料市场中的份额微乎其微，少到可以忽略不计。高层主管们终于意识到，可口可乐不应该只盯着百事可乐，还有咖啡、牛奶、茶甚至水，而这一市场的巨大空间远远超出人们的想象。

1999年10月MBA（领导者素质）

以"小议企业领导者的素质"为题，写一篇500字左右的议论文。

情况二：国家、政府、政府管理者、行政人员

2016年管理类（多样一致）

亚里士多德说："城邦的本质在于多样性，而不在于一致性。……无论是家庭还是城邦，它们的内部都有着一定的一致性。不然的话，它们是不可能组建起来的。但这种一致性是有一定限度的。……同一种声音无法实现和谐，同一个音阶也无法组成旋律。城邦也是如此，它是一个多面体。人们只能通过教育使存在着各种差异的公民统一起来组成一个共同体。"

2011年管理类（拔尖冒尖）

众所周知，人才是立国、富国、强国之本。如何使人才尽快地脱颖而出，是一个亟待解决的问题。人才的出现有多种途径，其中有"拔尖"，有"冒尖"。拔尖是指被提拔而成为尖子，冒尖是指通过奋斗、取得成就而得到社会公认。有人认为，我国当今某些领域的管理人才，拔尖的多而冒尖的少。

2005年管理类（丘吉尔的决策）

根据下述内容，自拟题目写一篇短文，评价丘吉尔的决策，说明如果你是决策者，在当时的情况下你会做出何种选择，并解释决策依据。700字左右。

第二次世界大战期间，英国首相丘吉尔曾做出一个令他五脏俱焚的决定。当时，盟军已经破译了德军的绝密通信密码，并由此得知德军下一个空袭目标是英国的一个城市考文垂。

但是，一旦通知这个城市做出任何非正常的疏散和防备，都将引起德军的警觉，使破译密码之事暴露，从而丧失进一步了解德军重大秘密的机会。所以，丘吉尔反复权衡，最终下令，不对这个城市做任何非正常的提醒。结果，考文垂在这次空袭中一半被焚毁，上千人丧生。然而，通过这个密码，盟军了解到德军在几次重大战役中的兵力部署情况，制定了正确的应对策略，取得了重大的军事胜利。

2013年10月MBA（实现中国梦）

阅读以下资料，给全国的企业经理写一封公开信，并在信前添加合适的标题文字，700字左右。

改革开放以来，中国经济发展的速度举世瞩目。按国际货币基金组织的统计，在188个国家与地区中，1980年，我国按美元计算的GDP位列第11位，只是美国的7.26%，日本的18.63%，从2010年起位列世界第2位，成为世界第二大经济体。到2012年，我国的GDP是美国的52.45%，日本的137.95%，与30年前不可同日而语。然而，从能源消耗看，形势非常严峻。1980年，我国能源消耗总量为6.03亿吨标准煤，到2012年增加到36.20亿吨，为1980年的6倍。按石油进口量排名，1982年我国在世界排名中位列第43位，从2009年起上升到第2位，而且面临继续上升的困境。与能源消耗相关的污染问题也频频现于报端，引起全国民众和政府的极大关注。能源消耗和污染问题已经成为阻碍我们实现"中国梦"的两个难关，对此，我们要群策群力，攻坚克难。

2012年10月MBA（3G和4G时代）

2012年7月6日《科技日报》报道：

我国主导的TD-LTE移动通信技术已于2010年10月被国际电信联盟确立为国际4G标准。TD-LTE是我国自主创新的第三代移动通信技术TD-SCDMA的演进技术。TD-SCDMA的成功规模商用为TD-LTE的快速发展奠定了坚实的基础。目前，TD-LTE已形成由中国主导、全球广泛参与的产业链，全球几乎所有通信系统和芯片制造商都已支持该技术。

在移动通信技术的1G和2G时代，我们只能使用美国和欧洲的标准。通过艰难的技术创新，到3G和4G时代中国自己的通信标准已经成为世界三大国际标准之一。

2011年10月MBA（地委书记种树）

2010年春天，已持续半年的干旱让云南很多地方群众的饮水变得异常困难，施甸县大亮山附近群众家里的水管却依然有清甜的泉水流出，他们的水源地正是大亮山林场。乡亲们深情地说:"多亏了老书记啊,要不是他,不知道现在会是什么样子。"

1988年3月,61岁的杨善洲从保山地委书记的岗位上退休,婉拒了省委书记劝其搬至昆明安度晚年的邀请,执意选择回到家乡施甸县种树。20多年过去了,曾经山秃水枯的大亮山完全变了模样:森林郁郁葱葱,溪流四季不断;林下山珍遍地,枝头莺鸣燕歌……

一位地委书记,为何退休后选择到异常艰苦的地方去种树?

"在党政机关工作多年,因工作关系没有时间去照顾家乡父老,他们找过多次我也没给他们办一件事。但我答应退休后帮乡亲们办一两件有益的事,许下的承诺就要兑现。至于具体做什么,考察来考察去,还是为后代绿化荒山比较现实。"关于种树,年逾八旬的杨善洲这样解释。

2004年10月MBA(滑铁卢战役)

在滑铁卢战役的第一阶段,拿破仑的部队兵分两路。右翼由拿破仑亲自率领,在利尼迎战布鲁查尔;左翼由奈伊将军率领,在卡特勒布拉斯迎战威灵顿。拿破仑和奈伊都打算进攻,而且,两个人都精心制定了对各自战事而言均为相当优秀的作战计划。但不幸的是,这两个计划均打算用格鲁希指挥的后备部队,从侧翼给敌人以致命一击,但他们事前并没有就各自的计划交换意见。当天的战斗中,拿破仑和奈伊所发布的命令又含糊不清,致使格鲁希的部队要么踌躇不前,要么在两个战场之间疲于奔命,一天之中没有投入任何一方的作战行动,最终导致拿破仑惨败。

2001年10月MBA(相马赛马)

近些年来,新闻媒体经常报道公开招考公务员,乃至招考厅局级领导干部的消息,这同我国传统习惯中的"伯乐相马"似乎有了不同。

请以"相马""赛马"为话题,写一篇600字左右的议论文,题目自拟。

2023年经济类(社会事务的处理)

一种社会事务,往往涉及诸多因素(如春运涉及交通设施、气候条件、民俗文化、经济环境、科学技术等),所以要依赖诸多部门的通力合作才能处理好。

2022年经济类(免费乘坐交通工具)

我国不少地方规定老年人可以免费乘坐公共交通工具,这一规定体现了对老年人的关怀。但是在具体实施过程中出现了一些问题。如在早晚高峰时,老年人免费乘车在一定程度上影响了上班族的通勤；还有，有些老年人也由于各种原因无法享受这一福利。因此，有的地方把老年人免费乘车的福利改为发放津贴。

2017 年经济类（穷人福利）

阅读下面的材料，以"是否应该对穷人提供福利？"为题，写一篇不少于 600 字的论说文。

国家是否应该对穷人提供福利存在较大的争论。反对者认为：贪婪、自私、懒惰是人的本性。如果有福利，人人都想获取。贫穷在大多数情况下是懒惰造成的。为穷人提供福利相当于把努力工作的人的财富转移给了懒惰的人。因此，穷人不应该享受福利。

支持者则认为：如果没有社会福利，则穷人没有收入，就会造成社会动荡，社会犯罪率会上升，相关的合理支出也会增多，其造成的危害可能大于提供社会福利的成本，最终也会影响努力工作的人的利益。因此，为穷人提供社会福利能够稳定社会秩序，应该为穷人提供福利。

2016 年经济类（延迟退休）

阅读下面的材料，以"延长退休年龄之我见"为题，写一篇不少于 600 字的论说文。

自从国家拟推出延迟退休政策以来，就受到了社会各界的广泛关注，同时也引起激烈的争论。为什么要延长退休年龄？

赞成者说，如果不延长退休年龄，养老金就会出现巨大缺口；另外，中国已经步入老年社会，如果不延长退休年龄，就会出现劳动力紧缺的现象。

反对者说，延长退休年龄就是剥夺劳动者应该享受的退休福利，退休年龄的延长意味着领取养老金时间的缩短；另外，退休年龄的延长也会给年轻人就业造成巨大压力。

情况三：个人

2007 年管理类（南极司各脱）

电影《南极的司各脱》描写英国探险家司各脱上校到南极探险的故事。司各脱历尽艰辛，终于到达南极，却在归途中不幸冻死了。在影片的开头，有人问司各脱："你为什么不能放弃探险的生涯？"他回答："留下第一个脚印的魅力。"司各脱为留下第一个脚印付出了生命的代价。

2004年管理类（旅行者和三个人）

根据以下材料，自拟题目撰写一篇600字左右的论说文。

一位旅行者在途中看到一群人在干活，他问其中一位在做什么，这个人不高兴地回答："你没有看到我在敲打石头吗？若不是为了养家糊口，我才不会在这里做这些无聊的事。"旅行者又问另外一位，他严肃地回答："我正在做工头分配给我的工作，在今天收工前我可以砌完这面墙。"旅行者问第三位，他喜悦地回答："我正在盖一座大厦。"他为旅行者描绘大厦的形状、位置和结构，最后说："再过不久，这里就会出现一座宏伟的大厦，我们这个城市的居民就可以在这里聚会、购物和娱乐了。"

2002年管理类（压力）

阅读下面一段材料，按要求作文。

在这次激烈的招聘考试中，有些志在必得的应聘者未能通过，有些未抱希望的应聘者却取得了好成绩。前者说，压力太大，影响了发挥；后者说，没有压力，发挥了高水平。看来，压力确实会破坏人的情绪。但是，人们又常说，没有压力就没有动力，这说明压力又不可缺少。究竟应当如何认识和对待压力呢？

请以"压力"为话题，写一篇文章。题目自拟，不少于700字。

2001年管理类（成功女神）

根据所给的材料，写一篇600字左右的议论文，题目自拟。

1831年，瑞典化学家萨弗斯特朗发现了钒元素。对这一重大发现，后来他在给他朋友化学家维勒的信中这样写道："在宇宙的极光角，住着一位漂亮可爱的女神。一天，有人敲响了她的门。女神懒得动，在等第二次敲门。谁知这位来宾敲过后就走了。她急忙起身打开窗户张望：'是哪个冒失鬼？啊，一定是维勒！'如果维勒再敲一下，不是会见到女神了吗？过了几天又有人来敲门，一次敲不开，继续敲。女神开了门，是萨弗斯特朗。他们相晤了，钒便应运而生！"

2007年10月MBA（眼高手低）

著名作家曹禺先生说过这样一段话：我看，应该给"眼高手低"正名。它是褒义词，而不是贬义词。我们认真想一想，一个人做事眼高手低是正常的，只有眼高起来，手才能跟着高起来。一个人不应该怕眼高手低，怕的倒是眼也低手也低。我们经常是眼不高，手才低的。

2005年10月MBA（一首小诗）

根据下面这首诗，写一篇700字左右的论说文，题目自拟。

如果你不能成为挺立山顶的苍松，

那就做山谷一棵小树陪伴溪水淙淙；

如果你不能成为一棵大树，

那就化作一丛茂密的灌木；

如果你不能成为一只香獐，

那就化作一尾最活跃的小鲈鱼，享受那美妙的湖光；

如果你不能成为大道宽敞，

那就铺成一条小路目送夕阳；

如果你不能成为太阳，

那就变成一颗星星在夜空闪亮。

不可能都当领航的船长，

还要靠水手奋力划桨；

世上有大事、小事需要去做，

最重要的事在我们身旁。

2000年10月MBA（幼儿园）

根据下面一则材料，写一篇不少于500字的议论文，题目自拟。

有人问一位诺贝尔奖奖金获得者："您在哪所大学学到了您认为是最主要的一些东西？"出人意料，这位学者回答说是在幼儿园，他说："把自己的东西分一半给小伙伴们，不是自己的东西不要拿，东西要放整齐，做错事要表示歉意，要仔细观察大自然。从根本上说，我学到的全部东西就是这些。"

2020年经济类（退休老人马旭）

阅读下面的文字，根据要求作文。请结合实际写一篇600字左右的论说文。

2018年，武汉一名退休老人向家乡木兰县教育局捐赠1 000万元，引起了广泛的关注。这笔巨款是马旭与丈夫一分一毫几十年积攒下来的，他们至今生活简朴，住在一个不起眼的小院里，家里没有一件像样的家具。

马旭于1932年出生于黑龙江省木兰县，1947年参军入伍，在东北军政大学学习半年后，成为解放军第四野战军的一名卫生员，先后参加过解放战争、抗美援朝战争，期间多次立功受奖。20世纪60年代，她被调入空降兵部队，成为一名军医，后来主动要求学习跳伞，成为新中国第一代女空降兵。此后20多年里，马旭跳伞多达140多次，创下空降女兵跳伞次数最多和年龄最大两项记录。

如今，马旭的事迹家喻户晓，许多地方邀请她参加各类活动，她大多婉拒。她说："我的一生都是党和部队给的，我只是做了我力所能及的事。只要活着，我们还会继续攒钱捐款，把自己的一切献给党和国家。"

2014年经济类（勇气）

根据下述材料，写一篇600字左右的论说文，题目自拟。

我懂得了，勇气不是没有恐惧，而是战胜恐惧。勇者不是感觉不到害怕的人，而是克服自身恐惧的人。

——南非前总统纳尔逊·曼德拉

2013年经济类（尚拙）

根据下述材料，写一篇600字左右的论说文，题目自拟。

被誉为清代中兴名臣的曾国藩，其人生哲学很独特，就是"尚拙"，他曾说"天下之至拙，能胜任天下之至巧，拙者自知不如他人，自便会更虚心"。

情况四：其他

2018年管理类（人工智能）

有人说，机器人的使命，应该是帮助人类做那些人类做不了的事，而不是替代人类。技术变革会夺取一些人低端烦琐的工作岗位，最终也会创造更高端、更人性化的就业机会。例如，历史上铁路的出现抢去了很多挑夫的工作，但又增加了千百万的铁路工人。人工智能也是一种技术变革，人工智能也将促进未来人类社会的发展。有人则不以为然。

2012年管理类（十力语要）

中国现代著名哲学家熊十力先生在《十力语要》（卷一）中说："吾国学人，总好追逐风气，一时之所尚，则群起而趋其途，如海上逐臭之夫，莫名所以。曾无一刹那，风气或变，而逐臭者复如故。此等逐臭之习，有两大病。一、各人无牢固与永久不改之业，遇事无从深入，徒养成浮动性。二、大家共趋于世所矜尚之一途，则其余千途万途，一切废弃，无人过问。此二大病，都是中国学人死症。"

2010 年管理类（追求真理）

一个真正的学者，其崇高使命是追求真理。学者个人的名利乃至生命与之相比都微不足道，但因为其献身于真理就会变得无限伟大。一些著名大学的校训中都含有追求真理的内容。然而，近年学术界的一些状况与追求真理这一使命相去甚远，部分学者的功利化倾向越来越严重，抄袭剽窃、学术造假、自我炒作、沽名钓誉等现象时有所闻。

1998 年管理类（儿童高消费）

根据所给材料，写一篇 500 字左右的议论文，题目自拟。
当前，儿童高消费已经越来越严重，许多家长甚至让孩子吃名牌、穿名牌、用名牌、玩名牌，而自己却心甘情愿地过着节俭的日子。

1997 年管理类（洋招牌）

根据所给材料，写一篇 500 字左右的议论文。题目自拟。
时下，商店、企业取洋名似乎成了一种时尚，许多店铺、厂家竞相挂起了洋招牌，什么爱格尔、欧兰特、哈勃尔、爱丽芬、奥兰多等触目皆是。翻开新编印的黄页电话号码簿，各种冠了洋名的企业也明显增多。甚至国货产品广告，也以取洋名为荣。

2018 年经济类（教授穿金戴银）

阅读下面的材料，并据此写一篇不少于 600 字的论说文，题目自拟。
近期有报道称，某教授颇喜穿金戴银，全身上下都是世界名牌，一块手表价值几十万，所有的衣服和鞋子都是专门定制的，价格不菲。他认为对"好东西"的喜爱没啥好掩饰的。"以前很多大学教授都很邋遢，有些人甚至几个月都不洗澡，现在时代变了，大学教授应多注意个人形象，不能太邋遢了。"

2012 年经济类（抢购茅台）

中国大陆 500 毫升茅台价格升至 1 200 元，纽约华人聚居区法拉盛，1 000 毫升装的同度数茅台价格为 220 至 230 美元，500 毫升约合 670 元人民币。因海外茅台价格便宜，质量有保证，华人竞相购买，回国送人。

这些年，中国游客在海外抢购"MADE IN CHINA"商品的消息已不是什么新鲜事了。服装、百货、日用品，中国造的东西，去了美国反而更便宜。有媒体报道 Levi's 505 牛仔裤，广东东莞生产，在中国商场的价格是 899 元人民币，在美国的亚马逊网站的价格是 24.42 美元，合人民币 166 元，价格相差 5.4 倍。

（摘自《茅台酒为何在美国更便宜？》，《新京报》，2011 年 1 月 7 日）

2011 年经济类（蚁族）

自 2007 年以来，青年学者廉思组织的课题组对蚁族进行了持续跟踪调查。廉思和他的团队撰写的有关蚁族问题的报告多次得到中央领导的批示和高度重视。在 2008 年、2009 年对北京蚁族进行调查的基础上，课题组今年在蚁族数量较多的北京、上海、广州、武汉、西安、重庆、南京等大城市同时展开调查，历时半年有余，发放问卷 5 000 余份，回收有效问卷 4 807 份，形成了第一份全国范围的蚁族生存报告。此次调查有一些新发现，主要有：随着高校毕业生就业形势的日趋严峻，蚁族的学历层次上升；蚁族向上流动困难，"三十而离"；五成蚁族否认自己属于弱势群体；等等。

（摘自《调查显示：蚁族学历层次上升，五成人否认自己弱势》，《中国青年报》，2010 年 12 月 10 日）

类型二　题干中无特定主体

很多真题材料是寓言故事，题干中所讨论的是虚拟人物、自然现象、生物行为等，这类主体无法直接作为论说文的主体展开论证，此时需要大家将这些不可用的主体引申到人、组织等，或者在行文中不专门强调某一主体。例如：

当材料的故事为"乐观的小狗更容易获得机会"。本题中的主体为小狗，无法直接作为论说文的主体展开论证。可将本题的主体引申为人，因为乐观这一中心词适用于人。

当材料的故事为"团结协作的狼群更容易应对危机"。本题中的主体为狼群，无法直接作为论说文的主体展开论证。可将本题的主体引申为企业或组织等，因为团结协作这一中心适用于组织。

当材料的故事为"乌鸦创新更容易喝到水"。本题中的主体为乌鸦，无法直接作为论说文的主体展开论证。将本题的主体引申为人、企业、组织、国家等均可，因为创新这一中心可适用于各种各样的主体。在这种情况下，也可以不单独引申到某一主体范围内，而是概括性地讨论创新本身的重要性。

如上所述，并不是所有的真题都要依赖于主体才能展开论证。很多真题题干没有特定的主体，我们不需要将真题引申到某一特定主体上，可以直接概括性地讨论观点本身的合理性。

例如，题目是"为仁有利于得富"。

借助主体的论证段落如下：企业为仁有利于获得更好的口碑，从而提高用户的黏性，获得更多的利润和财富。

不借助主体的论证段落如下：为仁的过程中有利于获得更多的认可，从而提高自身的可信度，获得更多的机会和发展。

2022 年管理类（鸟类会飞）

鸟类会飞是因为它们在进化过程中不断优化了其身体结构。飞行是一项特殊的运动，鸟类的躯干进化成了适合飞行的流线型；飞行也是一项需要付出高能量代价的运动，鸟类增强了翅膀、胸肌部位的功能，又改进了呼吸系统，以便给肌肉持续提供氧气。同时，鸟类在进化过程中舍弃了那些沉重的、效率低的身体部件。

2019 年管理类（知识的真理性）

知识的真理性只有经过检验才能得到证明。论辩是纠正错误的重要途径之一，不同观点的冲突会暴露错误而发现真理。

2015 年管理类（仁与富）

孟子曾引用阳虎的话："为富，不仁矣；为仁，不富矣。"（《孟子·滕文公上》）这段话表明了古人对当时社会上为富为仁现象的一种态度，以及对两者之间关系的一种思考。

2014 年管理类（孔雀的选择）

生物学家发现，雌孔雀往往选择尾巴大而艳丽的雄孔雀作为配偶，因为雄孔雀尾巴越大越艳丽，表明它越有生命活力，其后代的健康越能得到保证。但是，这种选择也产生了问题：孔雀尾巴越大越艳丽，就越容易被天敌发现和猎获，其生存反而会受到威胁。

2008年管理类（原则与原则上）

"原则"就是规矩，就是准绳。而在日常生活和工作中，常见的表达方式是："原则上……，但是……"。请以"原则"与"原则上"为议题写一篇论说文，题目自拟，700字左右。

2000年管理类（毛泽东周谷城）

根据所给材料写一篇500字左右的议论文，题目自拟。

解放初期，有一次毛泽东和周谷城谈话。毛泽东说："失败是成功之母。"周谷城回答说："成功也是失败之母。"毛泽东思索了一下，说："你讲得好。"

1999年管理类（画一天，卖一年）

根据所给材料，写一篇500字左右的议论文，题目自拟。

一位画家在拜访德国著名画家门采尔时诉苦说："为什么我画一张画只要一天的时间，而卖掉它却要等上整整一年？"门采尔严肃认真地对他说："倒过来试试吧，如果你用一年的时间去画它，那么只需一天就能够把它卖掉。"

2008年10月MBA（卷柏）

南美洲有一种奇特的植物——卷柏。说它奇特，是因为它会走。卷柏生存需要充足的水分，当水分不充足时，它就会把根从土壤里拔出来，整个身躯卷成一个圆球状。由于体轻，只要稍有一点风，它就会随风在地面滚动。一旦滚到水分充足的地方，圆球就会迅速打开，根重新钻到土壤里，暂时安居。当水分又不充足，住得不称心如意时，它就会继续游走，以寻求更好的生存环境。

难道卷柏不走就不能生存了吗？一位植物学家做了一个实验：用挡板圈出一块空地，把一株卷柏放到空地中水分最充足的地方，不久卷柏便扎根生存下来。几天后，当这里水分减少时，卷柏便拔出根须，准备漂移。但实验者用挡板对其进行严格控制，限制了它游走的可能。结果实验者发现，卷柏又回到那里重新扎根生存；而且在几次将根拔出又不能移动以后，便再也不动了；而且，卷柏此时的根已经深深扎入泥土，长势比任何时期都好，也许它发现，根扎得越深，水分越充分……

2003年10月MBA（读经读史）

"读经不如读史。"

对上述观点进行分析,论述你同意或不同意这一观点的理由,可根据经验、观察或者阅读,用具体理由或实例佐证自己的观点。题目自拟,全文 500 字左右。

2002 年 10 月 MBA(易经)

阅读下面的材料,根据要求作文。

中国古代的《易经》中说:"穷则变,变则通。"这就是说,当我们要解决一个问题而遇到困难无路可走时,就应变换一下方式方法,这样往往可以提出连自己也感到意外的解决办法,从而收到显著的效果。

请以"穷则变,变则通"为话题写一篇作文,可以写你自己的经历、体验或看法,也可以联系生活实际展开议论。文体自选,题目自拟,不少于 700 字。

1998 年 10 月 MBA(下棋)

用下面的一段话作为一篇议论文的开头,接下去写完一篇立论与它观点一致的议论文。字数要求 500 字左右,题目自拟。

投下一着好棋,有时可以取得全盘的主动。但是,光凭一着好棋,并不能说有把握最后胜利,还必须看以后的每着棋下得好不好。

2021 年经济类(食蚁兽)

巴西热带雨林中的食蚁兽在捕食时,使用带黏液的长舌伸进蚁穴捕获白蚁,但不管捕获多少,每次捕食都不超过 3 分钟,然后去寻找下一个目标,从来不摧毁整个蚁穴。而那些没有被食蚁兽捕获的工蚁就会马上修复蚁穴,蚁后也会开始新一轮繁殖,很快产下更多的幼蚁,从而使蚁群继续生存下去。

2019 年经济类(毛毛虫实验)

阅读下面的材料,并据此写一篇不少于 600 字的论说文,题目自拟。

法国科学家约翰·法伯曾做过一个著名的"毛毛虫实验"。这种毛毛虫有一种"跟随者"的习性,总是盲目地跟着前面的毛毛虫走。法伯把若干个毛毛虫放在一只花盆的边缘上,首尾相接,围成一圈。他在花盆周围不远的地方,撒了一些毛毛虫喜欢吃的松叶。毛毛虫开始一个跟一个,绕着花盆,一圈又一圈地走。一个小时过去了,一天过去了,毛毛虫们还在不停地、固执地团团转。一连走了七天七夜,终因饥饿和筋疲力尽而死去。这其中,只要有任何一只毛毛虫稍稍与众不同,便立刻会吃到食物,改变命运。

2015 年经济类（取乎其上）

根据下述材料，写一篇 600 字左右的论说文，题目自拟。

《论语》云："取乎其上，得乎其中；取乎其中，得乎其下；取乎其下，则无所得矣。"

《孙子兵法》云："求其上，得其中；求其中，得其下；求其下，必败。"

专题总结

行文主体类型		适用真题		
		管理类综合能力	MBA 综合能力（10 月）	经济类综合能力
题干中有特定主体	企业、管理者（政府管理者除外）	2023 年（领导艺术） 2021 年（实业与教育） 2020 年（挑战者号） 2017 年（扩大研发） 2013 年（波音麦道） 2009 年（三鹿奶粉） 2006 年（和尚挑水）	2010 年（荣钢集团捐款） 2009 年（牦牛群） 2006 年（可口可乐） 1999 年（领导者素质）	—
	国家、政府、政府管理者、行政人员	2016 年（多样一致） 2011 年（拔尖冒尖） 2005 年（丘吉尔的决策）	2013 年（实现中国梦） 2012 年（3G 和 4G 时代） 2011 年（地委书记种树） 2004 年（滑铁卢战役） 2001 年（相马赛马）	2023 年（社会事务的处理） 2022 年（免费乘坐交通工具） 2017 年（穷人福利） 2016 年（延迟退休）
	个人	2007 年（南极司各脱） 2004 年（旅行者和三个人） 2002 年（压力） 2001 年（成功女神）	2007 年（眼高手低） 2005 年（一首小诗） 2000 年（幼儿园）	2020 年（退休老人马旭） 2014 年（勇气） 2013 年（尚拙）
	其他	2018 年（人工智能） 2012 年（十力语要） 2010 年（追求真理） 1998 年（儿童高消费） 1997 年（洋招牌）	—	2018 年（教授穿金戴银） 2012 年（抢购茅台） 2011 年（蚁族）
题干中无特定主体		2022 年（鸟类会飞） 2019 年（知识的真理性） 2015 年（仁与富） 2014 年（孔雀的选择） 2008 年（原则与原则上） 2000 年（毛泽东周谷城） 1999 年（画一天，卖一年）	2008 年（卷柏） 2003 年（读经读史） 2002 年（易经） 1998 年（下棋）	2021 年（食蚁兽） 2019 年（毛毛虫实验） 2015 年（取乎其上）

专题四

按照行文结构分类

针对不同类型的题目，论说文的行文方式往往具有较大的差异，从而导致其结构也具有一定的差异。

类型相似的真题可以采用相似的结构展开。现分类如下。

类型一：A 好

类型二：A 促 B

类型三：A 更好

类型四：A、B 可共存 /A、B 相辅相成

类型五：A 和 B 好 /A、B 缺一不可

需要提醒大家的是，论说文的结构可以千变万化，此处仅列举了部分结构做示范，大家不必拘泥于此，结构只要逻辑清晰、能合理论证观点即可。

专题四　按照行文结构分类

类型一　A 好

【适用类型】

真题材料中只有单一关键词，需要论证单一关键词的好或坏。例如，题目为"企业应当重视创新"，只需要论证"创新好"。

【结构】

开头—A 好—A 好—不 A 不好—A 有缺点但可化解—结尾。

【例题】2020 年管理类（挑战者号）。

题目：我们要重视专家意见。

提纲：开头—重视专家意见有利于降低风险—重视专家意见有利于提高员工的认同感— 不重视专家意见容易造成认知局限—重视专家意见并不意味着失去自主思考—结尾。

2023 年管理类（领导艺术）

人们常说"领导艺术"，可见领导与艺术之间存在着某种相似点，如领导一个团队完成某项任务就和指挥一个乐队演奏某首乐曲一样。

2022 年管理类（鸟类会飞）

鸟类会飞是因为它们在进化过程中不断优化了其身体结构。飞行是一项较特殊的运动，鸟类的躯干进化成了适合飞行的流线型；飞行也是一项需要付出高能量代价的运动，鸟类增强了翅膀、胸肌部位的功能，又改进了呼吸系统，以便给肌肉持续提供氧气。同时，鸟类在进化过程中舍弃了那些沉重的、效率低的身体部件。

2020 年管理类（挑战者号）

据报道，美国航天飞机"挑战者号"采用了斯沃克公司的零配件。该公司的密封圈技术专家博易斯乔利多次向公司高层提醒：低温会导致橡胶密封圈脆裂而引发重大事故。但是，这一意见一直没有受到重视。1986 年 1 月 27 日，佛罗里达州卡纳维拉尔角发射场的气温

61

降到零摄氏度以下，美国宇航局再次打电话给斯沃克公司，询问其对航天飞机的发射还有没有疑虑之处。为此斯沃克公司召开会议，博易斯乔利坚持认为不能发射，但公司高层认为他所持理由还不够充分，于是同意宇航局发射。1月28日上午，航天飞机离开发射平台，仅过了73秒，悲剧就发生了。

2013年管理类（波音麦道）

20世纪中叶，美国的波音和麦道两家公司几乎垄断了世界民用飞机的市场，欧洲的飞机制造商深感忧虑。虽然欧洲各国之间的竞争也相当激烈，但还是采取了合作的途径，法国、德国、英国和西班牙等决定共同研制大型宽体飞机，于是"空中客车"便应运而生。面对新的市场竞争态势，波音公司和麦道公司于1997年一致决定组成新的波音公司，以抗衡来自欧洲的挑战。

2012年管理类（十力语要）

中国现代著名哲学家熊十力先生在《十力语要》（卷一）中说："吾国学人，总好追逐风气，一时之所尚，则群起而趋其途，如海上逐臭之夫，莫名所以。曾无一刹那，风气或变，而逐臭者复如故。此等逐臭之习，有两大病。一、各人无牢固与永久不改之业，遇事无从深入，徒养成浮动性。二、大家共趋于世所矜尚之一途，则其余千途万途，一切废弃，无人过问。此二大病，都是中国学人死症。"

2010年管理类（追求真理）

一个真正的学者，其崇高使命是追求真理。学者个人的名利乃至生命与之相比都微不足道，但因为其献身于真理就会变得无限伟大。一些著名大学的校训中都含有追求真理的内容。然而，近年学术界的一些状况与追求真理这一使命相去甚远，部分学者的功利化倾向越来越严重，抄袭剽窃、学术造假、自我炒作、沽名钓誉等现象时有所闻。

2009年管理类（三鹿奶粉）

以"由三鹿奶粉事件所想到的"为题，写一篇700字左右的论说文。

2006年管理类（和尚挑水）

根据以下材料，围绕企业管理写一篇论说文，题目自拟，700字左右。
两个和尚分别住在东、西两座相邻的山上的寺庙里。两山之间有一条清澈的小溪。这两个和尚每天都在同一时间下山去溪边挑够一天用的水。久而久之，他们就成为好朋友了。光阴如梭，日复一日，不知不觉已经过了三年。有一天，东山的和尚没有下山挑水，西山的和尚没有在意："他大概睡过头了。"哪知第二天，东山的和尚还是没有下山挑水；第三天、第四天也是如此；过了十天，东山的和尚还是没有下山挑水。西山的和尚担心起来："我的朋友一定是生病了，我应该去拜访他，看是否有什么事情能够帮上忙。"于是他爬上了东山，去探望他的老朋友。

到达东山的寺庙，西山和尚看到他的老友正在庙前打拳，一点也不像十天没喝水的样子。他好奇地问："你已经十天都没有下山挑水了，难道你已经修炼到可以不用喝水就能生存的境界了吗？"东山和尚笑笑，带着他走到寺庙后院，指着一口井说："这三年来，我每天做完功课后，都会抽空挖这口井。如今终于挖出水来了，我就不必再下山挑水啦。"西山和尚不以为然："挖井花费的力气远远甚于挑水，你又何必多此一举呢？"

2004年管理类（旅行者和三个人）

根据以下材料，自拟题目撰写一篇600字左右的论说文。

一位旅行者在途中看到一群人在干活，他问其中一位在做什么，这个人不高兴地回答："你没有看到我在敲打石头吗？若不是为了养家糊口，我才不会在这里做这些无聊的事。"旅行者又问另外一位，他严肃地回答："我正在做工头分配给我的工作，在今天收工前我可以砌完这面墙。"旅行者问第三位，他喜悦地回答："我正在盖一座大厦。"他为旅行者描绘大厦的形状、位置和结构，最后说："再过不久，这里就会出现一座宏伟的大厦，我们这个城市的居民就可以在这里聚会、购物和娱乐了。"

2002年管理类（压力）

阅读下面一段材料，按要求作文。

在这次激烈的招聘考试中，有些志在必得的应聘者未能通过，有些未抱希望的应聘者却取得了好成绩。前者说，压力太大，影响了发挥；后者说，没有压力，发挥了高水平。看来，压力确实会破坏人的情绪。但是，人们又常说，没有压力就没有动力，这说明压力又不可缺少。究竟应当如何认识和对待压力呢？

请以"压力"为话题，写一篇文章。题目自拟，不少于700字。

2001年管理类（成功女神）

根据所给的材料，写一篇600字左右的议论文，题目自拟。

1831年，瑞典化学家萨弗斯特朗发现了钒元素。对这一重大发现，后来他在给他朋友化学家维勒的信中这样写道："在宇宙的极光角，住着一位漂亮可爱的女神。一天，有人敲响了她的门。女神懒得动，在等第二次敲门。谁知这位来宾敲过后就走了。她急忙起身打开窗户张望：'是哪个冒失鬼？啊，一定是维勒！'如果维勒再敲一下，不是会见到女神了吗？过了几天又有人来敲门，一次敲不开，继续敲。女神开了门，是萨弗斯特朗。他们相晤了，钒便应运而生！"

2000年管理类（毛泽东周谷城）

根据所给材料写一篇500字左右的议论文，题目自拟。

解放初期，有一次毛泽东和周谷城谈话。毛泽东说："失败是成功之母。"周谷城回答说："成功也是失败之母。"毛泽东思索了一下，说："你讲得好。"

1998年管理类（儿童高消费）

根据所给材料，写一篇500字左右的议论文，题目自拟。

当前，儿童高消费已经越来越严重，许多家长甚至让孩子吃名牌、穿名牌、用名牌、玩名牌，而自己却心甘情愿地过着节俭的日子。

1997年管理类（洋招牌）

根据所给材料，写一篇500字左右的议论文。题目自拟。

时下，商店、企业取洋名似乎成了一种时尚，许多店铺、厂家竞相挂起了洋招牌，什么爱格尔、欧兰特、哈勃尔、爱丽芬、奥兰多等触目皆是。翻开新编印的黄页电话号码簿，各种冠了洋名的企业也明显增多。甚至国货产品广告，也以取洋名为荣。

2012年10月MBA（3G和4G时代）

2012年7月6日《科技日报》报道：

我国主导的TD-LTE移动通信技术已于2010年10月被国际电信联盟确立为国际4G标准。TD-LTE是我国自主创新的第三代移动通信技术TD-SCDMA的演进技术。TD-SCDMA的成功规模商用为TD-LTE的快速发展奠定了坚实的基础。目前，TD-LTE已形成由中国主导、全球广泛参与的产业链，全球几乎所有通信系统和芯片制造商都已支持该技术。

在移动通信技术的1G和2G时代，我们只能使用美国和欧洲的标准。通过艰难的技术创新，到3G和4G时代中国自己的通信标准已经成为世界三大国际标准之一。

2011年10月MBA（地委书记种树）

2010年春天，已持续半年的干旱让云南很多地方群众的饮水变得异常困难，施甸县大亮山附近群众家里的水管却依然有清甜的泉水流出，他们的水源地正是大亮山林场。乡亲们深情地说："多亏了老书记啊，要不是他，不知道现在会是什么样子。"

1988年3月，61岁的杨善洲从保山地委书记的岗位上退休，婉拒了省委书记劝其搬至昆明安度晚年的邀请，执意选择回到家乡施甸县种树。20多年过去了，曾经山秃水枯的大亮山完全变了模样：森林郁郁葱葱，溪流四季不断；林下山珍遍地，枝头莺鸣燕歌……

一位地委书记，为何退休后选择到异常艰苦的地方去种树？

"在党政机关工作多年，因工作关系没有时间去照顾家乡父老，他们找过多次我也没给他们办一件事。但我答应退休后帮乡亲们办一两件有益的事，许下的承诺就要兑现。至于具体做什么，考察来考察去，还是为后代绿化荒山比较现实。"关于种树，年逾八旬的杨善洲这样解释。

2010年10月MBA（荣钢集团捐款）

唐山地震孤儿捐款支援汶川灾区

2008年5月18日，在中宣部等共同发起的《爱的奉献》抗震救灾大型募捐活动中，天津民营企业荣程联合钢铁集团有限公司董事长张祥青代表公司再向四川灾区捐款7 000万元，帮助灾区人民重建"震不垮的学校"。至此，荣程联合钢铁集团公司在支援四川灾区抗震救灾中累计捐款1亿元。

"我们对灾区人民非常牵挂，荣钢集团人大多来自唐山，亲历过32年前的唐山大地震，接受过全国人民对唐山灾区的无私援助，32年后为四川地震灾区捐款，回馈社会，是应尽的义务，我们必须做！"张祥青说。

张祥青在1976年唐山大地震时失去父母，年仅8岁的他不幸成为孤儿，他深深感受到来自全国四面八方的涓涓爱心。1989年，张祥青与妻子张荣华开始了艰苦的创业历程，从卖早点、做豆腐开始，最后组建了荣钢集团。企业发展了，荣钢集团人不忘回报社会，支援汶川地震灾区是其中一例。

2009年10月MBA（牦牛群）

根据以下材料，结合企业管理写一篇700字左右的论说文，题目自拟。

《动物世界》里的镜头：一群体型庞大的牦牛正在草原上吃草。突然，不远处来了几只觅食的狼。牦牛群奔跑起来，狼群急追……终于，有一头体弱的牦牛掉队，寡不敌众，被狼分食了。

《动物趣闻》里的镜头：一群牦牛正在草原上吃草。突然，来了几只觅食的狼。一头牦牛发现了狼，它的叫声提醒了同伴。领头的牦牛站定与狼对视，其余的牦牛也围在一起，站立原地。狼在不远处虎视眈眈地转悠了好一阵，见没有进攻的机会，就没趣地走开了。

2008年10月MBA（卷柏）

南美洲有一种奇特的植物——卷柏。说它奇特，是因为它会走。卷柏生存需要充足的水分，当水分不充足时，它就会把根从土壤里拔出来，整个身躯卷成一个圆球状。由于体轻，只要稍有一点风，它就会随风在地面滚动。一旦滚到水分充足的地方，圆球就会迅速打开，根重新钻到土壤里，暂时安居。当水分又不充足，住得不称心如意时，它就会继续游走，以寻求更好的生存环境。

难道卷柏不走就不能生存了吗？一位植物学家做了一个实验：用挡板圈出一块空地，把一株卷柏放到空地中水分最充足的地方，不久卷柏便扎根生存下来。几天后，当这里水分减少时，卷柏便拔出根须，准备漂移。但实验者用挡板对其进行严格控制，限制了它游走的可能。结果实验者发现，卷柏又回到那里重新扎根生存；而且在几次将根拔出又不能移动以后，便再也不动了；而且，卷柏此时的根已经深深扎入泥土，长势比任何时期都好，也许它发现，根扎得越深，水分越充分……

2006年10月MBA（可口可乐）

根据以下材料，围绕企业管理写一篇论说文，题目自拟，700字左右。

20世纪80年代，可口可乐公司因为缺少发展空间而笼罩在悲观情绪之中：一方面，它以35%的市场份额控制着软饮料市场，这个市场份额几乎是在反垄断政策下企业能达到的最高点；另一方面，面对更年轻、更充满活力的百事可乐的积极进攻，可口可乐似乎只能采取防守的策略，为一两个百分点的市场份额展开惨烈的竞争。尽管可口可乐的主管很有才干，员工工作努力，但是他们内心其实很悲观，看不到如何摆脱这种宿命：在顶峰上唯一可能的路径就是向下。

郭思达（Roberto Goizueta）在接任可口可乐的CEO后，在高层主管会议上提出这样一些问题：

"世界上44亿人口每人每天消费的液体饮料平均是多少？"

答案是："64盎司。"（1盎司约为28克）

"那么，每人每天消费的可口可乐又是多少呢？"

"不足 2 盎司。"

"那么，在人们的肚子里，我们市场份额是多少？"郭思达最后问。

通过这些问题，高管和员工们关注的核心问题不再是可口可乐在美国可乐市场中的占有率，也不再是在全球软饮料市场中的占有率，而变成了在世界上每个人要消费的液体饮料市场中的占有率。而这个问题的答案是：可口可乐在世界液体饮料市场中的份额微乎其微，少到可以忽略不计。高层主管们终于意识到，可口可乐不应该只盯着百事可乐，还有咖啡、牛奶、茶甚至水，而这一市场的巨大空间远远超出人们的想象。

2005 年 10 月 MBA（一首小诗）

根据下面这首诗，写一篇 700 字左右的论说文，题目自拟。

如果你不能成为挺立山顶的苍松，

那就做山谷一棵小树陪伴溪水淙淙；

如果你不能成为一棵大树，

那就化作一丛茂密的灌木；

如果你不能成为一只香獐，

那就化作一尾最活跃的小鲈鱼，享受那美妙的湖光；

如果你不能成为大道宽敞，

那就铺成一条小路目送夕阳；

如果你不能成为太阳，

那就变成一颗星星在夜空闪亮。

不可能都当领航的船长，

还要靠水手奋力划桨；

世上有大事、小事需要去做，

最重要的事在我们身旁。

2004 年 10 月 MBA（滑铁卢战役）

在滑铁卢战役的第一阶段，拿破仑的部队兵分两路。右翼由拿破仑亲自率领，在利尼迎战布鲁查尔；左翼由奈伊将军率领，在卡特勒布拉斯迎战威灵顿。拿破仑和奈伊都打算进攻，而且，两个人都精心制定了对各自战事而言均为相当优秀的作战计划。但不幸的是，这两个计划均打算用格鲁希指挥的后备部队，从侧翼给敌人以致命一击，但他们事前并没有就各自的计划交换意见。当天的战斗中，拿破仑和奈伊所发布的命令又含糊不清，致使格鲁希的部队要么踌躇不前，要么在两个战场之间疲于奔命，一天之中没有投入任何一方的作战行动，最终导致拿破仑惨败。

2002 年 10 月 MBA（易经）

阅读下面的材料，根据要求作文。

中国古代的《易经》中说："穷则变，变则通。"这就是说，当我们要解决一个问题而遇到困难无路可走时，就应变换一下方式方法，这样往往可以提出连自己也感到意外的解决办法，从而收到显著的效果。

请以"穷则变，变则通"为话题写一篇作文，可以写你自己的经历、体验或看法，也可以联系生活实际展开议论。文体自选，题目自拟，不少于 700 字。

2000 年 10 月 MBA（幼儿园）

根据下面一则材料，写一篇不少于 500 字的议论文，题目自拟。

有人问一位诺贝尔奖奖金获得者："您在哪所大学学到了您认为是最主要的一些东西？"出人意料，这位学者回答说是在幼儿园，他说："把自己的东西分一半给小伙伴们，不是自己的东西不要拿，东西要放整齐，做错事要表示歉意，要仔细观察大自然。从根本上说，我学到的全部东西就是这些。"

1999 年 10 月 MBA（领导者素质）

以"小议企业领导者的素质"为题，写一篇 500 字左右的议论文。

1998 年 10 月 MBA（下棋）

用下面的一段话作为一篇议论文的开头，接下去写完一篇立论与它观点一致的议论文。字数要求 500 字左右，题目自拟。

投下一着好棋，有时可以取得全盘的主动。但是，光凭一着好棋，并不能说有把握最后胜利，还必须看以后的每着棋下得好不好。

2023 年经济类（社会事务的处理）

一种社会事务，往往涉及诸多因素（如春运涉及交通设施、气候条件、民俗文化、经济环境、科学技术等），所以要依赖诸多部门的通力合作才能处理好。

2021 年经济类（食蚁兽）

巴西热带雨林中的食蚁兽在捕食时，使用带黏液的长舌伸进蚁穴捕获白蚁，但不管捕获多少，每次捕食都不超过3分钟，然后去寻找下一个目标，从来不摧毁整个蚁穴。而那些没有被食蚁兽捕获的工蚁就会马上修复蚁穴，蚁后也会开始新一轮繁殖，很快产下更多的幼蚁，从而使蚁群继续生存下去。

2020年经济类（退休老人马旭）

阅读下面的文字，根据要求作文。请结合实际写一篇600字左右的论说文。

2018年，武汉一名退休老人向家乡木兰县教育局捐赠1 000万元，引起了广泛的关注。这笔巨款是马旭与丈夫一分一毫几十年积攒下来的，他们至今生活简朴，住在一个不起眼的小院里，家里没有一件像样的家具。

马旭于1932年出生于黑龙江省木兰县，1947年参军入伍，在东北军政大学学习半年后，成为解放军第四野战军的一名卫生员，先后参加过解放战争、抗美援朝战争，期间多次立功受奖。20世纪60年代，她被调入空降兵部队，成为一名军医，后来主动要求学习跳伞，成为新中国第一代女空降兵。此后20多年里，马旭跳伞多达140多次，创下空降女兵跳伞次数最多和年龄最大两项记录。

如今，马旭的事迹家喻户晓，许多地方邀请她参加各类活动，她大多婉拒。她说："我的一生都是党和部队给的，我只是做了我力所能及的事。只要活着，我们还会继续攒钱捐款，把自己的一切献给党和国家。"

2019年经济类（毛毛虫实验）

阅读下面的材料，并据此写一篇不少于600字的论说文，题目自拟。

法国科学家约翰·法伯曾做过一个著名的"毛毛虫实验"。这种毛毛虫有一种"跟随者"的习性，总是盲目地跟着前面的毛毛虫走。法伯把若干个毛毛虫放在一只花盆的边缘上，首尾相接，围成一圈。他在花盆周围不远的地方，撒了一些毛毛虫喜欢吃的松叶。毛毛虫开始一个跟一个，绕着花盆，一圈又一圈地走。一个小时过去了，一天过去了，毛毛虫们还在不停地、固执地团团转。一连走了七天七夜，终因饥饿和筋疲力尽而死去。这其中，只要有任何一只毛毛虫稍稍与众不同，便立刻会吃到食物，改变命运。

2018年经济类（教授穿金戴银）

阅读下面的材料，并据此写一篇不少于600字的论说文，题目自拟。

近期有报道称，某教授颇喜穿金戴银，全身上下都是世界名牌，一块手表价值几十万，所有的衣服和鞋子都是专门定制的，价格不菲。他认为对"好东西"的喜爱没啥好掩饰的。

"以前很多大学教授都很邋遢，有些人甚至几个月都不洗澡，现在时代变了，大学教授应多注意个人形象，不能太邋遢了。"

2015年经济类（取乎其上）

根据下述材料，写一篇600字左右的论说文，题目自拟。

《论语》云："取乎其上，得乎其中；取乎其中，得乎其下；取乎其下，则无所得矣。"

《孙子兵法》云："求其上，得其中；求其中，得其下；求其下，必败。"

2014年经济类（勇气）

根据下述材料，写一篇600字左右的论说文，题目自拟。

我懂得了，勇气不是没有恐惧，而是战胜恐惧。勇者不是感觉不到害怕的人，而是克服自身恐惧的人。

——南非前总统纳尔逊·曼德拉

2013年经济类（尚拙）

根据下述材料，写一篇600字左右的论说文，题目自拟。

被誉为清代中兴名臣的曾国藩，其人生哲学很独特，就是"尚拙"，他曾说"天下之至拙，能胜任天下之至巧，拙者自知不如他人，自便会更虚心"。

2012年经济类（抢购茅台）

中国大陆500毫升茅台价格升至1 200元，纽约华人聚居区法拉盛，1 000毫升装的同度数茅台价格为220至230美元，500毫升约合670元人民币。因海外茅台价格便宜，质量有保证，华人竞相购买，回国送人。

这些年，中国游客在海外抢购"MADE IN CHINA"商品的消息已不是什么新鲜事了。服装、百货、日用品，中国造的东西，去了美国反而更便宜。有媒体报道Levi's 505牛仔裤，广东东莞生产，在中国商场的价格是899元人民币，在美国的亚马逊网站的价格是24.42美元，合人民币166元，价格相差5.4倍。

（摘自《茅台酒为何在美国更便宜？》，《新京报》，2011年1月7日）

2011年经济类（蚁族）

自2007年以来，青年学者廉思组织的课题组对蚁族进行了持续跟踪调查。廉思和他的团队撰写的有关蚁族问题的报告多次得到中央领导的批示和高度重视。在 2008 年、2009 年对北京蚁族进行调查的基础上，课题组今年在蚁族数量较多的北京、上海、广州、武汉、西安、重庆、南京等大城市同时展开调查，历时半年有余，发放问卷 5 000 余份，回收有效问卷 4 807 份，形成了第一份全国范围的蚁族生存报告。此次调查有一些新发现，主要有：随着高校毕业生就业形势的日趋严峻，蚁族的学历层次上升；蚁族向上流动困难，"三十而离"；五成蚁族否认自己属于弱势群体；等等。

（摘自《调查显示：蚁族学历层次上升，五成人否认自己弱势》，《中国青年报》，2010 年 12 月 10 日）

类型二　A 促 B

【适用类型】

"A 促 B"结构与"A 好"结构相似度很高，若真题中没有给出特定的结果，通常拟为 A 好，例如：创新有利于发展。若真题中给出了特定的结果，通常拟为 A 促 B，例如：创新有利于提高员工积极性。

【结构】

开头—A 促 B—A 促 B—不 A 难以 B—A 会阻碍 B 但可以化解—结尾。

【例题】2019 年管理类（知识的真理性）。

题目：论辩有利于发现真理。

提纲：开头—论辩有利于全面看待问题进而发现真理—论辩有利于改正错误进而更好地认识真理—不论辩容易造成认知局限，难以发现真正的真理—很多人担心论辩浪费时间，但其实不然—结尾。

2019 年管理类（知识的真理性）

知识的真理性只有经过检验才能得到证明。论辩是纠正错误的重要途径之一，不同观点的冲突会暴露错误而发现真理。

2018 年管理类（人工智能）

有人说，机器人的使命，应该是帮助人类做那些人类做不了的事，而不是替代人类。技术变革会夺取一些人低端烦琐的工作岗位，最终也会创造更高端、更人性化的就业机会。例如，历史上铁路的出现抢去了很多挑夫的工作，但又增加了千百万的铁路工人。人工智能也是一种技术变革，人工智能也将促进未来人类社会的发展。有人则不以为然。

2016 年管理类（多样一致）

亚里士多德说："城邦的本质在于多样性，而不在于一致性。……无论是家庭还是城邦，它们的内部都有着一定的一致性。不然的话，它们是不可能组建起来的。但这种一致性是有一定限度的。……同一种声音无法实现和谐，同一个音阶也无法组成旋律。城邦也是如此，它是一个多面体。人们只能通过教育使存在着各种差异的公民统一起来组成一个共同体。"

1999 年管理类（画一天，卖一年）

根据所给材料，写一篇 500 字左右的议论文，题目自拟。

一位画家在拜访德国著名画家门采尔时诉苦说："为什么我画一张画只要一天的时间，而卖掉它却要等上整整一年？"门采尔严肃认真地对他说："倒过来试试吧，如果你用一年的时间去画它，那么只需一天就能够把它卖掉。"

2013 年 10 月 MBA（实现中国梦）

阅读以下资料，给全国的企业经理写一封公开信，并在信前添加合适的标题文字，700 字左右。

改革开放以来，中国经济发展的速度举世瞩目。按国际货币基金组织的统计，在 188 个国家与地区中，1980 年，我国按美元计算的 GDP 位列第 11 位，只是美国的 7.26%，日本的 18.63%，从 2010 年起位列世界第 2 位，成为世界第二大经济体。到 2012 年，我国的 GDP 是美国的 52.45%，日本的 137.95%，与 30 年前不可同日而语。然而，从能源消耗看，形势非常严峻。1980 年，我国能源消耗总量为 6.03 亿吨标准煤，到 2012 年增加到 36.20 亿吨，为 1980 年的 6 倍。按石油进口量排名，1982 年我国在世界排名中位列第 43 位，从 2009 年起上升到第 2 位，而且面临继续上升的困境。与能源消耗相关的污染问题也频频现于报端，引起全国民众和政府的极大关注。能源消耗和污染问题已经成为阻碍我们实现"中国梦"的两个难关，对此，我们要群策群力，攻坚克难。

2007年10月MBA（眼高手低）

著名作家曹禺先生说过这样一段话：我看，应该给"眼高手低"正名。它是褒义词，而不是贬义词。我们认真想一想，一个人做事眼高手低是正常的，只有眼高起来，手才能跟着高起来。一个人不应该怕眼高手低，怕的倒是眼也低手也低。我们经常是眼不高，手才低的。

类型三 A 更好

【适用类型】

真题材料中在多个关键词/观点之间进行比较、选择、权衡的时候，通常在行文中也需要体现出比较。

【结构】

开头—A 更好—A 更好—B 有缺点—A、B 其实各有利弊，但比较之下 A 更好—结尾。

【结构变形】

开头—B 不好—A 更好—A 更好—A、B 其实都有利弊，但比较之下 A 更好—结尾。

【例题】2011年管理类（拔尖冒尖）。

题目：人才选拔要拔尖，更要冒尖。

提纲：开头—拔尖过于主观—冒尖有利于公平—冒尖有利于激励人才—拔尖、冒尖都好，但是要有所侧重—结尾。

2017年管理类（扩大研发）

一家企业遇到了这样一个问题：究竟是把有限的资金用于扩大生产呢，还是用于研发新产品？有人主张投资扩大生产，因为根据市场调查，原产品还可以畅销三到五年，由此可以获得可靠而丰厚的利润。有人主张投资研发新产品，因为这样做虽然有很大的风险，但风险背后可能有数倍于甚至数十倍于前者的利润。

2014 年管理类（孔雀的选择）

生物学家发现，雌孔雀往往选择尾巴大而艳丽的雄孔雀作为配偶，因为雄孔雀尾巴越大越艳丽，表明它越有生命活力，其后代的健康越能得到保证。但是，这种选择也产生了问题：孔雀尾巴越大越艳丽，就越容易被天敌发现和猎获，其生存反而会受到威胁。

2011 年管理类（拔尖冒尖）

众所周知，人才是立国、富国、强国之本。如何使人才尽快地脱颖而出，是一个亟待解决的问题。人才的出现有多种途径，其中有"拔尖"，有"冒尖"。拔尖是指被提拔而成为尖子，冒尖是指通过奋斗、取得成就而得到社会公认。有人认为，我国当今某些领域的管理人才，拔尖的多而冒尖的少。

2008 年管理类（原则与原则上）

"原则"就是规矩，就是准绳。而在日常生活和工作中，常见的表达方式是："原则上……，但是……"。请以"原则"与"原则上"为议题写一篇论说文，题目自拟，700字左右。

2007 年管理类（南极司各脱）

电影《南极的司各脱》描写英国探险家司各脱上校到南极探险的故事。司各脱历尽艰辛，终于到达南极，却在归途中不幸冻死了。在影片的开头，有人问司各脱："你为什么不能放弃探险的生涯？"他回答："留下第一个脚印的魅力。"司各脱为留下第一个脚印付出了生命的代价。

2005 年管理类（丘吉尔的决策）

根据下述内容，自拟题目写一篇短文，评价丘吉尔的决策，说明如果你是决策者，在当时的情况下你会做出何种选择，并解释决策依据。700字左右。

第二次世界大战期间，英国首相丘吉尔曾做出一个令他五脏俱焚的决定。当时，盟军已经破译了德军的绝密通信密码，并由此得知德军下一个空袭目标是英国的一个城市考文垂。但是，一旦通知这个城市做出任何非正常的疏散和防备，都将引起德军的警觉，使破译密码之事暴露，从而丧失进一步了解德军重大秘密的机会。所以，丘吉尔反复权衡，最终下令，不对这个城市做任何非正常的提醒。结果，考文垂在这次空袭中一半被焚毁，上千人丧生。然而，通过这个密码，盟军了解到德军在几次重大战役中的兵力部署情况，制定了正确的应对策略，取得了重大的军事胜利。

2003年10月MBA（读经读史）

"读经不如读史。"

对上述观点进行分析，论述你同意或不同意这一观点的理由，可根据经验、观察或者阅读，用具体理由或实例佐证自己的观点。题目自拟，全文500字左右。

2001年10月MBA（相马赛马）

近些年来，新闻媒体经常报道公开招考公务员，乃至招考厅局级领导干部的消息，这同我国传统习惯中的"伯乐相马"似乎有了不同。

请以"相马""赛马"为话题，写一篇600字左右的议论文，题目自拟。

2022年经济类（免费乘坐交通工具）

我国不少地方规定老年人可以免费乘坐公共交通工具，这一规定体现了对老年人的关怀。但是在具体实施过程中出现了一些问题。如在早晚高峰时，老年人免费乘车在一定程度上影响了上班族的通勤；还有，有些老年人也由于各种原因无法享受这一福利。因此，有的地方把老年人免费乘车的福利改为发放津贴。

2017年经济类（穷人福利）

阅读下面的材料，以"是否应该对穷人提供福利？"为题，写一篇不少于600字的论说文。
国家是否应该对穷人提供福利存在较大的争论。反对者认为：贪婪、自私、懒惰是人的本性。如果有福利，人人都想获取。贫穷在大多数情况下是懒惰造成的。为穷人提供福利相当于把努力工作的人的财富转移给了懒惰的人。因此，穷人不应该享受福利。
支持者则认为：如果没有社会福利，则穷人没有收入，就会造成社会动荡，社会犯罪率会上升，相关的合理支出也会增多，其造成的危害可能大于提供社会福利的成本，最终也会影响努力工作的人的利益。因此，为穷人提供社会福利能够稳定社会秩序，应该为穷人提供福利。

2016年经济类（延迟退休）

阅读下面的材料，以"延长退休年龄之我见"为题，写一篇不少于600字的论说文。
自从国家拟推出延迟退休政策以来，就受到了社会各界的广泛关注，同时也引起激烈的争论。为什么要延长退休年龄？

赞成者说，如果不延长退休年龄，养老金就会出现巨大缺口；另外，中国已经步入老年社会，如果不延长退休年龄，就会出现劳动力紧缺的现象。

反对者说，延长退休年龄就是剥夺劳动者应该享受的退休福利，退休年龄的延长意味着领取养老金时间的缩短；另外，退休年龄的延长也会给年轻人就业造成巨大压力。

类型四　A、B 可共存 /A、B 相辅相成

【适用类型】

真题材料中出现多个关键词，且没有在多个关键词之间进行比较、选择、权衡，而是关键词之间具有一定的关联性时。

【结构】

开头—下定义—A 可 B—B 可 A—若认为 A、B 不可共存不好—结尾。

开头—下定义—A 促 B—B 促 A—若割裂 A、B 二者的关系不好—结尾。

【例题】2015 年管理类（仁与富）。

题目：仁与富可共存。

提纲：开头—为富者亦可为仁—为仁者亦可为富—若认为仁与富不可共存不好—结尾。

2016 年管理类（多样一致）

亚里士多德说："城邦的本质在于多样性，而不在于一致性。……无论是家庭还是城邦，它们的内部都有着一定的一致性。不然的话，它们是不可能组建起来的。但这种一致性是有一定限度的。……同一种声音无法实现和谐，同一个音阶也无法组成旋律。城邦也是如此，它是一个多面体。人们只能通过教育使存在着各种差异的公民统一起来组成一个共同体。"

2015 年管理类（仁与富）

孟子曾引用阳虎的话："为富，不仁矣；为仁，不富矣。"（《孟子·滕文公上》）这段话表

明了古人对当时社会上为富为仁现象的一种态度，以及对两者之间关系的一种思考。

类型五　A 和 B 好 /A、B 缺一不可

【适用类型】

真题材料中出现了多个关键词，且多个关键词同时对达成某一结果或目的有作用时。

【结构】

开头—A 好—B 好—没有 A 和 B 不好—结尾。

开头—有 A 无 B 不好—有 B 无 A 不好—A、B 共存好—结尾。

【例题】2021 年管理类（实业与教育）。

题目：道德教育和科学教育有助于培养实业中坚者。

提纲：开头—道德教育的重要性—科学教育的重要性—缺乏道德教育和科学教育不好—结尾。

2021 年管理类（实业与教育）

我国著名实业家穆藕初在《实业与教育之关系》中指出，教育最重要之点在道德教育（如责任心和公共心之养成、机械心之拔除）和科学教育（如观察力、推论力、判断力之养成）。完全受此两种教育，实业界中坚人物遂由此产生。

专题总结

行文结构类型	适用真题		
	管理类综合能力	MBA 综合能力（10 月）	经济类综合能力
A 好	2023 年（领导艺术） 2022 年（鸟类会飞） 2020 年（挑战者号） 2013 年（波音麦道） 2012 年（十力语要） 2010 年（追求真理） 2009 年（三鹿奶粉） 2006 年（和尚挑水） 2004 年（旅行者和三个人） 2002 年（压力） 2001 年（成功女神） 2000 年（毛泽东周谷城） 1998 年（儿童高消费） 1997 年（洋招牌）	2012 年（3G 和 4G 时代） 2011 年（地委书记种树） 2010 年（荣钢集团捐款） 2009 年（牦牛群） 2008 年（卷柏） 2006 年（可口可乐） 2005 年（一首小诗） 2004 年（滑铁卢战役） 2002 年（易经） 2000 年（幼儿园） 1999 年（领导者素质） 1998 年（下棋）	2023 年（社会事务的处理） 2021 年（食蚁兽） 2020 年（退休老人马旭） 2019 年（毛毛虫实验） 2018 年（教授穿金戴银） 2015 年（取乎其上） 2014 年（勇气） 2013 年（尚拙） 2012 年（抢购茅台） 2011 年（蚁族）
A 促 B	2019 年（知识的真理性） 2018 年（人工智能） 2016 年（多样一致） 1999 年（画一天，卖一年）	2013 年（实现中国梦） 2007 年（眼高手低）	—
A 更好	2017 年（扩大研发） 2014 年（孔雀的选择） 2011 年（拔尖冒尖） 2008 年（原则与原则上） 2007 年（南极司各脱） 2005 年（丘吉尔的决策）	2003 年（读经读史） 2001 年（相马赛马）	2022 年（免费乘坐交通工具） 2017 年（穷人福利） 2016 年（延迟退休）
A、B 可共存 / A、B 相辅相成	2016 年（多样一致） 2015 年（仁与富）	—	—
A 和 B 好 / A、B 缺一不可	2021 年（实业与教育）	—	—

专题五

按照理由类别分类

不同的论说文真题在理由上难以完全达成一致，而且论说文的行文方向较为灵活，试图用单一的话术解决所有的文章也会有生搬硬套的嫌疑。

但是，很多同学在写过几篇论说文后会发现，虽然很多论说文的主题不同，但是理由却有很高的相似度。

举例来说，2020 年管理类综合能力考试的题目为《重视专家意见》；2019 年管理类综合能力考试的题目为《论辩有利于发现真理》；2003 年 10 月 MBA 综合能力考试的题目为《读经不如读史》。这几年真题虽然题目不同、材料类型不同，却有很多有共性的理由。例如：发现错误、纠正错误、完善认识、打破局限、取长补短、全面等。因为这三道题都有一个共同点，就是借助外力的帮助。这也就意味着这三道题完全可以共用以上理由。

参照这个思路，很多真题的理由其实都是相似的。在梳理了这些真题后，理由大概可以分为如下几类。

类型一：努力更大更强

类型二：借助外力规避风险

类型三：非借助外力规避风险

类型四：克制欲望

类型五：让别人开开心心

类型六：教育相关

类型七：个人素质相关

类型八：其他

也就是说，同一理由类别中的不同真题在行文中有很多相似之处。将一道题的理由捋顺后，很多理由和话术可以应用到该类型中的其他真题上。

但还是要提醒大家，理由并非万能，若是发现考场真题无法与理由契合，不要生搬硬套。同时，理由也并非是全集，大家可以在这些理由的基础上继续做补充。

类型一　努力更大更强

【适用主题】

创新、合作、专注、工匠精神、高质量发展、全局等。

【常用理由关键词】

企业相关：提高质量、提升服务、品牌影响力、差异化、情感共鸣、满足市场需求、专业、核心技术、迭代快、核心竞争力、建立壁垒、话语权、准入门槛、议价权、吸引力、复购率、黏性、性价比高、规模经济、老带新、口碑、渠道广、过剩经济、市场经济、全球经济、社会主要矛盾变化、信息技术革命等。

个人相关：马斯洛需求层次理论中的生理（食物和衣服）、安全（工作保障）、社交（友谊）、尊重和自我实现等。

国家相关：国际地位、话语权、软实力、硬实力、壁垒等。

2022年管理类（鸟类会飞）

鸟类会飞是因为它们在进化过程中不断优化了其身体结构。飞行是一项较特殊的运动，鸟类的躯干进化成了适合飞行的流线型；飞行也是一项需要付出高能量代价的运动，鸟类增强了翅膀、胸肌部位的功能，又改进了呼吸系统，以便给肌肉持续提供氧气。同时，鸟类在进化过程中舍弃了那些沉重的、效率低的身体部件。

2017年管理类（扩大研发）

一家企业遇到了这样一个问题：究竟是把有限的资金用于扩大生产呢，还是用于研发新产品？有人主张投资扩大生产，因为根据市场调查，原产品还可以畅销三到五年，由此可以获得可靠而丰厚的利润。有人主张投资研发新产品，因为这样做虽然有很大的风险，但风险背后可能有数倍于甚至数十倍于前者的利润。

2014年管理类（孔雀的选择）

生物学家发现，雌孔雀往往选择尾巴大而艳丽的雄孔雀作为配偶，因为雄孔雀尾巴越大越艳丽，表明它越有生命活力，其后代的健康越能得到保证。但是，这种选择也产生了问题：孔雀尾巴越大越艳丽，就越容易被天敌发现和猎获，其生存反而会受到威胁。

2013 年管理类（波音麦道）

20 世纪中叶，美国的波音和麦道两家公司几乎垄断了世界民用飞机的市场，欧洲的飞机制造商深感忧虑。虽然欧洲各国之间的竞争也相当激烈，但还是采取了合作的途径，法国、德国、英国和西班牙等决定共同研制大型宽体飞机，于是"空中客车"便应运而生。面对新的市场竞争态势，波音公司和麦道公司于 1997 年一致决定组成新的波音公司，以抗衡来自欧洲的挑战。

2007 年管理类（南极司各脱）

电影《南极的司各脱》描写英国探险家司各脱上校到南极探险的故事。司各脱历尽艰辛，终于到达南极，却在归途中不幸冻死了。在影片的开头，有人问司各脱："你为什么不能放弃探险的生涯？"他回答："留下第一个脚印的魅力。"司各脱为留下第一个脚印付出了生命的代价。

2006 年管理类（和尚挑水）

根据以下材料，围绕企业管理写一篇论说文，题目自拟，700 字左右。

两个和尚分别住在东、西两座相邻的山上的寺庙里。两山之间有一条清澈的小溪。这两个和尚每天都在同一时间下山去溪边挑够一天用的水。久而久之，他们就成为好朋友了。光阴如梭，日复一日，不知不觉已经过了三年。有一天，东山的和尚没有下山挑水，西山的和尚没有在意："他大概睡过头了。"哪知第二天，东山的和尚还是没有下山挑水；第三天、第四天也是如此；过了十天，东山的和尚还是没有下山挑水。西山的和尚担心起来："我的朋友一定是生病了，我应该去拜访他，看是否有什么事情能够帮上忙。"于是他爬上了东山，去探望他的老朋友。

到达东山的寺庙，西山和尚看到他的老友正在庙前打拳，一点也不像十天没喝水的样子。他好奇地问："你已经十天都没有下山挑水了，难道你已经修炼到可以不用喝水就能生存的境界了吗？"东山和尚笑笑，带着他走到寺庙后院，指着一口井说："这三年来，我每天做完功课后，都会抽空挖这口井。如今终于挖出水来了，我就不必再下山挑水啦。"西山和尚不以为然："挖井花费的力气远远甚于挑水，你又何必多此一举呢？"

专题五　按照理由类别分类

2001年管理类（成功女神）

根据所给的材料，写一篇600字左右的议论文，题目自拟。

1831年，瑞典化学家萨弗斯特朗发现了钒元素。对这一重大发现，后来他在给他朋友化学家维勒的信中这样写道："在宇宙的极光角，住着一位漂亮可爱的女神。一天，有人敲响了她的门。女神懒得动，在等第二次敲门。谁知这位来宾敲过后就走了。她急忙起身打开窗户张望：'是哪个冒失鬼？啊，一定是维勒！'如果维勒再敲一下，不是会见到女神了吗？过了几天又有人来敲门，一次敲不开，继续敲。女神开了门，是萨弗斯特朗。他们相晤了，钒便应运而生！"

1999年管理类（画一天，卖一年）

根据所给材料，写一篇500字左右的议论文，题目自拟。

一位画家在拜访德国著名画家门采尔时诉苦说："为什么我画一张画只要一天的时间，而卖掉它却要等上整整一年？"门采尔严肃认真地对他说："倒过来试试吧，如果你用一年的时间去画它，那么只需一天就能够把它卖掉。"

2012年10月MBA（3G和4G时代）

2012年7月6日《科技日报》报道：

我国主导的TD-LTE移动通信技术已于2010年10月被国际电信联盟确立为国际4G标准。TD-LTE是我国自主创新的第三代移动通信技术TD-SCDMA的演进技术。TD-SCDMA的成功规模商用为TD-LTE的快速发展奠定了坚实的基础。目前，TD-LTE已形成由中国主导、全球广泛参与的产业链，全球几乎所有通信系统和芯片制造商都已支持该技术。

在移动通信技术的1G和2G时代，我们只能使用美国和欧洲的标准。通过艰难的技术创新，到3G和4G时代中国自己的通信标准已经成为世界三大国际标准之一。

2009年10月MBA（牦牛群）

根据以下材料，结合企业管理写一篇700字左右的论说文，题目自拟。

《动物世界》里的镜头：一群体型庞大的牦牛正在草原上吃草。突然，不远处来了几只觅食的狼。牦牛群奔跑起来，狼群急追……终于，有一头体弱的牦牛掉队，寡不敌众，被狼分食了。

《动物趣闻》里的镜头：一群牦牛正在草原上吃草。突然，来了几只觅食的狼。一头牦牛发现了狼，它的叫声提醒了同伴。领头的牦牛站定与狼对视，其余的牦牛也围在一起，站立原地。狼在不远处虎视眈眈地转悠了好一阵，见没有进攻的机会，就没趣地走开了。

2008 年 10 月 MBA（卷柏）

南美洲有一种奇特的植物——卷柏。说它奇特，是因为它会走。卷柏生存需要充足的水分，当水分不充足时，它就会把根从土壤里拔出来，整个身躯卷成一个圆球状。由于体轻，只要稍有一点风，它就会随风在地面滚动。一旦滚到水分充足的地方，圆球就会迅速打开，根重新钻到土壤里，暂时安居。当水分又不充足，住得不称心如意时，它就会继续游走，以寻求更好的生存环境。

难道卷柏不走就不能生存了吗？一位植物学家做了一个实验：用挡板圈出一块空地，把一株卷柏放到空地中水分最充足的地方，不久卷柏便扎根生存下来。几天后，当这里水分减少时，卷柏便拔出根须，准备漂移。但实验者用挡板对其进行严格控制，限制了它游走的可能。结果实验者发现，卷柏又回到那里重新扎根生存；而且在几次将根拔出又不能移动以后，便再也不动了；而且，卷柏此时的根已经深深扎入泥土，长势比任何时期都好，也许它发现，根扎得越深，水分越充分……

2007 年 10 月 MBA（眼高手低）

著名作家曹禺先生说过这样一段话：我看，应该给"眼高手低"正名。它是褒义词，而不是贬义词。我们认真想一想，一个人做事眼高手低是正常的，只有眼高起来，手才能跟着高起来。一个人不应该怕眼高手低，怕的倒是眼也低手也低。我们经常是眼不高，手才低的。

2006 年 10 月 MBA（可口可乐）

根据以下材料，围绕企业管理写一篇论说文，题目自拟，700 字左右。

20 世纪 80 年代，可口可乐公司因为缺少发展空间而笼罩在悲观情绪之中：一方面，它以 35% 的市场份额控制着软饮料市场，这个市场份额几乎是在反垄断政策下企业能达到的最高点；另一方面，面对更年轻、更充满活力的百事可乐的积极进攻，可口可乐似乎只能采取防守的策略，为一两个百分点的市场份额展开惨烈的竞争。尽管可口可乐的主管很有才干，员工工作努力，但是他们内心其实很悲观，看不到如何摆脱这种宿命：在顶峰上唯一可能的路径就是向下。

郭思达（Roberto Goizueta）在接任可口可乐的 CEO 后，在高层主管会议上提出这样一些问题：

"世界上44亿人口每人每天消费的液体饮料平均是多少？"

答案是："64盎司。"（1盎司约为28克）

"那么，每人每天消费的可口可乐又是多少呢？"

"不足2盎司。"

"那么，在人们的肚子里，我们市场份额是多少？"郭思达最后问。

通过这些问题，高管和员工们关注的核心问题不再是可口可乐在美国可乐市场中的占有率，也不再是在全球软饮料市场中的占有率，而变成了在世界上每个人要消费的液体饮料市场中的占有率。而这个问题的答案是：可口可乐在世界液体饮料市场中的份额微乎其微，少到可以忽略不计。高层主管们终于意识到，可口可乐不应该只盯着百事可乐，还有咖啡、牛奶、茶甚至水，而这一市场的巨大空间远远超出人们的想象。

2002年10月MBA（易经）

阅读下面的材料，根据要求作文。

中国古代的《易经》中说："穷则变，变则通。"这就是说，当我们要解决一个问题而遇到困难无路可走时，就应变换一下方式方法，这样往往可以提出连自己也感到意外的解决办法，从而收到显著的效果。

请以"穷则变，变则通"为话题写一篇作文，可以写你自己的经历、体验或看法，也可以联系生活实际展开议论。文体自选，题目自拟，不少于700字。

1999年10月MBA（领导者素质）

以"小议企业领导者的素质"为题，写一篇500字左右的议论文。

2023年经济类（社会事务的处理）

一种社会事务，往往涉及诸多因素（如春运涉及交通设施、气候条件、民俗文化、经济环境、科学技术等），所以要依赖诸多部门的通力合作才能处理好。

2021年经济类（食蚁兽）

巴西热带雨林中的食蚁兽在捕食时，使用带黏液的长舌伸进蚁穴捕获白蚁，但不管捕获多少，每次捕食都不超过3分钟，然后去寻找下一个目标，从来不摧毁整个蚁穴。而那些没有被食蚁兽捕获的工蚁就会马上修复蚁穴，蚁后也会开始新一轮繁殖，很快产下更多的幼蚁，从而使蚁群继续生存下去。

2019 年经济类（毛毛虫实验）

阅读下面的材料，并据此写一篇不少于 600 字的论说文，题目自拟。

法国科学家约翰·法伯曾做过一个著名的"毛毛虫实验"。这种毛毛虫有一种"跟随者"的习性，总是盲目地跟着前面的毛毛虫走。法伯把若干个毛毛虫放在一只花盆的边缘上，首尾相接，围成一圈。他在花盆周围不远的地方，撒了一些毛毛虫喜欢吃的松叶。毛毛虫开始一个跟一个，绕着花盆，一圈又一圈地走。一个小时过去了，一天过去了，毛毛虫们还在不停地、固执地团团转。一连走了七天七夜，终因饥饿和筋疲力尽而死去。这其中，只要有任何一只毛毛虫稍稍与众不同，便立刻会吃到食物，改变命运。

2015 年经济类（取乎其上）

根据下述材料，写一篇 600 字左右的论说文，题目自拟。

《论语》云："取乎其上，得乎其中；取乎其中，得乎其下；取乎其下，则无所得矣。"

《孙子兵法》云："求其上，得其中；求其中，得其下；求其下，必败。"

类型二　借助外力规避风险

【适用主题】

重视专家意见、有效沟通、读经不如读史、尚拙、论辩等。

【常用理由关键词】

发现错误、纠正错误、完善、客观、理性、完善认识、打破局限、取长补短、全面、整合资源、整合优势等。

2020 年管理类（挑战者号）

据报道，美国航天飞机"挑战者号"采用了斯沃克公司的零配件。该公司的密封圈技术专家博易斯乔利多次向公司高层提醒：低温会导致橡胶密封圈脆裂而引发重大事故。但是，这一意见一直没有受到重视。1986 年 1 月 27 日，佛罗里达州卡纳维拉尔角发射场的气温降到零摄氏度以下，美国宇航局再次打电话给斯沃克公司，询问其对航天飞机的发射还有没有疑虑之处。为此斯沃克公司召开会议，博易斯乔利坚持认为不能发射，但公司高层认为他所持理由还不够充分，于是同意宇航局发射。1月28日上午，航天飞机离开发射平台，仅过了73秒，悲剧就发生了。

2019年管理类（知识的真理性）

知识的真理性只有经过检验才能得到证明。论辩是纠正错误的重要途径之一，不同观点的冲突会暴露错误而发现真理。

2004年10月MBA（滑铁卢战役）

在滑铁卢战役的第一阶段，拿破仑的部队兵分两路。右翼由拿破仑亲自率领，在利尼迎战布鲁查尔；左翼由奈伊将军率领，在卡特勒布拉斯迎战威灵顿。拿破仑和奈伊都打算进攻，而且，两个人都精心制定了对各自战事而言均为相当优秀的作战计划。但不幸的是，这两个计划均打算用格鲁希指挥的后备部队，从侧翼给敌人以致命一击，但他们事前并没有就各自的计划交换意见。当天的战斗中，拿破仑和奈伊所发布的命令又含糊不清，致使格鲁希的部队要么踌躇不前，要么在两个战场之间疲于奔命，一天之中没有投入任何一方的作战行动，最终导致拿破仑惨败。

2003年10月MBA（读经读史）

"读经不如读史。"

对上述观点进行分析，论述你同意或不同意这一观点的理由，可根据经验、观察或者阅读，用具体理由或实例佐证自己的观点。题目自拟，全文500字左右。

2013年经济类（尚拙）

根据下述材料，写一篇600字左右的论说文，题目自拟。

被誉为清代中兴名臣的曾国藩，其人生哲学很独特，就是"尚拙"，他曾说"天下之至拙，能胜任天下之至巧，拙者自知不如他人，自便会更虚心"。

类型三　非借助外力规避风险

【适用主题】

谨慎、规避风险、忧患意识、居安思危等。

【常用理由关键词】

平稳发展、及时止损、未雨绸缪、保存现有实力、守住现有资源、时间成本、物质成本、资源、避免走弯路、抓住机会、价值最大化、长远等。

2017 年管理类（扩大研发）

一家企业遇到了这样一个问题：究竟是把有限的资金用于扩大生产呢，还是用于研发新产品？有人主张投资扩大生产，因为根据市场调查，原产品还可以畅销三到五年，由此可以获得可靠而丰厚的利润。有人主张投资研发新产品，因为这样做虽然有很大的风险，但风险背后可能有数倍于甚至数十倍于前者的利润。

2014 年管理类（孔雀的选择）

生物学家发现，雌孔雀往往选择尾巴大而艳丽的雄孔雀作为配偶，因为雄孔雀尾巴越大越艳丽，表明它越有生命活力，其后代的健康越能得到保证。但是，这种选择也产生了问题：孔雀尾巴越大越艳丽，就越容易被天敌发现和猎获，其生存反而会受到威胁。

2005 年管理类（丘吉尔的决策）

根据下述内容，自拟题目写一篇短文，评价丘吉尔的决策，说明如果你是决策者，在当时的情况下你会做出何种选择，并解释决策依据。700 字左右。

第二次世界大战期间，英国首相丘吉尔曾做出一个令他五脏俱焚的决定。当时，盟军已经破译了德军的绝密通信密码，并由此得知德军下一个空袭目标是英国的一个城市考文垂。但是，一旦通知这个城市做出任何非正常的疏散和防备，都将引起德军的警觉，使破译密码之事暴露，从而丧失进一步了解德军重大秘密的机会。所以，丘吉尔反复权衡，最终下令，不对这个城市做任何非正常的提醒。结果，考文垂在这次空袭中一半被焚毁，上千人丧生。然而，通过这个密码，盟军了解到德军在几次重大战役中的兵力部署情况，制定了正确的应对策略，取得了重大的军事胜利。

2000 年管理类（毛泽东周谷城）

根据所给材料写一篇 500 字左右的议论文，题目自拟。

解放初期，有一次毛泽东和周谷城谈话。毛泽东说："失败是成功之母。"周谷城回答说："成功也是失败之母。"毛泽东思索了一下，说："你讲得好。"

1998 年 10 月 MBA（下棋）

用下面的一段话作为一篇议论文的开头，接下去写完一篇立论与它观点一致的议论文。字数要求 500 字左右，题目自拟。

投下一着好棋，有时可以取得全盘的主动。但是，光凭一着好棋，并不能说有把握最后胜利，还必须看以后的每着棋下得好不好。

类型四　克制欲望

【适用主题】
道德、诚信、社会责任、规则、原则、底线、环保、信守承诺、慈善、为仁等。

【常用理由关键词】
对自身好：风险低、较少损失、稳定、延长生命力、赢得机遇、影响力、口碑、信誉、声誉、社会责任感、政策风险、认可度等。
对整体好：社会秩序、社会风气、个体利益与整体一致、良性循环、避免劣币驱逐良币、榜样、带头、标杆、引导等。

2015 年管理类（仁与富）

孟子曾引用阳虎的话："为富，不仁矣；为仁，不富矣。"（《孟子·滕文公上》）这段话表明了古人对当时社会上为富为仁现象的一种态度，以及对两者之间关系的一种思考。

2009 年管理类（三鹿奶粉）

以"由三鹿奶粉事件所想到的"为题，写一篇 700 字左右的论说文。

2008 年管理类（原则与原则上）

"原则"就是规矩，就是准绳。而在日常生活和工作中，常见的表达方式是："原则上……，但是……"。请以"原则"与"原则上"为议题写一篇论说文，题目自拟，700 字左右。

2013 年 10 月 MBA（实现中国梦）

阅读以下资料，给全国的企业经理写一封公开信，并在信前添加合适的标题文字，700 字左右。

改革开放以来，中国经济发展的速度举世瞩目。按国际货币基金组织的统计，在 188 个国家与地区中，1980 年，我国按美元计算的 GDP 位列第 11 位，只是美国的 7.26%，日本的 18.63%，从 2010 年起位列世界第 2 位，成为世界第二大经济体。到 2012 年，我国的 GDP 是美国的 52.45%，日本的 137.95%，与 30 年前不可同日而语。然而，从能源消耗看，形势非常严峻。1980 年，我国能源消耗总量为 6.03 亿吨标准煤，到 2012 年增加到 36.20 亿吨，为 1980 年的 6 倍。按石油进口量排名，1982 年我国在世界排名中位列第 43 位，从 2009 年起上升到第 2 位，而且面临继续上升的困境。与能源消耗相关的污染问题也频频现于报端，引起全国民众和政府的极大关注。能源消耗和污染问题已经成为阻碍我们实现"中国梦"的两个难关，对此，我们要群策群力，攻坚克难。

2011 年 10 月 MBA（地委书记种树）

2010 年春天，已持续半年的干旱让云南很多地方群众的饮水变得异常困难，施甸县大亮山附近群众家里的水管却依然有清甜的泉水流出，他们的水源地正是大亮山林场。乡亲们深情地说："多亏了老书记啊，要不是他，不知道现在会是什么样子。"

1988 年 3 月，61 岁的杨善洲从保山地委书记的岗位上退休，婉拒了省委书记劝其搬至昆明安度晚年的邀请，执意选择回到家乡施甸县种树。20 多年过去了，曾经山秃水枯的大亮山完全变了模样：森林郁郁葱葱，溪流四季不断；林下山珍遍地，枝头莺鸣燕歌……

一位地委书记，为何退休后选择到异常艰苦的地方去种树？

"在党政机关工作多年，因工作关系没有时间去照顾家乡父老，他们找过多次我也没给他们办一件事。但我答应退休后帮乡亲们办一两件有益的事，许下的承诺就要兑现。至于具体做什么，考察来考察去，还是为后代绿化荒山比较现实。"关于种树，年逾八旬的杨善洲这样解释。

2010 年 10 月 MBA（荣钢集团捐款）

唐山地震孤儿捐款支援汶川灾区

2008 年 5 月 18 日，在中宣部等共同发起的《爱的奉献》抗震救灾大型募捐活动中，天津民营企业荣程联合钢铁集团有限公司董事长张祥青代表公司再向四川灾区捐款 7 000 万元，帮助灾区人民重建"震不垮的学校"。至此，荣程联合钢铁集团公司在支援四川灾区抗震救灾中累计捐款 1 亿元。

"我们对灾区人民非常牵挂，荣钢集团人大多来自唐山，亲历过 32 年前的唐山大地震，接受过全国人民对唐山灾区的无私援助，32 年后为四川地震灾区捐款，回馈社会，是应尽的义务，我们必须做！"张祥青说。

张祥青在 1976 年唐山大地震时失去父母，年仅 8 岁的他不幸成为孤儿，他深深感受到来自全国四面八方的涓涓爱心。1989 年，张祥青与妻子张荣华开始了艰苦的创业历程，从卖早点、做豆腐开始，最后组建了荣钢集团。企业发展了，荣钢集团人不忘回报社会，支援汶川地震灾区是其中一例。

2020 年经济类（退休老人马旭）

阅读下面的文字，根据要求作文。请结合实际写一篇 600 字左右的论说文。

2018 年，武汉一名退休老人向家乡木兰县教育局捐赠 1 000 万元，引起了广泛的关注。这笔巨款是马旭与丈夫一分一毫几十年积攒下来的，他们至今生活简朴，住在一个不起眼的小院里，家里没有一件像样的家具。

马旭于 1932 年出生于黑龙江省木兰县，1947 年参军入伍，在东北军政大学学习半年后，成为解放军第四野战军的一名卫生员，先后参加过解放战争、抗美援朝战争，期间多次立功受奖。20 世纪 60 年代，她被调入空降兵部队，成为一名军医，后来主动要求学习跳伞，成为新中国第一代女空降兵。此后 20 多年里，马旭跳伞多达 140 多次，创下空降女兵跳伞次数最多和年龄最大两项记录。

如今，马旭的事迹家喻户晓，许多地方邀请她参加各类活动，她大多婉拒。她说："我的一生都是党和部队给的，我只是做了我力所能及的事。只要活着，我们还会继续攒钱捐款，把自己的一切献给党和国家。"

类型五　让别人开开心心

【适用主题】
公平、有效沟通、冒尖、重视意见、尊重、民主等。

【常用理由关键词】
对组织好：吸纳人才、留住人才、凝聚力、认同感、效率、用人单位精简机构和实现最大的管理效益等。

对个体好：积极性、激励、尊重、效率、献计献策、凝聚力、潜能、授权、责任担当、实力、主观能动性、积极性和创造性、马斯洛需求层次理论、自我实现、个体利益和整体利益等。

2023 年管理类（领导艺术）

人们常说"领导艺术"，可见领导与艺术之间存在着某种相似点，如领导一个团队完成某项任务就和指挥一个乐队演奏某首乐曲一样。

2016 年管理类（多样一致）

亚里士多德说："城邦的本质在于多样性，而不在于一致性。……无论是家庭还是城邦，它们的内部都有着一定的一致性。不然的话，它们是不可能组建起来的。但这种一致性是有一定限度的。……同一种声音无法实现和谐，同一个音阶也无法组成旋律。城邦也是如此，它是一个多面体。人们只能通过教育使存在着各种差异的公民统一起来组成一个共同体。"

2011 年管理类（拔尖冒尖）

众所周知，人才是立国、富国、强国之本。如何使人才尽快地脱颖而出，是一个亟待解决的问题。人才的出现有多种途径，其中有"拔尖"，有"冒尖"。拔尖是指被提拔而成为尖子，冒尖是指通过奋斗、取得成就而得到社会公认。有人认为，我国当今某些领域的管理人才，拔尖的多而冒尖的少。

2001年10月MBA（相马赛马）

近些年来，新闻媒体经常报道公开招考公务员，乃至招考厅局级领导干部的消息，这同我国传统习惯中的"伯乐相马"似乎有了不同。

请以"相马""赛马"为话题，写一篇600字左右的议论文，题目自拟。

2018年经济类（教授穿金戴银）

阅读下面的材料，并据此写一篇不少于600字的论说文，题目自拟。

近期有报道称，某教授颇喜穿金戴银，全身上下都是世界名牌，一块手表价值几十万，所有的衣服和鞋子都是专门定制的，价格不菲。他认为对"好东西"的喜爱没啥好掩饰的。"以前很多大学教授都很邋遢，有些人甚至几个月都不洗澡，现在时代变了，大学教授应多注意个人形象，不能太邋遢了。"

2017年经济类（穷人福利）

阅读下面的材料，以"是否应该对穷人提供福利？"为题，写一篇不少于600字的论说文。

国家是否应该对穷人提供福利存在较大的争论。反对者认为：贪婪、自私、懒惰是人的本性。如果有福利，人人都想获取。贫穷在大多数情况下是懒惰造成的。为穷人提供福利相当于把努力工作的人的财富转移给了懒惰的人。因此，穷人不应该享受福利。

支持者则认为：如果没有社会福利，则穷人没有收入，就会造成社会动荡，社会犯罪率会上升，相关的合理支出也会增多，其造成的危害可能大于提供社会福利的成本，最终也会影响努力工作的人的利益。因此，为穷人提供社会福利能够稳定社会秩序，应该为穷人提供福利。

类型六　教育相关

【适用主题】
求学者、教学者、教育政策制定者应该做什么、不应该干什么等。

> 【常用理由关键词】
>
> 　　对求学者、教学者本身的影响：学术研究、深入、学术成果、学术造诣、公信力、学术地位、学术影响力、形象、自我实现等。
>
> 　　对学术界、其他人的影响：公平、积极性、主观能动性、避免劣币驱逐良币、拉慢学术进程、影响学术水平等。
>
> 　　对社会大环境的影响：学术秩序、国家软实力、文化自信、科教兴国、学术建设等。

2021 年管理类（实业与教育）

我国著名实业家穆藕初在《实业与教育之关系》中指出，教育最重要之点在道德教育（如责任心和公共心之养成、机械心之拔除）和科学教育（如观察力、推论力、判断力之养成）。完全受此两种教育，实业界中坚人物遂由此产生。

2012 年管理类（十力语要）

中国现代著名哲学家熊十力先生在《十力语要》（卷一）中说："吾国学人，总好追逐风气，一时之所尚，则群起而趋其途，如海上逐臭之夫，莫名所以。曾无一刹那，风气或变，而逐臭者复如故。此等逐臭之习，有两大病。一、各人无牢固与永久不改之业，遇事无从深入，徒养成浮动性。二、大家共趋于世所矜尚之一途，则其余千途万途，一切废弃，无人过问。此二大病，都是中国学人死症。"

2010 年管理类（追求真理）

一个真正的学者，其崇高使命是追求真理。学者个人的名利乃至生命与之相比都微不足道，但因为其献身于真理就会变得无限伟大。一些著名大学的校训中都含有追求真理的内容。然而，近年学术界的一些状况与追求真理这一使命相去甚远，部分学者的功利化倾向越来越严重，抄袭剽窃、学术造假、自我炒作、沽名钓誉等现象时有所闻。

类型七　个人素质相关

【适用主题】
好的心态、压力、习惯、勇气、努力、勤劳、节约等。

【常用理由关键词】
幸福感、抓住机会、发现潜能、规避风险、主观能动性、马斯洛需求层次理论、脚踏实地、打好基础、认同感、归属感、人生意义等。

2004年管理类（旅行者和三个人）

根据以下材料，自拟题目撰写一篇600字左右的论说文。

一位旅行者在途中看到一群人在干活，他问其中一位在做什么，这个人不高兴地回答："你没有看到我在敲打石头吗？若不是为了养家糊口，我才不会在这里做这些无聊的事。"旅行者又问另外一位，他严肃地回答："我正在做工头分配给我的工作，在今天收工前我可以砌完这面墙。"旅行者问第三位，他喜悦地回答："我正在盖一座大厦。"他为旅行者描绘大厦的形状、位置和结构，最后说："再过不久，这里就会出现一座宏伟的大厦，我们这个城市的居民就可以在这里聚会、购物和娱乐了。"

2002年管理类（压力）

阅读下面一段材料，按要求作文。

在这次激烈的招聘考试中，有些志在必得的应聘者未能通过，有些未抱希望的应聘者却取得了好成绩。前者说，压力太大，影响了发挥；后者说，没有压力，发挥了高水平。看来，压力确实会破坏人的情绪。但是，人们又常说，没有压力就没有动力，这说明压力又不可缺少。究竟应当如何认识和对待压力呢？

请以"压力"为话题，写一篇文章。题目自拟，不少于700字。

2005年10月MBA（一首小诗）

根据下面这首诗，写一篇700字左右的论说文，题目自拟。

如果你不能成为挺立山顶的苍松，

那就做山谷一棵小树陪伴溪水淙淙；

如果你不能成为一棵大树，

那就化作一丛茂密的灌木；

如果你不能成为一只香獐，

那就化作一尾最活跃的小鲈鱼，享受那美妙的湖光；

如果你不能成为大道宽敞，

那就铺成一条小路目送夕阳；

如果你不能成为太阳，

那就变成一颗星星在夜空闪亮。

不可能都当领航的船长，

还要靠水手奋力划桨；

世上有大事、小事需要去做，

最重要的事在我们身旁。

2000年10月MBA（幼儿园）

根据下面一则材料，写一篇不少于500字的议论文，题目自拟。

有人问一位诺贝尔奖奖金获得者："您在哪所大学学到了您认为是最主要的一些东西？"出人意料，这位学者回答说是在幼儿园，他说："把自己的东西分一半给小伙伴们，不是自己的东西不要拿，东西要放整齐，做错事要表示歉意，要仔细观察大自然。从根本上说，我学到的全部东西就是这些。"

2014年经济类（勇气）

根据下述材料，写一篇600字左右的论说文，题目自拟。

我懂得了，勇气不是没有恐惧，而是战胜恐惧。勇者不是感觉不到害怕的人，而是克服自身恐惧的人。

——南非前总统纳尔逊·曼德拉

专题五　按照理由类别分类

类型八　其他

【适用主题】
无法归类到其他理由类别中的主题。
【常用理由关键词】
需要根据真题所讨论的话题而定。

2018 年管理类（人工智能）

有人说，机器人的使命，应该是帮助人类做那些人类做不了的事，而不是替代人类。技术变革会夺取一些人低端烦琐的工作岗位，最终也会创造更高端、更人性化的就业机会。例如，历史上铁路的出现抢去了很多挑夫的工作，但又增加了千百万的铁路工人。人工智能也是一种技术变革，人工智能也将促进未来人类社会的发展。有人则不以为然。

1998 年管理类（儿童高消费）

根据所给材料，写一篇 500 字左右的议论文，题目自拟。
当前，儿童高消费已经越来越严重，许多家长甚至让孩子吃名牌、穿名牌、用名牌、玩名牌，而自己却心甘情愿地过着节俭的日子。

1997 年管理类（洋招牌）

根据所给材料，写一篇 500 字左右的议论文。题目自拟。
时下，商店、企业取洋名似乎成了一种时尚，许多店铺、厂家竞相挂起了洋招牌，什么爱格尔、欧兰特、哈勃尔、爱丽芬、奥兰多等触目皆是。翻开新编印的黄页电话号码簿，各种冠了洋名的企业也明显增多。甚至国货产品广告，也以取洋名为荣。

2022 年经济类（免费乘坐交通工具）

我国不少地方规定老年人可以免费乘坐公共交通工具，这一规定体现了对老年人的关怀。但是在具体实施过程中出现了一些问题。如在早晚高峰时，老年人免费乘车在一定程度上影响了上班族的通勤；还有，有些老年人也由于各种原因无法享受这一福利。因此，有的地方把老年人免费乘车的福利改为发放津贴。

2016 年经济类（延迟退休）

阅读下面的材料，以"延长退休年龄之我见"为题，写一篇不少于 600 字的论说文。

自从国家拟推出延迟退休政策以来，就受到了社会各界的广泛关注，同时也引起激烈的争论。为什么要延长退休年龄？

赞成者说，如果不延长退休年龄，养老金就会出现巨大缺口；另外，中国已经步入老年社会，如果不延长退休年龄，就会出现劳动力紧缺的现象。

反对者说，延长退休年龄就是剥夺劳动者应该享受的退休福利，退休年龄的延长意味着领取养老金时间的缩短；另外，退休年龄的延长也会给年轻人就业造成巨大压力。

2012 年经济类（抢购茅台）

中国大陆 500 毫升茅台价格升至 1 200 元，纽约华人聚居区法拉盛，1 000 毫升装的同度数茅台价格为 220 至 230 美元，500 毫升约合 670 元人民币。因海外茅台价格便宜，质量有保证，华人竞相购买，回国送人。

这些年，中国游客在海外抢购"MADE IN CHINA"商品的消息已不是什么新鲜事了。服装、百货、日用品，中国造的东西，去了美国反而更便宜。有媒体报道 Levi's 505 牛仔裤，广东东莞生产，在中国商场的价格是 899 元人民币，在美国的亚马逊网站的价格是 24.42 美元，合人民币 166 元，价格相差 5.4 倍。

（摘自《茅台酒为何在美国更便宜？》，《新京报》，2011 年 1 月 7 日）

2011 年经济类（蚁族）

自 2007 年以来，青年学者廉思组织的课题组对蚁族进行了持续跟踪调查。廉思和他的团队撰写的有关蚁族问题的报告多次得到中央领导的批示和高度重视。在 2008 年、2009 年对北京蚁族进行调查的基础上，课题组今年在蚁族数量较多的北京、上海、广州、武汉、西安、重庆、南京等大城市同时展开调查，历时半年有余，发放问卷 5 000 余份，回收有效问卷 4 807 份，形成了第一份全国范围的蚁族生存报告。此次调查有一些新发现，主要有：随着高校毕业生就业形势的日趋严峻，蚁族的学历层次上升；蚁族向上流动困难，"三十而离"；五成蚁族否认自己属于弱势群体；等等。

（摘自《调查显示：蚁族学历层次上升，五成人否认自己弱势》，《中国青年报》，2010 年 12 月 10 日）

专题五　按照理由类别分类

专题总结

理由类型	适用真题		
	管理类综合能力	MBA 综合能力（10 月）	经济类综合能力
努力更大更强	2022 年（鸟类会飞） 2017 年（扩大研发） 2014 年（孔雀的选择） 2013 年（波音麦道） 2007 年（南极司各脱） 2006 年（和尚挑水） 2001 年（成功女神） 1999 年（画一天，卖一年）	2012 年（3G 和 4G 时代） 2009 年（牦牛群） 2008 年（卷柏） 2007 年（眼高手低） 2006 年（可口可乐） 2002 年（易经） 1999 年（领导者素质）	2023 年（社会事务的处理） 2021 年（食蚁兽） 2019 年（毛毛虫实验） 2015 年（取乎其上）
借助外力规避风险	2020 年（挑战者号） 2019 年（知识的真理性）	2004 年（滑铁卢战役） 2003 年（读经读史）	2013 年（尚拙）
非借助外力规避风险	2017 年（扩大研发） 2014 年（孔雀的选择） 2005 年（丘吉尔的决策） 2000 年（毛泽东周谷城）	1998 年（下棋）	—
克制欲望	2015 年（仁与富） 2009 年（三鹿奶粉） 2008 年（原则与原则上）	2013 年（实现中国梦） 2011 年（地委书记种树） 2010 年（荣钢集团捐款）	2020 年（退休老人马旭）
让别人开开心心	2023 年（领导艺术） 2016 年（多样一致） 2011 年（拔尖冒尖）	2001 年（相马赛马）	2018 年（教授穿金戴银） 2017 年（穷人福利）
教育相关	2021 年（实业与教育） 2012 年（十力语要） 2010 年（追求真理）	—	—
个人素质相关	2004 年（旅行者和三个人） 2002 年（压力）	2005 年（一首小诗） 2000 年（幼儿园）	2014 年（勇气）
其他	2018 年（人工智能） 1998 年（儿童高消费） 1997 年（洋招牌）	—	2022 年（免费乘坐交通工具） 2016 年（延迟退休） 2012 年（抢购茅台） 2011 年（蚁族）

附录

历年真题分类速查表

管理类综合能力考试论说文真题分类速查

真题	材料类型	价值取向	行文主体	行文结构	理由类别
2023年（领导艺术）	说理—关系	取向单——支持	企业、管理者	A好	让别人开心心
2022年（鸟类会飞）	故事—1人1事1结果	取向单——支持	无特定主体	A好	努力更大更强
2021年（实业与教育）	说理—关系	取向单——支持	企业、管理者	A和B好／A、B缺一不可	教育相关
2020年（挑战者号）	故事—N人N事1结果	取向单——反对	企业、管理者	A好	借助外力规避风险
2019年（知识的真理性）	说理—关系	取向单——支持	无特定主体	A促B	借助外力规避风险
2018年（人工智能）	说理—单	取向不单——有倾向	其他特定主体	A促B	其他
2017年（扩大研发）	说理—择	取向不单——无倾向	企业、管理者	A更好	努力更大更强／非借助外力规避风险
2016年（多样一致）	说理—关系	取向单——支持	国家、政府、政府管理者	A促B／A、B可共存／A、B相辅相成	让别人开心心
2015年（仁与富）	说理—关系	取向单——有倾向	无特定主体	A、B可共存／A、B相辅相成	克制欲望
2014年（孔雀的选择）	故事—1人1事2结果	取向不单——无倾向	无特定主体	A更好	努力更大更强／非借助外力规避风险
2013年（波音麦道）	故事—N人N事1结果	取向单——支持	企业、管理者	A好	努力更大更强
2012年（十力语要）	说理—单	取向单——反对	其他特定主体	A好	教育相关
2011年（拔尖冒尖）	说理—择	取向不单——有倾向	国家、政府、政府管理者	A更好	让别人开心心
2010年（追求真理）	说理—单	取向不单——有倾向	其他特定主体	A好	教育相关

续表

真题	材料类型	价值取向	行文主体	行文结构	理由类别
2009年（三鹿奶粉）	故事—1人1事1结果	取向单——反对	企业，管理者	A好	克制欲望
2008年（原则与原则上）	说理—择	取向不单——有倾向	无特定主体	A好	克制欲望
2007年（南极司各脱）	故事—1人1事2结果	取向不单——有倾向	个人	A更好	努力更大更强
2006年（和尚挑水）	故事—N人N事2结果	取向不单——有倾向	企业，管理者	A好	努力更大更强
2005年（丘吉尔的决策）	故事—1人1事2结果	取向不单——有倾向	国家，政府，政府管理者	A更好	非借助外力规避风险
2004年（旅行者和三个人）	故事—N人N事无结果	取向不单——有倾向	个人	A好	个人素质相关
2003年（未考）	/	/	/	/	/
2002年（压力）	说理—单	取向不单——有倾向	个人	A好	个人素质相关
2001年（成功女神）	故事—N人N事2结果	取向不单——有倾向	个人	A好	努力更大更强
2000年（毛泽东周谷城）	说理—择	取向不单——有倾向	无特定主体	A好	非借助外力规避风险
1999年（画一天，卖一年）	故事—N人N事2结果	取向不单——有倾向	无特定主体	A促B	努力更大更强
1998年（儿童高消费）	说理—单	取向单——反对	其他特定主体	A好	其他
1997年（洋招牌）	说理—单	取向单——反对	其他特定主体	A好	其他

MBA综合能力考试（10月）论说文真题分类速查

真题	材料类型	价值取向	行文主体	行文结构	理由类别
2013年10月MBA（实现中国梦）	说理—单—	取向—单——反对	国家、政府管理者	A促B	克制欲望
2012年10月MBA（3G和4G时代）	故事—1人1事1结果	取向—单——支持	国家、政府管理者	A好	努力更大更强
2011年10月MBA（地委书记种树）	故事—N人N事无结果	取向—单——支持	国家、政府管理者	A好	克制欲望
2010年10月MBA（荣钢集团捐款）	故事—N人N事无结果	取向—单——支持	企业、管理者	A好	克制欲望
2009年10月MBA（牦牛群）	故事—N人N事2结果	取向—不单——有倾向	国家、管理者	A好	努力更大更强
2008年10月MBA（卷柏）	故事—N人N事2结果	取向—不单——有倾向	无特定主体	A好	努力更大更强
2007年10月MBA（眼高手低）	说理—单—	取向—不单——有倾向	个人	A促B	努力更大更强
2006年10月MBA（可口可乐）	故事—N人N事2结果	取向—不单——有倾向	企业、管理者	A好	努力更大更强
2005年10月MBA（一首小诗）	故事—N人N事1结果	取向—单——反对	个人	A好	个人素质相关
2004年10月MBA（淮海卢战役）	故事—N人N事1结果	取向—单——无倾向	国家、政府管理者	A好	借助外力规避风险
2003年10月MBA（读经读史）	说理—择—	取向—单——支持	无特定主体	A更好	借助外力规避风险
2002年10月MBA（易经）	说理—单—	取向—单——有倾向	国家、政府管理者	A好	努力更大更强
2001年10月MBA（相马赛马）	说理—择—	取向—不单——有倾向	个人	A更好	让别人开开心心
2000年10月MBA（幼儿园）	故事—N人N事1结果	取向—单——支持	企业、管理者	A好	个人素质相关
1999年10月MBA（领导者素质）	说理—单—	取向—单——支持	无特定主体	A好	努力更大更强
1998年10月MBA（下棋）	说理—单—	取向—单——支持	无特定主体	A好	非借助外力规避风险

经济类综合能力考试论说文真题分类速查

真题	材料类型	价值取向	行文主体	行文结构	理由类别
2023年（对社会事务的处理）	说理一单	取向单——支持	国家、政府、政府管理者	A好	努力更大更强
2022年（免费乘坐交通工具）	说理一择	取向不单——无倾向	国家、政府、政府管理者	A更好	其他
2021年（贪睡兽）	故事—1人1事1结果	取向单——支持	无特定主体	A好	努力更大更强
2020年（退休老人马旭）	故事—N人N事无结果	取向不单——有倾向	个人	A好	克制欲望
2019年（毛毛虫实验）	故事—1人1事1结果	取向单——反对	无特定主体	A好	努力更大更强
2018年（教授穿金戴银）	说理一单	取向不单——有倾向	其他特定主体	A好	让别人开心
2017年（穷人福利）	说理一择	取向不单——有倾向	国家、政府、政府管理者	A更好	让别人开心
2016年（延迟退休）	说理一择	取向不单——有倾向	国家、政府、政府管理者	A更好	其他
2015年（取乎其上）	说理一单	取向单——支持	无特定主体	A好	努力更大更强
2014年（勇气）	说理一择	取向不单——有倾向	个人	A好	个人素质相关
2013年（尚拙）	说理一单	取向单——支持	个人	A好	借助外力规避风险
2012年（抢购茅台）	说理一单	取向不单——有倾向	其他特定主体	A好	其他
2011年（蚁族）	说理一单	取向不单——无倾向	其他特定主体	A好	其他

追风赶月莫停留　平芜尽处是春山

论证有效性分析 四步写作法全景图

准备工作	第一步 画圈	第二步 打对号

准备工作

管理类综合能力考试大纲

论证有效性分析试题的题干为一篇有缺陷的论证,要求考生分析其中存在的问题,选择若干要点,评论该论证的有效性。

本类试题的分析要点是:论证中的概念是否明确,判断是否准确,推理是否严密,论证是否充分等。

文章要求分析得当,理由充分,结构严谨,语言得体。

题型解读

该文体的本质是:找错。

但不是什么错误都找,而是要找到论证的缺陷并加以分析。

样题

2020年管理类综合能力考试真题

北京将联手张家口共同举办 2022 年冬季奥运会。中国南方的一家公司决定在本地投资设立一家商业性的冰雪运动中心。这家公司认为,该中心一旦投入运营,将获得可观的经济效益。这是因为:

北京与张家口共同举办冬奥会,必然会在中国掀起一股冰雪运动热潮。中国南方许多人从未有过冰雪运动的经历,会出于好奇心而投身于冰雪运动。这正是一个千载难逢的绝好商机,不能轻易错过。

而且,冰雪运动与广场舞、跑步等不一样,需要一定的运动用品,例如冰鞋、滑雪板与运动服装等等。这些运动用品价格不菲而具有较高的商业利润。如果在开展商业性冰雪运动的同时也经营冬季运动用品,则公司可以获得更多的利润。

另外,目前中国网络购物已经成为人们的生活习惯,但相对于网络商业,人们更青睐直接体验式的商业模态,而商业性冰雪运动正是直接体验式的商业模态,无疑具有光明的前景。

第一步 画圈

圈什么

1. 论证关联词
   因为、所以、如果等。
2. 绝对化的模态词
   一定、必须、毋庸置疑等。
3. 谬误标志词
   和时间相关的:1900年、过去、未来10年等。
   和数据相关的:抽样、上升、比率等。
   和主体相关的:寓言故事、小说、不同的行业等。
   特殊关键词:也、如此、同样、所有等。

第一步 步骤示范

北京将联手张家口共同举办2022年冬季奥运会。中国南方的一家公司决定在本地投资设立一家商业性的冰雪运动中心。这家公司认为,该中心(一旦)投入运营,(将)获得可观的经济效益。这是(因为):

北京与张家口共同举办冬奥会,(必然)会在中国掀起一股冰雪运动热潮。中国南方许多人从未有过冰雪运动的经历,(会)出于好奇心而投身于冰雪运动。这正是一个千载难逢的绝好商机,不能轻易错过。

而且,冰雪运动与广场舞、跑步等不一样,(需要)一定的运动用品,例如冰鞋、滑雪板与运动服装等等。这些运动用品价格不菲而具有较高的商业利润。(如果)在开展商业性冰雪运动的同时也经营冬季运动用品,(则)公司可以获得更多的利润。

另外,目前中国网络购物已经成为人们的生活习惯,但相对于网络商业,人们更青睐直接体验式的商业模态,而商业性冰雪运动正是直接体验式的商业模态,(无疑)具有光明的前景。

第二步 打对号

在哪打对号?

分析什么?
有缺陷的论证。
如何判定?
1. 语句是论证
   题干有结论、前提和论证过程。
   题干的本意是用前提推出结论。
2. 论证过程有缺陷
   基于前提无法得到结论。
   不建议找与前提或结论本身的缺陷。

不分析什么?
1. 语句不是论证
   客观事实、引用、并列等。
2. 论证过程没有缺陷

第二步 步骤示范

北京将联手张家口共同举办2022年冬季奥运会。中国南方的一家公司决定在本地投资设立一家商业性的冰雪运动中心。这家公司认为,该中心(一旦)投入运营,(将)获得可观的经济效益。这是(因为):

北京与张家口共同举办冬奥会,(必然)会在中国掀起一股冰雪运动热潮。中国南方许多人从未有过冰雪运动的经历,(会)出于好奇心而投身于冰雪运动。这正是一个千载难逢的绝好商机,不能轻易错过。

而且,冰雪运动与广场舞、跑步等不一样,(需要)一定的运动用品,例如冰鞋、滑雪板与运动服装等等。这些运动用品价格不菲而具有较高的商业利润。(如果)在开展商业性冰雪运动的同时也经营冬季运动用品,(则)公司可以获得更多的利润。

另外,目前中国网络购物已经成为人们的生活习惯,但相对于网络商业,人们更青睐直接体验式的商业模态,而商业性冰雪运动正是直接体验式的商业模态,(无疑)具有光明的前景。

微信扫码，输入封面密码区专属兑换码。
领课后在海绵MBA—我的课程观看视频课程。

第三步
标注理由关键词

如何标注理由？

标注理由的要点
1. 尽量标注具体的理由，不要标注"未必""得不到"等虚词。
2. 标注的理由自己能看懂即可，不需要非常详尽。
3. 若没有理由，则考虑换点。

理由的个数
1. 篇幅允许的范围内，多少个都可以。
2. 若只有一个理由，可对其进行详细描述。
3. 若找到多个理由，可罗列或分层次表达清楚。

第三步 步骤示范

（第一段省略）

北京与张家口共同举办冬奥会，**必然**（专业性、危险、气候）会在中国掀起一股冰雪运动热潮。中国南方许多人从未有过冰雪运动的经历，**会**（身体素质、消费能力）出于好奇心而投身于冰雪运动。这正是一个千载难逢的绝好商机，不能轻易错过。

而且，冰雪运动与广场舞、跑步等不一样，**需要**一定的运动用品，例如冰鞋、滑雪板与运动服装等等。这些运动用品价格不菲而具有较高的商业利润。**如果**（销售成本、采购成本、使用率低、租用）在开展商业性冰雪运动的同时也经营冬季运动用品，**则**公司可以获得更多的利润。

另外，目前中国网络购物已经成为人们的生活习惯，但相对于网络商业，人们更青睐直接体验式的商业模态，而商业性冰雪运动正是直接体验式的商业模态，**无疑**（难学、成本高）具有光明的前景。

第四步
串词行文

行文框架

准备好专属的保底框架，示例如下：

总结论 + 吗（题目）
上述材料通过诸多论证试图证明（总结论）这一结论。然而由于其在论证过程中存在诸多缺陷，所以其结论是难以让人信服的。（开头）

首先，指出论证缺陷 + 分析原因。（参考句式：a 未必 b；因为……/a 就一定 b 吗？其实不然；很可能……；若是如此，则其结论难以成立 /a 和 b 之间没有必然的关联；因为……等。）（分析点一）
其次，同上。
再次，同上。
最后，同上。
综上，其论证难以让人信服。

第四步 步骤示范

本题的审题结果如下，将其自然地串联，或代入准备好的行文框架即可得到一篇完整的文章。

分析点一：前提（北京与张家口共同举办冬奥会）+结论（会在中国掀起一股冰雪运动热潮）+理由（专业性、危险、气候）

分析点二：前提（中国南方许多人从未有过冰雪运动的经历）+结论（会出于好奇心而投身于冰雪运动）+理由（身体素质、消费能力）

分析点三：前提（在开展商业性冰雪运动的同时也经营冬季运动用品）+结论（公司可以获得更多的利润）+理由（销售成本、采购成本、使用率低、租用）。

分析点四：前提（商业性冰雪运动正是直接体验式的商业模态）+ 结论（无疑具有光明的前景）+ 理由（难学、成本高）。

最终呈现

完整行文

冰雪运动中心将获得可观的经济效益吗？

上述材料通过诸多论证试图证明 "南方的一家公司设立冰雪运动中心将获得可观的经济效益"这一结论。然而由于其在论证过程中存在诸多缺陷，所以其结论是难以让人信服的。

首先，北京与张家口共同举办冬奥会，必然会在中国掀起一股冰雪运动热潮吗？其实不然。要知道冰雪运动是一项专业性较强、具有一定危险性的运动，如果没有专业人员的指导往往难以开展；更重要的是，中国大部分地区的气候、温度等因素很难达到创造雪地的条件，故冬奥会未必会掀起冰雪运动热潮。

其次，中国南方许多人从未有过冰雪运动的经历，未必就会出于好奇心而投身其中。因为冰雪运动是高强度的运动，需要较强的身体素质，而大部分南方人从未参加过，很可能无法适应；此外，参加冰雪运动也需要一定的消费能力，若其超过了大部分人的价格预期，他们很可能不会消费。

再次，开展商业性冰雪运动的同时经营冬季运动用品不一定能让公司获利。因为企业能否获利要考虑自身的销售成本、采购成本等诸多因素；不仅如此，消费者考虑到装备价格高且使用率低，很可能不会选择购买而选择租用，那么企业就不一定能获利了。

最后，人们更青睐直接体验式的商业模态并不意味着商业性冰雪运动具有光明的前景。因为人们喜欢这个属性不等价于喜欢具有这个属性的所有事物。若是人们都因冰雪运动难学或是学习成本高等因素不选择冰雪运动，那么即使其具有直接体验式的商业模态，也难以发展。

综上，其论证难以让人信服。

论说文 四步写作法全景图

准备工作

管理类综合能力考试大纲

论说文的考试形式有两种：命题作文、基于文字材料的自由命题作文。每次考试为其中一种形式。要求考生在准确、全面地理解题意的基础上，对命题或材料所给观点进行分析，表明自己的观点并加以论证。

文章要求思想健康，观点明确，论据充足，论证严密，结构合理，语言流畅。

题型解读

该文体的本质是：搭建论证。

大家需要先审题，表达观点，再论证为什么这个观点成立/合理。

样题

2020年管理类综合能力考试真题

据报道，美国航天飞机"挑战者号"采用了斯沃克公司的零配件。该公司的密封圈技术专家博劳斯乔利多次向公司高层提醒：低温会导致橡胶密封圈脆裂而引发重大事故。但是，这一意见一直没有受到重视。1986年1月27日，佛罗里达州卡纳维拉尔角发射场的气温降到零度以下，美国宇航局再次打电话给斯沃克公司，询问其对航天飞机的发射还有没有疑问之处。为此，斯沃克公司召开会议，博劳斯乔利坚持认为不能发射，但公司高层认为他所持理由还不够充分，于是同意宇航局发射。1月28日上午，航天飞机离开发射平台，仅过了73秒，悲剧就发生了。

第一步 审题

怎么审题？

先宏观，再微观，最后抠细节
1. 宏观定方向
梳理题干形式，找准审题方向。
2. 微观找细节
关注核心信息，提炼中心词、主语、范围、结果等细节。
3. 细节变观点
将细节搭建为观点，将其优化后作为题目。

第一步 步骤示范

1. 宏观定方向
结果： 悲剧发生。
方向： 不应做导致悲剧的事件。
事件：
(1) 专家的意见没有受到重视；
(2) 公司高层认为专家所持理由还不够充分。
2. 微观找细节
中心词： 重视意见/重视专家意见/重视员工意见/重视不同意见。
主体： 公司高层/管理者/领导者/决策者/我们。
结果： 规避风险/减少损失。
3. 细节变观点
(1) 管理者当重视专家意见。
(2) 我们要重视他人意见。
(3) 重视专家意见有利于规避风险。
其他观点合理亦可。

第二步 确定结构

怎么搭建结构？

像搭积木一样搭建结构
有哪些常用万能积木？
1. 固定构成：题目、开头、结尾。
2. 随机构成：
(1) 辩证下定义；
(2) 正论（观点被需要/观点有好处/有理论或案例支撑）；
(3) 反论；
(4) 辩证（理解错误但并非如此/例子不符但只是个例/现状糟糕但可以改变/影响恶劣但可以化解）；
(5) 其他，如过渡句、引导句等。

第二步 步骤示范

材料结构类型
单一话题型。
可用结构
常规结构及变形。
任选一个常规结构为例
其结构构成如下（考场上该部分不需要在草稿纸上写出来，而是要在脑海中快速浮现）：
题目
开头（故事类型开头构成通常是：人+事+结果+过渡句+观点）
正论（正面阐述观点为什么成立）
反论（反面阐述若是认为观点不成立会有什么弊端）
辩证分析（找到会削弱观点的理由，并对其进行反驳，以支持观点）
结尾（扣题）

微信扫码，输入封面密码区专属兑换码。
领课后在海绵MBA—我的课程观看视频课程。

第三步
标注理由关键词

如何寻找理由？

最好是个性理由，实在找不到也可以使用万能的共性理由。

1. **个性理由**
基于材料、独立思考。
2. **共性理由**
（详见《MBA MPA MPAcc 管理类与经济类综合能力四步写作法》第十四章第一节）
(1) 努力更大更强。
(2) 借助外力规避风险。
(3) 非借助外力规避风险。
(4) 克制欲望。
(5) 让别人开开心心。
(6) 与教育相关的。

第三步 步骤示范

材料理由类型
借助外力规避风险。
该类型的共性理由
发现错误、客观、理性、完善认识、打破局限、取长补短、全面、整合优势等。
将共性理由与个性理由相结合，考场可标注如下：
+（正论）降低风险、局限性、发现漏洞、纠正错误；集思广益。
-（反论）增加风险、能力受到质疑。
B（辩证）被误解为不加分辨地接纳——取其精华；低效——少走弯路。

第四步
串词行文

如何构建完整文章？

不仅思路本身要清晰，更要让读者看起来觉得清晰。

1. **观点**
思路上：不应偏离观点。
表达上：清晰地表明观点。
2. **结构**
思路上：结构清晰、逻辑合理。
表达上：可借助"首先、反之、当然、综上"等结构关联词，让读者对结构一目了然。
3. **段落**
思路上：理由充分、论证严谨、表达流畅。
表达上：谨慎使用"才、唯一、必然"等过于绝对的表达，避免逻辑缺陷；可借助"第一、不仅如此、更重要的是"等关联词，并准确使用标点符号，以突出段落层次。

第四步 步骤示范

本题的审题结果如下，将其自然地串联，或代入准备好的行文框架即可得到一篇完整的文章。
开头：人（斯沃克公司的高层）+ 事（没有重视专家的意见，认为专家所持理由还不够充分，于是同意宇航局发射）+ 结果（悲剧就发生了）+ 过渡句（悲剧警醒着我们）+ 观点（我们要重视专家意见）。
（引导句）
正论：降低风险、局限性、发现漏洞、纠正错误；集思广益。
反论：增加风险、能力受到质疑。
辩证：被误解为不加分辨地接纳，但可以取其精华；低效，但可以少走弯路。
结尾：扣题（我们要重视专家意见）。

最终呈现

完整行文

我们要重视专家意见

斯沃克公司的高层因为没有重视专家的意见，认为专家所持理由还不够充分，于是同意宇航局发射，最终导致了悲剧的发生。"挑战者号"的悲剧警醒着我们要重视专家意见。

如今，"专家"似乎成了一个贬义词，很多人总是喜欢把"专家"称为"砖家"。这是对专家重要性的一种偏见。实际上，重视专家意见可以帮助我们更好地发展。为什么这样说呢？

重视专家意见，有利于防范风险，提前化解危机。如今我们处在一个信息过载的时代，知识、技术等都在飞快地更新迭代。处在这样的时代，每个人所掌握的知识都是有限的，具有一定的局限性。而专家通常在某个细分领域深耕多年，积累了丰富的知识和经验，能够发现很多常人难以发现的漏洞，或能依据可靠的数据资料，较为准确地判断事态发展的趋势。因此，听取他们的意见，有助于预先识别风险，及时纠正错误，从而将不必要的损失降至最低。不仅如此，重视专家意见还可以汇集来自各方面的声音，吸纳不同领域的智慧，形成互补，减少决策过程中的考虑不全面和信息不对称。

相反，不重视专家意见、一意孤行，就有可能造成类似"挑战者号"那样的悲剧。"挑战者号"的失败不仅让数位宇航员永远失去了宝贵的生命，使得耗资巨大的项目毁于一旦，还让公司的声誉遭受严重冲击，管理层治理能力饱受外界质疑。

当然重视专家意见并不意味着对于专家意见不加分辨地接纳，而是要在态度上给予充分重视，并在决策过程中针对其进行有效论证，取其精华去其糟粕。不仅如此，重视专家意见也未必会造成决策低效，相反，它能帮助决策者少走弯路，更快地达成既定目标。

综上，为了做出恰当的管理决策，我们应当重视专家意见。

 题目来源：

估分:

 题目来源：

估分：

题目来源：

估分：

题目来源：

估分：

题目来源：

估分:

题目来源：

估分：

题目来源:

估分：

题目来源：

估分：

题目来源：

估分：

题目来源：

估分：

题目来源:

估分：

题目来源：

估分：

题目来源：

估分：

题目来源：

估分：

题目来源:

题目来源：

估分:

题目来源：

估分：

题目来源:

估分：

题目来源：

估分：

题目来源：

估分:

 题目来源：

估分：

MBA MPA MPAcc
管理类与经济类综合能力

写作真题库

主编 张乃心

北京理工大学出版社
BEIJING INSTITUTE OF TECHNOLOGY PRESS

版权专有　侵权必究

图书在版编目（CIP）数据

MBA MPA MPAcc 管理类与经济类综合能力写作真题库 / 张乃心主编. — 北京：北京理工大学出版社，2023.6

ISBN 978-7-5763-2400-6

Ⅰ.①M… Ⅱ.①张… Ⅲ.①汉语—写作—研究生—入学考试—习题集 Ⅳ.①H15-44

中国国家版本馆 CIP 数据核字（2023）第 089509 号

出版发行 / 北京理工大学出版社有限责任公司
社　　址 / 北京市海淀区中关村南大街 5 号
邮　　编 / 100081
电　　话 /（010）68914775（总编室）
　　　　　（010）82562903（教材售后服务热线）
　　　　　（010）68944723（其他图书服务热线）
网　　址 / http://www.bitpress.com.cn
经　　销 / 全国各地新华书店
印　　刷 / 三河市文阁印刷有限公司
开　　本 / 787 毫米 × 1092 毫米　1/16
印　　张 / 23.75　　　　　　　　　　　　　　　　责任编辑 / 时京京
字　　数 / 593 千字　　　　　　　　　　　　　　　文案编辑 / 时京京
版　　次 / 2023 年 6 月第 1 版　2023 年 6 月第 1 次印刷　责任校对 / 刘亚男
定　　价 / 99.80 元　　　　　　　　　　　　　　　责任印制 / 李志强

图书出现印装质量问题，请拨打售后服务热线，本社负责调换

讲练测答，带你高效备考

这不是一本孤独的教材。

这是一个连接课程、练习、测试、答疑的学习系统。

讲：告别孤独、老派地啃书式学习，我们为教材配备了完整、免费的高质量视频课程。配套课程的内容和结构与本书一一对应，二者相得益彰。纸质教材加上视频课程，让学习变得更轻松、更鲜活、更立体，事半功倍。你买的不是一个个呆板的印刷字，而是一套鲜活的教学体系。在听课学习的过程中，你可以根据需要，利用海绵APP听课平台的"随堂卡"功能，在重点、难点处快速生成专属随堂卡，并将其收录至个人卡包，以便随时随地温故知新。

练：知识不是听会的，而是练会的。要真正掌握知识，需要通过大量的针对性练习将知识内化，使其成为自己的一部分。我们提供大量的练习工具，如全面且免费的历年真题库、海量且类型丰富的习题库。题库按照知识点的难易程度、易错程度等多种维度划分，满足各个时期的刷题需求。

测：测试是了解自己复习效果的最佳手段。为了让你掌握自己的学习情况，找到自己的薄弱环节与盲区，我们提供了多样化的免费测试工具，如趣味性单词测试、轻量级的小模考、数万人参与的大模考等。测试结束后，系统会提供科学的分析报告，方便你查漏补缺。

答：学习不是一个人的事，它是一个社会化的活动，需要跟其他人建立连接，进行交流。为此，我们创建了学习和答疑的社区，老师会免费帮大家答疑解惑，梳理学习路径。从早上9:30到晚上11:30，每天14小时的即问即答，真正及时地解决你在备考过程中的每一次困惑。在这里，你也会认识其他学习者，可以与之交流观点，分享心得，结伴而行。

学习是一个复杂的活动，只有好的内容是远远不够的，我们更关注学习者在成长过程中与其他事物的连接，与人的连接。通过连接，能让你的学习更高效、更系统，让你更有能量，不再孤独。

【本书及配套服务使用逻辑】

建议考生将写作的备考过程分为三个阶段。

第一阶段，从无到有。该阶段以学习知识点为主，掌握快速构建写作框架的方法。

第二阶段，从有到对。该阶段以真题训练为主，需要通过大量的真题练习来内化理论知识，提高行文的准确度。

第三阶段，从对到好。该阶段以模考练习为主，并对每次练习进行总结，通过全真模拟考试等方式，提高写作的速度，加深内容的深度。

本书适用于备考第二阶段的考生。在了解了写作的基本写法，能独立行文后，考生可以通过本书开启真题的训练之旅。

相较于其他学科，写作的真题总题量较少，每一道真题都极其珍贵，要将其充分利用。因此在学习的过程中，不建议考生将真题的审题和行文分开训练，而应将两个步骤结合进行，形成一个完整的真题训练。

　　本书附赠写作笔记本和《论说文真题分类手册》。写作笔记本为考生提供了四步写作法全景图，让考生在整体把控写作全流程的同时，通过样题加以巩固；另外，其后附带的写作答题纸，可以帮助考生规范写作格式，养成良好的写作习惯。《论说文真题分类手册》是对主书的补充，考生在完成大部分论说文真题的审题和行文练习后，再配合该手册总结规律、提高效率。

　　亲爱的同学，当你拿到书的这一刻，2024届研究生备考之旅便已拉开帷幕。这条道路必定不会轻松，我们希望尽己所能为你简化寻找学习路径的过程，带你省心、放心、静心地学习。我们相信，你的努力，终将美好！

前言

我是谁？

我是一名考研写作老师。

在这个角色中，我首先是一名考研老师，然后才是一名写作老师。

作为一名写作老师，我可以和大家从诗词歌赋聊到人生哲学，从歌德、尼采聊到里尔克，从管理学、经济学聊到心理学，从批判性思维、系统性思维聊到创造性思维，也可以从商业案例、治国兴邦聊到人生百态……但这些远远不能囊括所有的写作内容。一名合格的写作老师应该带着学生不断做加法，打破自我局限，持续拓宽认知的边界。

然而不得不提的是，写作涉猎的领域如此之多，各种各样的写作教材、课程如雨后春笋般涌现，这反倒让大家越来越焦虑、越来越困惑、越来越无从下笔。这是写作学习的困境，但不应该成为考研学习的常态。

本书首先是考研备考书，然后才是写作书。

当然，提到备考，很多同学会有固化思维，认为"写作的备考"就是"模板、套路、素材、话术"。实际上，"模板、套路、素材、话术"是最低效、最笨拙的学习方式，原因如下：第一，死记硬背浪费时间；第二，在近年的真题中难以应用；第三，模板痕迹重；第四，很难拿高分。从命题趋势来看，无论是经济类综合能力考试还是管理类综合能力考试，命题方向都变得越来越灵活，越来越"反套路"，死记硬背的"干货"也渐成鸡肋。

所以，本书中既没有背不完的素材和大道理，也没有学不完的复杂理论。我坚信"大道至简、少就是多"。我将用最简单的理论帮大家厘清写作的备考逻辑，让大家能快速上手，高效应试，高分上岸。

基于这样的命题趋势和自我要求，我编写了这本书——

一本极简高效的工具书；

一本可以即时反馈的应试书；

一本面向新命题时代的写作书。

乃心老师

使用指南

真题是考生与命题人交流的唯一桥梁，是质量最高的"模拟题"。通过真题大家可以快速了解命题思路、考试难度、考试趋势等。每一道真题都值得大家认真对待。

1. 什么时候开始刷？

通常写作的备考可以分为如下几个阶段。

第一阶段：入门。建议使用1套真题。在刚开始接触写作的时候，可以快速浏览1套真题及其解析，通过这个过程了解考试题型及行文方向，快速建立认知。

第二阶段：强化。建议使用3~5套真题。这个阶段的主要任务是能够独立、完整、正确地写出一篇文章。本阶段，大家对写作方法的运用还不够熟练，建议大家借助3~5套真题，彻底理解和消化写作方法，不要大量浪费真题。

第三阶段：刷真题。按年份刷完所有需要训练的真题。本阶段，大家需要通过大量练习真题来理解和消化写作的方法及技巧，将所有有价值的真题全部学完。

第四阶段：冲刺。从不同维度复盘所有真题。本阶段通常以模拟题为主，但也不应忽视真题。大家需要对真题进行二刷、三刷，从不同的维度去理解和复盘真题。该阶段建议大家配合《论说文真题分类手册》来学习。

2. 怎么刷？

建议大家至少刷三遍。

第一遍：逐年刷套卷。从最新一年的真题开始，按套卷刷。建议模拟考场环境，使用稿纸、严格计时（55分钟以内完成）。刷之前不要参考任何的资料，独立完成每一套真题。写完以后再参考答案、解析及他人的意见进行批改和优化。

第二遍：挑重点刷。将重点真题重新刷一遍。重点真题包括：第一遍写得不理想的题、难题、典型题、创新题、易错题。

第三遍：分类刷。从不同的维度重新梳理真题，找到真题之间的共性及万能解决办法。该过程建议配合使用《论说文真题分类手册》。

3. 刷哪些？

时间充裕的情况下，越多越好（2008年以前的真题可以只练审题，不练习行文）。

若时间不充裕，我在每个类型中挑选了几道入门题和重点必刷真题，大家可以优先刷这些重点真题。（重要程度从前往后逐步降低，其他真题并非不重要，而是其需要用到的思路、方法、理由等基本都可以被重点真题覆盖。）

参加管理类综合能力考试的考生可以重点刷如下真题：

		论证有效性分析	论说文
初学者入门题	1	2020 年管理类（冬奥会）	2020 年管理类（挑战者号）
	2	2016 年管理类（大学生就业难）	2017 年管理类（扩大研发）
	3	2022 年管理类（默默无闻）	2015 年管理类（仁与富）
重点必刷真题	1	2023 年管理类（老年人工作）	2023 年管理类（领导艺术）
	2	2021 年管理类（眼见未必为实）	2022 年管理类（鸟类会飞）
	3	2019 年管理类（选择与快乐）	2021 年管理类（实业与教育）
	4	2018 年管理类（物质与精神）	2019 年管理类（知识的真理性）
	5	2017 年管理类（本性与行为）	2016 年管理类（多样一致）
	6	2011 年管理类（股市赚钱）	2018 年管理类（人工智能）
	7	2013 年管理类（文化软实力）	2014 年管理类（孔雀的选择）
	8	2015 年管理类（生产过剩）	2013 年 10 月 MBA（实现中国梦）
	9	2014 年管理类（制衡与监督）	2011 年管理类（拔尖冒尖）
	10	2012 年 10 月 MBA（四不承诺）	2010 年管理类（追求真理）
次重点真题	1	2012 年管理类（气候变化）	2008 年管理类（原则与原则上）
	2	2010 年管理类（世界是平的）	2007 年 10 月 MBA（眼高手低）
	3	2007 年 10 月 MBA（终身制和铁饭碗）	2003 年 10 月 MBA（读经读史）
	4	2023 年经济类（减轻中小学生负担）	2009 年管理类（三鹿奶粉）
	5	2008 年管理类（中医科学性）	2023 年经济类（社会事务的处理）

参加经济类综合能力考试的考生可以重点刷如下真题：

		论证有效性分析	论说文
初学者入门题	1	2022 年经济类（数字阅读）	2023 年经济类（社会事务的处理）
	2	2020 年经济类（冬奥会）	2019 年经济类（毛毛虫实验）
	3	2022 年管理类（默默无闻）	2017 年经济类（穷人福利）
重点必刷真题	1	2023 年经济类（减轻中小学生负担）	2022 年经济类（免费乘坐交通工具）
	2	2021 年经济类（根治诈骗）	2021 年经济类（食蚁兽）
	3	2020 年经济类（金融机构）	2020 年经济类（退休老人马旭）
	4	2019 年经济类（AlphaGo）	2018 年经济类（教授穿金戴银）
	5	2018 年经济类（市场竞争）	2015 年经济类（取乎其上）
	6	2017 年经济类（市场规模）	2013 年 10 月 MBA（实现中国梦）
	7	2013 年经济类（黄金周）	2020 年管理类（挑战者号）
	8	2023 年管理类（老年人工作）	2017 年管理类（扩大研发）
	9	2021 年管理类（眼见未必为实）	2015 年管理类（仁与富）
	10	2019 年管理类（选择与快乐）	2022 年管理类（鸟类会飞）

（续表）

		论证有效性分析	论说文
次重点真题	1	2018年管理类（物质与精神）	2021年管理类（实业与教育）
	2	2017年管理类（本性与行为）	2019年管理类（知识的真理性）
	3	2011年管理类（股市赚钱）	2016年管理类（多样一致）
	4	2013年管理类（文化软实力）	2018年管理类（人工智能）
	5	2015年管理类（生产过剩）	2014年管理类（孔雀的选择）

上篇 论证有效性分析

管理类综合能力考试论证有效性分析真题 **002**

- 2023 年管理类（老年人工作） 002
- 2022 年管理类（默默无闻） 005
- 2021 年管理类（眼见未必为实） 008
- 2020 年管理类（冬奥会） 012
- 2019 年管理类（选择与快乐） 019
- 2018 年管理类（物质与精神） 027
- 2017 年管理类（本性与行为） 034
- 2016 年管理类（大学生就业难） 040
- 2015 年管理类（生产过剩） 048
- 2014 年管理类（制衡与监督） 054
- 2013 年管理类（文化软实力） 062
- 2012 年管理类（气候变化） 068
- 2011 年管理类（股市赚钱） 073
- 2010 年管理类（世界是平的） 080
- 2009 年管理类（知识就是力量） 087
- 2008 年管理类（中医科学性） 090
- 2007 年管理类（诺贝尔经济学奖） 093
- 2006 年管理类（航空公司订单） 096
- 2005 年管理类（MBA 教育） 099
- 2004 年管理类（公关公司） 102
- 2003 年管理类（蜜蜂苍蝇实验） 105
- 2002 年管理类（运动与看电视） 107

MBA 综合能力考试论证有效性分析真题 110

- 2013 年 10 月（勤俭节约） 110
- 2012 年 10 月（四不承诺） 113
- 2011 年 10 月（个人所得税） 116
- 2010 年 10 月（猴群实验） 119
- 2009 年 10 月（民主集中制） 122
- 2008 年 10 月（官员选拔标准） 125
- 2007 年 10 月（终身制和铁饭碗） 127
- 2006 年 10 月（经济与丑闻） 130
- 2005 年 10 月（洋快餐发展） 132
- 2004 年 10 月（与老虎赛跑） 135

经济类综合能力考试论证有效性分析真题 137

- 2023 年经济类（减轻中小学生负担） 137
- 2022 年经济类（数字阅读） 139
- 2021 年经济类（根治诈骗） 140
- 2020 年经济类（金融机构） 141
- 2019 年经济类（AlphaGo） 142
- 2018 年经济类（市场竞争） 144
- 2017 年经济类（市场规模） 146
- 2016 年经济类（结婚证书） 148
- 2015 年经济类（互联网大会） 150
- 2014 年经济类（高考改革） 152
- 2013 年经济类（黄金周） 154
- 2012 年经济类（迁都） 156
- 2011 年经济类（汉语能力测试） 158

下篇　论说文

管理类综合能力考试论说文真题 162

- 2023 年管理类（领导艺术） 162
- 2022 年管理类（鸟类会飞） 165
- 2021 年管理类（实业与教育） 169

- 2020 年管理类（挑战者号） ... 175
- 2019 年管理类（知识的真理性） ... 183
- 2018 年管理类（人工智能） ... 192
- 2017 年管理类（扩大研发） ... 205
- 2016 年管理类（多样一致） ... 214
- 2015 年管理类（仁与富） ... 221
- 2014 年管理类（孔雀的选择） ... 235
- 2013 年管理类（波音麦道） ... 243
- 2012 年管理类（十力语要） ... 251
- 2011 年管理类（拔尖冒尖） ... 256
- 2010 年管理类（追求真理） ... 262
- 2009 年管理类（三鹿奶粉） ... 270
- 2008 年管理类（原则与原则上） ... 274
- 2007 年管理类（南极司各脱） ... 277
- 2006 年管理类（和尚挑水） ... 282
- 2005 年管理类（丘吉尔的决策） ... 284
- 2004 年管理类（旅行者和三个人） ... 286
- 2003 年管理类（未考） ... 288
- 2002 年管理类（压力） ... 289
- 2001 年管理类（成功女神） ... 291
- 2000 年管理类（毛泽东周谷城） ... 293
- 1999 年管理类（画一天，卖一年） ... 295
- 1998 年管理类（儿童高消费） ... 297
- 1997 年管理类（洋招牌） ... 300

MBA 综合能力考试论说文真题 ... 302

- 2013 年 10 月（实现中国梦） ... 302
- 2012 年 10 月（3G 和 4G 时代） ... 309
- 2011 年 10 月（地委书记种树） ... 311
- 2010 年 10 月（荣钢集团捐款） ... 318
- 2009 年 10 月（牦牛群） ... 320
- 2008 年 10 月（卷柏） ... 323
- 2007 年 10 月（眼高手低） ... 325
- 2006 年 10 月（可口可乐） ... 327
- 2005 年 10 月（一首小诗） ... 329

- 2004 年 10 月（滑铁卢战役） ... 331
- 2003 年 10 月（读经读史） ... 333
- 2002 年 10 月（易经） ... 335
- 2001 年 10 月（相马赛马） ... 337
- 2000 年 10 月（幼儿园） ... 338
- 1999 年 10 月（领导者素质） ... 339
- 1998 年 10 月（下棋） ... 340
- 1997 年 10 月（格言） ... 341

经济类综合能力考试论说文真题 ... **342**

- 2023 年经济类（社会事务的处理） ... 342
- 2022 年经济类（免费乘坐交通工具） ... 343
- 2021 年经济类（食蚁兽） ... 345
- 2020 年经济类（退休老人马旭） ... 346
- 2019 年经济类（毛毛虫实验） ... 348
- 2018 年经济类（教授穿金戴银） ... 351
- 2017 年经济类（穷人福利） ... 353
- 2016 年经济类（延迟退休） ... 356
- 2015 年经济类（取乎其上） ... 360
- 2014 年经济类（勇气） ... 361
- 2013 年经济类（尚拙） ... 362
- 2012 年经济类（抢购茅台） ... 363
- 2011 年经济类（蚁族） ... 365

上篇
论证有效性分析

管理类综合能力考试论证有效性分析真题

2023 年管理类（老年人工作）

分析下述论证中存在的缺陷和漏洞，选择若干要点，写一篇 600 字左右的文章，对该论证的有效性进行分析和评论。（论证有效性分析的一般要点是：概念特别是核心概念的界定和使用是否准确并前后一致，有无各种明显的逻辑错误，论证的论据是否成立并支持结论，结论成立的条件是否充分，等等。）[1]

随着人口的老龄化，大家都在议论老年人还要不要继续工作的话题。我们认为，老年人应该继续工作。

《宪法》规定，"中华人民共和国公民有劳动的权利和义务"。由此可见，老年人继续工作是法律赋予他们的权利。

据统计，我国 2019 年人均预期寿命已经达到 77.3 岁，这说明老年人的健康水平大大提高了，所以老年人完全有能力继续工作。

如果老年人不再继续工作而退出劳动力市场，就势必会打破劳动力市场的原有平衡，从而造成社会劳动力的短缺。如果老年人继续工作，就能有效地避免这一问题。此外，老年人有权利追求更高质量的生活。他们想增加收入，改善生活，就应该继续工作。再说，有规律的生活方式有益于身体健康，而工作实际上是一种有规律的生活方式，所以老年人继续工作还有益于其身体健康。

📖 考试大纲官方解析

截至发稿，最新大纲尚未发布。大纲发布后，"张乃心考研"微信公众号将会更新该年真题的考试大纲官方解析。

📖 要点精析

> 【原文1】随着人口的老龄化，大家都在议论老年人还要不要继续工作的话题。我们认为，老年人应该继续工作。

---

[1] 后文未特殊说明的情况下，论证有效性分析题干要求均为：
分析下述论证中存在的缺陷和漏洞，选择若干要点，写一篇 600 字左右的文章，对该论证的有效性进行分析和评论。（论证有效性分析的一般要点是：概念特别是核心概念的界定和使用是否准确并前后一致，有无各种明显的逻辑错误，论证的论据是否成立并支持结论，结论成立的条件是否充分，等等。）

易错提示 1 该段在陈述观点，不需要分析。

【原文 2】《宪法》规定，"中华人民共和国公民有劳动的权利和义务"。由此可见，老年人继续工作是法律赋予他们的权利。

易错提示 2 对该段落的分析不能质疑《宪法》的权威性。
该段相关法条的解读如下：
法律没有禁止用工单位聘用超过 60 岁的劳动者，超过 60 岁依然可以成为劳动者，依然受《中华人民共和国劳动法》保护。
《宪法》规定，中华人民共和国公民有劳动的权利和义务。劳动权作为公民的基本权利，我国每一个公民都应享有。对公民权利的剥夺和限制，必须由法律、法规明确规定。
《中华人民共和国劳动法》中仅规定禁止招用未满 16 周岁的未成年人，我国法律未禁止企业、事业单位及个体工商户招聘已超过法定退休年龄（男 60 岁，女 55 岁）的劳动者。这表明我国对于公民行使劳动权利和履行劳动义务的年龄下限做出了禁止性规定，而没有对劳动者的年龄上限进行限制，只要公民年满 16 周岁直至死亡，都具有劳动的权利。
基于该法条解读，该段落的内容基本是合理的。段落内部唯一可考虑分析的角度是"劳动不等于继续工作"。但该点比较牵强，即便引入也较难分析，故不建议选择该点。

【分析角度 1】 老年人继续工作是法律赋予他们的权利，不意味着老年人就应该继续工作。权利通常指公民依法享有并受法律保护的利益范围或实施一定行为以实现某种利益的资格，是法律赋予人实现其利益的一种力量。公民可以自由地选择使用或者不使用该项权利。故继续工作是老年人拥有的权利不代表其就应该继续工作。

【原文 3】 据统计，我国 2019 年人均预期寿命已经达到 77.3 岁，这说明老年人的健康水平大大提高了，所以老年人完全有能力继续工作。

【分析角度 2】 2019 年人均预期寿命提升，不代表老年人的健康水平大大提高。一方面，人均预期寿命不等同于实际寿命，很可能由于疫情、灾难等原因，人均实际寿命反而下降；另一方面，很可能很多老年人虽然寿命提升了，但却伴随着各种疾病困扰，其健康水平并未提高。

【分析角度 3】 老年人的健康水平大大提高了，不意味着老年人有能力继续工作。很多工作对脑力和体力具有一定的要求，即便老年人的健康水平相较于以往提高了，但很可能仍然无法满足岗位的需求，故其未必有能力继续工作。

【原文 4】 如果老年人不再继续工作而退出劳动力市场，就势必会打破劳动力市场的原有平衡，从而造成社会劳动力的短缺。如果老年人继续工作，就能有效地避免这一问题。此外，老年人有权利追求更高质量的生活。他们想增加收入，改善生活，就应该继续工作。再说，有规律的生活方式有益于身体健康，而工作实际上是一种有规律的生活方式，所以老年人继续工作还有益于其身体健康。

【分析角度4】老年人不再继续工作而退出劳动力市场，未必会打破劳动力市场的原有平衡，也不一定会造成社会劳动力的短缺。在老年人退出劳动力市场的同时，年轻人也在源源不断地加入劳动力市场，补充老年人退出后的空缺。

【分析角度5】老年人继续工作，未必能有效地避免劳动力市场原有平衡被打破，也未必能避免劳动力短缺问题。因为很多老年人的体力和脑力都严重下滑，难以适应当下的工作；且很多老年人的技能和思维方式也已经不再适应当下的社会发展需求，即便其继续工作，可能也无法满足岗位的需求。

【分析角度6】老年人想增加收入，改善生活，就应该继续工作吗？其实不然。继续工作并不是其增加收入及改善生活的唯一方式，还可以通过投资、理财和子女的赡养实现。

【分析角度7】有规律的生活方式有益于身体健康，不意味着继续工作有益于身体健康。因为整体具有的性质个体未必具有。很可能由于工作的强度较大，很多老年人的身体状况已经无法适应，继续工作反而不利于其身体健康；不仅如此，很多老年人即便不继续工作，也会始终保持规律的生活方式。

参考范文

老年人应该继续工作吗？

上述材料经过诸多论证试图证明"老年人应该继续工作"，但由于其论证过程中存在诸多缺陷，所以其结论也是难以让人信服的。

首先，2019年人均预期寿命提升，不代表老年人的健康水平大大提高。一方面，人均预期寿命不等同于实际寿命，很可能由于疫情、灾难等原因，人均实际寿命反而下降；另一方面，很可能大多数老年人虽然寿命提升了，但却伴随着各种疾病困扰，其健康水平并未提高。

其次，老年人的健康水平大大提高了，不意味着老年人有能力继续工作。很多工作对脑力和体力具有一定的要求，即便老年人的健康水平相比较于以往提高了，但很可能仍然无法满足岗位的需求，故其未必有能力继续工作。

再次，老年人继续工作，未必能有效地避免劳动力市场原有平衡被打破，也未必能避免劳动力短缺问题。因为很多老年人的体力和脑力都严重下滑，难以适应当下的工作；且很多老年人的技能和思维方式也已经不再适应当下的发展需求，即便其继续工作，可能也无法满足岗位的需求。

最后，有规律的生活方式有益于身体健康，不意味着继续工作有益于身体健康。因为整体具有的性质个体未必具有。很可能由于工作的强度较大，很多老年人的身体状况已经无法适应，继续工作反而不利于其身体健康；不仅如此，很多老年人即便不继续工作，也会始终保持规律的生活方式。

综上，其论证难以让人信服。

2022 年管理类（默默无闻）

默默无闻、无私奉献虽然是人们尊崇的德行，但这种德行其实不可能成为社会的道德精神。

一种德行必须借助大众媒体的传播，让大家受其感染，并转化为自觉意识，然后才能成为社会的道德精神。但是，默默无闻、无私奉献的精神所赖以存在的行为特点是不事张扬、不为人知。既然如此，它就得不到传播，也就不可能成为社会的道德精神。

退一步讲，默默无闻、无私奉献的善举经媒体大力宣传后为更多的人所了解，这就从根本上使这一善举失去了默默无闻的特性。既然如此，这一命题就无从谈起了。

再者，默默无闻的善举一旦被媒体大力宣传，当事人必然会受到社会的肯定与赞赏，而这就是社会对他的回报。既然他从社会得到了回报，怎么还可以说是无私奉献呢？

由此可见，默默无闻、无私奉献的德行注定不可能成为社会的道德精神。

📖 考试大纲官方解析

本题的论证主要存在如下问题：
1. "默默无闻、无私奉献是人们尊崇的德行"与"不可能成为社会的道德精神"自相矛盾。
2. 社会道德精神的传播不一定要借助大众媒体，也可以通过家庭或学校教育。
3. "当事人"不事张扬，不能等同于其"善事"不为人所知。
4. 善举被大力宣传后为更多的人所了解，不能用来否定当事人做事时的默默无闻。
5. 社会对当事人的肯定与赞赏，不能用来否定当事人无私奉献的动机。

📖 要点精析

【原文1】默默无闻、无私奉献虽然是人们尊崇的德行，但这种德行其实不可能成为社会的道德精神。

易错提示 1 材料第一段为陈述观点，故不需要分析。

【原文2】一种德行必须借助大众媒体的传播，让大家受其感染，并转化为自觉意识，然后才能成为社会的道德精神。但是，默默无闻、无私奉献的精神所赖以存在的行为特点是不事张扬、不为人知。既然如此，它就得不到传播，也就不可能成为社会的道德精神。

【分析角度1】一种德行必须借助大众媒体的传播，让大家受其感染并转化为自觉意识，然后才能成为社会的道德精神吗？其实不然。很多社会的道德精神并不是通过大众媒体的传播形成的，而是通过家庭教育、学校教育、社会教育等形成的。例如，在没有大众媒体的年代，也存在很多社会的道德精神。

【分析角度2】"默默无闻、无私奉献的精神所赖以存在的行为特点是不事张扬、不为人知"并不意味着"它就得不到传播，也就不可能成为社会的道德精神"。因为不事张扬、不为人知是默默无闻者主观上的初衷，然而其行为是否得到传播不仅受主观因素的影响，还受客观因素的影响。主观上不想被传播不代表客观上就一定不会被传播。

> **【原文3】**退一步讲，默默无闻、无私奉献的善举经媒体大力宣传后为更多的人所了解，这就从根本上使这一善举失去了默默无闻的特性。既然如此，这一命题就无从谈起了。

【分析角度3】"默默无闻、无私奉献的善举经媒体大力宣传后为更多的人所了解"未必就会"从根本上使这一善举失去默默无闻的特性"。因为默默无闻的行为发生在媒体大力宣传之前，因此，即便媒体的大力宣传使得默默无闻的行为被更多的人知道，也不会改变其做出行为时的出发点，不会改变其行为发生时具有的特性。

> **【原文4】**再者，默默无闻的善举一旦被媒体大力宣传，当事人必然会受到社会的肯定与赞赏，而这就是社会对他的回报。既然他从社会得到了回报，怎么还可以说是无私奉献呢？

【分析角度4】默默无闻的善举被媒体大力宣传，当事人未必会受到社会的肯定与赞赏。一方面，每个人对善恶的界定标准不同，很多默默无闻的善举可能会侵犯一部分人的权益，或者被贴上"烂好人""纵容弱者"等标签；另一方面，这样的善举被媒体大力宣传后，当事人可能会遭到质疑，认为他们并不是真正想做善事，有炒作的嫌疑。若是如此，其未必会受到社会的肯定与赞赏。

【分析角度5】默默无闻者从社会得到了回报，未必就不是无私奉献。因为很可能从社会得到回报并非其本意。

> **【原文5】**由此可见，默默无闻、无私奉献的德行注定不可能成为社会的道德精神。

易错提示2 材料最后一段为总结论，不需要分析。

📖 参考范文

默默无闻等不可能成为社会的道德精神吗？

上述材料试图通过诸多论证说明"默默无闻、无私奉献的德行注定不可能成为社会的道德精神"，但由于其论证过程存在诸多缺陷，因此其结论也是值得商榷的。

首先，一种德行必须借助大众媒体的传播，让大家受其感染并转化为自觉意识，然后才能成为社会的道德精神吗？其实不然。很多社会的道德精神并不是通过大众媒体的传播形成的，而是通过家庭教育、学校教育、社会教育等形成的。例如，在没有大众媒体的年代，也存在很多社会的道德精神。

其次,"默默无闻、无私奉献的精神所赖以存在的行为特点是不事张扬、不为人知"并不意味着"它就得不到传播,也就不可能成为社会的道德精神"。因为不事张扬、不为人知是默默无闻者主观上的初衷,然而其行为是否得到传播不仅受主观因素的影响,还受客观因素的影响。主观上不想被传播不代表客观上就一定不会被传播。

再次,"默默无闻、无私奉献的善举经媒体大力宣传后为更多的人所了解"未必就会"从根本上使这一善举失去默默无闻的特性"。因为默默无闻的行为发生在媒体大力宣传之前,因此,即便媒体的大力宣传使得默默无闻的行为被更多的人知道,也不会改变其做出行为时的出发点,不会改变其行为发生时具有的特性。

最后,默默无闻的善举一旦被媒体大力宣传,当事人未必会受到社会的肯定与赞赏。一方面,每个人对善恶的界定标准不同,很多默默无闻的善举可能会侵犯一部分人的权益,或者被贴上"烂好人""纵容弱者"等标签;另一方面,这样的善举被媒体大力宣传后,当事人可能会遭到质疑,认为他们并不是真正想做善事,有炒作的嫌疑。若是如此,其未必会受到社会的肯定与赞赏。

综上,材料的论证难以令人信服。

2021 年管理类（眼见未必为实）

常言道："耳听为虚，眼见为实。"其实，"眼所见者未必实"。

从哲学意义上来说，事物的表象不等于事物的真相。我们亲眼看到的，显然只是事物的表象而不是真相。只有将看到的表象加以分析，透过现象看本质，才能看到真相。换言之，我们亲眼看到的未必是真实的东西，即"眼所见者未必实"。

举例来说，人们都看到旭日东升，夕阳西下，也就是说，太阳环绕地球转。但是，这只是人们站在地球上看到的表象而已，其实这是地球自转造成的。由此可见，眼所见者未必实。

我国古代哲学家老子早就看到了这一点。他说过，人们只看到房子的"有"（有形的结构），但人们没看到的"无"（房子中无形的空间）才有实际效用。这也说明眼所见者未必实，未见者为实。

老子还说，讲究表面的礼节是"忠信之薄"的表现。韩非解释时举例说，父母和子女因为感情深厚而不讲究礼节，可见讲究礼节是感情不深的表现。现在人们把那种客气的行为称作"见外"，也是这个道理。这其实也是一种"眼所见者未必实"的现象。因此，如果你看到有人对你很客气，就认为他对你好，那就错了。

📖 考试大纲官方解析

本题的论证主要存在如下问题：

1. 核心概念的界定前后不一致，"眼见为实"的"实"和文中"眼所见者未必实"的"实"内涵不同。
2. 亲眼看到的，其实不只是事物的表象，也可能是真相。
3. 地球自转的实情，不能用来否定我们看到的"旭日东升，夕阳西下"这一实况。
4. 房子的"无"具有"实际效用"，但这不是"未见者为实"之"实"（真实）。
5. 父母和子女因为感情深厚而不讲究礼节，不能推出讲究礼节是感情不深的表现。
6. 有人对你很客气，也有可能真的对你好。

📖 要点精析

【原文1】 常言道："耳听为虚，眼见为实。"其实，"眼所见者未必实"。

易错提示1 该段为背景知识，且作者持否定态度，故不用分析。

【原文2】 从哲学意义上来说，事物的表象不等于事物的真相。我们亲眼看到的，显然只是事物的表象而不是真相。只有将看到的表象加以分析，透过现象看本质，才能看到真相。换言之，我们亲眼看到的未必是真实的东西，即"眼所见者未必实"。

易错提示2 "从哲学意义上来说，事物的表象不等于事物的真相"为背景知识，不需要分析。

【分析角度1】我们亲眼看到的未必只是事物的表象而不是真相。因为部分事物的表象是能够反映事物的真相的。

【分析角度2】只有将看到的表象加以分析，透过现象看本质，才能看到真相吗？答案是否定的。我们不否认部分真相会隐藏在表象背后，需要我们对表象进行分析，但也有很多真相是表象直接呈现的，不需要对表象进行分析就能看到。

【原文3】举例来说，人们都看到旭日东升，夕阳西下，也就是说，太阳环绕地球转。但是，这只是人们站在地球上看到的表象而已，其实这是地球自转造成的。由此可见，眼所见者未必实。

【分析角度3】"太阳环绕地球转"只是人们站在地球上看到的表象，并不代表"眼所见者未必实"。因为"太阳环绕地球转"并不是人们用眼睛直接看到的事实，而是根据"旭日东升，夕阳西下"这一眼见的事实分析出来的，故分析错误无法证明"眼所见者未必实"。

【原文4】我国古代哲学家老子早就看到了这一点。他说过，人们只看到房子的"有"（有形的结构），但人们没看到的"无"（房子中无形的空间）才有实际效用。这也说明眼所见者未必实，未见者为实。

【分析角度4】房子的"无"才有实际效用无法证明未见者为实。一方面，有实际效用不等同于真相；另一方面，房子仅为个例，无法代表其他事物的情况。

【分析角度5】房子的"有"没有实际效用无法证明眼所见者未必实。一方面，作者混淆了"实际效用"与"实"；另一方面，房子中无形的空间只有通过有形的结构才能够呈现，故房子的"有"并非没有实际效用。

【分析角度6】老子的观点仅为一家之言。

【原文5】老子还说，讲究表面的礼节是"忠信之薄"的表现。韩非解释时举例说，父母和子女因为感情深厚而不讲究礼节，可见讲究礼节是感情不深的表现。现在人们把那种客气的行为称作"见外"，也是这个道理。这其实也是一种"眼所见者未必实"的现象。因此，如果你看到有人对你很客气，就认为他对你好，那就错了。

【分析角度7】父母和子女之间的关系无法代表其他群体之间的关系。因为父母和子女之间的关系比较特殊——具有无法割裂的亲缘性。

【分析角度8】看到有人对你很客气，不能说明认为他对你好是错的。虽然不排除有些人的客气带有目的性，想要拉近彼此的距离，但也有很多人希望通过客气的方式表达自己的友善和对对方的尊重。

📖 参考范文

由眼所见者未必实引发的论证合理吗？

上述材料中，作者展开了诸多论证，试图得到"眼所见者未必实"的结论，然而由于其论证过程存在诸多缺陷，故其结论也是值得商榷的。现分析如下：

首先，只有将看到的表象加以分析，透过现象看本质，才能看到真相吗？答案是否定的。我们不否认部分真相会隐藏在表象背后，需要我们对表象进行分析，但也有很多真相是表象直接呈现的，不需要对表象进行分析就能看到。

其次，"太阳环绕地球转"只是人们站在地球上看到的表象，并不代表"眼所见者未必实"。因为"太阳环绕地球转"并不是人们用眼睛直接看到的事实，而是根据"旭日东升，夕阳西下"这一眼见的事实分析出来的，故分析错误无法证明"眼所见者未必实"。

再次，房子的"无"才有实际效用无法证明未见者为实。一方面，有实际效用不等同于真相；另一方面，房子仅为个例，无法代表其他事物的情况。

最后，看到有人对你很客气不能说明认为他对你好是错的。虽然不排除有些人的客气带有目的性，想要拉近彼此的距离，但也有很多人希望通过客气的方式表达自己的友善和对对方的尊重。

综上，由于作者的论证过程存在诸多逻辑缺陷，故其结论难以令人信服。

📖 典型习作点评

典型习作	批改建议
<p align="center">眼见未必为实吗？①</p>上述材料通过一系列论证得出了"眼所见者未必实"的结论，其论证过程存在诸多不当。现分析如下：② 首先，"哲学意义上事物的表象不等于事物的真相"推不出"我们亲眼看到的都不是事物的真相"。看待问题并非只有哲学的角度，哲学理论无法全面反映实际情况。③若事物浅显易懂，那么可能无须对其进行分析也能看到真相，若是如此，还能说"眼所见者未必实"吗？④ 其次，人类站在地球上看日升月落，认为这是太阳环绕地球转造成的，按照作者的逻辑，转换视角之后，"地球自转"是人们观测到的，即"眼见"，那么"这是地球自转造成的"不就是	① 题目不建议。该年真题比较特殊，其结论为一种可能性，若我们对其结论进行质疑将得到一个确定性的观点，即"眼见为实"。这一观点过于绝对。 ② 开头无缺陷。 ③ 哲学是研究基本和普遍之问题的学科，其具有一定的普适性，故不建议质疑哲学的普适性。 ④ 分析角度错误。因为事物浅显易懂是一种可能性，因此无法否定"眼所见者未必实"的结论。

"为实"吗？况且，仅由个例便推出"眼所见者未必实"的结论，难以令人信服。⑤

再次，老子认为房子的"无"才有实际效用，与眼所见者未必实二者的概念并不完全相同。看得见的房子结构能够遮风挡雨，看不见的空间能够容纳人们居住，二者皆有效用，因此人们"眼见"的有形结构不就是一种"实"吗？⑥况且，老子的话是一家之言，要想得出"眼所见者未必实"的结论还需进一步论证。

最后，由父母和子女的感情深厚而不讲究礼节很难推出讲究礼节是感情不深的表现，古往今来，有不少感情深厚的朋友相互之间以礼待人。⑦此外，有人对你很客气，最多只能推出"感情不深"，不能说明"对你不好"。因此，无法基于此得出"眼所见者未必实"的结论。

综上，由于材料的论证过程存在诸多逻辑缺陷，因此其"眼所见者未必实"的结论是站不住脚的。⑧

⑤ 该段落行文较为混乱。作者引入了两个分析角度：第一个分析角度无法快速识别有缺陷的论证，且引入的信息太多，重点模糊；第二个分析角度错误，因为看法是个例无法否定"眼所见者未必实"这种可能性。

⑥ 此处的分析角度为概念混淆，作者应指出两个概念的不同之处。

⑦ 引入和分析不一致。引入的是父母和子女的感情情况无法证明所有的感情情况；分析的是结论本身，且没有分析论证过程。

⑧ 结尾无明显缺陷。

2020 年管理类（冬奥会）

北京将联手张家口共同举办 2022 年冬季奥运会。中国南方的一家公司决定在本地投资设立一家商业性的冰雪运动中心。这家公司认为，该中心一旦投入运营，将获得可观的经济效益。这是因为：

北京与张家口共同举办冬奥会，必然会在中国掀起一股冰雪运动热潮。中国南方许多人从未有过冰雪运动的经历，会出于好奇心而投身于冰雪运动。这正是一个千载难逢的绝好商机，不能轻易错过。

而且，冰雪运动与广场舞、跑步等不一样，需要一定的运动用品，例如冰鞋、滑雪板与运动服装等等。这些运动用品价格不菲而具有较高的商业利润。如果在开展商业性冰雪运动的同时也经营冬季运动用品，则公司可以获得更多的利润。

另外，目前中国网络购物已经成为人们的生活习惯，但相对于网络商业，人们更青睐直接体验式的商业模态，而商业性冰雪运动正是直接体验式的商业模态，无疑具有光明的前景。

考试大纲官方解析

本题的论证主要存在如下问题：
1. 冰雪运动热潮主要表现为对冰雪运动的关注，它与参与冰雪运动之间缺乏必然的逻辑联系。
2. 南方许多人没有冰雪运动的经历，可能出于好奇心而投身于冰雪运动，但也有可能没有这种经历或没有好奇心而不参加冰雪运动。
3. 公司经营冬季运动用品，未必可以获得更多的利润。
4. 相对于网络购物，人们未必更青睐直接体验式的商业模态。
5. 即使人们更青睐直接体验式的商业模态，未必就青睐冰雪运动。
6. 对其他因素缺乏考虑，如在南方开展冰雪运动成本较高，也有可能影响利润。

要点精析

【原文1】北京将联手张家口共同举办 2022 年冬季奥运会。中国南方的一家公司决定在本地投资设立一家商业性的冰雪运动中心。这家公司认为，该中心一旦投入运营，将获得可观的经济效益。这是因为：

易错提示1 该段为背景知识，不需要分析。

【原文2】北京与张家口共同举办冬奥会，必然会在中国掀起一股冰雪运动热潮。中国南方许多人从未有过冰雪运动的经历，会出于好奇心而投身于冰雪运动。这正是一个千载难逢的绝好商机，不能轻易错过。

【分析角度1】举办冬奥会未必会在中国掀起一股冰雪运动热潮。因为不同于篮球、乒乓球等运动，冰雪运动的推广不仅会受到场地的限制，而且会受到地域、环境和天气等因素的限制。

【分析角度2】中国南方许多人从未有过冰雪运动的经历不代表就会出于好奇而投身于冰雪运动。一方面，南方很多城市不具备全民参与冰雪运动的气候条件；另一方面，参与冰雪运动需要有一定的消费能力和良好的身体素质，很多人不具备这些条件。

【原文3】而且，冰雪运动与广场舞、跑步等不一样，需要一定的运动用品，例如冰鞋、滑雪板与运动服装等等。这些运动用品价格不菲且具有较高的商业利润。如果在开展商业性冰雪运动的同时也经营冬季运动用品，则公司可以获得更多的利润。

【分析角度3】开展商业性冰雪运动的同时也经营冬季运动用品未必能使公司获得更多的利润。因为发生销售行为未必就会增加利润，利润是否增加还需要考虑运营成本、进货成本、销量以及售价等诸多因素。不仅如此，由于冬季运动用品的售价较高且使用频次低，很多人可能不会选择购买，而是选择租用。

易错提示2　"冰雪运动与广场舞、跑步等不一样，需要有一定的运动用品"不需要分析，该句为客观事实。

【原文4】另外，目前中国网络购物已经成为人们的生活习惯，但相对于网络商业，人们更青睐直接体验式的商业模态，而商业性冰雪运动正是直接体验式的商业模态，无疑具有光明的前景。

【分析角度4】商业性冰雪运动是直接体验式的商业模态不代表其一定具有光明的前景。因为冰雪运动在推广的过程中，会受限于地域、消费能力、天气、季节等诸多因素，这些都很可能会阻碍商业性冰雪运动的发展。

【分析角度5】人们更青睐直接体验式的商业模态未必就青睐冰雪运动。因为一种商业模态发展良好并不能代表该商业模态下的所有品类都能发展良好。

易错提示3　本段不存在自相矛盾的地方。很多同学认为前文提到了"网络购物已经成为人们的生活习惯"，后文又提到"人们更青睐直接体验式的商业模态"，二者自相矛盾，这种理解是错误的，因为习惯与青睐并不等价。

参考范文

参考范文一

冰雪运动中心真的可以获得可观的收益吗？

材料试图通过诸多论证得出冰雪运动中心可以获得可观的收益的结论，然而，由于其论证过程存在诸多缺陷，因此其结论也难以令人信服。

首先，举办冬奥会未必会在中国掀起一股冰雪运动热潮。因为不同于篮球、乒乓球等运动，冰雪运动的推广不仅会受到场地的限制，而且会受到地域、环境和天气等因素的限制。

其次，中国南方许多人对冰雪运动有好奇心并不代表他们会投身于冰雪运动。一方面，从客观因素上说，南方很多城市不具备全民参与冰雪运动的气候条件；另一方面，从主观因素上说，参与冰雪运动需要有一定的消费能力和良好的身体素质，很多人不具备这些条件。

再次，开展商业性冰雪运动的同时也经营冬季运动用品未必能使公司获得更多的利润。因为发生销售行为未必就会增加利润，利润是否增加还需要考虑运营成本、进货成本、销量以及售价等诸多因素。不仅如此，由于冬季运动用品的售价较高且使用频次低，很多人可能不会选择购买，而是选择租用。

最后，直接体验式的商业模态会得到青睐不代表商业性冰雪运动就有光明的前景。因为一种商业模态发展良好并不能代表该商业模态下的所有品类都能发展良好；而且冰雪运动在推广的过程中，会受限于地域、消费能力、天气、季节等诸多因素，这些都很可能会阻碍商业性冰雪运动的发展。

综上，该论证过程存在诸多缺陷，所以其结论也难以令人信服。

参考范文二

冰雪运动中心能获得可观的经济效益吗？

上述材料通过诸多有缺陷的论证无法得出"在南方设立冰雪运动中心能获得可观的经济效益"这一结论。

首先，北京与张家口共同举办冬奥会，必然会在中国掀起一股冰雪运动热潮吗？不一定。要知道冰雪运动是一项专业性较强、具有一定危险性的运动，如果没有专业人员的指导往往很难开展。更重要的是，中国南方大部分地区的气候、温度等很难满足创造雪地的条件，故冬奥会的举办未必能掀起一股冰雪运动热潮。

其次，即使中国南方许多人从未有过冰雪运动的经历，也未必会出于好奇而投身于冰雪运动。一方面，没有经历并不代表会产生好奇，他们很可能通过体育报道、书刊等早已对冰雪运动有所了解；另一方面，即使产生好奇，也可能因为对冰雪运动不感兴趣或冰雪运动具有危险性等而不参与其中。

再次，开展商业性冰雪运动的同时也经营冬季运动用品并不代表公司就能获得更多的利润。因为很可能真实的情况是，大多数南方消费者没有需求，冬季运动用品没有市场。若是如此，公司甚至可能会因为产品滞销而造成库存积压，从而使得成本增加，原有的利润反而会减少。

最后，人们更青睐直接体验式的商业模态并不意味着商业性冰雪运动具有光明的前景。因为人们喜欢这个属性不等价于喜欢具有这个属性的所有事物。若人们都因冰雪运动不容易学或危险系数较高等而不参与冰雪运动，那么即使其具有直接体验式的商业模态，也难以发展。

综上，其论证难以令人信服。

参考范文三

商业性冰雪运动的前景真的光明吗？

公司渴望获取丰厚的收益固然可以理解，但也应基于理性思考。材料在论证"商业性冰雪运动具有光明的前景"的过程中存在诸多谬误，故难以得到结论，现分析如下。

首先，冬奥会的举办与冰雪运动热潮的出现并无绝对关联。其一，冰雪运动的参与度与人们的兴趣度有关，如果人们对冰雪运动无丝毫兴趣，那么即使举办冬奥会也无法调动他们的积极性；其二，商业性冰雪运动中心的设立需要考虑诸多因素，如购买器材设备、选择场所等，故需要一定的资金支撑，缺乏普适性。

其次，从未有过冰雪运动经历的人一定会由于好奇而投身于冰雪运动吗？未必。南方人虽然可能从未亲身参与过冰雪运动，但说不定已通过其他途径对冰雪运动有了足够的了解，认为其存在一定的安全隐患或运动流程和技术较为复杂，出于对安全及时间成本的考量，可能选择不参与冰雪运动。

再次，经营冬季运动用品不一定能增加公司的利润。运动用品价格不菲，可能会使很多家境一般的人望而却步，这样受众范围就缩小了。同时，若购买量持续低迷则会使产品积压，从而损害公司的既有利益，这样反而与初衷背道而驰了。

最后，人们青睐直接体验式的商业模态并不代表冰雪运动的前景光明。人们偏向于直接体验式的服务可能是因为其企业商誉良好、用户评价高及品牌附加价值高。若冰雪运动中心的内部环境差或器械质量低，则会严重降低用户的好感度，使他们产生消极印象，进而影响内部资金运转及企业信誉。

综上，商业性冰雪运动的前景未必光明。

参考范文四

冰雪运动中心真的能获利吗？

上述材料试图通过一系列论证得出"冰雪运动中心能获利"这一结论，然而，由于其论证过程存在诸多逻辑漏洞，因此其结论值得商榷。

首先，北京与张家口共同举办冬奥会未必就会在中国掀起一股冰雪运动热潮。因为相较于篮球、跑步等大众化的运动，冰雪运动的推广会受到气候、场地等因素的限制，很多地方不具备进行冰雪运动的条件。

其次，中国南方许多人从未有过冰雪运动的经历，他们就一定会出于好奇心而投身于冰雪运动，从而给企业带来商机吗？其实不然。冰雪运动是高强度的运动，需要有较强的身体素质，而南方大部分人从未参加过冰雪运动，他们很有可能无法承受冰雪运动的强度；此外，参与冰雪运动还需要有一定的消费能力，若冰雪运动的价位超过了大部分人的预期，他们很可能不会去消费。

再次，开展商业性冰雪运动的同时也经营冬季运动用品不一定能让公司获利。因为企业能否获利除了要考虑消费者的购买力，还要考虑自身的销售、采购成本等诸多因素；不仅如此，消费者考虑到冬季运动用品价格高且使用频次低，很可能不会选择购买，而会选择租用，那么企业就不一定能获利了。

最后，目前人们更青睐直接体验式的商业模态，就代表同样具有直接体验式的商业模态的冰雪运动有光明的前景吗？未必。因为在互联网时代，消费者青睐的商业模态是不断变化的，很可能到了2022年，由于网络环境的变化，人们会更青睐线上商业模态；同时，商业性冰雪运动只是直接体验式运动中的一种，消费者在真正进行选择时还会权衡时间及经济成本，可能会选择其他直接体验式的运动。

综上，其论证难以令人信服。

参考范文五

投资商业性冰雪运动一定能获得可观的经济效益吗？

材料通过一系列论证来说明该南方公司在本地投资设立一家商业性的冰雪运动中心，一定能获得可观的经济效益，这样的论证看似有理，实则难以令人信服。

首先，北京与张家口共同举办冬奥会并不一定会在中国掀起一股冰雪运动热潮，因为绝大多数人只会关注比赛的结果，而非运动本身，所以，冬奥会的举办很可能只是增加了观看冰雪运动的人，而非参与冰雪运动的人。

其次，中国南方许多人从未有过冰雪运动经历就一定会出于好奇心而投身于冰雪运动吗？未必。由于南方许多人从未有过冰雪运动的经历，他们可能会对激烈的冰雪运动产生畏惧心理，因此不会投身其中；况且出于好奇产生的行为可能并不长久，人们也许体验一次后就不会再去，从长远来看，这可能并不是一个好的商机。

再次，参与冰雪运动所需的冰鞋、滑雪板与运动服装等价格昂贵，大部分人并不会选择购买，而会选择租赁，所以运动用品的价格不菲并不会使公司获得较高的经济利润；相反，昂贵的运动用品可能导致对冰雪运动有兴趣的人因无力购买而放弃体验，使得公司利润减少。

最后，人们更青睐直接体验式的商业模态未必能证明商业性冰雪运动有光明的前景。因为受到青睐只是具有光明的前景的条件之一。如果公司资金受限、宣传不当或消费者虽然青睐但没有时间、精力体验等，那么其前景仍然堪忧。

综上所述，由于材料推理存在诸多逻辑漏洞，因此"投资商业性冰雪运动一定能获得可观的经济效益"的结论也是有待商榷的。

典型习作点评

典型习作

商业性冰雪运动中心经济效益可观吗?①

材料通过一系列分析论证,得出了"商业性冰雪运动中心经济效益可观"的结论。然而该论证过程存在较多的逻辑缺陷,不必然得出结论,现分析如下。②

首先,"北京与张家口共同举办冬奥会,必然会在中国掀起一股冰雪运动热潮"存在以偏概全和因果不当的逻辑谬误。③"北京"与"张家口"只是位于中国北方的两个城市,不足以代表整个中国。同时,由于冬奥会具有专业性和技巧性,可能并不能吸引非专业人员的参与。④

其次,"中国南方许多人"从未有过冰雪运动的经历就一定会出于"好奇心而投身于冰雪运动"吗?⑤未必。这里存在因果不当的谬误,⑥他们也可能会因为从未有过冰雪运动的经历而对冰雪运动产生恐惧心理和畏难情绪,进而拒绝投身于冰雪运动。

再次,不当假设了经营具有较高商业利润的冬季运动用品,公司就能获得更多的利润。⑦虽然冬季运动用品的价格高、利润高,但是只有在售出的情况下才能够转化为公司的利润。如果售卖的情况不好,不仅不能为公司带来利润,而且会因为仓储等费用使得公司总体的运营成本增加,导致利润下降。⑧

最后,由"网络购物已经成为人们的生活习惯"推断"人们更青睐直接体验式的商业模态",进而推出"商业性冰雪运动是直接体验式的商业模态,无疑具有光明的前景"存在推断不当、滑坡谬误的逻辑缺陷。⑨正是因为网购便捷、迅速,所以人们可能不再青睐直接体验式的商业模态。就算人们青睐直接体验式的商业模态,商业性冰

批改建议

① 题目无缺陷。

② 开头无缺陷。

③ 在引入谬误的过程中不建议写谬误类型,因为很容易出现误判的情况,增加扣分的风险。例如,本句中并不存在以偏概全的谬误,材料没有用北京、张家口共同举办冬奥会推知全国都会如此;本句中存在的谬误不是因果不当,而是条件关系不当,因果关系和条件关系是有区别的。

④ 两个分析角度之间建议使用分号。

⑤ 引号使用混乱。引号应使用或者不使用在完整的前提和结论上。例如,该句引号可修订为:"中国南方许多人从未有过冰雪运动的经历"就一定会"出于好奇而投身于冰雪运动"吗?在引入谬误的过程中,恰当地使用引号会起到强调作用,但若使用不恰当,则会适得其反。

⑥ 不建议写谬误类型,模板痕迹重,且会增加扣分的风险。

⑦ 该句语法不当,没有主语。

⑧ 理由无缺陷。

⑨ 建议先引入一个论证,将其分析清楚,再叠加其他论证,否则容易导致段落层次混乱,使阅卷者难以识别。

雪运动也可能会因难度大、投入多而不被人们接受，不具有光明的前景。⑩

综上所述，材料的论证过程存在较多的逻辑谬误，若想得出"商业性冰雪运动中心经济效益可观"的结论，还需进一步论证。⑪

⑩ 不同的分析层次之间建议使用分号。
⑪ 结尾无缺陷。

> **全文点评**
> 　　这篇习作非常可惜，其对谬误的寻找和对理由的阐述都是合理的，说明该答题者在考场上的状态很好。本文中存在的问题基本上都是在考试前就应该解决的，其中语句不连贯、标点符号使用混乱、谬误类型表达错误等问题是考场作文的大忌，会严重降低阅卷者对习作的好感度。

2019 年管理类（选择与快乐）

有人认为选择越多越快乐。其理由是：人的选择越多就越自由，其自主性就越高，就越感到幸福和满足，所以就越快乐。其实，选择越多可能会越痛苦。

常言道："知足常乐。"一个人知足了才会感到快乐。世界上的事物是无穷的，所以选择也是无穷的。所谓"选择越多越快乐"，意味着只有无穷的选择才能使人感到最快乐。而追求无穷的选择就是不知足，不知足者就不会感到快乐，那就只会感到痛苦。

再说，在作出每一选择时，首先需要我们对各个选项进行考察分析，然后再进行判断决策。选择越多，我们在考察分析选项时势必付出更多的精力，也就势必带来更多的烦恼和痛苦。事实也正是如此。我们在做考卷中的选择题时，选项越多选择起来就越麻烦，也就越感到痛苦。

还有，选择越多，选择时产生失误的概率就越高，由于选择失误而产生的后悔就越多，因而产生的痛苦也就越多。有人因为飞机晚点而后悔没选坐高铁，就是因为可选交通工具多样而造成的。如果没有高铁可选，就不会有这种后悔和痛苦。

退一步说，即使其选择没有绝对的对错之分，也肯定有优劣之分。人们作出某一选择后，可能会觉得自己的选择并非最优而产生懊悔。从这种意义上说，选择越多，懊悔的概率就越大，也就越痛苦。很多股民懊悔自己没有选好股票而未赚到更多的钱，从而痛苦不已，无疑是因为可选购的股票太多造成的。

📖 考试大纲官方解析

本题的论证主要存在如下问题：
1. 所谓"选择越多越快乐"，其中的选择再多也是有限的，所以并不"意味着"选择者有无穷的选择。选择者不可能去追求无穷的选择，也就无所谓"不知足"。
2. 从"知足常乐"不能推出"不知足者就不会感到快乐"而"只会感到痛苦"。
3. 考察分析更多的选项虽然要付出更多的精力，但也可能带来探索的乐趣，而未必带来更多的烦恼和痛苦。
4. 人们的多种选择可能都合适，选项多少和选择失误之间未必存在正比关系，所以"选择越多，选择时产生失误的概率就越高"等说法未必正确。
5. "因为飞机晚点而后悔没选坐高铁"，其后悔的原因明明是"飞机晚点"，说"是因为可选交通工具多样而造成的"明显属于归因谬误。如果没有高铁可选，可能也会有这种后悔和痛苦。
6. "股民懊悔自己没有选好股票而未赚到更多的钱"与"可选购的股票太多"无直接因果关系。

📖 要点精析

【原文1】 有人认为选择越多越快乐。其理由是：人的选择越多就越自由，其自主性就越高，就越感到幸福和满足，所以就越快乐。其实，选择越多可能会越痛苦。

易错提示 该段为背景知识，且后文对其进行了否定，故不用分析。

【原文2】 常言道："知足常乐。"一个人知足了才会感到快乐。世界上的事物是无穷的，所以选择也是无穷的。所谓"选择越多越快乐"，意味着只有无穷的选择才能使人感到最快乐。而追求无穷的选择就是不知足，不知足者就不会感到快乐，那就只会感到痛苦。

【分析角度1】"知足常乐"并不代表一个人只有知足了才会感到快乐。论证中误把"知足"这一充分条件当成了必要条件。很多人恰恰是因为不愿知足，将不知足化作前进的动力，从而获得了更大的快乐和满足。

【分析角度2】 客观事物无穷并不代表主观选择无穷。从主体意愿上看，很多客观存在的事物并不被主体需要；从客观局限性上看，虽然事物具有无穷性，但是很多有效资源是稀缺的、有选择门槛的，很多事物虽然被主体需要但同时受到法律、实力等的制约，人们往往无法自由选择。

【分析角度3】 所谓"选择越多越快乐"并不意味着只有无穷的选择才能使人感到最快乐。因为选择即便再多也是有限的，所以并不意味着选择者有无穷的选择。选择者不可能去追求无穷的选择，也就无所谓"不知足"。

【分析角度4】 不知足者未必就不会感到快乐。很有可能正是因为其不知足、不满足于现状，不断地进行自我提升，反而因成长收获了快乐。

【原文3】 再说，在作出每一选择时，首先需要我们对各个选项进行考察分析，然后再进行判断决策。选择越多，我们在考察分析选项时势必付出更多的精力，也就势必带来更多的烦恼和痛苦。事实也正是如此。我们在做考卷中的选择题时，选项越多选择起来就越麻烦，也就越感到痛苦。

【分析角度5】 选择越多，我们在考察分析选项时未必就要付出更多的精力。有时很多选择是有唯一正确选项的，如考场上的选择题，当正确选项唯一时，很多时候我们可以直接锁定正确答案，此时付出的精力与选项数量之间不存在正比关系。

【分析角度6】 我们在考察分析选项时付出的精力越多并不代表烦恼和痛苦就会越多。很多时候，选择多代表选择者的自主权和选择空间大，考虑问题时可以更加全面，未必会带来更多的烦恼和痛苦。

【分析角度7】 考卷中的选择题与材料所探讨的选择具有本质区别，不能草率地将二者进行类比。做考卷中的选择题是在正确选项和错误选项之间作抉择，选项中存在无可争议的正确选项；而材料所探讨的选择并不是正误型选择，而是优劣型选择，是在诸多各有利弊的选项中权衡。

【原文4】还有，选择越多，选择时产生失误的概率就越高，由于选择失误而产生的后悔就越多，因而产生的痛苦也就越多。有人因为飞机晚点而后悔没选坐高铁，就是因为可选交通工具多样而造成的。如果没有高铁可选，就不会有这种后悔和痛苦。

【分析角度8】材料将乘客因飞机晚点而产生的后悔和痛苦归结于交通工具的多样性实属荒谬。试想，即使没有高铁这一选项，飞机晚点带来的痛苦也未必能够缓解，甚至可能会使得更多的人因为失去了高铁这一选项而被迫选择飞机作为交通工具，让更多的人加入痛苦的行列。

【原文5】退一步说，即使其选择没有绝对的对错之分，也肯定有优劣之分。人们作出某一选择后，可能会觉得自己的选择并非最优而产生懊悔。从这种意义上说，选择越多，懊悔的概率就越大，也就越痛苦。很多股民懊悔自己没有选好股票而未赚到更多的钱，从而痛苦不已，无疑是因为可选购的股票太多造成的。

【分析角度9】选择未必有优劣之分。很多选择的优劣是难以权衡的，当选择者所处的视角不同、衡量的标准不同时，会对同一个选择作出截然不同的评价。

【分析角度10】很多股民的痛苦真的源自可选购的股票太多吗？股民若在众多的股票中选中了不断增值的股票还会如此懊悔吗？未必。可见，很多股民懊恼的原因是没有选对而非选项太多。

📖 参考范文

参考范文一

选择越多越不快乐吗？

在上述材料中，作者试图通过论证得出"选择越多可能会越痛苦"的结论，然而，其论证过程存在诸多不妥，现分析如下。

首先，"知足常乐"并不代表一个人知足了才会感到快乐。作者误把"知足"这一充分条件当成了必要条件。很多人恰恰是因为不愿知足，将不知足化作前进的动力，从而获得了更大的快乐和满足。更何况，"知足常乐"这一观点也未必适用于所有场景下的所有群体。

其次，考卷中的选择题与材料所探讨的选择具有本质区别，不能草率地将二者进行类比。考卷中的选择题是在正确选项和错误选项之间作抉择，选项中存在无可争议的正确选项；而材料所探讨的选择并不是正误型选择，而是优劣型选择，是在诸多各有利弊的选项中权衡。

再次，材料将乘客因飞机晚点而产生的后悔和痛苦归结于交通工具的多样性实属荒谬。试想，即使没有高铁这一选项，飞机晚点带来的痛苦也未必能够缓解，甚至可能会使得更多的人因为失去了高铁这一选项而被迫选择飞机作为交通工具，让更多的人加入痛苦的行列。

最后，很多股民的痛苦真的源自可选购的股票太多吗？未必。股票的涨跌受经济走势、宏观政策、股民需求等多方面因素的影响，股票的走势和利润盈亏也并非一成不变，可选购的股票多只是增加了市场中流通的股票数，股民赚钱与否是受买进、卖出的时间点和股价的影响的。股民若在众多的股票中选中了不断增值的股票还会如此懊悔吗？未必。可见，很多股民懊恼的原因是没有选对而非选项太多。

综上，材料结论的得出还需要更加严密的论证。

参考范文二

选择越多真的越痛苦吗？

材料试图通过一系列分析得出"选择越多可能会越痛苦"的结论，但其论证过程存在诸多逻辑漏洞，现分析如下。

首先，世界上的客观事物无穷并不代表主观选择无穷。因为并非世界上所有的事物都能成为被选择的对象，经过条件限制，可选择的事物会变少。同时，无穷的选择未必能使人感到最快乐，无穷的选择很可能会使人举棋不定，浪费时间和精力。

其次，选择时付出的努力越多，带来的烦恼和痛苦不一定越多。因为选择多可以让选择者更加全面地考虑问题，甚至优化方案，所以未必会使选择者产生烦恼和痛苦；况且，选择题中的选择和材料中的选择是有差异的，前者是正误型选择，后者是优劣型选择，不能草率地将二者进行类比。

再次，可选交通工具多样一定会导致后悔和痛苦吗？答案是否定的。因为倘若只有飞机这一种出行选择，也不能避免飞机晚点和计划推迟的情况发生，天气恶劣或机场停飞等原因仍会导致飞机晚点，同样会让人感到痛苦。进一步说，单个选择的失误概率与其他多个选择的失误概率通常是相互独立的，选择的数量与选择的失误率并没有直接的正比关系。

最后，选择未必有优劣之分。很多选择的优劣是难以权衡的，选择者在不同的视角、不同的衡量标准下很可能会对同一选择作出截然不同的评价；此外，很多股民感到痛苦的原因未必是可选购的股票太多，也可能是没掌握好股市动向、行业动态等。所以，该论证过程难以必然成立。

综上，材料的论证存在诸多逻辑谬误，故其得出的结论"选择越多可能会越痛苦"是有待商榷的。

参考范文三

选择越多会越痛苦吗？

上述材料试图通过一系列论证得出"选择越多可能会越痛苦"的结论，然而，由于其论证过程存在诸多漏洞，故其结论是值得商榷的。

首先，世界上的客观事物是无穷的并不代表主观选择也是无穷的。因为受到客观条件的限制，每个人的选择其实都是有限的。另外，"知足常乐"并不代表不知足就不会快乐。很多人由于"不知足"，会给自己设置更高的目标，如果他们能够不断地达成目标，获得所追求的事物，那么他们也会感到快乐。

其次，选择越多势必要付出更多的努力，会带来更多的烦恼和痛苦吗？未必。一方面，很多关于正误的选择，一旦我们锁定了正确答案，就可以不费吹灰之力将其他选项排除，这未必需要付出更多的努力；另一方面，我们可能会因及时地舍弃了不必要的选择而感到开心、快乐，而非烦恼和痛苦。

再次，如果没有高铁可选，人们就不会有这种后悔和痛苦了吗？未必。因为就算没有高铁，人们也会因为没有选择其他的交通方式，如大巴、轮船等而感到痛苦；此外，如果没有高铁，那么很有可能会使偏爱高铁出行方式的人失去选择的机会，这会造成更多的痛苦。

最后，很多股民因没选好股票而感到痛苦未必是由可选购的股票太多造成的。有可能是因为股民缺乏炒股知识而无法排除不好的股票，又或者是因为股票市场的行情不好而导致整个大盘状况不佳。因而不能简单地认为这种痛苦是由可选购的股票太多导致的。

综上，基于以上诸多有缺陷的论证不能得出"选择越多可能会越痛苦"的结论。

典型习作点评

典型习作一

"选择越多"真的越痛苦吗？①

材料认为，选择越多越痛苦。并企图通过分析论证该观点，但纵观全文，存在诸多逻辑问题，现分析如下。②

③选择越多可能越快乐，这是不必然成立的。④选择越多不代表越自由，选择多只是进行选择的范围更广了，而自主性不一定会提高，因为一个人的自主性是个体在成长过程中长期形成的，并不会因为选择多而发生变化；即便自主性提高了，也不一定就会感到快乐，因为自主性提高只能代表积极行动，而快乐是在我们获得成功或得到满足之后产生的！⑤

事物是无穷的不代表选择也是无穷的。⑥因为"选择"针对的是一件事情的内部，而世界上很多事物之间是没有必然联系的。⑦"追求无穷的选择"可能是积极向上的表现，并非"不知足"，而不知足的人也不一

批改建议

① 引号通常表示引用、强调或引申义，此处题目中的引号使用不当，建议删除。

② 第一，开头标点符号使用混乱，影响了阅卷者对文章的判断。"材料认为"后的内容应当在结束后再使用句号。第二，开头最好交代一下行文目的，例如，该段可修订为：材料认为，选择越多越痛苦。但纵观全文，其存在诸多逻辑问题，难以论证该观点，现分析如下。

③ 段首需要加上段落关联词，使层次更清晰，第三、四、五段同理。

④ 第一，"选择越多可能越快乐"并不是原文的立场；第二，建议对论证而非观点进行分析；第三，即便将原文理解为论证，也不可以分析，因为原文表达的是一种可能性。

⑤ 此处在材料中是"有人认为"的相关内容，为背景知识，且答题者不同意此观点，故不应分析。

⑥ 引入没有缺陷。

⑦ 理由过于抽象，没有说清楚问题的本质。

定不会感到快乐，如果"不知足者"努力奋斗，那么也会获得快乐；同时，即便有些不知足者不快乐，也不一定就会痛苦，"不快乐"还有可能只是没有任何情绪，平静地生活。⑧

"失误"并不一定会后悔，⑨因为任何事情都有多种解决的方案，只要达到了最终目的，效果都是一样的。⑩因飞机晚点而后悔没选高铁，这并不是由交通工具多样决定的，而是由乘客自身的综合判断决定的。如果没有多种交通工具，出行的效率只会更低！⑪

懊悔的概率大不代表一定会懊悔，继而痛苦。⑫即便只有万分之一的概率，"不懊悔"的情况也可能出现。⑬股民是因为知道了没有赚更多的钱才懊恼自己买错了股票，而不是因为可选择的股票多，股民在购买股票时只能凭借个人经验及股票市场的走势进行综合判断，无法知道哪只股票会赚更多的钱。⑭

综上，材料结论"选择越多痛苦越多"的结论有待商榷。⑮

⑧ 整个段落复合了多个谬误，且谬误之间层次混乱。阅卷者在快速阅卷的过程中很难抓住重点。段落可以修订为：事物是无穷的不代表选择也是无穷的。因为并非所有的事物都可以作为被选择的对象；不仅如此，"追求无穷的选择"可能是积极向上的表现，而并非"不知足"；不知足的人也不一定不会感到快乐，如果"不知足者"努力奋斗，那么也能获得快乐；此外，即便有些不知足者不快乐，也不一定就会痛苦，"不快乐"还有可能只是没有任何情绪，平静地生活。但需要注意的是，虽然修订后的段落将原文的逻辑厘清了，但考试时依然不建议这样表述，因为段落中的谬误过多，容易导致重点不突出。

⑨ 此处的引号使用不当，建议删除。

⑩ 可以看出对这个点的理由答题者想明白了，但是没有写清楚。答题者没有将失误和后悔之间的关系说清楚。例如，此处可将理由修订为：任何事情都可能有多种解决方案，即便一种方案失误了，也可以从中吸取经验教训，之后再选择其他方案以达到最终目的，故其未必会后悔。

⑪ 第一，此处叠加了一个新的谬误，同一段落的不同谬误之间建议使用分号；第二，理由过于绝对，理由应该表述为一种可能性。

⑫ 材料中没有说明懊悔的概率大就一定会痛苦，此段曲解了材料的本意。

⑬ 因为上一句引入错误，所以该句分析就没有意义了。

⑭ 此处在上一个点没有说清楚的情况下，又叠加了一个新的点，而该点依然没能写清楚。没有清晰地呈现前提、结论，也没有针对论证进行分析。

⑮ "结论"一词重复出现，导致语句不通顺。

全文点评

这篇习作有很多非常严重且典型的错误，现在给大家梳理一下。

有一些习作虽然有很多错误，但都不明显，阅卷者快速浏览的时候很有可能注意不到。但这篇习作的错误都很典型,很容易被阅卷者识别到。如果大家的习作也存在着类似的问题,一定要及时更正。

第一,文章总计649字,写到稿纸上会占700格左右,字数远远超出了考试要求。

第二,段落之间没有论证关联词,导致段落层次不清晰。

第三,每个中间段落都叠加了多个谬误,如果大家可以言简意赅地将每个谬误都解释清楚,那么可以尝试叠加,但是该习作中的每个谬误都没有解释清楚就草草结束了,然后在此基础上又开始叠加新的谬误,非常不建议使用这样的表述方式。

第四,关联词和标点符号使用混乱,导致段落层次不清晰。

第五,改变原文的语义进行引入,曲解了原文的论证。

第六,引入和分析不一致,分析的理由含糊不清,无法一针见血地指出问题。

以上都是致命的问题,有类似问题的同学一定要引以为戒。

典型习作二

选择越多越痛苦吗?①

材料通过一系列的论证推出了"选择越多可能会越痛苦"的结论,但由于材料中出现了不少逻辑漏洞,使得这个结论并没有什么说服力,现分析如下:②

首先,虽然古话说"知足常乐",但这并不等于任何时候都需要知足常乐,③也不等于只有知足才会感到快乐。④对选择来说,其数量只是一种客观条件,而不是文中所说的不知足,更不能推出"追求无穷的选择就只会感到痛苦"。⑤

其次,虽然在考察分析选项时需要付出努力,但这并不代表就会带来痛苦和烦恼。这其中并没有必然的联系,甚至还有一些人喜欢思考和分析选项。⑥另外,运用考卷中选择的例子来证明未免有些牵强,考试的目的是考查我们对知识的掌握程度,这种麻烦也是必需的。⑦

再次,我们不能因为选择变多就认为一定会使产生失误的概率变大,从而产生痛苦和后悔。有时,也会因为选择的增多而使

批改建议

① 题目无缺陷。

② "不少"这一表达过于口语化,建议改为"诸多"。

③ 材料中并没有说明任何时候都要知足常乐,此处曲解了题干的意思。

④ 该论证没有分析。

⑤ 此处答题者试图分析的论证是:追求无穷的选择就是不知足。显然,选择的数量是一种客观条件,而追求无穷的选择是一种主观行为,答题者曲解了原文的本意。

⑥ 该分析角度没有缺陷。

⑦ 此处引入了新的分析角度,建议在两个分析角度之间使用分号;从理由上看,答题者变相地肯定了试卷中选择题的选项越多越痛苦的观点,非但没有削弱原论证,反而在支持它。

得正确率提高，因为可能在增加选项之前甚至都没有正确的选项。再因为在"高铁"和"飞机"之间选择了会晚点的飞机而抱怨没有选择另一个不会延误的高铁就显得不必要了。⑧

最后，选择的对与错和多与少之间并没有因果关系。⑨如果没有足够的能力，即使选择再少，也有可能会选择更劣的一项。假设股民因为自己的能力不足而抱怨可购买的股票太多是没有道理的，因为还存在着可以在同样的条件下总是选中增值股票的"股神"。⑩

综上所述，由于材料中的这几处明显漏洞，使得其结论"选择越多可能会越痛苦"并不必然成立。⑪

⑧ 第一个分析角度正确，在表达的过程中多次出现了"因为"，这不算严重的错误，但是会使得段落的层次混乱，因果关系不清晰；第二个分析角度没有阐明理由。

⑨ 材料没有在选择的对错与多少之间建立关联，而是在选择的优劣与多少之间建立关联，因此角度错误。

⑩ 关联词使用混乱，建议将"假设"一词删掉。

⑪ 结论没有缺陷。

> **全文点评**
> 　　这篇习作的谬误比较多，且谬误之间的关联性较大，最重要的是由于所有的点相似度都很高，因此不同的谬误之间的理由很容易重复。对于这样的习作，大家可以适度复合谬误，但是复合的前提是要将单个点说清、说透，本文中几个段落的点都没有引入和分析清楚，阅卷者很难抓到重点，该习作需要优化。

2018年管理类（物质与精神）

哈佛大学教授本杰明·史华慈（Benjamin I. Schwartz）在20世纪末指出，开始席卷一切的物质主义潮流将极大地冲击人类社会固有的价值观念，造成人类精神世界的空虚。这一论点值得商榷。

首先，按照唯物主义物质决定精神的基本原理，精神是物质在人类头脑中的反映。因此，物质丰富只会充实精神世界，物质主义潮流不可能造成人类精神世界的空虚。

其次，后物质主义理论认为：个人基本的物质生活条件一旦得到满足，就会把注意点转移到非物质方面。物质生活丰裕的人，往往会更注重精神生活，追求社会公平、个人尊严等等。

还有，最近一项对某高校大学生的抽样调查表明，有69%的人认为物质生活丰富可以丰富人的精神生活，有22%的人认为物质生活和精神生活没有什么关系，只有9%的人认为物质生活丰富反而会降低人的精神追求。

总之，物质决定精神，社会物质生活水平的提高会促进人类精神世界的发展。担心物质生活的丰富会冲击人类的精神世界，只是杞人忧天罢了。

📖 考试大纲官方解析

本题的论证主要存在如下问题：

1. 核心概念被混淆，哲学上的"物质"和物质生活的"物质"不是同一个概念。
2. 物质生活和精神生活之间不存在简单的正比关系，物质生活的丰富不一定使精神生活更加充实，物质主义潮流也有可能造成人类精神世界的空虚。
3. 后物质主义只是国外某个学派所提出的观点，这种观点能否普遍地说明社会问题，还需要实践的检验和学术界的认同。
4. 物质生活丰裕的人，往往会更注重精神生活，这并不能用来否定一些人只沉溺于物质享受而忽略精神追求的事实。
5. 文中的社会调查是否具有代表性，可以质疑；而调查样本的数量是否足够，文章也没有加以说明。因此，这一论据缺乏有效性。
6. "物质生活的丰富"和"物质主义潮流"概念不同，"物质生活的丰富"即使不会"冲击人类的精神世界"，也不能用来否定"物质主义潮流将极大地冲击人类社会固有的价值观念"这一命题。

📖 要点精析

【原文1】 哈佛大学教授本杰明·史华慈（Benjamin I. Schwartz）在20世纪末指出，开始席卷一切的物质主义潮流将极大地冲击人类社会固有的价值观念，造成人类精神世界的空虚。这一论点值得商榷。

易错提示1 对本段进行分析是错误的。第一，该段内容是引用他人的话，为背景知识，不需要分析；第二，"这一论点值得商榷"说明材料对于该引用内容并不认同，故基于这一态度，也不需要对该段进行分析。例如，以下分析段落就是不合理的。

"材料引用哈佛大学教授本杰明·史华慈的观点来说明文章的论点，难以令人信服，这一观点仅为该教授的一家之言，并不能代表实际的情况，实际情况很可能恰恰与之相反。而且该论点的提出时间是20世纪末，用该论点来论证当前的情况，明显忽略了时间的发展性。"

【原文2】 首先，按照唯物主义物质决定精神的基本原理，精神是物质在人类头脑中的反映。因此，物质丰富只会充实精神世界，物质主义潮流不可能造成人类精神世界的空虚。

【分析角度1】 精神是物质在人类头脑中的反映不代表物质丰富只会充实精神世界。因为人的精力是有限的，在物质世界中人们可以得到更直接、更强烈、更精彩的享受，所以当物质生活越来越丰富时，人们很可能会醉心于这些物质带来的享受，反而忽略了精神追求。

【分析角度2】 物质丰富不一定使精神生活更加充实，物质主义潮流也可能造成人类精神世界的空虚。

【分析角度3】 物质丰富不等同于物质主义潮流。前者强调物质资源充足的客观状态，后者则强调过分追求物质享受，不可简单地将二者画等号。

【分析角度4】 唯物主义基本原理中的"物质"与物质生活中的"物质"并非同一概念。

易错提示2 "精神是物质在人类头脑中的反映"为引用理论内容，不可以分析。但可以分析由该理论内容无法论证得到后续结论。

【原文3】 其次，后物质主义理论认为：个人基本的物质生活条件一旦得到满足，就会把注意点转移到非物质方面。物质生活丰裕的人，往往会更注重精神生活，追求社会公平、个人尊严等等。

【分析角度5】 后物质主义理论只是国外某个学派所提出的观点，这种观点能否普遍地说明社会问题，还需要实践的检验和学术界的认同。

【分析角度6】 "物质生活丰裕的人，往往会更注重精神生活"并不能用来否定一些人只沉溺于物质享受而忽略精神追求的事实。

易错提示3 "物质生活丰裕的人，往往会更注重精神生活"这一语句不建议分析。因为原文中有"往往"二字，表示的是一种可能性。但可以分析由该语句无法得到文章总结论，考试大纲官方解析中所给出的参考分析点就是如此。（大纲解析原文为"物质生活丰裕的人，往往会更注重精神生活，这并不能用来否定一些人只沉溺于物质享受而忽略精神追求的事实"。）

【原文4】还有，最近一项对某高校大学生的抽样调查表明，有69%的人认为物质生活丰富可以丰富人的精神生活，有22%的人认为物质生活和精神生活没有什么关系，只有9%的人认为物质生活丰富反而会降低人的精神追求。

【分析角度7】对高校大学生进行的抽样调查结果不能代表所有人的情况。高校大学生普遍受教育程度较高且有足够的时间去追求精神生活，同时大多数人没有稳定的物质收入，其对精神与物质的关系的认知很可能尚不成熟，或者具有显著的阶段性特点，不能代表所有人的认知状况。

【分析角度8】有69%的人认为物质生活丰富可以丰富人的精神生活不代表物质决定精神。不能凭借同意的人多来论证观点的正确性。

【分析角度9】被抽样的高校大学生的想法与实际行动未必一致。

易错提示4　不可以质疑抽样调查的结果，但可以质疑基于抽样调查的结果所推知的后续结论。

【原文5】总之，物质决定精神，社会物质生活水平的提高会促进人类精神世界的发展。担心物质生活的丰富会冲击人类的精神世界，只是杞人忧天罢了。

【分析角度10】物质不一定决定精神。精神世界的丰富不仅仅因为物质得到满足，还包括对理想的追求以及对原则的坚守等因素，仅以物质衡量精神有些片面。

【分析角度11】社会物质生活水平的提高未必会促进人类精神世界的发展。如果没有正确的价值观和消费观，人们很可能会随着社会物质生活水平的提高，而越来越追求物质和高消费。

参考范文

参考范文一

物质水平提高未必会促进精神世界发展

材料基于诸多错误的论证，是无法得到"社会物质生活水平的提高会促进人类精神世界的发展"这一结论的。

首先，"精神是物质在人类头脑中的反映"不代表"物质丰富只会充实精神世界"。因为哲学上的"物质"与物质生活中的"物质"并不等价。前者往往指客观存在的事物，而后者则指有价值的生产资料。

其次，材料无法凭借后物质主义理论论证"物质生活丰裕的人，往往会更注重精神生活"。因为后物质主义理论只是一家之言，其是否符合大众的观念、是否正确都需要进一步的证明。且时代在变化，该理论是否符合当下发展也需要进一步考量。

再次，对高校大学生进行的抽样调查结果不能代表所有人的情况。高校大学生普遍受教育程度较高且有足够的时间去追求精神生活，同时大多数人没有稳定的物质收入，其对精神与物质的关系的认知很可能尚不成熟，或者具有显著的阶段性特点，不能反映其他人群的认知状况。

最后，物质生活水平的提高不必然会促进人类精神世界的发展。第一，物质生活水平提高前的水平并不清楚，若原来的物质生活水平很低，提高之后也只能解决温饱问题，不会带动精神世界的发展；第二，若将大多社会物质资源投入非精神领域方面，如军事、医疗、贸易等，那么物质生活水平的高低与精神世界是否丰富就不存在必然联系了。

综上，材料在论证过程中存在诸多问题，故其结论的有效性也有待进一步商榷。

参考范文二

物质丰富不会冲击人类精神世界吗？

材料通过一系列论证得出"物质丰富不会冲击人类精神世界"这一结论，由于其论证过程存在诸多逻辑漏洞，故其结论是值得商榷的。

首先，物质生活的丰富并不等同于物质主义潮流。物质生活的丰富指的是拥有较多的生产资料，生活水平较高；物质主义潮流指的是一种崇尚物质的趋势，但并不意味着已经拥有了较多的财富。故不可将二者简单等同。

其次，物质主义潮流不可能造成人类精神世界的空虚吗？未必。因为过分地崇尚物质会使人们想方设法地去谋求财富而忽略精神世界建设，但即使谋取了足够多的财富，人们也很有可能会沉迷于物质享受而忽略充实精神世界，如此一来，人类的精神世界很有可能会变得空虚。

再次，对某高校大学生所做的抽样调查并不具代表性。一方面，高校大学生仍在求学阶段，精神生活较为丰富，不能代表其他人群的精神生活状态；另一方面，大学生群体大部分还处于靠父母抚养的阶段，不具备谋取物质的条件，可能无法很好地理解物质生活与精神生活之间的关系。

最后，担心物质生活丰富会冲击人类精神世界未必是杞人忧天的。因为当一个人拥有的物质过于丰富时，很有可能会通过享受物质来满足其内心需求，如玩网络游戏、赌博、饮酒，甚至是吸毒，在这种情况下，物质生活的丰富冲击人类精神世界就不再是杞人忧天了。

综上，其论证难以让人信服。

参考范文三

物质主义潮流不会造成精神世界的空虚吗？

材料通过一系列的分析和论证试图得出"物质主义潮流不会造成精神世界的空虚"的结论。然而，材料中的论证存在诸多逻辑问题，具体分析如下。

首先，后物质主义理论是前人在他们所处的社会环境中总结出来的规律和理论，然而随着环境的变化和社会的进步，这一理论未必依然适用，作者没有以发展的眼光看待事物的变化，所以基于此理论得出的结论也有待进一步商榷。

其次，物质丰富的人一定会充实精神世界吗？不同人面对丰富的物质所作出的选择会有所差异，有的人可能会沉迷于纸醉金迷的生活，尽情享受金钱所带来的欢愉和满足感，而忽略了思想上的升华，从而无法充实自己的精神世界，甚至可能会带来更多的精神空虚。

再次，对某高校大学生的抽样调查结果无法代表社会的真实情况。高校大学生的受教育水平比较高，他们有较好的个人素养和知识储备，能够较为客观、合理地看待社会问题，但是还有很大一部分人的受教育程度是远远不如他们的，因此对高校大学生的调查情况并不能代表整个社会的真实情况。同时，多数高校大学生认为物质生活可以丰富人的精神生活，这只是他们的观点，并不代表实际情况。

最后，精神并不仅仅由物质水平决定。精神世界发展的因素有很多，还需由良好的社会文化氛围和教育机制来引导。此外，如果物质水平得到了提高，但人们沉溺于奢靡的物质生活，缺乏提高精神追求的意识，物质生活的丰富甚至会冲击人类的精神世界。

综上，由于材料的推理论证过程存在诸多逻辑问题，因此"物质主义潮流不会造成精神世界的空虚"的结论难以令人信服。

📖 典型习作点评

典型习作一

物质生活的丰富真的不会冲击精神世界吗？①

材料通过一系列论证得到"担心物质生活的丰富会冲击人类的精神世界，只是杞人忧天罢了"的结论，但由于论证过程存在诸多问题，其结论的有效性仍有待商榷。②

首先，"精神是物质在人类头脑中的反映"这一逻辑的结论应是"物质会影响精神"，而没有理由得出"物质丰富只会充实精神世界"；③况且，物质丰富对精神层面也会有负面影响，比如有可能会助长拜金思想和虚荣心理，因此，得出"物质主义潮流不可能造成人类精神世界的空虚"过于绝对。④

其次，个人所需的基本物质得到满足后，仍可追求更高水平的物质满足，未必会把注意力转移到非物质方面，因而"后物质主义理论"仍有待证实，也就无法得出"物质生活丰裕的人，往往会更注重精神世界"。⑤即便物质丰富的人确实更追求精神世界，也不必然会追求"社会公平和个人尊严"，追求电影等文化艺术方面的满

批改建议

① 题目无缺陷。

② 开头无缺陷。

③ "精神是物质在人类头脑中的反映"与"物质会影响精神"之间没有关联性。因为前者的精神指的是对客观存在的事物的认知，后者的精神多指人的意识、思维活动和一般的心理状态。这句分析曲解了材料的本意。

④ 第一，这句话的前半部分指出无法得出"物质丰富只会充实精神世界"这个点，最后的结尾句却落到了"物质主义潮流不可能造成人类精神世界的空虚"这个点上，引和析不一致；第二，总结句没有主语，是一个病句。

⑤ 这句话引入的点过多，而且一边引入一边分析，导致每个点既没有引入清楚，也没有分析清楚。看似打击面广，但实际上每个攻击点都是软绵绵的，没有力度。

足也是有可能的。⑥

再者，⑦因为该抽样调查只是针对高校大学生这一群体，其对象不具有广泛性，因而结果不能代表整个社会群体。⑧此外，调查结果具有主观性，无法证实"物质生活的丰富不会冲击精神世界"的客观结论。⑨

最后，"物质"和"社会物质水平"不是相同概念，⑩前者是指哲学意义上的物质，而后者是指现实意义上的物质生活水平，因此无法从"物质决定精神"推出"物质生活水平的提高会促进人类精神世界的发展"。⑪

综上，由于材料的论证存在多处逻辑错误，故想要得到"担心物质生活的丰富会冲击人类的精神世界，只是杞人忧天罢了"的结论，需要进一步严密的论证。⑫

⑥ 此处的原文是"物质生活丰裕的人，往往会更注重精神生活，追求社会公平、个人尊严等等"，"等等"表明原文并非"物质生活丰裕的人只追求社会公平和个人尊严"，故此处说的还会追求其他事物这一点没有反驳力度。

⑦ 缺少内容。可补充：基于某高校大学生的抽样调查结果无法得知所有人对物质与精神的态度。

⑧ 没有写清楚为什么高校大学生无法代表整个社会群体，可以补充高校大学生的特殊性。

⑨ 调查结果为何会具有主观性呢？"物质生活的丰富不会冲击精神世界"为什么是一个客观结论呢？该分析没有力度，也不符合实际情况。

⑩ 应该指出的是二者中的"物质"并非相同概念，而并非"物质"和"社会物质水平"二者的概念不同。

⑪ 该段的分析可以继续深入。

⑫ 结论无缺陷。

全文点评

这篇习作属于答题者想明白了但是没有写明白的一篇文章。

之所以出现这种情况，一方面与材料本身有关，材料中的很多谬误都比较相似，且很多谬误难以解释清楚；另一方面与论证方式有关，该答题者在习作过程中一边引入一边分析，在日常生活中，这种表达方式没有问题，但在考试时，更建议大家先一针见血地指出谬误再展开分析，这样更容易被阅卷者识别。同时，答题者在引入的过程中，没有清晰地引入准确的前提和结论，这不仅会给阅卷者造成困扰，也会给答题者自己造成困扰，导致后文的分析无从下笔。

如果大家的文章中出现了类似问题，一定要先引清楚前提和结论，再基于前提和结论的论证关系进行分析。

典型习作二

批改建议

有待商榷的论证①

上述材料通过诸多论证得出物质生活的丰富，不会冲击人类的精神世界的结论。②然而，由于该论证过程存在一系列的逻辑漏洞，所以其

① 万能式题目不利于拿高分，在有选择的情况下应避免使用。

② 此处标点符号的使用不恰当，会导致阅卷者断句错误。可以去掉逗号，或者在结论句上加引号。

结论是有待商榷的。

首先，由"精神是物质在人类头脑中的反映"，无法得出"物质丰富只会充实精神世界"。反映与充实并非同一概念，而反映的内容也并不一定全是好的，有可能物质丰富，反而冲击精神世界。③

其次，后物质主义理论所阐明的观点是站在物质主义的角度看待问题，而得出的结论并非完全客观公正，因此其真实性有待商榷。④而物质生活丰裕的人，也并非一定更注重精神生活。当物质生活丰裕时，人们可能会沉迷在丰富的物质生活中，而非选择追求社会公平、个人尊严等。⑤

再次，并不能由一项抽样调查结果得出"物质生活丰富可以丰富人的精神生活"的结论。⑥虽然认为物质生活丰富会降低人的精神追求的人所占比例较低，但这并不能说明问题，真理有时掌握在少数人手中。因此，少数人所支持的观点并不一定就是错误的。

最后，社会物质生活水平的提高并不一定会促进人类精神世界的发展。饱暖思淫欲的案例屡见不鲜，当人们的物质生活水平提高后，人们很可能会贪图享乐，沉迷安逸而碌碌无为，并不会追求在精神、思想等方面的发展。⑦

总而言之，论述者没有提供更充分的证据来证明"物质生活的丰富不会冲击人类的精神世界"，要加强这个论证，还必须提供更有力的论据。⑧

③ 第一，材料并没有指出反映和充实是同一概念，分析角度不恰当；第二，前提中的反映无关好坏，因为此处的反映是对客观存在事物的认知；第三，理由不够充分，没有解释清楚前提和结论之间的论证缺陷。

④ 角度正确，但答题者想明白了却没有写明白。后物质主义理论为什么是站在物质主义的角度看待问题呢？此处也没有给出其非客观公正的理由。

⑤ 此处基本上是对题干的重复，没有一针见血地说出理由。

⑥ 该抽样调查之所以不具有代表性，是因为抽样的对象为高校大学生，而高校大学生与其他人群具有差异，此处并没有指出。

⑦ 该段分析无缺陷。

⑧ 总结段无缺陷。

> **全文点评**
>
> 这篇习作对谬误的识别很准确，但在分析过程中，许多理由都很牵强，且多次曲解了材料的本意，没有一针见血地将理由阐述清楚。
>
> 论证有效性分析和逻辑中削弱题型的本质相同，之所以分为两个题型，就是不仅要考查大家对谬误的识别能力，还要考查大家的表达能力。这篇习作做到了准确识别，但问题在于无法准确表达。
>
> 有类似问题的同学，每次写完后自己先通读文章，看能否把自己说服。

2017 年管理类（本性与行为）

如果我们把古代荀子、商鞅、韩非等人的一些主张归纳起来，可以得出如下一套理论：

人的本性是"好荣恶辱，好利恶害"的，所以，人们都会追求奖赏、逃避刑罚。因此，拥有足够权力的国君只要利用赏罚就可以把臣民治理好了。

既然人的本性是好利恶害的，那么在选拔官员时，既没有可能也没有必要去寻求那些不求私利的廉洁之士，因为世界上根本不存在这样的人。廉政建设的关键，其实只在于任用官员之后能有效地防止他们以权谋私。

怎样防止官员以权谋私呢？国君通常依靠设置监察官的方法。这种方法其实是不合理的。因为监察官也是人，也是好利恶害的，所以依靠监察官去制止其他官吏以权谋私，就是让一部分以权谋私者制止另一部分人以权谋私，结果只能使他们共谋私利。

既然依靠设置监察官的方法不合理，那么依靠什么呢？可以利用赏罚的方法来促使臣民去监督。谁揭发官员的以权谋私就奖赏谁，谁不揭发官员的以权谋私就惩罚谁，臣民出于好利恶害的本性，就会揭发官员的以权谋私。这样，以权谋私的罪恶行为就无法藏身，就是最贪婪的人也不敢以权谋私了。

📖 考试大纲官方解析

本题的论证主要存在如下问题：

1. 人的本性是好利恶害的，但人的本性不能等同于人的行为，由于后天的教育或环境会影响其思想，所以人们未必"都"会追求奖赏、逃避刑罚。

2. "好利"也可能追求其他的利益而不追求奖赏，所以不能推出"好利"的人都会追求奖赏。同样，"恶害"也可能逃避其他的伤害而不逃避刑罚，所以不能推出"恶害"的人都会逃避刑罚。

3. 好利恶害不等于唯利是图而不顾礼义廉耻，由于法律和道德的约束，廉洁之士是存在的，不能由"好利恶害"推出"没有可能"找到廉洁之士。

4. 监察官即使欲利，但由于其本身职责的限制，加上和其他官员共谋私利也要具备一定的条件，所以未必会和其他官员共谋私利，说"只能"使他们共谋私利的判断过于绝对，更不能据此来否定设置监察官的合理性。

5. "利用赏罚的方法来促使臣民去监督"未必就能使以权谋私的罪恶行为无法藏身，因为揭发的前提是对其以权谋私事实的了解，而臣民对官员们以权谋私的事实未必都了解。更何况了解以权谋私事实的人未必因为有了奖赏就去揭发，有的还会因为具有共同的利益而有意隐瞒。

6. 即使以权谋私的罪恶行为无法藏身，但如果不受到严厉的惩罚或犯罪成本很低，贪婪的人还会以权谋私，所以不能得出"最贪婪的人也不敢以权谋私"的结论。

要点精析

【原文1】 如果我们把古代荀子、商鞅、韩非等人的一些主张归纳起来，可以得出如下一套理论：人的本性是"好荣恶辱，好利恶害"的，所以，人们都会追求奖赏、逃避刑罚。因此，拥有足够权力的国君只要利用赏罚就可以把臣民治理好了。

【分析角度1】 本性并不等同于行为，本性会影响行为，但行为在受到本性影响的同时也会受到后天环境的影响，受到道德和法律的制约。所以由"人的本性是'好荣恶辱，好利恶害'的"无法得到"人们都会追求奖赏、逃避刑罚"的结论。

【分析角度2】 "利"不等同于"奖赏"，"害"也未必就是"刑罚"。"利"不仅仅是物质上的奖惩，精神上的安全感、认同感和内心的坦荡等同样是人们所趋之"利"。例如，司法机关会对触犯法律条文的人进行处罚，这种处罚从表面上看是"害"，但实际上是"利"，有利于其改过自新，开始新的生活。

【分析角度3】 拥有足够权力的国君只利用赏罚未必可以把臣民治理好。臣民的治理是一个复杂的过程，除了适当的赏罚外，文化建设、经济建设等也都是不可或缺的。

【原文2】 既然人的本性是好利恶害的，那么在选拔官员时，既没有可能也没有必要去寻求那些不求私利的廉洁之士，因为世界上根本不存在这样的人。廉政建设的关键，其实只在于任用官员之后能有效地防止他们以权谋私。

【分析角度4】 人的本性是好利恶害的，不代表世界上不存在不求私利的廉洁之士。因为本性不等于行为。本性是与生俱来的既有特性，而行为和品性受后天的环境影响、道德约束、法律制约等的共同作用，所以人的本性是好利恶害的并不意味着不求私利的廉洁之士是不存在的。

> **易错提示1** 本段的论证过程是：x（人的本性是好利恶害的）→ y（世界上根本不存在不求私利的廉洁之士）→ z（在选拔官员时没有可能也没有必要去寻找那些不求私利的廉洁之士）。
>
> 在厘清论证过程后，大家可以先独立思考一下哪个论证环节是可以分析的。
>
> 很多同学会错误地分析观点本身，例如阐述为：人的本性是好利恶害的，所以世界上就不存在廉洁之士了吗？未必。世界上还是存在廉洁之士的。例如，袁隆平先生淡泊名利、甘于奉献，一生致力于杂交水稻的研究。这种分析方式是错误的，我们要质疑论证过程，而非观点本身。
>
> 还有同学会分析y → z，这也是不恰当的，因为该论证过程没有缺陷。
>
> 本段建议分析的论证环节是x → y，即指出人的本性是好利恶害的，不代表世界上不存在不求私利的廉洁之士，因为本性不等于行为。

【原文3】 怎样防止官员以权谋私呢？国君通常依靠设置监察官的方法。这种方法其实是不合理的。因为监察官也是人，也是好利恶害，所以依靠监察官去制止其他官吏以权谋私，就是让一部分以权谋私者制止另一部分人以权谋私，结果只能使他们共谋私利。

【分析角度5】监察官与以权谋私者的身份职责不同决定了彼此眼中的"利"与"害"是不同的，很可能以权谋私者眼里的"利"恰为监察官眼中的"害"，如此又如何共谋私利？

易错提示2 "怎样防止官员以权谋私呢？国君通常依靠设置监察官的方法。"该句为客观事实的陈述，且材料作者本身不同意，故不可以分析。

【原文4】既然依靠设置监察官的方法不合理，那么依靠什么呢？可以利用赏罚的方法来促使臣民去监督。谁揭发官员的以权谋私就奖赏谁，谁不揭发官员的以权谋私就惩罚谁，臣民出于好利恶害的本性，就会揭发官员的以权谋私。这样，以权谋私的罪恶行为就无法藏身，就是最贪婪的人也不敢以权谋私了。

【分析角度6】以权谋私往往是职位行为，臣民的信息获取渠道有限，很难准确获取官员以权谋私的有力证明，所以通过奖赏激励臣民揭发以权谋私者的方法未必可行，而且这样的方法只能进行事后补救，依然无法从源头上制止这种行为的产生，治标不治本。

【分析角度7】臣民出于好利恶害的本性未必就会揭发官员的以权谋私。因为当官员能够给臣民足够多的好处时，还是会有臣民铤而走险，选择包庇、不举报官员。

【分析角度8】若是官员以权谋私的犯罪成本很低，即使以权谋私的罪恶行为无法藏身，贪婪的人还是会继续以权谋私。

📖 参考范文

参考范文一

只利用赏罚当真能把臣民治理好吗？

材料通过层层论证试图告诉我们"若想把臣民治理好，只需要利用好赏罚制度就可以了"。然而，由于其论证过程存在诸多逻辑错误，所以不得不让我们对其结论的充分性产生怀疑。

首先，本性并不等同于行为，本性会影响行为，但行为在受到本性影响的同时也会受到后天环境的影响、道德和法律的制约，进而使得行为表现与本性不可等同。更何况，"利"就是"奖赏"，"害"就是"刑罚"吗？未必。例如，司法机关会对触犯法律条文的人进行处罚，这种处罚表面上看是"害"，但实际上是"利"，有利于其改过自新，开始新的生活。所以由"本性是'好荣恶辱，好利恶害'的"无法得到"人们都会追求奖赏、逃避刑罚"的结论。

其次，监察官与以权谋私者的身份职责决定了二者看待"利"与"害"的角度不同，很可能以权谋私者眼里的"利"恰为监察官眼中的"害"，如此二者便无法产生共同利益。

再次，以权谋私往往是职位行为，臣民的信息获取渠道有限，很难准确获取官员以权谋私的有力证明，所以通过奖赏激励臣民揭发以权谋私者的方法未必可行，而且这样的方法只能进行事后补救，依然无法从源头上制止这种行为的产生，治标不治本。

最后，若通过奖惩来刺激臣民揭发的方式真的能使得以权谋私的罪恶行为无法藏身，那么当没有罪恶行为可揭发的时候，臣民是否要受到惩罚呢？按照材料所说，臣民出于好利恶害的本性，恐不会接受这一方法，即便接受，也可能会导致恶意揭发、诬陷报复等行径频发。

综上，上述论证的有效性有待进一步商榷。

参考范文二

只利用赏罚就能治理好臣民吗？

材料通过分析荀子等人的主张归纳出了"国君只要利用赏罚就能治理好臣民"的结论。然而，由于其论证过程存在诸多逻辑缺陷，故其结论的有效性仍有不足。

首先，人的本性是好利恶害的并不意味着人们都会追求奖赏、逃避刑罚。因为本性虽然是人们与生俱来的，但其并不一定会永久地伴随终身，人们的处世态度和方法很可能因后天的社会熏陶、家庭教化等因素而改变。若是如此，则材料中的论述难以成立。

其次，廉政建设的关键不只是要有效地防止官员在任用后出现以权谋私的行为，还要建立风清气正的办事风气以及有效的监督考核机制，形成不敢腐、不能腐、不想腐的良好政治生态。此外，在任用官员前进行审核和考察，也有利于辨别廉洁之士。因此，结论是缺乏说服力的。

再次，监察官一定会与涉事官员共谋私利吗？未必。其一，监察官这一重要职务作为国君在地方上的千里眼，其选拔与任用是十分严格的，其共谋私利的行为若是被国君发现可能会付出极高的代价，得不偿失；其二，虽然监察官也是人，也是好利恶害的，但这里的"利"可能与涉事官员所好的"利"不相同。

最后，利用赏罚不代表臣民就会出于好利恶害的本性揭发官员的以权谋私行为。因为当官员能够给予臣民足够多的好处时，还是会有臣民铤而走险，选择包庇、不举报官员。更何况，普通百姓可能没有途径获知官员具体的以权谋私行为，若其揭发证据不足还可能导致检举无效，甚至被官员报复。

综上所述，只利用赏罚可能无法治理好臣民，材料得出的结论还有待商榷。

参考范文三

只利用赏罚制度就可以把臣民治理好吗？

材料通过层层论证试图得到"只要利用赏罚制度就可以治理好臣民"这一结论，然而，由于其论证过程存在诸多逻辑缺陷，故其结论的有效性有待商榷。

首先，只利用赏罚制度未必可以把臣民治理好。因为对臣民的治理单靠赏罚制度，其约束力和号召力都是有限的，若想达到良好的治理效果还需要一定的社会制度和相关法律的支持。

其次，人的本性是好利恶害的就代表没有不求私利的廉洁之士吗？答案显然是否定的。人的本性是先天就有的，有些人会受到社会风气以及家庭氛围的影响，建立正确的价值观念，在后天形成不求私利的良好品德。故并非不存在不求私利的廉洁之士。

再次，监察官也是人就一定代表其会和其他官吏共谋私利吗？未必。共谋私利的前提是二者有共同的利益，而现实情况很可能恰恰相反。因为二者的追求不同，监察官眼里的"利"很可能是某些官员眼里的"害"，又怎能共谋私利呢？

最后，赏罚制度不一定能杜绝以权谋私的行为。其一，由于臣民的生活条件和方式与官员有较大不同，要做到有效监督还存在一定困难；其二，一些臣民很可能因为自己的一己私利去恶意举报官员，这样不仅没有达到监督的目的，杜绝以权谋私的行为根本无从谈起。

综上所述，材料在论证过程中存在诸多逻辑漏洞，若要得到结论，还需提供更有力的证明。

📖 典型习作点评

典型习作

以权谋私的行为一定能被防止吗？①

文章通过层层论证最终得出了"廉政建设的关键，只在于任用官员之后有效防止以权谋私"的结论，然而，其论证过程存在大量错误，使其结论难以令人信服。②

首先，拥有足够的权力之后再利用奖罚就可以将臣民治理好了吗？答案显然是否定的。③ 奖罚并非为让臣民满足的必要条件，④ 甚至有时过度的惩罚可能反而会引起更大的暴动，招致社会动荡不安，以致权力变得无处可施；过度的奖赏可能也会引起他人的不满、嫉妒。丧失了公平性，单纯的奖罚也就未必有效了。

其次，不求私利的廉洁之士相对来说还是存在的。⑤ 因此，任用相对廉洁的人也成为一种可能。因为他们的相对廉洁，所以在以权谋私、贪污腐败的监管道路上也会更加容易一些。⑥

再次，监察官也是人，也是好利恶害的，但这并不意味着他们会与以权谋私者共谋私利。⑦ 依靠监察官的确不能完全杜绝以权谋私事件的发生，但也不可全盘否定其价值。因为他们的存在在一定程度上是可以起到监察作用的。因此，这

批改建议

① 题目不恰当。"以权谋私的行为一定能被防止"并非本题的总结论，以此来拟题是不准确的。本题的结论为：拥有足够权力的国君只要利用赏罚就可以把臣民治理好。

② 同上，开头中引用了不恰当的结论。

③ 材料并未说明拥有足够的权力和利用奖赏二者间存在先后关系，此处曲解了材料的本意。

④ 材料的本意是：赏罚为治理臣民的充分条件，而非必要条件。

⑤ 论证有效性分析的分析对象是论证过程，该句在分析观点是否合理，但分析角度错误。可优化为：人的本性是好利恶害的不代表世界上不存在不求私利的廉洁之士。

⑥ 因为引入的角度错误，所以相应的分析也就没有价值了。

⑦ 引入无缺陷。

一说法有失偏颇。⑧

最后，用奖赏的方法促使臣民监督、揭发以权谋私的行为与作者上文所述的不可设用监察官的方法是自相矛盾的。⑨原因在于二者都是人，人的本性既然都为好利恶害的，那么任用臣民监察所得结果与任用监察官所得结果又有何区别呢？因此这一方法的有效性不足，也就不能加强对结论的支持。

综上，仅凭"人的本性是'好荣恶辱，好利恶害'的"，而得出"国君只要利用赏罚便可治理好臣民"，这显然是存在诸多逻辑漏洞的。⑩

⑧ 分析理由太空泛，没有解释监察官好利恶害与以权谋私者不会共谋私利的原因。

⑨ 从引入中无法直接找到矛盾的双方。可优化为：材料前文指出具有好利恶害本性的监察官无法防止官员以权谋私，后文却说具有好利恶害本性的臣民能够防止官员以权谋私，二者显然自相矛盾。

⑩ 为了证明总结论，材料中展开了多组论证，并非仅凭"人的本性是'好荣恶辱，好利恶害'的"便得出了结论。

全文点评

用一个词语来总结这篇习作：粗糙。

这篇习作的审题方向和行文方向都是正确的，但是在表述中存在很多细节错误，大大增加了扣分的风险。

题目、开头、结尾是文章的门面，虽然这三个部分占的分值比重较小，但是一旦犯错，就非常容易被识别，并影响阅卷者对文章的整体印象。这篇文章在这三个部分都犯了非常明显的错误，有类似问题的同学一定要警惕。

主体段落中指出的谬误方向都是正确的，但是除了第三个谬误外，其他几个谬误在引入后，答题者没有清晰地呈现论证过程，难以被阅卷者识别。

这篇文章其实也是很多同学文章的缩影，希望大家以此为戒，及时更正。

2016 年管理类（大学生就业难）

现在人们常在谈论大学毕业生就业难的问题，其实大学生的就业并不难。

据国家统计局数据，2012 年我国劳动年龄人口比 2011 年减少了 345 万，这说明我国劳动力的供应从过剩变成了短缺。据报道，近年长三角等地区频频出现"用工荒"现象，2015 年第二季度我国岗位空缺与求职人数的比率约为 1.06，表明劳动力市场需求大于供给。因此，我国的大学毕业生其实是供不应求的。

还有，一个人受教育程度越高，他的整体素质也就越高，适应能力就越强，当然也就越容易就业。大学生显然比其他社会群体更容易就业，再说大学生就业难就没有道理了。

实际上，一部分大学生就业难，是因为其所学专业与市场需求不相适应，或对就业岗位的要求过高。因此，只要根据市场需求调整高校专业设置，对大学生进行就业教育以改变他们的就业观念，鼓励大学生自主创业，那么大学生的就业难问题将不复存在。

总之，大学生的就业并不是什么问题，我们大可不必为此顾虑重重。

📖 考试大纲官方解析

本题的论证主要存在如下问题：

1. 劳动年龄人口的绝对减少使劳动力供求比例发生变化，但不一定导致劳动力供应从过剩变成短缺。
2. 劳动力市场需求大于供给不等于大学毕业生的市场需求大于供给，所以不能由此推出"我国的大学毕业生其实是供不应求的"。
3. 受教育程度越高，适应能力未必就越强、就越容易就业。
4. 其他社会群体中也有比大学生容易就业的群体，所以不能推断大学生比其他社会群体更容易就业。
5. 即使大学生比某些社会群体容易就业，也不能得出大学生就业不难的结论。
6. "实际上，一部分大学生就业难""大学生的就业难问题将不复存在"，表明当今存在大学生就业难的问题，这与大学生就业并不难的论点自相矛盾。

📖 要点精析

【原文1】现在人们常在谈论大学毕业生就业难的问题，其实大学生的就业并不难。

易错提示1　该句为背景知识，且材料作者本身不同意，故不可以分析。

【原文2】据国家统计局数据，2012年我国劳动年龄人口比2011年减少了345万，这说明我国劳动力的供应从过剩变成了短缺。据报道，近年长三角等地区频频出现"用工荒"现象，2015年第二季度我国岗位空缺与求职人数的比率约为1.06，表明劳动力市场需求大于供给。因此，我国的大学毕业生其实是供不应求的。

易错提示2 本段中的谬误较多，且每句话中有多个谬误。建议大家在确保单个点可以说清楚的情况下再尝试复合，一定要将谬误层次表达清楚。

【分析角度1】劳动年龄人口的数额减少使劳动力供求比例发生了变化，但不一定会导致劳动力供应从过剩变成短缺。

【分析角度2】"劳动年龄人口"和"劳动力的供应"二者并不等价。

【分析角度3】2011—2012年我国劳动力市场的变化情况无法代表当前我国的情况。

【分析角度4】长三角等地区的用工情况不一定能代表全国的用工情况。

【分析角度5】材料中选择了2015年第二季度的情况来进行论证，但很可能其他季度的情况与第二季度是不一样的，求职人数可能会随着季度的交替产生周期性变化。

【分析角度6】劳动力市场需求大于供给不等于大学毕业生的市场需求大于供给，所以不能由此推出"我国的大学毕业生其实是供不应求的"。

【原文3】还有，一个人受教育程度越高，他的整体素质也就越高，适应能力就越强，当然也就越容易就业。大学生显然比其他社会群体更容易就业，再说大学生就业难就没有道理了。

【分析角度7】受教育程度越高，未必整体素质就越高。整体素质越高，未必适应能力就越强。适应能力越强，未必就越容易就业。

【分析角度8】即使大学生比某些社会群体容易就业，也不能得出大学生就业不难的结论。很可能社会中的各个群体就业都难，大学生就业相对容易，但也有难度。

【原文4】实际上，一部分大学生就业难，是因为其所学专业与市场需求不相适应，或对就业岗位的要求过高。因此，只要根据市场需求调整高校专业设置，对大学生进行就业教育以改变他们的就业观念，鼓励大学生自主创业，那么大学生的就业难问题将不复存在。

【分析角度9】根据市场需求调整高校专业设置，对大学生进行就业教育以改变他们的就业观念，鼓励大学生自主创业未必会使得大学生就业难的问题不复存在。大学生社会经验尚浅，盲目地鼓励自主创业未必会取得预期效果——使就业难问题得到解决。

易错提示3 "实际上，一部分大学生就业难，是因为其所学专业与市场需求不相适应，或对就业岗位的要求过高。"该句不可以分析，因为材料中描述的是"一部分大学生"就业难的原因，没有将所有大学生就业难都归因于此。

【原文5】总之，大学生的就业并不是什么问题，我们大可不必为此顾虑重重。

易错提示 4 该段为观点句，并非论证，不可以分析。

📖 参考范文

参考范文一

大学生就业不难吗？

材料通过一系列论证试图证明"大学生就业并不难"的结论，然而，由于其论证过程存在诸多缺陷，得出的结论不足为信。现分析如下。

首先，过剩和短缺是通过对供给和需求的比较得出的，是一对相对概念。劳动年龄人口减少的345万是一个绝对值，只能说明我国劳动力供给量减少了，在没有提供相应需求量变动的情况下，无法判断劳动力是过剩还是短缺，更无法得出"我国劳动力的供应从过剩变成了短缺"。

其次，仅由2015年第二季度的情况就断言当前劳动力市场需求大于供给是不恰当的。第一，第二季度不是毕业季，这将导致该季度的求职人数相对偏少，且此时大学生还没有完全进入职场，岗位空缺的数量相对偏多。第二，一个季度的数值不足以充分证明劳动力市场的供给情况，若其他季度的情况与这个季度刚好相反，那么劳动力市场需求很可能小于供给。

再次，受教育程度越高，整体素质就越高吗？未必。受教育程度只是影响整体素质的一方面，其可能还受到个人心理素质、实践经验和文明素养等方面的影响。若将这些因素整合起来考虑，大学生的整体素质不见得就高，也就无法得出大学生比其他社会群体更容易就业的结论。

最后，调整高校专业设置、进行就业教育和鼓励自主创业只能解决部分大学生的就业问题，如果这部分大学生在大学生总数中所占比率较低，而更多的大学生面临的可能还有就业信息获取困难、面试技巧不足、专业能力不过关等其他问题，那么大学生的就业难问题还将继续存在。

综上所述，材料没有提供充分的证据来证明结论，要想加强这个论证，还必须提供更有力的证据。

参考范文二

大学生就业并不难吗？

材料通过一系列论证试图得出"大学生的就业并不难"的结论，然而，其论证过程存在诸多逻辑漏洞，故其结论未必成立。

首先，长三角地区的情况无法代表整个市场的情况。因为长三角地区仅是华东地区的一部分，可能由于经济发展较快而需要更多的劳动力，从而造成"用工荒"现象。但如果其他劳动力市场，如华中、华南、东北等地区的劳动力供给都远远大于需求，那么整个市场依然有可能是供大于求的。

其次，劳动年龄人口减少了345万不代表供应情况就由过剩变为短缺。若是原本的劳动人口情况为供远大于求，那么或许在减少 345 万后，市场刚好达到供求平衡，而非变为短缺。

再次，受教育程度与整体素质未必呈正相关。影响整体素质的因素还包括个人的价值观、家庭影响等，而受教育程度只是整体素质的一个指标。有些人虽然受教育程度高但整体素质很低，就像新闻中频频爆出的高校教授以及受过良好教育的企业家等群体的不端行为，这些不都是受教育程度高但整体素质很低的证明吗？

最后，大学生显然比其他社会群体更容易就业吗？答案显然是否定的。一方面，劳动力市场中的研究生与博士生数量与日俱增，这会极大地削弱大学生求职的竞争力；另一方面，很多企业往往更看重丰富的工作经历，招聘时未必会选择大学生。

综上，材料的论证过程存在诸多逻辑错误，使得"大学生的就业并不难"这个结论很难令人信服。

参考范文三

大学生就业真的不难吗？

材料通过一系列论证试图得出"大学生的就业并不难"的结论，然而，由于其论证过程不够严谨，存在诸多漏洞，故其结论是值得商榷的。

首先，且不说材料中所依据的国家统计局数据是否具有时效性，即便有，那达到劳动年龄的人口就一定是劳动力供应吗？未必。实际上，在校大学生、家庭妇女、正在服兵役的士兵等都达到了劳动年龄，却不是劳动力；又或是退休后被返聘的职员，虽已超过劳动年龄，却依然是劳动力。此外，劳动力供应是否短缺需要考虑需求和供应两方面的关系。材料只给出供应变化的数量而没有给出需求变化的数量，就得出"劳动力的供应从过剩变成了短缺"的结论，这显然是不可信的。如果劳动力需求也减少了 345 万呢？

其次，长三角地区的用工情况不能直接代表国家整体的用工情况。真实情况很可能是，相较于全国其他地区，长三角地区因经济发展较快而需要更多的劳动力。此外，由"劳动力市场需求大于供给"无法得出"大学毕业生供不应求"的结论。很可能劳动力市场中有人才需求的大多是大学毕业生无法胜任的专业岗位。

再次，一个人的受教育程度越高，就代表他整体素质越高、就业越容易吗？要知道整体素质不仅仅取决于文化素质，还取决于道德素质、心理素质、身体素质等。试问，如果一个人拥有高学历，但是心理素质、道德素质极差，我们能说他整体素质高吗？

最后，改变大学生的职业观念就一定能解决大学生就业难的问题吗？如果大学生缺乏主动学习的能力，只有理论知识而没有实践经验，那依旧很难成功就业。

综上，"大学生的就业并不难"这一结论仍有待商榷。

参考范文四

大学生就业未必不难

材料企图论证大学生就业并不难，但由于其论证过程存在诸多缺陷，此结论未必成立。

首先，2012年相对于2011年的数据变化无法说明现在的情况，材料忽略了时间发展对劳动力市场的影响。另外，劳动力减少并不意味着其进入短缺状态，很可能原来的劳动力市场已经非常饱和，即使劳动力供应减少一定数量，也未必能改变其供过于求的状态。

其次，劳动力市场需求大于供应并不代表大学生是供不应求的。劳动力市场往往更青睐那些有工作经验的资深人士以及熟练掌握专业技能的工人等，而大学生并不符合这些岗位的录用标准。

再次，受教育程度与整体素质并无必然联系。前者是受教育的深度与广度，会影响学生的知识储备；而后者还包括为人处事、行事作风、抗压能力等其他考量标准。社会中也不乏教育程度高却素质低下的大学生，所以不应将二者进行必要关联。

另外，大学生更易就业并不意味着就业不难。事实情况可能是由于其他人群就业比例极低，虽然大学生的就业率比其他人群高，但供给依旧远大于需求，大多数大学毕业生依然无法就业，大学生的就业率客观上还是偏低。

最后，调整专业设置、鼓励自主创业等举措未必能消除大学生就业难的问题。还存在这样一种可能，由于经济市场萧条，社会出现经济危机，大多数企业不仅停止外招，还要裁员，这样即使调整专业设置、鼓励自主创业，也依然无法化解劳动力供需的悬殊差距。

基于上述诸多有缺陷的论证，"大学生就业并不难"这一结论未必成立。

📖 典型习作点评

典型习作一　　　　　　　　　　　　　　　　　　　　　　　　　　　　　　　　**批改建议**

<大学生就业真的不难吗？>①

论述者通过一系列论证得出结论，认为大学生的就业并不难，然而该论证存在诸多缺陷，是值得商榷的。②

首先，论述者由2012年劳动人口相对于2011年减少了，就得出劳动力过剩变成了劳动力短缺这是有失偏颇的，③有可能2012年劳动年龄人口还会存在找不到工作的情况。④此外，不能由长三角地区以及第二季度就业情况就得出我国劳动力市场的整体情况，因为长三角地区属于经济较为发达地区，并且第二季度就业情况可

① 题目无缺陷。

② 开头无缺陷。

③ 引入谬误需要前提和结论匹配。该句一共有三个逻辑缺陷：其一，2011—2012年我国的情况→当前我国情况；其二，劳动年龄人口→劳动力；其三，减少→短缺。论证者由我国劳动年龄人口减少就得出劳动力的供应从过剩变成了短缺，这是有失偏颇的。

④ 该分析语句没有将任何一个逻辑缺陷解释清楚，与论证无关。

能无法表示整年就业情况，⑤同时劳动力市场的需求大于供给无法说明大学毕业生市场也具有相同的情况。⑥所以，上述论证难以让人信服。

其次，论证者认为一个人受教育程度越高，其整体素质越高，这是有失偏颇的，⑦因为整体素质不仅仅包括了受教育程度，还包括了身体素质、心理素质等其他素质。⑧即使大学生整体素质高，他的岗位适应能力未必就强，可能存在有些大学生无法适应新环境的情况。⑨此外，不能简单地通过一个人的受教育程度、整体素质、岗位适应能力就得出所有大学生有着相同的特点。⑩

最后，论证者认为只要根据市场需求调整高校专业设置，对大学生进行就业教育来改变其就业观念，大学生就业问题将不复存在，这是欠妥当的。⑪可能存在大学生个人能力较低，达不到用人单位的要求的情况，那么仅靠调整专业设置以及改变大学生就业观念未必能解决大学生就业难的问题。⑫此外，论述者认为大学生就业并不难，同时又认为一部分大学生就业难，明显前后矛盾，因此，其论证也受到整体的影响。⑬

总而言之，论证者没有提供更充分的证据来证明大学生就业并不难，要加强这个论证，必须提供更有力的证据。⑭

⑤ 在第一组论证没有解释清楚的情况下，答题者引入了第二组论证，虽然引入角度是对的，但分析力度太弱，且对于第二季度的解释基本就是对原文的重复。

⑥ 在第二组论证没有解释清楚的情况下，答题者又引入了第三组论证，看似攻击的点增多，但实际上每个点都没有足够的力度。

⑦ 引入的表达过于模板化，实际上这篇习作的引入都较为模板，可以尝试去掉"论证者""有失偏颇的""这是欠妥当的"等模板话术，转变为更自然的表达。可修订为：一个人受教育程度越高，其整体素质未必越高。

⑧ 材料没有明确整体素质包括哪些，而是在探讨影响整体素质的要素有哪些，分析角度不恰当。可修订为：整体素质的高低不仅仅取决于受教育程度，还与身体素质、心理素质等密切相关。

⑨ 此句分析在重复材料，没有解释清楚论证。

⑩ 该谬误方向不对，材料没有由个例推整体。

⑪ 材料中的原文是"只要根据市场需求调整高校专业设置，对大学生进行就业教育以改变他们的就业观念，鼓励大学生自主创业，那么大学生的就业难问题将不复存在"。此处在引入的时候不够完整，只引入了两个措施，原文为三个。如果想简化段落，可以引为"采取根据市场需求调整高校专业设置等措施未必会使大学生的就业难问题不复存在"。

⑫ "那么"后面这句话较啰唆，可以省略。

⑬ 自相矛盾这个点是考试大纲中给出的参考分析点，故在这一年的考试中，写了这个点是不会被扣分的。但在未来的考试中，如果材料中的谬误充足，是不建议写这个点的。原因是"一部分大学生就业难"是材料对当前现状的描述，而"就业难问题将不复存在"是材料对采取措施后的未来状况的构想，两种情况并不在同一时间发生，故不存在自相矛盾。

⑭ 结尾无缺陷。

> **全文点评**
>
> 首先，本文共计 647 字，将占用约 700 个格子，字数远超考试要求，可能会被扣分。
>
> 其次，这篇习作只写了三个主体段落，这本身不算缺陷，重点是每个段落虽然字数很多，但分析力度不够，每个点都没有一针见血地解释清楚。
>
> 最后，这篇习作的每个段落都复合了多个谬误，但是每个谬误都没有阐述清楚，看似攻击面广，实际上每个点都没有起到作用。

典型习作二　　　　　　　　　　　　　　　　　　　　　　　　　　　**批改建议**

　　大学生就业真的不难吗？①

　　材料旨在得出"大学生的就业并不难"的结论，然而，其论证过程存在多处不当，所以，其结论难以让人信服。②

　　③"劳动力从过剩变为短缺"的依据是"2012 年劳动年龄人口减少"。④这是难以令人信服的。"2012 年劳动年龄人口减少"本身没有问题，问题是它滥用了。⑤该论证仅从劳动年龄人口减少就贸然得出了劳动力短缺的结论。⑥如果供应量减少的人数少于过剩的需求，那么劳动力依旧供大于求，又怎么能得到劳动力短缺呢？

　　"长三角等地区'用工荒'"可能是长三角等地区劳动力分配不均导致的，代表不了全国的整体状况。⑦并且仅用"2015 年第二季度岗位空缺比率"说明不了"市场需求大于供给"。可能只是第二季度的特殊情况，未必具有代表性。以此认为大学生供不应求过于武断。⑧

　　"一个人的受教育程度越高、整体素质也就越高、岗位适应力就越强"并不必然得出"就业越容易"的结论。⑨就业是否容易还与实践经历、求职时的市场环境等有关。⑩此外，整体素质与思维能力、道德

① 题目无缺陷。

② 开头无缺陷。

③ 段首需要加上"首先、其次、再次、最后"或"第一、第二、第三、第四"等段落关联词。

④ 材料中该句共有三个逻辑缺陷。其一，2011—2012 年我国的情况→当前我国情况；其二，劳动年龄人口→劳动力；其三，减少→短缺。该句前提引入的是后两个论证，结论引入的是全部的三个论证，前提和结论不一致。

⑤ 论效中不需要对前提进行肯定，只需直接分析缺陷；此处没有说清楚如何滥用了；不同分析角度之间建议使用分号。

⑥ 段首已经将该点引入过，此处不必再重复。

⑦ 论效在引入论证的时候，可以在前提和结论上都加引号，也可以都不加引号，但不要前提加引号，结论不加引号。

⑧ 角度正确，可以再具体描述一下第二季度为什么特殊，段落的力度会更强。

⑨ 材料中，受教育程度、整体素质、适应能力三者是递进关系，此处变成了并列关系，与题意不符。

⑩ 因为引入角度不恰当，故分析角度也不恰当。

素养等有关，而岗位适应能力则与专业技能和个人能力有关，⑪二者并不存在推理关系，据此认为"就业越容易"未必妥当。

"只要根据市场调整专业"就可以使"就业难问题不复存在"？⑫并非如此，因为高校培养学生需要四年甚至更久的时间，而在这四年间市场的需求可能会改变。这导致了高校的专业与市场需求之间存在脱节，也许四年前根据市场需求调整的专业，四年后就不那么需要了。就业难问题依旧存在。

综上所述，材料犯了一系列逻辑错误，难以推出"大学生的就业并不难"这一结论。⑬

⑪ 不应仅仅指出整体素质、岗位适应能力都与什么要素相关，还应指出为什么二者不是正相关的。因为那些思维能力强的人，其专业技能也可能更强。

⑫ 第一，引用原文不需要在前提和结论上都加上引号，加上引号不算错误，但没有必要，直接引入即可；第二，材料中的原文是"只要根据市场需求调整高校专业设置，对大学生进行就业教育以改变他们的就业观念，鼓励大学生自主创业，那么大学生的就业难问题将不复存在"。此处在引入的时候不够完整，只引入了一个措施。如果想简化段落，可以引为"采取根据市场需求调整高校专业设置等措施未必会使大学生的就业难问题不复存在"。

⑬ 结论无缺陷。

全文点评

这道题虽然看似简单，但是由于其逻辑缺陷过多，导致很多同学在行文的时候都难以取舍，都想引入尽可能多的逻辑缺陷。这个出发点是好的，但结果往往不尽如人意。这样做很容易像这篇习作一样，看似攻击面很广，实际上每个点都是软绵绵的，没形成有力的反驳，有类似问题的同学要抓紧改正。

2015 年管理类（生产过剩）

有一段时期，我国部分行业出现了生产过剩现象。一些经济学家对此忧心忡忡，建议政府采取措施加以应对，以免造成资源浪费，影响国民经济正常运行。这种建议看似有理，其实未必正确。

首先，我国部分行业出现的生产过剩并不是真正的生产过剩。道理很简单，在市场经济条件下，生产过剩实际上只是一种假象。只要生产企业开拓市场、刺激需求，就能扩大销售，生产过剩马上就会化解。退一步说，即使出现了真正的生产过剩，市场本身也会进行自动调节。

其次，经济运行是一个动态变化的过程，产品的供求不可能达到绝对的平衡状态，因而生产过剩是市场经济的常见现象。既然如此，那么生产过剩也就是经济运行的客观规律。因此，如果让政府采取措施进行干预，那就违背了经济运行的客观规律。

再说，生产过剩总比生产不足好。如果政府的干预使生产过剩变成了生产不足，问题就会更大，因为生产过剩未必会造成浪费，反而可以因此增加物资储备以应对不时之需。如果生产不足，就势必造成供不应求的现象，让人们重新去过缺衣少食的日子，那就会影响社会的和谐与稳定。

总之，我们应该合理定位政府在经济运行中的作用。政府要有所为，有所不为。政府应该管好民生问题。至于生产过剩或生产不足，应该让市场自动调节，政府不必干预。

考试大纲官方解析

本题的论证主要存在如下问题：

1. 既说生产过剩"不是真正的生产过剩"，又说"出现了真正的生产过剩"；既说"生产过剩实际上只是一种假象"，又说"生产过剩是市场经济的常见现象"。"生产过剩"这一概念的使用前后不一。

2. "只要生产企业开拓市场、刺激需求，就能扩大销售，生产过剩马上就会化解。"生产企业开拓市场、刺激需求并非扩大销售的充分条件，因为销售还取决于市场饱和度、社会购买力、社会消费心理等其他因素。

3. "生产过剩是市场经济的常见现象。既然如此，那么生产过剩也就是经济运行的客观规律。"常见现象是事物发展的外在表现，客观规律是事物发展的本质属性，二者不能混淆。

4. "如果让政府采取措施进行干预，那就违背了经济运行的客观规律。"既然生产过剩不能等同于客观规律，就不能推出政府采取措施解决生产过剩问题，就违反了客观规律。

5. "生产过剩未必会造成浪费，反而可以因此增加物资储备以应对不时之需。"生产过剩是指某些商品的生产超过了社会需求，以致商品滞销，库存积压增加，或者说，其产品已经超过了正常的消费需求和物资储备。因此，这一理由不能成立。

6."政府应该管好民生问题。至于生产过剩或生产不足，应该让市场自动调节，政府不必干预。"市场调节和政府干预不是绝对矛盾的。而且，生产过剩或生产不足也和民生问题相关，不能把它们完全分开。

📖 要点精析

【原文1】有一段时期，我国部分行业出现了生产过剩现象。一些经济学家对此忧心忡忡，建议政府采取措施加以应对，以免造成资源浪费，影响国民经济正常运行。这种建议看似有理，其实未必正确。

易错提示1 该段中经济学家的建议为背景知识，且材料作者对此不同意，故不可以分析。

【原文2】首先，我国部分行业出现的生产过剩并不是真正的生产过剩。道理很简单，在市场经济条件下，生产过剩实际上只是一种假象，只要生产企业开拓市场、刺激需求，就能扩大销售，生产过剩马上就会化解。退一步说，即使出现了真正的生产过剩，市场本身也会进行自动调节。

【分析角度1】"生产过剩"这一概念的使用前后不一。材料既说生产过剩"不是真正的生产过剩"，又说"出现了真正的生产过剩"；既说"生产过剩实际上只是一种假象"，又说"生产过剩是市场经济的常见现象"。（乃心老师小贴士：该点虽然给出但不建议分析，此处"生产过剩"的两层含义的相似度和专业度较高，不易解释清楚。）

【分析角度2】生产企业开拓市场、刺激需求并非扩大销售的充分条件，因为销售扩大与否还取决于市场饱和度、社会购买力、社会消费心理等其他因素。

【分析角度3】即便扩大了销售，生产过剩也未必会马上化解。一方面，很可能过剩的产能远高于扩大的销量；另一方面，销售的扩大需要时间，无法实现"马上"化解。

【分析角度4】当出现了真正的生产过剩时，市场未必会自动调节。市场调节是具有一定阈值的，当生产过剩超过市场能够调节的范围时，其本身的自动调节未必能够奏效。

【原文3】其次，经济运行是一个动态变化的过程，产品的供求不可能达到绝对的平衡状态，因而生产过剩是市场经济的常见现象。既然如此，那么生产过剩也就是经济运行的客观规律。因此，如果让政府采取措施进行干预，那就违背了经济运行的客观规律。

【分析角度5】生产过剩是市场经济的常见现象并不等同于生产过剩是市场经济的客观规律。常见现象是事物的外在表现，是经常发生但无确切的规律可循；客观规律则为某种事物的内在本质，它表现出一种规律性。

【分析角度6】既然生产过剩不等同于客观规律，就不能推出政府采取措施解决生产过剩问题违背了客观规律。

【原文4】再说，生产过剩总比生产不足好。如果政府的干预使生产过剩变成了生产不足，问题就会更大，因为生产过剩未必会造成浪费，反而可以因此增加物资储备以应对不时之需。如果生产不足，就势必造成供不应求的现象，让人们重新去过缺衣少食的日子，那就会影响社会的和谐与稳定。

【分析角度7】生产过剩未必会造成浪费，反而可以因此增加物资储备以应对不时之需吗？其实不然。生产过剩是指某些商品的生产超过了社会需求，以致商品滞销，库存积压增加，或者说，其产品已经超过了正常的消费需求和物资储备。因此，这一理由不能成立。

【分析角度8】出现供不应求的现象未必会让人们重新去过缺衣少食的日子，也未必会影响社会的和谐与稳定。因为很可能供不应求的不是刚需产品。

易错提示 2 "生产不足，就势必造成供不应求的现象"不建议分析，因为生产不足与供不应求二者的意思基本等价，且该年真题中谬误明显较多。如果对该句强行进行分析，有钻牛角尖的嫌疑。

易错提示 3 "生产过剩总比生产不足好"为段落论点，段落后文对该论点进行了论证。故该句本身不建议分析。

【原文5】总之，我们应该合理定位政府在经济运行中的作用。政府要有所为，有所不为。政府应该管好民生问题。至于生产过剩或生产不足，应该让市场自动调节，政府不必干预。

【分析角度9】市场调节和政府干预可以相互结合，二者并不矛盾。

【分析角度10】材料认为政府应该管好民生问题，不必干预生产过剩，这是前后矛盾的。因为生产过剩也是民生问题的一种体现。

📖 参考范文

参考范文一

由生产过剩现象引发的论证合理吗？

经济的发展需要理性的思维，材料的作者在种种缺陷论证的基础上是无法得到"政府不应该干预生产过剩问题"这一结论的。现分析如下。

首先，生产企业开拓市场、刺激需求未必就能扩大销售，生产过剩也未必马上就会化解。一方面，如果企业开拓的市场并不是对其产品有所需求的市场，那么不仅无法达到扩大销售的目的，还可能导致产品滞销；另一方面，即便企业可以扩大销售，也会经历一个销售过程，马上化解生产过剩可能并不会实现。

其次，市场经济的常见现象并不等价于经济运行的客观规律，二者存在本质差异。前者代表的是事件发生的频率较高，后者则代表事物发展的趋势。例如，降价是一个常见现象，商家可能经常会为了促销、清仓、回馈老顾客等进行降价，但降价并不是商品价格变化的客观规律。

再次，生产不足未必会让人们重新去过缺衣少食的日子，生产不足的产品很可能是提高人们生活品质的产品，而非保证衣食住行等基本需求的产品。例如，小米手机新产品在面世的时候经常脱销，但是这并不会使未买到的消费者缺衣少食。

最后，生产过剩可以增加物资储备以应对不时之需，这显然是有失偏颇的。因为生产过剩所增加的物资储备有可能是被市场淘汰的、对生产生活并无作用的，还有可能是易变质、易腐烂的物品，这样就不适宜作为物资被储备起来。

综上所述，论证者忽视了诸多因素与条件，片面地得出"政府不必干预"的结论是无效的，故此篇论证是毫无意义的。

参考范文二

由生产过剩现象引发的论证合理吗？

材料通过一系列的论证试图得出"政府不必干预生产过剩"的结论，但是在其论证过程中却出现了多处逻辑谬误，故该结论未必能成立，现分析如下。

首先，生产企业开拓市场、刺激需求未必就能扩大销售，化解生产过剩。倘若企业生产的产品无法满足消费者的需求或者市场已经饱和，那么任凭企业怎么开拓市场、刺激需求也无法扩大销售，化解生产过剩。并且作者先说"生产过剩实际只是一种假象"，其后又说"生产过剩是经济运行的客观规律"，二者前后矛盾。

其次，由"生产过剩是市场经济的常见现象"无法推出"生产过剩是经济运行的客观规律"。常见现象是事物的外在表现，而客观规律是事物的内在本质，二者显然不同。就算生产过剩是经济运行的客观规律，政府采取措施干预时，也完全可以遵循并利用规律。

再次，政府的干预未必会使生产过剩变成生产不足，政府的干预完全有可能使生产与需求达到平衡。即便因为政府的干预使生产过剩变为了生产不足，也未必就会导致人们缺衣少食，影响社会的和谐与稳定的结论更是过于绝对。

最后，材料认为政府应该管好民生问题，而不必干涉生产过剩或生产不足问题。但是生产问题与民生问题息息相关，前文提到的由生产不足导致的缺衣少食问题不就是民生问题吗？况且，市场的自动调节很可能会失效，如果再没有政府的干预，生产问题会更加严重。

综上所述，材料的论证过程存在诸多逻辑漏洞，其结论"政府不必干预生产过剩"难以让人信服。

典型习作点评

典型习作

一则有待商榷的论证①

材料通过一系列的论证推断出"市场问题应由市场自己去调节,不应由政府干预",我认为该论证有待商榷。②

首先,就算企业可以通过开拓市场、刺激需求去扩大销售,但未必就能解决生产过剩问题,二者之间不具有必然性,企业很可能处在一个完全饱和的市场中。③如20世纪末的中国制糖业,这样的企业无论怎样去开拓市场和刺激需求,可能也无法售出远大于整个市场需求的产品。所以二者之间没有必然性,也就无法推断出"生产过剩为假象"的结论。④

其次,纵然供求不是一个绝对平衡状态,但是供求关系在一定时期和市场规模之下是具有一定范围的。⑤如果供与求的比例大于容忍的范围会造成生产过剩,所以仅以供求是相对的并不能必然地认为生产过剩就是常见的市场经济现象。⑥

再次,即使生产过剩可以看作一种经济运行的客观规律,也不能证明政府干预违背了经济运行的客观规律,因为政府作为经济运行的监控者,有义务在经济不健康发展时予以干预。所以维持经济运行的客观规律不能成为限制政府干预的必要条件。⑦

最后,生产不足不一定就会造成供不应求的现象,更不会使人们重新去过缺衣少食的日子,一定范围内的生产不足往往会刺激产业的生产以更好地迎合需求,而且多元化的市场中的各种产品也存在替代作用。所以,仅由生产不足显然无法得出后面的一系列的推论。⑧

由于材料存在诸多逻辑问题,所以结论有待商榷。⑨

批改建议

① 第一,不建议使用万能题目,不容易拿高分;第二,即便使用万能题目,也不建议加上"一则""一段""一个"等量词。

② 论证有效性分析要理性分析论证,不能发表主观看法。所以不应出现"我认为"三个字。

③ 本句中引入了三个条件。条件一:企业开拓市场、刺激需求。条件二:扩大销售。条件三:解决生产过剩问题。引入后的总结句却是"二者之间不具有必然性",其中的"二者"没有说清楚。

④ 此处引用了"中国制糖业"的例子,但中国制糖业在20世纪末发生的事情并非一个众所周知的事件,此处没有解释直接引入,难以被读者理解。不仅如此,在三个条件之间的逻辑谬误没有阐述清楚的情况下,又提出了"生产过剩为假象"这一条件,层次混乱。

⑤ 段落在没有引入的情况下直接展开了分析,且分析没有针对论证过程,而是质疑观点本身。

⑥ 理由没有阐述清楚。

⑦ 此处应该分析政府的干预是否违背了客观规律,而不是政府是否有义务,分析方向错误。

⑧ 该段引入了两个分析角度,但是没有将两个引入角度分析清楚。

⑨ 结论无缺陷。

全文点评

　　本文属于考场上较为常见的一类习作，虽然没有出现方向性错误，但是在行文过程中，各种小错误不断。答题者努力地想在文章中阐述和分析更多的谬误，结果却背道而驰，很多谬误的引入和分析都很混乱，难以被阅卷者识别。有类似问题的同学一定要引以为戒。

2014 年管理类（制衡与监督）

现代企业管理制度的设计所要遵循的重要原则是权力的制衡与监督。只要有了制衡与监督，企业的成功就有了保证。

所谓制衡，指对企业的管理权进行分解，然后使被分解的权力相互制约以达到平衡，它可以使任何人不能滥用权力；至于监督，指对企业管理进行严密观察，使企业运营的各个环节处于可控范围之内。既然任何人都不能滥用权力，而且所有环节都在可控范围之内，那么企业的运营就不可能产生失误。

同时，以制衡与监督为原则所设计的企业管理制度还有一个固有特点，即能保证其实施的有效性，因为环环相扣的监督机制能确保企业内部各级管理者无法敷衍塞责。万一有人敷衍塞责，也会受到这一机制的制约而得到纠正。

再者，由于制衡原则的核心是权力的平衡，而企业管理的权力又是企业运营的动力与起点，因此权力的平衡就可以使整个企业运营保持平衡。

另外，从本质上来说，权力平衡就是权力平等，因此这一制度本身蕴含着平等观念。平等观念一旦成为企业的管理理念，必将促成企业内部的和谐与稳定。

由此可见，如果权力的制衡与监督这一管理原则付诸实践，就可以使企业的运营避免失误，确保其管理制度的有效性、日常运营的平衡以及内部的和谐与稳定，这样的企业一定能够成功。

📖 考试大纲官方解析

本题的论证主要存在如下问题：

1."任何人都不能滥用权力，而且所有环节都在可控范围之内，那么企业的运营就不可能产生失误。"即使任何人都不能滥用权力，而且所有环节都在可控范围之内，企业也不一定能避免失误，因为企业运营失误与否还取决于管理团队的管理水平等其他条件。

2."监督机制能确保企业内部各级管理者无法敷衍塞责。"事实上，即使有了监督机制，也不能确保所有管理者不敷衍塞责。后文所说"万一有人敷衍塞责"，也和这一判断相矛盾。（乃心老师小贴士：虽然大纲给出了自相矛盾这个角度，但在未来考试中出现类似情况时并不建议大家选这个角度写。自相矛盾是指矛盾事件同时发生，而"万一"表示的是一种假设。）

3."监督机制能确保企业内部各级管理者无法敷衍塞责"这一判断过于绝对，不能成为论据，因而无法证明以制衡与监督为原则所设计的企业管理制度能保证实施的有效性。

4. 企业管理权力的平衡未必能使整个企业运营平衡。整个企业的运营平衡，除了企业管理权力的平衡这一重要条件之外，还取决于其他条件。

5."平衡"和"平等"概念不同，权力平衡不等同于权力平等，二者不能混淆。
6. 企业运营不失误、管理制度有效、日常运营平衡以及内部和谐稳定，这些还不足以保证企业一定能够成功，因为企业的成功不仅取决于企业的内部因素，还取决于市场等企业的外部因素。

📖 要点精析

【原文1】 现代企业管理制度的设计所要遵循的重要原则是权力的制衡与监督。只要有了制衡与监督，企业的成功就有了保证。

易错提示1 "现代企业管理制度的设计所要遵循的重要原则是权力的制衡与监督"，该句为背景知识，不可以分析。

易错提示2 "只要有了制衡与监督，企业的成功就有了保证"，该句为文章总结论，当材料谬误充足的时候，不建议分析。

【原文2】 所谓制衡，指对企业的管理权进行分解，然后使被分解的权力相互制约以达到平衡，它可以使任何人不能滥用权力；至于监督，指对企业管理进行严密观察，使企业运营的各个环节处于可控范围之内。既然任何人都不能滥用权力，而且所有环节都在可控范围之内，那么企业的运营就不可能产生失误。

易错提示3 "制衡"与"监督"的定义为背景知识，不可以分析。

【分析角度1】 即便任何人都不能滥用权力且所有环节都在可控范围之内，也不代表企业的运营就不可能产生失误。企业运营是否会产生失误还取决于市场环境、顾客需求等诸多要素。

【原文3】 同时，以制衡与监督为原则所设计的企业管理制度还有一个固有特点，即能保证其实施的有效性，因为环环相扣的监督机制能确保企业内部各级管理者无法敷衍塞责。万一有人敷衍塞责，也会受到这一机制的制约而得到纠正。

【分析角度2】 环环相扣的监督机制未必能确保企业内部各级管理者无法敷衍塞责，反而很可能方便其相互包庇。

【分析角度3】 敷衍塞责的管理者未必会受到这一机制的制约而得到纠正，若是惩罚措施不到位，其很可能依旧敷衍塞责。

易错提示4 此处大纲给出了自相矛盾的角度，即材料的上文指出，"监督机制能确保企业内部各级管理者无法敷衍塞责"，下文又指出"万一有人敷衍塞责"。在未来考试中出现类似情况时，不建议大家写这个角度。因为自相矛盾是指矛盾事件同时发生，而"万一"表示的是一种假设，严格来讲，此处并不存在自相矛盾。大家在该年考试中如果写了这个分析角度一定是有分数的，但大纲解析也在不断更新，不建议大家冒险。

【原文4】再者,由于制衡原则的核心是权力的平衡,而企业管理的权力又是企业运营的动力与起点,因此权力的平衡就可以使整个企业运营保持平衡。

【分析角度4】权力的平衡未必能使整个企业运营保持平衡。企业内外部诸多要素都会影响企业运营的平衡。

【原文5】另外,从本质上来说,权力平衡就是权力平等,因此这一制度本身蕴含着平等观念。平等观念一旦成为企业的管理理念,必将促成企业内部的和谐与稳定。

【分析角度5】权力平衡与权力平等是两个不同的概念。

【原文6】由此可见,如果权力的制衡与监督这一管理原则付诸实践,就可以使企业的运营避免失误,确保其管理制度的有效性、日常运营的平衡以及内部的和谐与稳定,这样的企业一定能够成功。

【分析角度6】企业运营没有失误、管理制度有效、日常运营平衡以及内部的和谐与稳定,这些还不足以保证企业一定能够成功。因为企业的成功不仅取决于企业的内部因素,还取决于市场、政策、经济环境等外部因素。

参考范文

参考范文一

只要有了制衡与监督企业就能成功吗?

材料试图通过一些论证得出"只要有了制衡与监督企业就能成功"的结论。然而,由于其论证过程存在诸多逻辑漏洞,故其结论是值得商榷的。

首先,只要没有人滥用权力且环节都在可控范围之内,企业运营就不可能产生失误了吗?未必。因为企业运营是否会产生失误不仅仅取决于企业管理的制衡与监督,还与管理者战略决策、员工工作效率等因素密切相关。如果经营者做出错误的战略决策,那么即使企业管理的制衡与监督做得很好,企业的运营也可能产生失误。

其次,权力平衡并不等同于权力平等。权力平衡指的是上下级之间权力大小的平衡,这是一种相互制衡的状态,每个人所掌握的权力大小未必相等;而权力平等是指每个人无论身居何位,都拥有相等的权力。故不可简单地将二者等价。

再次,平等观念成为企业管理理念未必会促成企业内部的和谐与稳定。如果权力过于平等,那么对于那些有能力的人而言,可能会降低其工作的积极性;而对于那些没有能力的人而言,则可能滋生惰性,从而造成企业内部的不和谐与恐慌。

最后，权力的制衡与监督这一原则付诸实践就可以避免企业运营产生失误吗？未必。因为企业的运营是否会产生失误还取决于宏观经济状况、消费者需求、管理者战略决策、员工工作效率等。如果管理者没有进行充分的市场调研，做出了错误的战略决策，也会使企业运营产生失误，那么即使其权力的制衡与监督原则实行得很好，也无法保证企业良好运营。在此基础上更无法得出企业一定能成功的结论。

综上，基于诸多有缺陷的论证，并不能得出"只要有了制衡与监督企业就能成功"的结论。

参考范文二

企业有了制衡与监督一定能成功吗？

材料通过诸多论证试图得到"企业有了制衡与监督就一定能成功"这一结论。然而，由于其论证过程存在诸多逻辑缺陷，所以其结论是难以让人信服的。分析如下。

首先，任何人不滥用权力且所有环节都在可控范围内，企业的运营就不会产生失误吗？未必。因为除了内部因素，企业运营还受外部因素影响。如果市场经济处于萧条状态或者该企业有强劲的竞争对手，那么即使有良好的内部管理机制，企业的运营仍可能产生失误。

其次，以制衡与监督为原则设计的制度并不能保证其实施的有效性。因为企业在经营过程中存在上下级互相包庇的可能性，此时制衡和监督的作用可能无法体现。同时材料认为，环环相扣的监督机制能确保企业管理者无法敷衍塞责，而后又说"万一有人敷衍塞责"，有自相矛盾之嫌。

再次，权力的平衡不见得可以使企业运营平衡。除了权力的平衡，企业运营还需要其他条件来维持平衡，如用工资体系、奖惩制度来维持员工内部平衡等。同时，如果管理者和员工的权力平衡，那么企业的管理体系可能会变得混乱，反而打破了企业的运营平衡。

最后，权力平衡并不意味着权力平等。平衡意在制约，而平等则强调相等，二者存在本质区别。就算平等观念成为企业的管理理念，也并不代表企业就能有效执行，因此未必会促成企业内部的和谐与稳定。

综上，材料的结论还有待商榷。

参考范文三

权力制衡与监督就能让企业成功吗？

材料的作者试图证明"权力制衡和监督能让企业成功"，然而，由于其论证过程存在诸多逻辑错误，故其结论是有待商榷的，现分析如下。

首先，所有人不能滥用权力且所有环节可控就能保证企业运营不会产生失误吗？未必。这些举措都是围绕着企业内部因素进行的风险排查，并没有考虑到诸如经济形势等企业外部因素，企业外部因素具有很大不确定性，其风险的可控性也会变得很小。因此企业运营未必不会产生失误。

其次，环环相扣的监督机制并不能保证企业内部各级管理者无法敷衍塞责。虽然监督机制监督着每个人，但如果敷衍塞责者只是受到道德谴责而非有力的惩罚，那么并不能确保这些谴责能使他们改变自己的行为，他们很可能会由于威慑力过低而继续犯错，其他人可能也会效仿，因此该监督机制不一定有效。

再次，权力的平衡可以使企业运营平衡吗？未必。一方面，企业运营的平衡还取决于各部门的团结协作、有效地持续发展等因素；另一方面，权力的平衡未必能使各部门的协作更加有效，反而有可能使各部门之间过度制约，降低效率。

最后，平等观念进入企业不代表就能促成企业内部的和谐与稳定。平等如果是权力平等，那么公司的上下级在处理公司事务时就可能经常发生争执，因为话语权的平等可能导致决策困难，两人互相不服从对方。而频繁争执会影响工作效率，降低团队的凝聚力。

综上所述，若想得出"权力制衡和监督能让企业成功"的结论，上述论证还需要进一步完善。

参考范文四

制衡与监督就能让企业成功吗？

材料通过一系列的分析试图得出"只要有了制衡与监督，企业的成功就有了保证"的结论，但其论证过程存在诸多逻辑漏洞，现分析如下。

首先，即使任何人都不能滥用权力，而且所有环节都在可控的范围内，企业的经营未必就不可能产生失误。因为企业经营的成功不仅仅取决于这两个因素，还与企业管理者的能力、公司的战略决策和市场饱和度等因素有关。如果其他因素出现了问题，那么企业的经营很可能就会产生失误。

其次，环环相扣的监督机制就能确保企业内部各级管理者无法敷衍塞责吗？未必。一个成功的企业不仅需要监督机制，还需要惩戒机制、淘汰机制等。况且监督机制也未必有效，一旦出现了管理者之间互相庇护的情况，监督机制就很可能失效，该论断过于绝对。

再次，权力平衡并不等于权力平等。前者是指把各方的权力通过制衡和监督以达到平衡的状态，后者是指将一定的权力平均分给每一个人，二者并不等价。况且，"平等观念一旦成为企业的管理理念，必将促成企业内部的和谐与稳定"这一结论缺乏论证，得到该结论过于武断。

最后，即使权力的制衡与监督这一管理原则付诸实践，未必就可以使企业运营避免产生失误。因为企业的运营除了受到内部管理的影响，还与外部因素密切相关，如政府决策的更新、竞争者商业策略的转变、消费者的消费偏好和生活习惯等因素。如果企业只做好了权力的制衡与监督，而忽略了其他因素的作用和影响，那么企业就很可能会故步自封，难以发展。

综上所述，材料的论证过程存在诸多逻辑谬误，故其所得出的结论"只要有了制衡与监督，企业的成功就有了保证"是有待商榷的。

参考范文五

企业有了权力制衡和监督就能成功吗？

上述材料通过一系列论证得出"只要有制衡与监督就能保证企业成功"的结论，然而其论证过程存在诸多逻辑缺陷，所以该结论是有待商榷的。

首先，任何人不能滥用权力并且所有环节处于可控范围之内，企业的运营就不会产生失误了吗？答案显然是否定的。因为不滥用权力和控制所有的环节并不能够避免失误的产生，企业运营可能由于存在沟通不畅、任务安排不合理等问题而产生失误。

其次，即使监督机制可以确保内部各级管理者无法敷衍塞责，也未必能保证制度实施的有效性。因为一项制度是否有效不仅仅取决于企业的内部管理者是否负责，还要看制度是否符合企业的实际情况，是否能解决企业发展中存在的紧急问题。

再次，权力平衡不同于权力平等，二者具有本质差异。权力平衡是指权力相互制约与牵制，刚好能够达到平衡、稳定的状态。而权力平等意味着每个个体都有同等大小的权力。因此，权力平衡并不意味着每个个体都有相同大小的权力，而权力平等也不能代表权力达到平衡状态。

最后，即使权力的制衡与监督原则付诸实践给企业带来了一定的好处，也不意味着企业一定会成功。因为企业成功还取决于诸多外部因素，若企业仅做好了内部管理，而在市场上缺乏竞争力，没有稳定的顾客群体，也很难赚取利润维持正常经营，更难实现成功。

综上，该论证存在诸多问题，其结论不足为信。

📖 典型习作点评

典型习作一

制衡与监督就能保证企业成功吗？①

材料试图通过一系列论证得到"只要有了制衡与监督，企业的成功就有了保证"的结论，然而，由于其论证过程存在诸多逻辑谬误，所以该结论是错误的。②

首先，企业运营产生失误与否受到多方面因素的共同影响。即便"任何人都没有滥用权力"，"环节也在可控范围之内"，倘若企业出现管理层决策偏差、战略发展规划错误等情况，那么企业运营未必就不会产生失误，企业的成功也不会得到保证。③

其次，"环环相扣的监督机制"虽然能在一定程度上防止各级管理者敷衍塞责，但也不能忽

批改建议

① 题目无缺陷。

② 论证有效性分析文体的行文态度是：肯前提、否过程、疑结论。此处"该结论是错误的"对结论进行了否定，所持态度不当。可修订为：该结论是无法推出的或值得商榷的等。

③ 该段落的前提、结论以及理由都正确，但没有表述清楚。第一，不要边引入边分析，建议先引入后分析，这样层次更清晰；第二，如果想加引号，就将前提和结论都加上，如果不加就都不加。

略出现联合舞弊的可能性，因此不能夸大地认为这种情况不会发生。而且就算能确保，如果企业人员的执行能力不强，企业管理制度的实施也不一定有效。④

再者，"权力的平衡"未必就是"企业运营保持平衡"的充分条件。因为影响企业运营平衡的因素除了权力的平衡，还有管理者的决策能力、市场的供需变化等因素。纵使权力平衡了，倘若其他因素发生了改变，企业运营也可能失去平衡。⑤

最后，"权力平衡"不等于"权力平等"。权力平衡指的是多方权力相互牵制所形成的一种相对的关系；而权力平等是指权力在大小上的绝对相等。况且，就算二者等价，"平等观念成为管理理念"后，也很可能因为每个人之间价值观的不同而无法促成"内部的和谐与稳定"。⑥

综上所述，由于材料在论述过程中存在不少逻辑错误，⑦要想得到"只要有了制衡与监督，企业的成功就有了保证"的结论，仍需更加严谨的论证。

④ 问题同上一段。除此之外，如果段落中引入多个点，每个点之间建议用分号隔开，同时，在单个点没有分析清楚的情况下，不要急于引入新的点。

⑤ 该段无缺陷。

⑥ 第一个分析角度正确，两个角度之间建议使用分号；第二个分析角度不建议边引入边分析，阅卷者会难以识别。

⑦ "不少"这一表达过于口语化。

全文点评

本文是一篇非常可惜的文章。之所以说可惜，是因为文章每段的前提、结论以及理由关键词都是正确的，但整体观感不够"显好"。第一个问题是标点符号使用不恰当；第二个问题是作者为了去除模板痕迹，多次边引入边分析，使得阅卷者无法迅速抓住重点。有类似问题的同学要先模仿范文，进行规范表达。

典型习作二

制衡与监督能使企业成功吗？①

材料通过对制衡与监督原则的论述，企图得到"只要有了制衡与监督，企业的成功就有了保证"的结论。其论证过程存在诸多逻辑错误，现分析如下。②

首先，材料指出只要企业做到制衡与监督，运营就不可能产生失误。且不说分解权力未必能

批改建议

① 题目无缺陷。

② 开头中不建议引入材料论据。本文开头就引入了论据，耗费了大量的时间构思，同时也增加了扣分的风险。

达到平衡，企业也不能保证任何人不滥用权力。就算做到这一点，企业的运营就不会产生失误吗？生产、销售、协调、控制等各种内外部因素都可能影响企业的运营。况且所有环节都可控，也不代表运营就不会产生失误。③

其次，企业制衡与监督的有效性还有待商榷。企业管理制度的有效性还需要惩罚措施、淘汰机制等共同约束。此外，监督机制只能保证权力不被滥用，但无法保证各级管理者不会敷衍塞责。④

再次，权力平衡并非权力平等，权力平衡使权力相互制约，进而相互作用得到制衡，而权力平等是平等地将权力分给若干人，⑤两者本质不同，⑥况且，权力平等对企业管理也未必有促进作用，如果每个人都能决策，那企业的发展方向可能会出现难以统一的现象，如此一来企业内部的和谐与稳定还有待求证。

最后，制衡与监督仅针对企业内部，而企业运营还受到外部因素的影响，如市场变化、消费需求等。若企业的产品难以得到消费者的认同，企业也难以成功。⑦

综上所述，材料存在诸多逻辑谬误，其结论"只要有了制衡与监督，企业的成功就有了保证"也难以令人信服。⑧

③ 本段中复合了多个点，但每个点都没有解释清楚，点与点之间的层次也特别混乱，阅卷者难以识别到得分点。
④ 犯了和上一段相同的错误。
⑤ 此处标点符号使用混乱，引入结束后应该使用句号，这会直接影响阅卷者对层次的判断。
⑥ 此处另起一个点应该使用分号。
⑦ 理由本身没问题，但该段落没有引入，直接分析，阅卷者难以判断分析点。
⑧ 结尾无缺陷。

全文点评

在写这篇文章的过程中，答题者应该花了大量时间审题、找点、构思，但文章最终的得分情况并不乐观。其主要原因是答题者想在一个段落中复合多个谬误，而每个谬误都没有解释清楚。这给阅卷者造成了极大的困扰，很难抓住得分点。

在每个谬误都能够解释清楚的基础上，复合多个层次才会起到锦上添花的作用；在单个谬误都没有解释清楚的情况下，复合只会让情况变得更加糟糕。有类似问题的同学需要及时调整自己的行文方式。

2013年管理类（文化软实力）

一个国家的文化在国际上的影响力是该国软实力的重要组成部分。由于软实力是评判一个国家国际地位的要素之一，所以如何增强软实力就成了各国政府高度关注的重大问题。

其实，这一问题不难解决。既然一个国家的文化在国际上的影响力是该国软实力的重要组成部分，那么，要增强软实力，只需搞好本国的文化建设并向世人展示就可以了。

文化有两个特性，一个是普同性，一个是特异性。所谓普同性，是指不同背景的文化具有相似的伦理道德和价值观念，如东方文化和西方文化都肯定善行，否定恶行；所谓特异性，是指不同背景的文化具有不同的思想意识和行为方式，如西方文化崇尚个人价值，东方文化固守集体意识。正因为文化具有普同性，所以一国文化就一定会被他国所接受；正因为文化具有特异性，所以一国文化就一定会被他国所关注。无论是接受还是关注，都体现了该国文化影响力的扩大，也即表明了该国软实力的增强。

文艺作品当然也具有文化的本质属性。一篇小说、一出歌剧、一部电影等，虽然一般以故事情节、人物形象、语言特色等艺术要素取胜，但在这些作品中，也往往肯定了一种生活方式，宣扬了一种价值观念。这种生活方式和价值观念不管是普同的还是特异的，都会被他国所接受或关注，都能产生文化影响力。由此可见，只要创作更多的具有本国文化特色的文艺作品，那么文化影响力的扩大就是毫无疑义的，而国家的软实力也必将同步增强。

📖 考试大纲官方解析

本题的论证主要存在以下问题：

1. "既然一个国家的文化在国际上的影响力是该国软实力的重要组成部分，那么，要增强软实力，只要搞好本国的文化建设并向世人展示就可以了。" "向世人展示"可能产生影响力，但也有可能没有影响力。

2. "正因为文化具有普同性，所以一国文化就一定会被他国所接受；正因为文化具有特异性，所以一国文化就一定会被他国所关注。"其中的结果只具有可能性，不具有必然性。

3. "无论是接受还是关注，都体现了该国文化影响力的扩大，也表明了该国软实力的增强。"影响力有可能是正面的，也有可能是负面的。正面的影响力可以增强国家的软实力，而负面的影响力会减弱国家的软实力。

4. 文艺作品虽然"肯定了一种生活方式，宣扬了一种价值观念"，但其影响力还取决于受众的价值观念和接受能力。假如受众对作品中的价值观念无法认同或缺乏接受能力，那么文艺作品所蕴含的生活方式和价值观念就未必会被接受或关注，也不一定"能产生文化影响力"。

5."只要创作更多的具有本国文化特色的文艺作品,那么文化影响力的扩大就是毫无疑义的。"如果只创作而不传播,就谈不上"文化影响力的扩大"。

6."只要创作更多的具有本国文化特色的文艺作品,那么文化影响力的扩大就是毫无疑义的,而国家的软实力也必将同步增强。"文艺作品影响力的扩大和国家软实力的增强不一定同步,因为国家软实力的增强还受制于其他条件。

📖 要点精析

【原文1】一个国家的文化在国际上的影响力是该国软实力的重要组成部分。由于软实力是评判一个国家国际地位的要素之一,所以如何增强软实力就成了各国政府高度关注的重大问题。

易错提示 本段第一句为客观事实,不可以分析;第二句是论证,但没有缺陷,故也不可以分析。

【原文2】其实,这一问题不难解决。既然一个国家的文化在国际上的影响力是该国软实力的重要组成部分,那么,要增强软实力,只需搞好本国的文化建设并向世人展示就可以了。

【分析角度1】只搞好本国的文化建设并向世人展示未必可以增强软实力。因为向世人展示这一主观行为未必可以产生预期的效果。

【分析角度2】文化影响力和文化建设二者不可等同。

【分析角度3】一个国家的文化在国际上的影响力确实是该国软实力的组成部分,但还有其他因素会影响一个国家的软实力,如科学技术水平、经济发展水平等。如果文化建设得很好,但科技、经济水平下降的话,则国家的软实力不一定可以增强。

【原文3】文化有两个特性,一个是普同性,一个是特异性。所谓普同性,是指不同背景的文化具有相似的伦理道德和价值观念,如东方文化和西方文化都肯定善行,否定恶行;所谓特异性,是指不同背景的文化具有不同的思想意识和行为方式,如西方文化崇尚个人价值,东方文化固守集体意识。正因为文化具有普同性,所以一国文化就一定会被他国所接受;正因为文化具有特异性,所以一国文化就一定会被他国所关注。无论是接受还是关注,都体现了该文化影响力的扩大,也即表明了该国软实力的增强。

【分析角度4】虽然文化具有普同性,但一国文化未必就会被他国所接受;虽然文化具有特异性,但一国文化也未必会被他国所关注。

【分析角度5】对文化的接受或关注,无法体现该国文化影响力的扩大和该国软实力的增强。因为影响力有可能是正面的,也有可能是负面的。正面的影响力可以增强国家的软实力,而负面的影响力会削弱国家的软实力。

【原文4】文艺作品当然也具有文化的本质属性。一篇小说、一出歌剧、一部电影等，虽然一般以故事情节、人物形象、语言特色等艺术要素取胜，但在这些作品中，也往往肯定了一种生活方式，宣扬了一种价值观念。这种生活方式和价值观念不管是普同的还是特异的，都会被他国所接受或关注，都能产生文化影响力。由此可见，只要创作更多的具有本国文化特色的文艺作品，那么文化影响力的扩大就是毫无疑义的，而国家的软实力也必将同步增强。

【分析角度6】文艺作品虽然"肯定了一种生活方式，宣扬了一种价值观念"，但其影响力产生与否还取决于受众的价值观念和接受能力。文艺作品所蕴含的生活方式和价值观念未必会被接受或关注，也不一定"能产生文化影响力"。

【分析角度7】创造更多的具有本国文化特色的文艺作品，文化影响力未必就会扩大。如果只创作而不传播，更谈不上"文化影响力的扩大"。

【分析角度8】"只要创造更多的具有本国文化特色的文艺作品，那么文化影响力的扩大就是毫无疑义的，而国家的软实力也必将同步增强。"文化影响力的扩大和国家软实力的增强不一定同步，因为国家软实力的增强还受制于其他条件。

参考范文

参考范文一

如此真的能够增强国家软实力吗？

材料在诸多错误论证的基础上，无法得出"扩大文化影响力即可增强国家的软实力"这一结论。

首先，要增强国家软实力只需要搞好本国文化建设就可以了吗？未必。国家软实力的增强是由多方面因素共同作用的，文化产品的输出与认可程度、国家的外交政策与改革措施等都会影响国家软实力。所以，要增强国家软实力还需要全面考虑多种因素。

其次，文化具有普同性也不意味着一国文化会被他国所接受。既然他国文化已经包含了与这个国家文化相同的内容，又何必去接受这个国家的文化呢？更何况每个国家的文化背景和价值观念都是不同的，在已有的文化背景下再去接受别国的文化或者观念是很困难的，所以，别国在很大程度上是认同一国文化而不是接受一国文化。同理，文化具有特异性也未必会被他国关注。

再次，一部文艺作品要想被他国接受或关注，至少需要一个隐含的假设，即这部作品会被翻译及传播，而这一假设是存疑的；即便假设成立，也不意味着其一定会被接受或关注，因为文化的特异性可能会导致两种文化产生冲突和抵触。

最后，材料提到一篇小说、一出歌剧、一部电影等都可以宣扬价值观念，但价值观念是一个抽象的概念，它所反映的东西是不确定的。而且就算它们可以宣扬价值观念，宣扬的也不一定就是优秀的、积极的观念，而负面的、消极的观念并不能够增强国家软实力；在此基础上，创作更多具有本国文化特色的文艺作品不一定能使国家软实力增强。因为文化作品中所传达的文化观念与思想是不同的，让别国接受并认可这些不同才是增强国家软实力的关键，然而别国在已有的文化背景下再去接受其他文化是很困难的，所以创作更多的文艺作品未必有用。

综上所述，此篇论证是难以让人信服的。

参考范文二

搞好文化建设就能增强国家软实力吗？

材料试图得出"只要搞好文化建设就能增强国家软实力"这一结论，但其论证过程存在诸多逻辑谬误，因此该结论难以必然成立，现分析如下。

首先，文化建设只是提升文化影响力的途径之一。如果只是搞好文化建设并向他国展示，却未能让他国理解、认同本国的文化，那么文化影响力的扩大也是难以实现的。此外，文化影响力是国家软实力的重要组成部分，但并非唯一影响因素。倘若国家仅重视文化影响力而忽视社会制度、教育政策等方面，那么也不足以增强该国的软实力。

其次，文化具有普同性不代表一定会被他国接受。如果两国文化相同，那么他国很可能认为没必要再去接受相同的文化；同时，文化具有特异性也不代表一定会被他国关注，如果两国文化差异过大，有冲突和不可调和的部分，那么他国很可能会选择无视或排斥。因此，普同性与特异性并不一定会让国家文化被接受或关注。

再次，无论是接受还是关注都体现了该国文化影响力的扩大吗？未必。文化即使得到他国的关注和接受，也并不一定被认同或对他国产生借鉴意义，不足以扩大文化影响力。更何况每个国家的文化都会有糟粕部分，如果是这类文化被他国关注，反而会对扩大文化影响力起到相反的作用，增强国家软实力也就无从谈起了。

最后，只要创作更多具有本国文化特色的文艺作品，就能扩大文化影响力吗？其实不然。因为文艺作品只是文化的一种表现形式，况且文艺作品如果不能被有效地翻译或者缺少传播途径，也就难以得到他国的关注。此外，如果传播出去的文艺作品只涵盖了该国一小部分文化特色，又或者文艺作品本身质量不佳，那么也不足以扩大文化影响力。

综上所述，材料的论证过程存在诸多逻辑漏洞，因此，其所谓"只要搞好文化建设就能增强国家软实力"的结论也是有待商榷的。

典型习作点评

典型习作

如此论证有失偏颇①

上述材料中，论证者通过层层论证试图得出"只要创作更多的具有本国特色的文艺作品，就能扩大文化影响力，同时国家软实力也将增强"这一结论，然而，由于其论证过程存在诸多缺陷，导致其结论难以必然成立，现分析如下。②

首先，搞好本国的文化建设，并向世人展示，无法必然得出能增强国家软实力，文化建设是国家软实力的组成部分之一，国家软实力还包括国民经济增长量、GDP指数等，若这些部分没有得到相应的提高甚至下降了，只搞好了文化建设，那该国的软实力是否会提高，还有待商榷。③

其次，文化具有普同性，不代表一国文化就一定能被他国所接受，像印度等国家实行一些落后、封建的制度，如女子年幼时就要出嫁，这种文化就不能被大部分国家所接受。同样的，文化具有特异性也无法得出"会被他国所关注"，可能由于地域限制或人们的兴趣不同而不被他国所关注。④

最后，"文艺作品中的生活方式或价值观念，都能被他国所接受或关注，都能产生文化影响力"，这一论点显然是难以必然成立的！⑤且不说文艺作品中所体现的生活方式或价值观念是否都是本国的文化，文化作品能否传播到他国就是一个问题，如果由于区域限制或作品的流传度不高，而导致别国无法看到此类文化作品，那又怎能谈及接受或关注呢！由此，"文艺作品能产生文化影响力"这一结论就同样值得怀疑了！⑥

综上所述，该论证过程存在诸多逻辑问题，因此其结论显然难以必然成立。

批改建议

① 不建议使用万能题目，不易拿高分。

② 开头没有缺陷，但共计101个字，篇幅过长，可适当删减。

③ 该段的思路正确，但标点符号的使用不恰当，导致层次混乱、重点不突出。例如可优化为："搞好本国的文化建设并向世人展示，无法必然得出能增强国家软实力。文化建设是国家软实力的组成部分之一。国家软实力还包括国民经济增长量、GDP指数等。若这些部分没有得到相应的提高甚至下降了，只搞好了文化建设，那该国的软实力是否会提高，还有待商榷。"

④ 第一，标点符号的问题同上段；第二，该段写了两个谬误。第一个谬误是文化具有普同性不代表一国文化会被他国接受，此处举了印度落后制度的例子，但该例子并没有体现出文化的普同性，故举例不当。第二个谬误的理由基本合理。

⑤ 建议针对论证过程进行评价，而非论点。

⑥ 理由基本合理，不建议在论证有效性分析段落中反复使用叹号。

全文点评

　　这篇习作存在的主要问题是层次不够清晰。借这篇习作和大家强调一下标点符号的重要性。我们考试中需要写的两篇作文的篇幅都较长，阅卷者主要借助段落关联词和标点符号等来识别层次。若大家的标点符号使用混乱，会严重影响阅卷者的判断。所以，建议大家重新梳理一下自己写过的文章，规范使用标点符号。

2012 年管理类（气候变化）

地球的气候变化已经成为当代世界关注的热点。这一问题看似复杂，其实简单。只要我们运用科学原理——如爱因斯坦的相对论——去对待，也许就会找到解决这一问题的方法。

众所周知，爱因斯坦提出的相对论颠覆了人类关于宇宙和自然的常识性观念。不管是狭义相对论还是广义相对论，都揭示了宇宙间事物运动中普遍存在的相对性。

既然宇宙间万物的运动都是相对的，那么我们观察问题时也应该采用相对的方法，如变换视角等。

假如我们变换视角去看一些问题，也许会得出和一般常识完全不同的观点。例如，我们称之为灾害的那些自然现象，包括海啸、地震、台风、暴雨等，其实也是大自然本身的一般现象而已，从大自然的视角来看，无所谓灾害不灾害。只是当它损害了人类利益、危及了人类生存的时候，从人类的视角来看，我们才称之为灾害。

假如再变换一下视角，从一个更广泛的范围来看，连我们人类自己也是大自然的一部分。既然我们的祖先是类人猿，而类人猿正像大熊猫、华南虎、藏羚羊、扬子鳄乃至银杏、水杉、五针松等等一样，是整个自然生态中的有机组成部分，那为什么我们自己就不是了呢？

由此可见，人类的问题就是大自然的问题，即使人类在某一时期部分地改变了气候，也还是整个大自然系统中的一个自然问题。自然问题自然会解决，人类不必过多干预。

📖 考试大纲官方解析

本题的论证主要存在如下问题：

1. 把爱因斯坦的相对论理解为宇宙间事物运动中普遍存在的相对性，是对相对论的误解，不能作为论据。

2. 由"宇宙间万物的运动都是相对的"得出"观察问题时也应该采用相对的方法，如变换视角等"，不能成立，类比不当。

3. 从大自然的视角否认自然灾害，与人类关注的气候问题不是同一个问题，偏离了论题，因此无法作为文章的论据。

4. 类人猿是整个自然生态中的有机组成部分，不能由此推论出人类也是自然生态中的有机组成部分，因为"祖先"具有的性质，后代未必具有。

5. 由人类是"整个自然生态中的有机组成部分"，推不出"人类的问题就是大自然的问题"，因为部分具有的性质，整体未必具有。

6. 通常所说的"人类"是相对于"自然"的一个概念，我们所指的大自然是相对于人类社会而言的，不能把自然和人类社会混为一谈。

7. 既然"人类的问题就是大自然的问题"，那么人类的干预也就是大自然的问题，这和"人类不必过多干预"的结论相矛盾。

📖 要点精析

【原文1】地球的气候变化已经成为当代世界关注的热点。这一问题看似复杂，其实简单。只要我们运用科学原理——如爱因斯坦的相对论——去对待，也许就会找到解决这一问题的方法。

【分析角度1】论证中的科学原理为一个集合概念，材料却错误地将其当作非集合概念使用。科学原理这一整体也许可以解决气候变化问题，但不代表任何一个科学原理都能解决。

【原文2】众所周知，爱因斯坦提出的相对论颠覆了人类关于宇宙和自然的常识性观念。不管是狭义相对论还是广义相对论，都揭示了宇宙间事物运动中普遍存在的相对性。

【分析角度2】把爱因斯坦的相对论理解为宇宙间事物运动中普遍存在的相对性，是对相对论的误解，不能作为论据。（乃心老师小贴士：该角度为官方考试大纲给出的分析点，如果大家写了一定是可以得分的。但在有选择的情况下不建议选此角度分析。因为对论据本身的质疑需要有可靠的理论基础，若是因为自身认知的不全面而错误地分析了论据，会有扣分的风险。）

【原文3】既然宇宙间万物的运动都是相对的，那么我们观察问题时也应该采用相对的方法，如变换视角等。

【分析角度3】运动的"相对性"和观察问题的"相对的方法"二者并不等同。
【分析角度4】运动和观察问题二者并不具有可类比性。

【原文4】假如我们变换视角去看一些问题，也许会得出和一般常识完全不同的观点。例如，我们称之为灾害的那些自然现象，包括海啸、地震、台风、暴雨等等，其实也是大自然本身的一般现象而已，从大自然的视角来看，无所谓灾害不灾害。只是当它损害了人类利益、危及了人类生存的时候，从人类的视角来看，我们才称之为灾害。

【分析角度5】错误地使用了"灾害"这一概念。灾害是从人类视角出发的，不存在自然视角下的灾害。
【分析角度6】自然灾害的范围很广，并不是只有损害了人类利益的自然现象才被称为自然灾害。

【原文5】假如再变换一下视角，从一个更广泛的范围来看，连我们人类自己也是大自然的一部分。既然我们的祖先是类人猿，而类人猿正像大熊猫、华南虎、藏羚羊、扬子鳄乃至银杏、水杉、

> 五针松等一样，是整个自然生态中的有机组成部分，那为什么我们自己就不是了呢？

【分析角度7】 类人猿是整个自然生态中的有机组成部分，不能由此推论出人类也是自然生态中的有机组成部分，因为"祖先"具有的性质，后代未必具有。

易错提示 此处需要大家注意类比的双方是类人猿和人类，与大熊猫等无关，不要错误地引入类比对象。

> **【原文6】** 由此可见，人类的问题就是大自然的问题，即使人类在某一时期部分地改变了气候，也还是整个大自然系统中的一个自然问题。自然问题自然会解决，人类不必过多干预。

【分析角度8】 由人类是"整个自然生态中的有机组成部分"推不出"人类的问题就是大自然的问题"，因为部分具有的性质，整体未必具有。

【分析角度9】 既然"人类的问题就是大自然的问题"，那么人类的干预就是大自然的问题，这和"人类不必过多干预"的结论相矛盾。

📖 参考范文

参考范文一

由气候变化问题引发的论证合理吗？

材料围绕气候变化问题展开了一系列论证，然而由于其论证过程存在诸多缺陷，故其结论令人难以信服。

首先，由"宇宙间万物的运动都是相对的"得不到"我们观察问题时也应该采用相对的方法"这一结论。宇宙万物的运动和我们观察问题的方法是两个概念。前者指的是一种物理现象，而后者指的是一种看待问题的方法，二者不可相提并论。

其次，"只有自然现象损害了人类利益，我们才称之为灾害"的推理并不必然。在远古时期，由于地球环境的变化导致恐龙的灭绝，近代由于一些极端自然现象导致某些海洋生物的灭绝，这些我们也称之为自然灾害。自然灾害的范围很广，并不是只有损害了人类利益的自然现象才被称为自然灾害。

再次，"我们的祖先类人猿是自然生态中的有机组成部分"并不意味着"我们自己就是自然生态中的有机组成部分"。我们的祖先类人猿并没有像我们一样建立城镇、发展科技，它们和普通的动物相似，生活在山林之中。类人猿是自然生态中的有机组成部分，但是我们不一定是。

最后，"人类的问题就是大自然的问题，自然的问题自然会解决，人类不必过多干预"是自相矛盾的。既然人类的问题是大自然的问题，那么人类的干预也是大自然的问题，这与人类不必过多干预的结论相矛盾。何来自然的问题自然会解决，不需要人类干预呢？

综上所述，若想得出材料结论，上述论证还需要进一步完善。

参考范文二

关于气候变化的论证合理吗？

材料由"气候变化"引出了一系列的论证，该论证过程看似合理，实则存在诸多缺陷。

首先，"宇宙间万物的运动都是相对的"不能说明"观察问题时也应该采用相对的方法"。一方面，物体运动的相对是指物质之间的相对关系，而相对方法指的是观察问题所采取的相对应的方式，二者的概念并不相同；另一方面，物质运动是客观的，而观察问题是主观行为，二者不可类比。

其次，并不是只有损害了人类利益的自然现象才被称为自然灾害。自然灾害不仅包括威胁人类生存的自然现象，还包括损害动植物或者地质地貌的自然现象，如陨石撞击地球、山体滑坡等。

再次，类人猿是自然生态中的有机组成部分不代表人类也如此。类人猿是人类的祖先，祖先所具有的某些特性后代未必具有。比如，类人猿善于臂行，而人类是直立行走。

最后，材料前文说人类的问题就是自然的问题，后文又说自然的问题自然解决，人类不必过多干预。既然人类的问题是自然的问题，那么人类解决的问题是不是也就等同于自然解决的呢？更何况人类在面对灾难的时候难道要无动于衷吗？论证之间相互矛盾，材料还需要提供更为充足的论证来支撑观点。

综上，材料对于"气候变化"的相关论证存在诸多逻辑缺陷，其结论难以必然成立。

📖 典型习作点评

典型习作	批改建议
<p align="center">从相对论看气候变化可行性分析①</p> 这份推论报告存在以偏概全、非黑即白、概念界定不清、不当假设等论证缺陷，因此，不必然得出材料结论"自然问题自然会解决，人类不必过多干涉"。现分析如下。② 首先，材料开头说用科学原理去解决气候变化的问题，下文却运用科学原理之一的爱因斯坦的相对论去分析解决。此论证存在以偏概全、偷换概念等问题，仅由相对论不能说明是运用科学原理进行分析的。科学原理有很多种，要从多方面进行分析。所以用相对论代表所有科学原理去探究得出的结论是不严密的。③ 其次，材料开头是探究气候的变化。气候变化是一个循序渐进的过程。而材料中列举了一些突发的、极端的天气变化的事例，概念界定不清，	① 拟题方向错误。题目是分析观点的可行性，不是分析论证的可行性。 ② 开头指出材料有几种论证缺陷，而在后文却没有从这几个角度出发，前后不统一。考试中并不建议大家在开头指出谬误类型，因为这非但对提高分数没有帮助，还会浪费时间、增加扣分风险。 ③ 该段的引入部分是正确的，但错误地将其归为以偏概全、偷换概念等谬误。实际上，该段的论证思路是：相对论未必具有科学原理的性质，为集合体性质误用。考试时不建议大家在段落中特意指出谬误类型，以免增加扣分的风险。

并且此段得出这些只有从人类视角看才是灾害的结论也是不准确的。极端恶劣的天气变化，无论是对人、动物还是对植物都是毁灭性的打击。此段论证不准确，对于文章结论的论证值得商榷。④

再次，通过类人猿类比大熊猫，再用银杏、水杉类比人类祖先——类人猿，得出人类是大自然的一部分，属于不当类比。首先类人猿和银杏不同，前者是动物，后者是植物，前者可以主动寻求食物，后者只能依靠自然。另外，人类和类人猿也不同，忽略了发展，没有用发展的眼光看问题，经过几千年的发展，人类学会了充分利用主观能动性，寻求改变并利用自然。⑤

最后，文中提出人类问题是自然问题，即使人类改变了气候，自然也会解决。这属于强拉因果、不必然假设，得出过于绝对的结论。⑥忽略了事物是在运动变化中发展的，未来具有很多不确定性因素。因此，得出的结论是有失偏颇的。⑦

因此，文章没有提供更充分的证据来证明面对气候的变化，人类不必过多干预。要加强这个论证，还必须提供更有力的证据。⑧

④ 该段中引入了多个谬误，但每个谬误都没有分析清楚，使得阅卷者很难识别文章的层次和重点。建议大家在行文的时候不要贪心，在确保单个点分析清楚的基础上，再适当复合多个谬误。

⑤ 材料中是在用类人猿类比人类，并非将类人猿与银杏、水杉等类比。

⑥ 引入中无法找到论证过程，且答题者将这一谬误定性为"强拉因果、不必然假设、过于绝对"三个谬误类型，太冗余了。

⑦ 该语句是从忽略发展的角度进行的分析，指出现在的趋势不代表未来的走势，但是引入中并没有体现出该分析角度。

⑧ 结尾无缺陷。

全文点评

本篇习作无论是题目、开头还是中间的分析点，都没有体现出论证有效性分析的肯前提、否过程、疑结论的行文态度，且大多数点的引入和分析都是错误的。所以，本篇习作的实际得分会偏低。

2011 年管理类（股市赚钱）

如果你要从股市中赚钱，就必须低价买进股票，高价卖出股票，这是人人都明白的基本道理。但是，问题的关键在于如何判断股价的高低。只有正确地判断股价的高低，上述的基本道理才有意义，否则就毫无实用价值。

股价的高低是一个相对的概念，只有通过比较才能显现。一般来说，要正确判断某一股票的价格高低，唯一的途径就是看它的历史表现。但是，有人在判断当前某一股价的高低时，不注重股票的历史表现，而只注重股票今后的走势，这是一种危险的行为。因为股票的历史表现是一种客观事实，客观事实具有无可争辩的确定性；股票的今后走势只是一种主观预测，主观预测具有极大的不确定性。我们怎么可以只凭主观预测而不顾客观事实呢？

再说，股价的未来走势充满各种变数，它的涨和跌不是必然的，而是或然的，我们只能借助概率进行预测。假如宏观经济、市场态势和个股表现均好，它的上涨概率就大；假如宏观经济、市场态势和个股表现均不好，它的上涨概率就小；假如宏观经济、市场态势和个股表现不相一致，它的上涨概率就需要酌情而定。由此可见，要从股市获取利益，第一是要掌握股价涨跌的概率，第二还是要掌握股价涨跌的概率，第三也还是要掌握股价涨跌的概率。掌握了股价涨跌的概率，你就能赚钱；否则，你就会赔钱。

📖 考试大纲官方解析

本题论证主要存在以下问题：

1. "要从股市中赚钱"，"关键在于如何判断股价的高低"。"股价的高低"和"股价的涨跌"是两个概念，不能混为一谈。
2. "要正确判断某一股票的价格高低，唯一的途径就是看它的历史表现。"其实，历史表现只是判断某一股价高低的依据之一，而不是唯一的依据。文章忽视了其他因素。
3. 主观预测是根据历史表现的客观事实做出的，主观预测也可能和客观事实相一致。因此，不能全然否认主观预测的合理性。
4. "要从股市获取利益"，只要"掌握股价涨跌的概率"，也就是"只能借助概率进行预测"，这与上文反对"只凭主观预测"自相矛盾。
5. 掌握了股价涨跌的概率就能赚钱，这一判断过于绝对。掌握了股价涨跌的概率有可能赚钱，但也有可能赔钱。因为小概率的暴跌所造成的损失，有可能抵消或超过大概率的微涨所带来的收益。

📖 要点精析

【原文1】如果你要从股市中赚钱，就必须低价买进股票，高价卖出股票，这是人人都明白的基本道理。但是，问题的关键在于如何判断股价的高低。只有正确地判断股价的高低，上述的基本道理才有意义，否则就毫无实用价值。

【分析角度1】"低价买进股票，高价卖出股票"是指"股价的涨跌"，而并非"股价的高低"，此处混淆了二者的概念。

易错提示1 "如果你要从股市中赚钱，就必须低价买进股票，高价卖出股票，这是人人都明白的基本道理。"该句为背景知识，不可以分析。

易错提示2 "只有正确地判断股价的高低，上述的基本道理才有意义，否则就毫无实用价值。"该句除混淆概念外没有其他缺陷。

【原文2】股价的高低是一个相对的概念，只有通过比较才能显现。一般来说，要正确判断某一股票的价格高低，唯一的途径就是看它的历史表现。但是，有人在判断当前某一股价的高低时，不注重股票的历史表现，而只注重股票今后的走势，这是一种危险的行为。因为股票的历史表现是一种客观事实，客观事实具有无可争辩的确定性；股票的今后走势只是一种主观预测，主观预测具有极大的不确定性。我们怎么可以只凭主观预测而不顾客观事实呢？

【分析角度2】判断股票价格高低的依据有很多，材料只强调了历史表现这一种，忽略了其他因素。

【分析角度3】不应将客观事实与主观预测相对立。客观事实是基于股票历史表现而呈现的事实，故重视客观事实无可厚非，但主观预测也同样是基于股票历史表现、宏观经济发展、同类股票走势等多种因素而作出的科学合理的预判，二者是相辅相成的。脱离了客观事实，主观预测可能会成为没有根据的空想；而没有主观预测，客观事实便失去了用武之地，故我们不可以将二者的关系割裂来看。

易错提示3 "股价的高低是一个相对的概念，只有通过比较才能显现。"该句描述的是客观事实，不可以分析。

【原文3】再说，股价的未来走势充满各种变数，它的涨和跌不是必然的，而是或然的，我们只能借助概率进行预测。假如宏观经济、市场态势和个股表现均好，它的上涨概率就大；假如宏观经济、市场态势和个股表现均不好，它的上涨概率就小；假如宏观经济、市场态势和个股表现不相一致，它的上涨概率就需要酌情而定。由此可见，要从股市获取利益，第一是要掌握股价涨跌的概率，第二还是要掌握股价涨跌的概率，第三也还是要掌握股价涨跌的概率。掌握了股价涨跌的概率，你就能赚钱；否则，你就会赔钱。

【分析角度4】材料前文指出"要正确判断某一股票的价格高低，唯一的途径就是看它的历史表现"，后文又指出"股价的涨跌只能借助概率进行预测"，前后文矛盾。

【分析角度5】 掌握了股价涨跌的概率，未必就能从股市中赚钱。因为小概率的暴跌所造成的损失，有可能抵消或超过大概率的微涨所带来的收益。

【分析角度6】 不赚钱不代表就会赔钱，还有可能处于不赚不赔的中间状态。

易错提示4 "假如宏观经济、市场态势和个股表现均好，它的上涨概率就大；假如宏观经济、市场态势和个股表现均不好，它的上涨概率就小；假如宏观经济、市场态势和个股表现不相一致，它的上涨概率就需要酌情而定。"不可以分析此句，因为结论中有"概率"二字，说明该结论并不绝对，是一种可能性。

参考范文

参考范文一

掌握股价涨跌概率未必能赚钱

材料通过对股价涨跌的一系列分析，试图论证"掌握股价涨跌概率就能赚钱"的观点，然而，其论证过程存在诸多逻辑谬误，现分析如下。

首先，判断股价高低时，看股票的历史表现并不是唯一途径。股票价格与公司经营情况密不可分，其变化会受宏观经济形势、整体行业发展、国家政策扶持等多种因素的影响。利好消息往往能促进股价在短期内大幅上涨，故如果只看股票的历史表现，可能会在实际投资过程中错失良机。

其次，不应将客观事实与主观预测相对立。客观事实是基于股票历史表现而呈现的事实，重视客观事实无可厚非，但主观预测也同样是基于股票历史表现、宏观经济发展、同类股票走势等多种因素而作出的科学合理的预判，二者是相辅相成的。脱离了历史表现，主观预测可能会成为没有根据的空想；而没有主观预测，客观事实便失去了它的用武之地，故我们不可以将二者的关系割裂来看。

再次，文章前文指出"判断股票价格的高低不应只凭主观预测"，后文又指出"股价的未来走势只能借助概率进行预测"。然而，借助概率本身就是一种主观预测，这与上文反对只凭主观预测自相矛盾。

最后，掌握股价涨跌概率也未必能赚钱。涨跌概率是基于历史数据的主观分析，代表的只是一种可能性，因股票受多种因素影响，我们并不能保证大概率事件一定发生，小概率风险一定能得以规避，故由或然性前提无法推出必然性结论，进而可以得出掌握了股价涨跌概率也未必能赚钱。

综上，其论证难以让人信服。

参考范文二

只要正确判断股价涨跌概率就能赚钱吗？

材料通过一系列的论证，试图说明"只要正确判断股价的涨跌概率就能从股市中赚钱"这一结论，然而其论证过程存在诸多问题，现分析如下。

首先，材料混淆了股价的高低和股价的涨跌这两个概念。股价的高低是指某只股票在某个特定时间点的价格水平。股价的涨跌则表示股票价格的变动方向，通常用于描述股票价格的短期或长期趋势。

其次，判断某一股票价格的涨跌概率时，看它的历史表现并不是唯一的途径。不仅可以通过股票的历史走向来判断价格高低，还可以结合当时的社会环境、企业动态、行业走向等各个方面的信息综合判断某一股票的内在价值，通过其与市场价格的对比，可以得知价格是否存在高估、低估的现象。仅仅根据历史表现来判断股票价格高低的论证是令人难以信服的。

再次，材料认为凭借主观预测就是不顾客观事实，其实不然，股票的今后走势虽然是主观预测，但其也是基于大量的客观事实做出的预测。换句话说，主观预测的走势是基于客观事实的延伸，所以材料认为凭借主观预测就是不顾客观事实的结论有待商榷。

最后，材料认为掌握了股票涨跌的概率就能赚钱，否则就会亏钱，该论证有失偏颇。掌握了股票涨跌概率并不代表股民们能够把握好买卖股票的时机从而获利。同样，没有掌握股票的涨跌概率并不表示股民会在股票市场亏本，股民在股票市场中有可能是一种保本状态。故材料的论证是不完善的。

综上所述，由于材料在论证过程中存在诸多的逻辑缺陷，因此，"只要正确判断股价高低就能从股市中赚钱"的结论是值得商榷的。

参考范文三

掌握了股价涨跌的概率就能稳赚不赔了吗？

现代社会中许多人都将投资股市作为生财之道，然而，材料基于一系列有缺陷的论证就盲目得出了掌握股价涨跌的概率就能赚钱的结论，很明显其结论是值得商榷的。

首先，低价买进股票并高价将其卖出确实是从股市中赚钱的一种十分常见的方法，但这并不是唯一的途径，我们都知道被投资公司还会给投资者带来股息分红，或是因被投资公司价值增值带来的资本溢价等投资性收益。故该论证显然难以令人信服。（乃心老师小贴士：该谬误分析点并非推荐的分析点，但如果找不到合适的角度，也可以分析。）

其次，判断某一股票价格高低的方法有许多。例如，依据各种技术指标如 K 线图或 MACD 指标等，可以判断该股票短期内是否具有上涨空间，或是通过宏观基本面分析原理来判断该上市公司是否具有增值潜质，从而判断其股票价格的高低。而股票的历史表现并不是判断股价的唯一途径，只依据股票的历史表现往往会使投资者做出错误判断。

再次，股票的未来走势并不是完全盲目的主观预测，而是投资者或机构依据多方信息和借助各种技术指标分析而得出的预测走势。因此，虽然它具有一定的不确定性，但仍然具有较高的参考价值。在现实生活中也不乏凭借自己超高的分析技巧和信息处理能力在股市中获利的人。

最后，掌握股价涨跌的概率就一定能稳赚不赔吗？答案显然是否定的。影响股价的因素有许多，诸如市场供求关系、整体经济状况、投资者手中的闲置资金数量或有无政府及其他大机构出手干预市场等，这些不确定性因素都会影响股票的收益。

综上，材料的结论难以让人信服。

典型习作点评

典型习作一

如此判断股价高低可行吗？①

材料通过一系列论证试图得到"只有正确地判断股价的高低，才能在股市中赚钱"的结论，其论证过程存在诸多谬误，其结论难以令人信服，分析如下：②

首先，材料认为"如果要从股市中赚钱，就必须低价买进股票，高价卖出股票"，③如此论断未免过于武断。因为"低买高卖"只是"从股市中赚钱"的途径之一④。即使没有"低买高卖"，如果能事先知道股票的内幕消息⑤，也能从股市中赚钱。由此可见，材料结论仍有待商榷。⑥

其次，要正确判断某一股票的价格高低唯一途径是看其历史表现吗？实则未必。要正确判断股票的价格高低还可以参考公司财务报表、留意股票市场环境。⑦股票的历史表现仅代表股票以往的价格高低，如果经济环境波动大、政策变化频繁，即使历史表现具有确定性，也难以正确判断股票的未来走势。

再次，"只借助概率预测股价的未来走势"，如此方法有失妥当。⑧因为，⑨市场态势、宏观经济等因素与上涨的概率变动并无确定关系；⑩即使市场态势、宏观经济和个股表现均好，如果国家政策制裁某一行业，那么该行业的企业股票上涨的概率未必就大，反而有可能下跌。⑪

最后，材料提到"要从股市获取利益，就要

批改建议

① 题目不合理，题目中引用的结论错误。

② 段尾建议使用句号，不使用冒号。

③ 在引入论证的时候，可以选择性地加或者不加引号，但是全文最好保持一致，如果引入加引号，就每个点都加，如果引入不加引号，就每个点都不要加。

④ 分析的过程不建议使用太多引号，除非材料中有引号，引号太多会让段落看起来不连贯。

⑤ 内幕消息不是从股市中获利的合法途径，不建议作为理由使用。

⑥ 段尾的总结句多余，如果为了凑字可以加，否则没必要。

⑦ 此处建议加一个"等"字，因为这里并未涵盖所有的方法。

⑧ 引入部分无需加引号；"如此方法有失妥当"这一表述模板痕迹较重，建议改为更自然的表达。

⑨ "因为"后面不需要加逗号。

⑩ 这句没有在分析引入的论证，引入和分析不一致。

⑪ 理由较牵强，而且概率本身就代表一种可能性，无论事件发生与否，都无法否定结论。

掌握股价涨跌的概率",与开头"要从股市中赚钱就必须低买高卖"自相矛盾。⑫而且,"掌握股价涨跌的概率"是一件难以实现的事,即使能实现,也未必就能赚钱;⑬股票交易中的"赚钱"与"赔钱"不是矛盾关系,还存在盈亏相平的情况。⑭

综上,材料的论证过程存在诸多谬误,其论述过程如此混乱⑮,结论——⑯"只有正确判断股价的高低才能在股市中赚钱"有待商榷。

⑫ 引入的谬误正确,表达上比较生硬。需更自然、更流畅地表达。

⑬ 该谬误与上一个谬误没有关系,不建议复合在同一段中表述。

⑭ 段落中复合的谬误过多。

⑮ 不建议使用"混乱"这样的词语进行评价。

⑯ 标点符号使用错误,不需要加破折号。

全文点评

这篇文章中没有太多致命性的错误,但很多段落和表达都会让阅卷者觉得不够连贯。标点符号的错误使用和语言表述的不自然是其主要问题。由此可以推断出答题者学过一定的理论知识,但是还不够扎实,行文的时候一边在想套用模板,一边在想理由,表达过程中没能把模板的痕迹抹去。有类似问题的同学一定要学会对理论做减法,不要被理论牵制。

典型习作二   **批改建议**

一段有缺陷的论证①

上述段落中,②作者通过一系列论证试图证明"只要掌握了股价涨跌的概率,就能赚钱,反之则会赔钱",但由于其论证过程存在一系列问题,因此该结论不可信。

首先,低买高卖一定要正确地判断股价高低才有意义吗?③答案显然是否定的。低价买进,高价卖出,只要赚的比花的多,就实际赚到了钱,即使无法判断股价高低,但到手的也是真金白银,怎么能说毫无实用价值呢?④因此该结论值得商榷。⑤

其次,股价高低是一个相对概念,并不等于只有通过比较才能显现。⑥作者这里很可能忽略了股票是依附于实业产生的。股票有本身的固有价值,高低起伏与公司实体经济状况以及经济环境挂钩。公司火热前景大好股价自然高,而实体

① 应用保底题目的时候不建议使用量词,因为很多文章很可能不是一段论证,而是两个人的对话。在这道题中这样写不算错误,但在其他题中可能会有扣分的风险。

② 材料是一篇文章,可以将"段落"换成"文章、材料"等,或者直接把这句话删掉。

③ 审题错误。该论证没有逻辑缺陷,不建议分析,即便是可以分析,引入的表述也不够连贯。

④ 分析的内容和引入的论证没有直接关系,不建议分析。

⑤ 段尾不需要加总结句,除非需要凑字。

⑥ 审题错误。该论证没有逻辑缺陷,不可以分析。

破产甚至资金冻结，无须比较也知道股价低。⑦因此该结论不必然成立。⑧

再次，历史表现是客观事实，具有确定性，并不代表我们判断股价高低的唯一途径是看历史表现。⑨很显然作者忽略了公司市值、股票发行价等因素也是客观事实，也具有确定性。⑩更遑论事物具有发展性，只看历史表现忽略发展性并不能准确判断股价。⑪因此该结论过于牵强。⑫

最后，股价变数大，涨跌都是偶然的并不能推出我们只能借助概率。⑬其一，概率也只能用于计算规律事件，纯随机事件并不能计算出，如果股价涨跌都是偶然的，那么概率也无能为力。⑭其二，很显然作者忽略了市场态势、国家政策、世界环境等都是需要预测的，并非只需要掌握概率来预测涨跌。⑮因此该结论也是有待商榷的。⑯

综上所述，上述论证不可信。

⑦ 首先，表达不够通顺；其次，语句描述的是什么会影响股价高低，我们要分析的是判断股价高低的标准是什么，引入和分析不一致。

⑧ 段尾不需要加总结句，除非需要凑字。

⑨ 引入较为啰唆，可以直接引为"判断股价高低未必是看历史表现的唯一途径"。

⑩ 分析角度与引入角度不一致，语句没有在分析论证过程。

⑪ 同上句。分析角度与引入角度不一致，语句没有在分析论证过程。

⑫ 段尾不需要加总结句，除非需要凑字。

⑬ 第一，引入的时候不建议改变原文的关键词，这会让阅卷者难以识别；第二，语句加工后需要保证句子的完整性和连贯性。

⑭ 表达上可以更直接一点，更容易被识别。

⑮ 这个角度没表述清楚。

⑯ 段尾不需要加总结句，除非需要凑字。

全文点评

　　这篇文章给阅卷者的感觉是层次不清、表达不明。能感受到答题者在很认真地对待这篇材料，但是有些用力过猛，过度追求每个点的分析深度，却忽视了谬误本身的正确性。首先，文章中出现了多个错误的分析点，这是最致命的错误；其次，从分析来看，很多段落都找到了多个分析关键词，但是这些词语无助于解释想要分析的论证，引入和分析不一致。有类似问题的同学建议回归到最基础的写法上，先保证能写完、写对，再尝试深入分析。

2010 年管理类（世界是平的）

美国学者弗里德曼的《世界是平的》一书认为，全球化对当代人类社会的思想、经济、政治和文化等领域产生了深刻影响。全球化抹去了各国的疆界，使世界从立体变成了平面，也就是说，世界各国之间的社会发展差距正在日益缩小。

"世界是平的"这一观点，是基于近几十年信息传播技术迅猛发展的状况而提出的。互联网的普及、软件的创新使海量信息迅速扩散到世界各地。由于世界是平的，穷国可以和富国一样在同一平台上接受同样的最新信息。这样就大大促进了穷国的经济发展，从而改善了它们的国际地位。

事实也是如此，所谓"金砖四国"国际声望的上升，无不得益于它们的经济成就，无不得益于互联网技术的发展。特别是中国经济的起飞、中国在世界上的崛起，无疑也依靠了互联网技术的普及，同时也可作为"世界是平的"这一观点的有力佐证。

毋庸置疑，信息传播技术革命还远未结束，互联网技术将会有更大的发展，人类社会将会有更惊人的变化。可以预言，由于信息技术的迅猛发展，世界的经济格局与政治格局将会发生巨大的变化，世界上最不发达国家和最发达国家之间再也不会让人有天壤之别的感觉，非洲大陆将会成为另一个北美。同样也可以预言，由于中国的信息技术发展迅猛，中国和世界一样，也会从立体变为平面，中国东西部之间的经济鸿沟将被填平，中国西部的崛起指日可待。

考试大纲官方解析

本题的论证主要存在如下问题：

1. 该论证的出发点是美国学者的观点。美国学者的观点只是一家之言，把它作为论据缺乏充分的有效性。
2. 从"世界是平的"这一观点推论出"穷国可以和富国一样在同一平台上接受同样的最新信息"，缺乏事实依据的支撑。
3. 中国经济的起飞，不能仅仅归因于互联网技术的普及，国家的改革开放政策应该是更重要的原因。同样，世界经济格局与政治格局的变化也不能仅仅归因于信息技术的迅猛发展。
4. 互联网技术将会有更大的发展，这只是预测，要支持这一预测，尚需更充分的论证。
5. 要改变世界上最不发达国家和中国西部的现状，需要现代信息技术，还需要其他条件。
6. 中国的国情和世界其他国家的情况不同，不能进行简单类比。

要点精析

【原文1】 美国学者弗里德曼的《世界是平的》一书认为,全球化对当代人类社会的思想、经济、政治和文化等领域产生了深刻影响。全球化抹去了各国的疆界,使世界从立体变成了平面,也就是说,世界各国之间的社会发展差距正在日益缩小。

【分析角度1】 全球化未必会使得社会发展的差距日益缩小。很可能由于各国的国情不同,使得各国发展呈现马太效应,发展中国家的经济发展停滞,使得穷国更穷,富国更富,若是如此,反而扩大了发展中国家与发达国家的差距。

【原文2】 "世界是平的"这一观点,是基于近几十年信息传播技术迅猛发展的状况而提出的。互联网的普及、软件的创新使海量信息迅速扩散到世界各地。由于世界是平的,穷国可以和富国一样在同一平台上接受同样的最新信息。这样就大大促进了穷国的经济发展,从而改善了它们的国际地位。

【分析角度2】 世界是平的,未必可以使穷国和富国可以在同一平台上接受同样的最新信息。很可能由于硬件设施的不完善、信息保护等原因,穷国无法接受同样的信息。

【分析角度3】 纵使穷国和富国接收同样的信息,但由于各国的基础不同,所以各国对信息的应用能力也是不同的,故未必会大大促进穷国的经济发展,并改善其国际地位。

【原文3】 事实也是如此,所谓"金砖四国"国际声望的上升,无不得益于它们的经济成就,无不得益于互联网技术的发展。特别是中国经济的起飞、中国在世界上的崛起,无疑也依靠了互联网技术的普及,同时也可作为"世界是平的"这一观点的有力佐证。

【分析角度4】 中国不能代表世界其他国家的情况,所以用中国经济的起飞来佐证"世界是平的"是有失偏颇的。

【原文4】 毋庸置疑,信息传播技术革命还远未结束,互联网技术将会有更大的发展,人类社会将会有更惊人的变化。可以预言,由于信息技术的迅猛发展,世界的经济格局与政治格局将会发生巨大的变化,世界上最不发达国家和最发达国家之间再也不会让人有天壤之别的感觉,非洲大陆将会成为另一个北美。同样也可以预言,由于中国的信息技术发展迅猛,中国和世界一样,也会从立体变为平面,中国东西部之间的经济鸿沟将被填平,中国西部的崛起指日可待。

【分析角度5】 世界各国与中国的东西部之间不具有可类推性。因为中国的东西部隶属于同一国家,资源和信息更易共享;而世界各国属于不同的国家,难以协同发展。

参考范文

参考范文一

世界真的是"平"的吗？

材料围绕"世界是平的"这一论点展开论述，其论证过程存在诸多逻辑缺陷，现分析如下。

首先，全球化抹去了各国疆界并不意味各国发展差距在日益缩小。在全球化的浪潮下，各国应对机遇和挑战的能力不一样，各国的发展水平也有参差。实力薄弱的国家应对全球化所带来的风险的能力更差，而实力雄厚的国家应对全球化所带来的政治、经济、文化等方面的冲击的能力更强，其更能抓住发展机遇，因而各国之间的发展差距不但可能不会缩小，反而可能扩大。

其次，信息能扩散到世界各地并不代表穷国和富国能在同一平台上接受同样的最新信息。某些国家可能由于技术或政治原因存在信息壁垒，对外部信息接收迟缓。况且，穷国和富国接受同样的最新信息也不能说明其有同等处理和利用信息的能力。可能穷国的信息加工处理技术不如富国，如果富国利用信息优势打击穷国经济，这又如何能促进穷国的经济发展，进而改善穷国的国际地位呢？

再次，由中国崛起推不出世界其他各国也是相同的发展情况。中国经济的起飞不仅依赖于互联网技术的普及，还依赖于我国先进的社会主义市场经济制度、独有的人口红利等诸多因素。因此，不能由中国的发展情况来类推世界其他各国的发展情况，也不能把中国经济的起飞作为"世界是平的"的佐证。

最后，中国未必会从立体变为平面。因为信息技术发展迅猛并不能改变中国西部地区气候恶劣、深处内陆、交通欠发达等客观事实。由此预言中国东西部之间的经济鸿沟将会被填平，这一说法有些欠妥。

综上所述，材料通过存在诸多逻辑错误论证得出的"世界是平的"这一结论值得商榷。

参考范文二

世界真的是平的吗？

材料通过一系列论证，试图证明"世界是平的"的观点具有合理性。然而其论证看似合理，实则漏洞百出，现分析如下。

首先，全球化并没有抹去各国的疆界。即使在全球化的浪潮下，各国也是独立的主权国家。各国在维护本国利益的基础上互利互惠，以实现共赢，但是国家的疆界没有因此被打破。所以在此基础上推出"世界变平，各国发展差距缩小"的结论也难以成立。

其次，穷国和富国一样在同一平台上接受同样的最新信息，此举真的会促进穷国的经济发展吗？未必如此。穷国与富国的信息处理能力和运用能力存在很大差别。穷国将信息转化为生产力的能力远不及富国，而富国更可能会借此机会加剧榨取穷国的自然资源和廉价劳动力，从而出现"富国愈富，穷国愈穷"的"马太效应"，不利于穷国的经济发展。

再次，将"金砖四国"国际声望的上升归因于经济成就和互联网技术的普及有失偏颇。教育的推广、人才储备的上升、医疗卫生事业的发展、军事实力和政治外交能力的增强等因素都可能是提升

"金砖四国"国际声望的原因。材料为佐证"世界是平的"这一观点而忽视其他因素有误导之嫌。

最后，信息技术的迅猛发展并不意味着国家之间的发展差距会缩小。影响国家发展的因素除信息技术之外，还有教育、文化、地理、人口等其他因素。就像中国东西部之间的经济鸿沟一样，非洲和北美的差距也不是一朝一夕形成的，都是多个因素综合作用的结果。仅凭信息技术的发展来弥合差距，未免将问题过于简单化了。

综上所述，材料的论证存在诸多逻辑问题，"世界是平的"这一观点依然有待商榷。

参考范文三

世界是平的吗？

材料通过一系列的论证，试图得出世界是平的这一结论，然而在其论证的过程中存在诸多逻辑漏洞，现分析如下。

首先，全球化抹去了各国的疆界并不意味着世界各国的社会发展差距正在缩小。因为很有可能穷国由于资源的缺失和各方面的局限性变得越来越穷，而富国因为其本身基础条件好，再加上全球化的助力，发展得越来越快，从而导致穷国和富国的差距越来越大。

其次，穷国和富国一样接受同样的最新消息就可以促进经济发展了吗？未必。接受消息不代表可以有效运用信息，若仅仅接受消息，但不能好好把握消息所带来的机遇，那么经济也难以发展。另外，国家经济是否能够得到发展还与人口、教育等因素密切相关，若是忽略这些方面的建设，那么国家的经济发展也难以得到保证。

再次，由信息技术的迅猛发展得不到世界经济格局与政治格局将发生巨大改变这一结论。暂且不谈如今的世界经济与政治格局有多少是因为信息技术的发展而发生改变的，就算信息技术的发展对其产生了很大的影响，也难以由现在的情况预测未来的发展。

最后，中国未必会像世界一样从立体变为平面，中国东西部之间的经济鸿沟也未必会被填平。其一，中国与世界其他各国在人口、教育、文化背景及发展战略等各方面都存在差异，国家之间无法简单类比；其二，中国东西部之间的基础条件不同，仅由信息技术的发展推出中国东西部之间的经济鸿沟会被填平未免有些草率。

综上所述，材料的论证存在诸多逻辑缺陷，其结论难以必然成立。

参考范文四

由世界是平的所引发的论证合理吗？

上述材料中，由观点"世界是平的"引发了诸多论证，然而在其论证过程中存在诸多逻辑缺陷，现分析如下。

首先，全球化抹去了各国的疆界，并不意味着世界各国之间的社会发展差距正在缩小。因为全球化指的是打破传统的贸易壁垒，使得各国间信息交流更为方便，而并非完全的"无疆界"发展。况且在全球化浪潮的影响下，各国所应对的机遇和挑战的能力各不相同，这也可能加大国与国之间的差距。

其次，穷国和富国接受同样的最新消息就能促进穷国的经济发展吗？其实不然。因为接受最新消息并不代表拥有处理最新消息的能力。穷国可能由于自身的技术落后、资源受限，无法将信息的价值发挥到最大。况且国际地位是经济、军事、外交实力等各个方面的综合表现和整体反映，单是促进经济发展并不一定能提高国际地位。

最后，中国信息技术的迅猛发展不代表中国东西部之间的经济鸿沟会被填平。因为信息技术和经济发展不存在必然的因果关系。而且西部经济发展水平在一定的程度上受制于地理位置、气候条件等客观因素，即使信息技术迅猛发展，也无法改变自然环境。

综上所述，上述材料的分析虽然看似有理，但其论证过程中存在诸多逻辑缺陷，因此其结论"世界是平的"也是值得商榷的。

📖 典型习作点评

典型习作一

全球化会使世界各国差距缩小吗？①

材料通过一系列论证得出"全球化会使世界各国发展差距日益缩小"的结论，论证过程存在多处逻辑错误，所以其结论就显得不那么可信。②

首先，③近几十年来，信息技术迅猛发展是整体情况，但也可能存在信息难以覆盖的偏远区域，有两极分化的可能性。就算信息可以扩散到世界各地，但是国家的发展水平会受各种因素制约，因此各国差距未必会缩小。④

其次，穷国和富国可以接受同样的最新信息，但由于穷国基础设施、资金等欠缺，可能不能像富国一样充分利用这些信息来发展经济。⑤而且要提高国际地位，国家必须具备经济、军事、文化等各方面的优势，就算经济得到了发展，其国际地位也未必会提高。

再次，金砖国家国际声望的提升，主要是其综合国力提高的结果，互联网只是信息传播渠道之一，如果没有合理的制度等条件，仅靠互联网技术难以实现中国腾飞。⑥另外，金砖五国只是

批改建议

① 题目无缺陷。本题将"世界是平的"或者"全球化会使世界各国差距缩小"作为结论均可。

② 此处不建议使用"显得"一词，该词比较主观。

③ 段首建议先将论证引入，方便阅卷者清晰识别得分点。

④ 答题者想明白了分析的理由，但是其表述不够清晰。

⑤ 第一，建议先引入后分析，不要一边引入一边分析；第二，两个分析角度之间建议使用分号。

⑥ 引入角度不够严谨。材料并没有说金砖国家国际声望的提升仅仅得益于互联网技术的发展。

发展中国家的一部分，还有一部分发展中国家可能仍然处于较低的发展水平。所以全球化未必能缩小各国差距。⑦

最后，信息技术迅猛发展可能产生马太效应，使穷国与富国两极分化更加严重。⑧而且全球化会使经济危机的影响范围扩大，穷国抵御风险的能力更差，所以差距未必会缩小，非洲也未必会变成另一个北美。而且中国东西部之间存在地理位置、资金、人才的巨大差异，仅靠信息技术的发展未必能填平经济鸿沟。⑨

综上，材料中存在多处逻辑错误，"全球化使各国差距缩小"的结论还有待商榷。

⑦ 材料中是金砖四国，并非金砖五国，要注意引入的细节。

⑧ 建议先引入后分析，不要一边引入一边分析。

⑨ 引入层次混乱，想引入的谬误角度太多，但是每一个点都没有引入清楚，也没有分析清楚。

> **全文点评**
> 这篇文章存在的最严重的问题就是论证引入不够清晰，阅卷者在高速阅卷的情况下很难快速地捕捉重点，同时，本文在分析上也不够一针见血，需要继续简练语言和表述。有类似问题的同学要养成良好的行文习惯，先引入后分析。

典型习作二

世界是平的吗？①

材料通过分析全球化带来的影响以及科技的推动作用得出"世界是平的"这一结论是有待商榷的。②

首先，③全球化虽然为各国带来更多贸易往来，但同时加剧了各国间收入分配的不均，掌握核心技术的富国在产品销售链顶端获得收入的大头，而穷国却仅赚取了微薄的劳动加工收入，富国越富，穷国越穷，反而加大了各国间的社会发展差距，使各国间的界线更清晰。④

其次，穷国和富国由于国际地位的差异无法站在同一平台上，各国获取信息和利用信息的能力会有很大的差异，而且各国人民对于新信息的接受度也不同，这些差异会进一步抑制一些国家

批改建议

① 题目无缺陷。

② 开头建议指出对论证过程的否定。

③ 段首建议先将论证引入，方便阅卷者清晰识别得分点。

④ 分析的角度选得很好，但陈述理由的时候也需要考虑表达的严谨性，不是所有的穷国和富国之间的差距都被加剧了，所以需要适当加上"很可能""有的"这样的词语。

的经济发展。⑤

再次，中国只是世界众多国家中的一个，资源储备量丰富、过大的人口基数、广阔的消费市场、国家政策的倾斜程度等都使得中国具备很多独特的优势，仅由中国这一个例子无法有力佐证"世界是平的"这一论点。⑥

最后，由中国在世界范围内变成平面是无法推出中国东西部之间的经济鸿沟将被填平的，因为中国是一个集体概念，而中国东西部是集体中的两个部分，集体所拥有的性质不代表个体也拥有，例如中国人民是勤劳的，但不一定每一个中国人都是勤劳的。⑦

综上，材料仅根据现有的分析无法得出"世界是平的"这一结论，还需要更多的论据来支持其论证。⑧

⑤ 引入不清晰，阅卷者无法抓住得分点，分析部分的理由也不够清晰。

⑥ 该段建议先引入后分析。

⑦ 分析角度错误，该论证是将世界各国的情况类比到了中国的东西部，而非将整体的情况应用到个体。

⑧ 结论无缺陷。

全文点评

在写这篇文章的过程中，答题者应该花费了大量时间审题、找点、构思，但文章最终的得分情况很可能并不乐观。其主要原因是答题者在每段中的引入都不够清晰，阅卷者难以快速捕捉到得分点。

2009 年管理类（知识就是力量）

1 000 是 100 的 10 倍。但是当分母大到上百亿的时候，作为分子的这两个数的差别就失去了意义。在知识经济时代，任何人所掌握的知识，都只是沧海一粟。这使得在培养与选拔人才时，知识尺度已变得毫无意义。

现代网络技术可以使你在最短的时间内查询到你所需要的任何知识信息，有的大学毕业生因此感叹何必要为学习各种知识数年寒窗。这不无道理。传授知识不应当继续成为教育，特别是高等教育的功能。学习知识需要记忆。记忆能力，是浅层次的大脑功能。人们在思维方面的差异，不在于能记住什么，而在于能提出什么。素质教育的真正目标，是培养批判性思维与创造性思维能力。知识与此种能力之间没有实质性的联系，否则就难以解释，具备与爱因斯坦相同知识背景的人有的是，为什么唯独他发现了相对论。硕士、博士这些知识头衔的实际价值一再受到有识之士的质疑，道理就在这里。

"知识就是力量"这一曾经激励了几代人的口号，正在成为空洞的历史回声，这其实是时代的进步。

要点精析

【原文1】 1 000 是 100 的 10 倍。但是当分母大到上百亿的时候，作为分子的这两个数的差别就失去了意义。在知识经济时代，任何人所掌握的知识，都只是沧海一粟。这使得在培养与选拔人才时，知识尺度已变得毫无意义。

【分析角度1】 "在知识经济时代，任何人所掌握的知识，都只是沧海一粟。"这里将所说的知识和选拔人才时的知识尺度的概念混淆了。

【分析角度2】 分数的意义不仅仅在于其数值的大小，也在于其背后传递的数量关系等，当分母大到上百亿时，虽然两个数的数值差异可以忽略不计，但依然传递着不同的数量关系，不可简单地认定其差别失去了意义。

【分析角度3】 知识尺度的关系无法简单地与数字间的关系类比。

【分析角度4】 "任何人所掌握的知识，都只是沧海一粟"不能说明知识尺度是毫无意义的。正所谓"术业有专攻"，每个人在社会中都扮演着不同的角色，各司其职。在这样的背景下，人不需要成为一个无所不知的"全才"，个人的事业发展更多依赖的是其专业领域的知识储备，可见选拔人才时，知识尺度依然具有重要意义。

【原文2】 现代网络技术可以使你在最短的时间内查询到你所需要的任何知识信息，有的大学毕业生因此感叹何必要为学习各种知识数年寒窗。这不无道理。传授知识不应当继续成为教育，特别

> 是高等教育的功能。学习知识需要记忆。记忆能力是浅层次的大脑功能。人们在思维方面的差异，不在于能记住什么，而在于能提出什么。素质教育的真正目标，是培养批判性思维与创造性思维能力。知识与此种能力之间没有实质性的联系，否则就难以解释，具备与爱因斯坦相同知识背景的人有的是，但唯独他发现了相对论。硕士、博士这些知识头衔的实际价值一再受到有识之士的质疑，道理就在这里。

【分析角度5】 由"现代网络技术可以使你在最短的时间内查询到你所需要的任何知识信息"推不出"传授知识不应当继续成为教育，特别是高等教育的功能"。由"现代网络技术可以是你在最短的时间内查询到你所需要的任何知识信息"推不出"传授知识不用当继续成为教育，特别是高等教育的功能"。因为网络可以查到需要的知识不代表人们不需要学习。一方面，虽然所需要的知识信息可以在网络中查到，但我们未必可以充分理解和利用这些知识信息，数年寒窗学习的不仅是知识，更是分析与运用所学知识的能力，仅仅把知识搜索出来而不会运用，只是在做无用功；另一方面，在工作和生活中，如果我们没有一定的知识储备，做事之前都需要先在网络中查询资料，这将大大降低我们的办事效率。

【分析角度6】 由"具备与爱因斯坦相同知识背景的人有的是，但唯独他发现了相对论"只能得出爱因斯坦所具有的知识背景不会自然地导致他发现相对论的结论，而不能得出一般结论"知识与能力之间没有实质性的联系"。不能忽视爱因斯坦的知识背景也是他发现相对论的必要条件。

【分析角度7】 知识不等于能力，不意味着知识与能力没有关系。学习知识的过程也是培养、训练批判性思维与创造性思维能力的过程。

📖 参考范文

参考范文一

知识就是力量真的成为历史了吗？

　　材料通过一系列论证试图说明"知识就是力量已成为历史"，但由于其论证过程存在诸多缺陷，其结论难以必然成立，现分析如下。

　　首先，不能基于人所掌握的知识只是沧海一粟，就得出知识尺度在选拔人才时已毫无意义。对于评判标准，不应只看知识的数量，还应考虑质量，随着社会分工越来越细，对人才的需求也逐渐从综合性人才向专业性人才过渡，将知识作为评判标准能帮助企业选拔出精通某一领域的专业性人才。

　　其次，就算互联网能帮助人们高效地查询许多信息，但也不能由此认为不用学习知识。一方面，互联网提供的信息是杂乱无章的，这需要我们对这些信息进行筛选、甄别，如果没有一定的知识储备，就很容易被其中的一些虚假信息所误导；另一方面，查询信息并不代表能有效利用信息，如果没有知识储备作支撑，即使查询到了信息也很难让其发挥作用。

　　再次，知识真的和批判性思维与创造性思维没有联系吗？其实不然。批判性思维与创造性思维并不是孤立存在的，而是以一定的知识为基础的。在积累一定量的知识后，我们才能从不同的角度分析问题，迸发新的想法。

最后，硕士、博士知识头衔的价值受到质疑并不能说明知识是无用的。因为人们质疑的原因可能是有些人的学术成就和论文质量与其所获头衔不匹配，而不是质疑知识本身的价值。

综上，由于材料的论证存在以上逻辑缺陷，所以要想得到结论还需要进一步论证。

参考范文二

"知识就是力量"真的过时了吗？

材料通过强调能力的重要性试图否定知识的重要性，然而其整个论证过程中出现诸多逻辑缺陷，难以让人信服，现分析如下。

首先，分数的意义不仅仅在于其数值的大小，也在于其背后传递的数量关系等。当分母大到百亿时，虽然两个数的数值差异可以忽略不计，但依然传递着不同的数量关系，不可简单地认定其差别失去了意义。在此基础上，更无法将数字间的关系简单类比到知识尺度的关系上。

其次，个人所掌握的知识相对于知识总量来说是沧海一粟，不能说明知识尺度是毫无意义的。正所谓"术业有专攻"，每个人在社会中都扮演着不同的角色，各司其职。在这样的背景下，个人的事业发展更依赖于专业领域的知识储备，无须无所不知。可见，选拔人才时，知识尺度依然具有重要意义。

再次，查询知识不等同于掌握知识、运用知识。可以查询到的信息往往都是陈述性知识，然而知识的价值不仅仅在于描述"是什么"或者说明"为什么"，而应该凭借对知识的应用和再创造来解决现实问题，故"传授知识不应当继续成为教育，特别是高等教育的功能"的结论也有待商榷。

最后，"知识"与"批判性思维和创造性思维能力"间并非没有实质关联，批判性思维和创造性思维的发展本身就是基于对知识的理解和运用。知识是能力培养的基础，对知识的理解越深刻，技能越熟练，越有利于能力的发展，故强调能力培养的同时，不应否定知识的重要性。此外，也不能因为唯有爱因斯坦发现了相对论，就说明知识不重要。爱因斯坦成绩的取得恰恰是源于其扎实的基本功与强大的思维能力，若爱因斯坦一味地强调能力，而忽视专业知识的积累，则很难创立相对论。

综上，"知识就是力量"未必会成为空洞的历史回声。

2008年管理类（中医科学性）

下面是一段关于中医的辩论。请分析甲、乙双方的辩论在概念、论证方法、论据及结论等方面的有效性，600字左右。

甲：有人以中医不能被西方人普遍接受为理由，否定中医的科学性，我不赞同。西方人不能普遍接受中医是因为他们不理解中国的传统文化。

乙：世界上有不同的文化，但科学标准是相同的。科学研究的对象是普适的自然规律，因此，科学没有国界，科学的发展不受民族或文化因素的影响。将中医的科学地位不为西方科学界认可归咎于西方人不了解中国文化，是荒唐的。

甲："科学无国界"是一个广为流传的谬误。如果科学真的无国界，为什么外国制药公司会诉讼中国企业侵犯其知识产权呢？

乙：从科学角度看，现代医学以生物学为基础，而生物学又建立在物理、化学等学科的基础之上。但中医的发展不以这些学科为基础，因此，它与科学不兼容，这样的东西只能是伪科学。

甲：中医有几千年的历史了，治好了那么多人，怎么可能是伪科学呢？人们为什么崇尚科学？是因为科学对人类有用。既然中医对人类有用，凭什么说它不是科学？西医自然有长于中医的地方，但中医同样有长于西医之处。中医体现了对人体完整系统的把握，强调整体观念、系统思维，这是西医所欠缺的。

乙：我去医院看西医，人家用现代科技手段从头到脚给我检查一遍，怎么能说没有整体观念、系统思维呢？中医在中国居于主导地位的时候，中国人的平均寿命在古代和近代都只有三十岁左右；现代中国人平均寿命提高到七十岁左右，完全拜现代医学之赐。

📖 要点精析

易错提示1 本篇真题相较于其他真题特殊的地方在于这是一篇对话类型的材料。在分析的过程中需要注意如下事项。

第一，材料的题目、开头、结尾需要兼顾双方；题目拟为"中医是科学吗""中医不是科学吗"都是错误的，因为都只针对了某一方的观点。

第二，行文的顺序最好按照材料行文顺序或者按照先甲再乙的顺序。

第三，描述每一个点的时候均要表明说话主体，即指出是甲说的还是乙说的。

甲的漏洞主要有：

【分析角度1】"如果科学真的无国界，为什么外国制药公司会诉讼中国企业侵犯其知识产权呢？"这句话混淆了"科学"与"知识产权"这两个不同的概念，把"科学无国界"偷换成了"知识产权无国界"。

【分析角度2】"科学对人类有用"没错，但"既然中医对人类有用，凭什么说它不是科学？"这句话把"有用"不当地等同于"科学"，从"科学皆有用"不能推出"有用皆科学"。

【分析角度3】西方人是否接受中医不是以是否理解中国文化为依据。

【分析角度4】治愈的患者数量无法作为评判科学真伪的标准。

易错提示2 "有人以中医不能被西方人普遍接受为理由，否定中医的科学性。"这句话不能分析，一方面是因为这是背景知识，另一方面是因为甲并不同意该观点。

乙的漏洞主要有：

【分析角度5】"科学研究的对象是普适的自然规律"推不出"科学的发展不受民族或文化因素的影响"。

【分析角度6】由"中医的发展不以生物学、物理、化学等学科为基础"得不出"中医与现代科学不兼容"的结论。科学的范围很广，这些学科仅仅是科学的一部分，中医的发展不以这些学科为基础，不代表中医不以其他学科为基础。

【分析角度7】即便中医与现代科学不兼容，也不能推出它是伪科学。"伪科学"不是"科学"的补集，比如，京剧艺术不是科学，但也不能说它是"伪科学"。

【分析角度8】西医用现代科技手段从头到脚检查一遍，是在操作上覆盖了身体的每个部分，并不意味其具有整体观念、系统思维。

【分析角度9】现代中国人平均寿命提高是多种因素作用的结果，不能仅归因于一种因素。

📖 参考范文

漏洞百出的中医科学性之辩

上述材料中，甲、乙围绕"中医是否具有科学性"的问题进行了一番辩论，然而，由于甲、乙各自的论证过程均存在诸多缺陷，所以甲、乙各自的结论也是值得商榷的。

首先，我们先来看甲的论证。

一方面，甲混淆了"科学无国界"和"知识产权无国界"的含义。科学是指人类通过对事物的研究得出的普适规律；而知识产权属于商业范畴，受国家法律保护，是企业或个人拥有的无形资产。二者并不等同。

另一方面，甲基于科学对人类有用、中医有用这两个前提就认定中医是科学，这显然是错误的，错误之处在于将所有有用的当作是科学。然而，很多客观存在的事物，如空气、水等，对于我们来说都有着至关重要的作用，但是无所谓科学不科学。所以，甲的观点无法成立。

其次，我们再来看乙的论证。

一方面，真的如乙所说，西医从头到脚的检查方式就意味着其具有整体观念、系统思维了吗？答案显然是否定的。从头到脚检查一遍是一种行为方式，强调其注重细节和检查全面。而整体观念、系统思维则是一种思维方式，可以帮助人们更好地理解问题的本质、识别潜在的相互关系和影响，并制定综合性的解决方案。它关注的是整体的目标、价值和长远效果，而不仅仅是局部的细节和短期影响。因此，二者并不具有必然联系。

另一方面，现代中国人的平均寿命更长并非完全拜现代医学之赐。自然灾害、生活水平低等都可能导致过去的人平均寿命短。现代人的膳食条件和生活环境得到了极大的改善，人们对健康的重视程度也大幅提升，这些因素都对平均寿命的延长起到了不可忽视的作用。因此，乙的观点无法成立。

综上所述，甲、乙各自论证的结论都是难以让人信服的。

2007 年管理类（诺贝尔经济学奖）

每年的诺贝尔奖，特别是诺贝尔经济学奖公布后，都会在中国引起很大反响。诺贝尔经济学奖的得主是当之无愧的真正的经济学家。他们的研究成果都经过了实践的检验，为人类社会发展，特别是经济发展做出了杰出的贡献。每当看到诺贝尔经济学奖被西方人包揽，很多国人在羡慕之余，更期盼中国人有朝一日能够得到这一奖项。

然而，我们不得不面对的现状却是，中国的经济学还远远没有走到经济科学的门口，中国真正意义上的经济学家，最多不超过 5 个。

真正的经济学家需要坚持理性的精神。马克斯·韦伯说：现代化的核心精神就是理性化，没有理性主义就不可能有现代化。中国的经济学要向现代科学方向发展，必须把理性主义作为基本的框架。而中国经济学界太热闹了，什么人都可以说自己是个经济学家，什么问题他们都敢谈。有的经济学家今天评股市，明天讲汇率，争论不休，莫衷一是。有的经济学家热衷于担任一些大型公司的董事，或在电视上频频上镜，怎么可能做严肃的经济学研究？

经济学和物理学、数学一样，所讨论的都是非常专业化的问题。只有远离现实的诱惑，潜心于书斋，认真钻研学问，才可能成为真正意义上的经济学家，中国经济学家离这个境界太远了。在中国的经济学家中，你能找到为不同产业代言的人，西方从事经济学研究最优秀的人不是这样的，这样的人在西方只能受投资银行的雇用，从事产业经济学的研究。一个真正的经济学家，首先要把经济学当作一门科学来对待，必须保证学术研究的独立性和严肃性，必须保持与"官场"和"商场"的距离，否则，不可能在经济学领域做出独立的研究成果。

说"中国真正意义上的经济学家，最多不超过 5 个"，听起来刻薄，但只要去看一看国际上经济学界那些最重要的学术刊物，有多少文章是来自中国国内的经济学家，就会知道这还是比较客观和宽容的一种评价。

📖 要点精析

【原文1】每年的诺贝尔奖，特别是诺贝尔经济学奖公布后，都会在中国引起很大反响。诺贝尔经济学奖的得主是当之无愧的真正的经济学家。他们的研究成果都经过了实践的检验，为人类社会发展，特别是经济发展做出了杰出的贡献。每当看到诺贝尔经济学奖被西方人包揽，很多国人在羡慕之余，更期盼中国人有朝一日能够得到这一奖项。
然而，我们不得不面对的现状却是，中国的经济学还远远没有走到经济科学的门口，中国真正意义上的经济学家，最多不超过 5 个。

【分析角度1】"真正意义上的经济学家"的概念界定模糊，诺贝尔经济学奖得主是真正的经济学家不等于没有得诺贝尔奖的都不是真正的经济学家。真正的经济学家要坚持理性的精神，要认真钻研学问，要把经济学当作一门科学来对待，要保证学术研究的独立性和严肃性，这些界定都不能得出"中国真正意义上的经济学家，最多不超过5个"的结论。

【原文2】真正的经济学家需要坚持理性的精神。马克斯·韦伯说：现代化的核心精神就是理性化，没有理性主义就不可能有现代化。中国的经济学要向现代科学方向发展，必须把理性主义作为基本的框架。而中国经济学界太热闹了，什么人都可以说自己是个经济学家，什么问题他们都敢谈。有的经济学家今天评股市，明天讲汇率，争论不休，莫衷一是。有的经济学家热衷于担任一些大型公司的董事，或在电视上频频上镜，怎么可能做严肃的经济学研究？

【分析角度2】经济学家确实要坚持理性精神，但"经济学界太热闹"并不等于"不理性"，二者也没有因果关系。

【分析角度3】"经济学家热衷于担任一些大型公司的董事，或在电视上频频上镜"与"他们不可能做严肃的经济学研究"之间，不存在必然的关系。

【原文3】经济学和物理学、数学一样，所讨论的都是非常专业化的问题。只有远离现实的诱惑，潜心于书斋，认真钻研学问，才可能成为真正意义上的经济学家，中国经济学家离这个境界太远了。在中国的经济学家中，你能找到为不同产业代言的人，西方从事经济学研究最优秀的人不是这样的，这样的人在西方只能受投资银行的雇用，从事产业经济学的研究。一个真正的经济学家，首先要把经济学当作一门科学来对待，必须保证学术研究的独立性和严肃性，必须保持与"官场"和"商场"的距离，否则，不可能在经济学领域做出独立的研究成果。

【分析角度4】保持学术研究的独立性和严肃性是重要的，但是否"必须保持与'官场'和'商场'的距离"，要看"官场"与"商场"的明确定义。如果"官场"代表政府政策制定场所，"商场"代表企业的实践场所，那么真正的经济学家不但不能与之保持距离，而且还要参与其中以便发展和验证理论。在没有明确定义概念的情况下进行推论，只能造成混淆。

【分析角度5】前文中提到，诺贝尔经济学奖得主获奖是因为"他们的研究成果都经过了实践的检验，为人类社会发展，特别是经济发展做出了杰出的贡献"。这里的隐含命题有经济学是"致用之学"，"真正的经济学家"的研究不能脱离实际。后文又指出"经济学家要远离现实诱惑，潜心于书斋"，二者有自相矛盾的嫌疑。

【分析角度6】"产业经济学"是经济学的一个组成部分，从事产业经济学研究，并不意味着不能保证学术研究的独立性和严肃性，也不意味着必然是产业代言人。

【原文4】说"中国真正意义上的经济学家，最多不超过5个"，听起来刻薄，但只要去看一看国际上经济学界那些最重要的学术刊物，有多少文章是来自中国国内的经济学家，就会知道这还是比较客观和宽容的一种评价。

【分析角度7】由于语言等原因，将在国际学术刊物发表多少文章作为评判中国经济学家水平的标准，其公平性也是值得质疑的。

【分析角度8】即使文中对一些中国经济学家的批评都是客观的，也不能轻率地概括出关于中国经济学界的一般性结论。

参考范文

中国真正的经济学家不超过五个吗？

上述材料试图通过一系列论证得出"中国真正的经济学家不超过五个"的结论，然而，由于其论证过程存在一些漏洞，所以其结论的可信度是值得商榷的。

首先，担任大型公司董事或在电视上上镜的经济学家就一定做不好严肃的经济研究吗？未必。担任大型公司董事可能会使经济学家更好地接触市场信息，更深入地研究市场经济，从而作出更贴合实际的严肃研究。而在电视上上镜则可能是对其研究内容的分析和推广，让研究成果接受群众的检验，反而能增强研究的严肃性。

其次，"只有远离现实诱惑，才能成为真正意义上的经济学家"的说法太过绝对。经济学的问题虽然专业化，但也与实际联系甚密，而且经济学不仅存在于金融领域，也存在于各个产业中，只潜心书斋或受雇于银行，可能会使经济学家的研究过于理论化，与实际情况不符。

再次，不与"官场"和"商场"保持距离，就不能做出独立研究成果吗？未必。经济学与市场联系较为紧密，了解好官场和商场，可能会帮助经济学家更好地了解国家经济导向与市场经济状况，经济学家据此进行深入的研究，可以得出更符合市场经济的研究成果。

最后，国内经济学家在国际学术刊物发刊不多，未必能代表中国真正的经济学家。因为发刊情况只是衡量是否做好研究的标准之一，也可能存在很多人正在认真研究还尚未发表或其研究成果不符合刊物发表标准的情况，但这并不能代表其不是真正的经济学家。

综上所述，由于材料的论证过程存在一系列问题，所以其结论的可信度存疑。

2006年管理类（航空公司订单）

在全球9家航空公司的140份订单得到确认以后，世界最大的民用飞机制造商之一——空中客车公司于2005年10月6日宣布，将在全球正式启动其全新的A350远程客机项目。中国、俄罗斯等国作为合作伙伴，也被邀请参与A350飞机的研发与生产过程，其中，中国将承担A350飞机5%的设计和制造工作。

这意味着未来空中客车公司每销售100架A350飞机，就将有5架由中国制造。这表明中国经过多年艰苦的努力，民用飞机研发与制造能力得到了系统的提升，获得了国际同行的认可；这也标志着中国已经可以在航空器设计与制造领域参与全球竞争，并占有一席之地。由此可以看出，在经济全球化的时代，参与国际合作将带来双赢的结果，这也是提高我国技术水平和产业国际竞争力的必由之路。

要点精析

【原文1】在全球9家航空公司的140份订单得到确认以后，世界最大的民用飞机制造商之一——空中客车公司于2005年10月6日宣布，将在全球正式启动其全新的A350远程客机项目。中国、俄罗斯等国作为合作伙伴，也被邀请参与A350飞机的研发与生产过程，其中，中国将承担A350飞机5%的设计和制造工作。

【分析角度1】文中指出"中国将承担A350飞机5%的设计和制造工作"，这里"5%"的概念界定不清，到底是飞机部件数量的5%，还是飞机价值的5%，无法识别。

【分析角度2】由"中国将承担A350飞机5%的设计和制造工作"得不出"未来空中客车公司每销售100架A350飞机，就将有5架由中国制造"的结论。A350飞机的5%只是飞机极小的一部分，与5架完整的飞机是完全不同的概念。

【原文2】这意味着未来空中客车公司每销售100架A350飞机，就将有5架由中国制造。这表明中国经过多年艰苦的努力，民用飞机研发与制造能力得到了系统的提升，获得了国际同行的认可；这也标志着中国已经可以在航空器设计与制造领域参与全球竞争，并占有一席之地。由此可以看出，在经济全球化的时代，参与国际合作将带来双赢的结果，这也是提高我国技术水平和产业国际竞争力的必由之路。

【分析角度3】中国参与A350飞机5%的设计和制造工作，可能只是参与少部分非关键的零配件的制造，并不必然意味着"中国民用飞机研发与制造能力得到了系统的提升"，更不能得出"中国已经可以在航空器设计与制造领域参与全球竞争"的结论。

【分析角度 4】空中客车公司邀请中国参加 A350 飞机 5% 的设计和制造工作，可能意在获得中国市场，而不是因为对中国飞机设计和制造能力的认可。这种归因存在偏差。

【分析角度 5】从前面的陈述中无法推断出"参与国际合作会带来双赢的结果"，这一观点属于主观臆断，没有论据支持。而且，参与国际合作未必就会带来双赢的结果。

【分析角度 6】提高我国技术水平和产业国际竞争力具有多种途径可供选择，参与国际合作可能只是其中一条可供选择的道路，而不一定是"必由之路"。

参考范文

参考范文一

由 A350 远程客机项目引发的论证合理吗？

材料通过一系列论证得出"在经济全球化的时代，参与国际合作将带来双赢的结果"的结论，其论证过程看似严谨，实则漏洞百出。

首先，中国承担 5% 的飞机设计和制造工作并不意味着每销售 100 架飞机就有 5 架由中国制造。中国参与的可能不是整架飞机，而是飞机中某一部分的设计、制造，如机翼、座椅等。5% 的设计和制造工作究竟是指"整机数量的 5%"，还是"飞机零部件的 5%"，论证者并没有说清楚，该论据自然也难以支持其结论。

其次，根据中国承担 5% 的飞机设计和制造工作不一定能够推出中国民用飞机研发与制造能力得到了系统的提升。如果中国只有能力制造飞机的某一零部件，而未拥有如发动机等核心部件的制造技术，那么声称中国的飞机制造技术得到了系统的提升未免过于牵强。

再次，即使每销售的 100 架飞机中确定有 5 架是由中国制造，由此也难以推出中国飞机制造获得了国际同行的认可。国外航空公司选择让中国参与飞机制造，可能是为了开发中国的民用航空市场，通过让中国参与设计，在中国"刷存在感"，以此拉近与中国乘客的距离，从而提升其在中国的市场份额，而未必是对中国技术层面的认可。

最后，不论参与国际合作是否真的会带来双赢，仅就提升中国技术水平和产业国际竞争力的途径而言，就不只有参与国际合作这一条，通过促进企业产业结构转型与升级、加大对企业技术研发的投入力度等途径也能达到目的。

综上所述，材料的论证存在诸多逻辑漏洞，其得出的结论也有待商榷。

参考范文二

参与国际合作将带来双赢吗？

材料通过一系列推理得出结论：参与国际合作将带来双赢，也是提高我国技术水平和产业国际竞争力的必由之路。其论证过程看似有理有据，实则漏洞百出，现择其要点分析如下：

首先，5%的飞机设计与制造工作未必就是指飞机数量的5%，很可能这5%的工作只是对飞机上某些零部件的设计与制造，而并非对飞机整体的制造。因此，每销售100架飞机就有5架是由中国制造的结论未必成立。

其次，中国承担5%的飞机设计和制造工作也不一定说明中国飞机的研发与制造能力得到了提升且获得了国际同行的认可。如果中国参与的是技术含量较低的设计与制造工作，那么很难说明中国飞机的研发与制造能力得到了提升。另外，中国的加工成本较低、产品性价比较高，若是因此才得以参加该项目，那么也未必获得了国际同行的认可。

再次，航空器所包含的范围非常广，飞机只是其中一种。航空器还包括火箭、航天飞机、军用飞机等，即使中国民用飞机的设计与制造能力真的得到了提升且获得了同行的认可，但在其他航空器的设计与制造技术仍处于起步阶段或是难以与其他国家比肩时，那么"中国在航空器设计与制造领域占有一席之地"的结论恐怕也难以令人信服。

最后，国际合作与双赢之间没有必然的因果关联。国际合作成功与否取决于诸多复杂因素，不仅涉及经济，也涉及政治，想要取得双赢并非易事。另外，参与国际合作也并非提高中国技术水平和竞争力的必要条件，中国大可以加大资源投入，自主研发创新，如此同样可以提高科技水平。

综上所述，材料的推理过程存在诸多逻辑问题，其结论也是值得商榷的。

2005 年管理类（MBA 教育）

没有天生的外科医生，也没有天生的会计师。这都是专业化的工作，需要经过正规的培训，而这种培训最开始是在教室里进行的。当然，学生们必须具备使用手术刀或是操作键盘的能力，但是他们首先得接受专门的教育。领导者则不一样，天生的领导者是存在的。事实上，任何一个社会中的领导者都只能是天生的。领导和管理本身就是生活，而不是某个人能够从教室中学来的技术。教育可以帮助一个具有领导经验和生活经验的人提高到更高的层次，但是，即使一个人具有管理天赋和领导潜质，教育也无法将经验灌入他的头脑。换句话说，试图向某个未曾从事过管理工作的人传授管理学，不啻试图向一个从来没见过其他人类的人传授哲学。组织是一种复杂的有机体，对它们的管理是一种困难的、微妙的工作，需要的是各种各样只有在身临其境时才能得到的体验。总之，MBA 教育试图把管理传授给某个毫无实际经验的人不仅仅是浪费时间，更糟糕的是，它是对管理的一种贬低。

📖 要点精析

【原文 1】没有天生的外科医生，也没有天生的会计师。这都是专业化的工作，需要经过正规的培训，而这种培训最开始是在教室里进行的。当然，学生们必须具备使用手术刀或是操作键盘的能力，但是他们首先得接受专门的教育。领导者则不一样，天生的领导者是存在的。

易错提示 1 外科医生和领导者之间没有犯不当类比的逻辑谬误。

【分析角度 1】"天生的领导者是存在的"这一前提值得商榷。人们从小到大，除了在学校学习外，还从家庭生活和社会实践中学习，领导者素质也是通过后天学习培养出来的。考生可以质疑这一前提，也可以从这一前提出发，指出论证中存在的逻辑错误：即使"天生的领导者是存在的"，也不能由此推出"任何一个社会中的领导者都只能是天生的"。

【原文 2】教育可以帮助一个具有领导经验和生活经验的人提升到更高的层次，但是，即使一个人具有管理天赋和领导潜质，教育也无法将经验灌入他的头脑。换句话说，试图向某个未曾从事过管理工作的人传授管理学，不啻试图向一个从来没见过其他人类的人传授哲学。组织是一种复杂的有机体，对它们的管理是一种困难的、微妙的工作，需要的是各种各样只有在身临其境时才能得到的体验。总之，MBA 教育试图把管理传授给某个毫无实际经验的人不仅仅是浪费时间，更糟糕的是，它是对管理的一种贬低。

【分析角度 2】"教育可以帮助一个具有领导经验和生活经验的人提升到更高的层次，但是，即使一个人具有管理天赋和领导潜质，教育也无法将经验灌入他的头脑"，这种推断是不恰当的。MBA 学生是具有一定的经验、知识、选择力、判断力和自主意识的个体，而不是一个被动的容器。经验分享恰恰是 MBA 教育中重要的组成部分。

【分析角度3】"试图向某个未曾从事过管理工作的人传授管理学，不啻试图向一个从来没见过其他人类的人传授哲学"，这一推断缺乏有效性。即便是一个未曾从事过管理工作的人，只要他在组织环境中工作过，他就对管理中的基本问题，如沟通、协调、组织、决策等，具有一定的观察和体验。这不能与"向一个从来没见过其他人类的人传授哲学"进行类比。

易错提示 2　本文中，不当类比的双方应该是"向某个未曾从事过管理工作的人传授管理学"和"向一个从来没见过其他人类的人传授哲学"，而并非"管理学"和"哲学"，要注意行文中的表述。

【分析角度4】管理需要的不仅仅是身临其境得到的经验，管理应该是理论和实践的有机结合。身临其境地实践对于提升管理能力的作用不言而喻，但若是能够站在前人的肩膀上——通过系统地学习管理学理论、获取间接经验，则能够少走很多弯路，提升管理的效果及效率。

【分析角度5】"MBA 教育试图把管理传授给某个毫无实际经验的人"是偷换概念。MBA 学生并不是毫无经验的人。

【分析角度6】向某个毫无实际管理经验的人传授管理学并非浪费时间。MBA 教育的宗旨是培养具有管理理念和实际应用能力的学生，而非灌输知识。经验分析、案例分析作为 MBA 课程中的主要教学模式，能让没有任何管理经验的初学者将自己置于案例情境中，在间接经历中高效提升管理能力，所以不能轻率地认为 MBA 教育是对管理的一种贬低。

📖 参考范文

MBA 教育真的那么糟糕吗？

　　先天的潜力与后天的实践等的共同作用塑造了无数优秀的领导者，而材料却一味地强调领导者与生俱来的优势，忽视了领导者在后天实践过程中的收获，在此基础上展开了种种有缺陷的论证，得出的结论自然站不住脚。

　　首先，材料中过于绝对地认为领导者只能是天生的。实际上，领导行为和其他人类实践一样，是先天因素和后天因素的综合。天生的领导潜质的确会增加一个人成为领导者的可能性，但专业知识的储备并不是自然而然、天生就有的，而是需要在后天的实践总结中积累的。如果你问领导者，他们是如何有今天这番成就的？他们可能不会说是生来就有这样独特的天赋，相反，他们会讲述自己后天的奋斗历程以及他们在努力成为优秀领导者过程中的经历。同样，天生不具有领导潜质的人通过实践、奋斗、牺牲、努力工作和定期自我评估也可以成长为优秀的领导者。

　　其次，领导能力未必不可以从教育中获得。领导能力的内涵中不仅仅包括领导者的个人魅力，也包括其所表现出来的管理能力。个人魅力可能很难通过教育获得，但战略布局、沟通协调等管理能力确实可以在受教育过程中养成。如果不正视这一事实，盲目相信领导能力是由基因决定的，很可能会使人们不愿意主动努力学习，错失成为领导者的机会。

再次，材料中进行了不当比较，作为社会活动的一分子，即便是从未从事过管理工作的人也有过"被管理"的经验，他们在潜移默化中体验和观察着决策、沟通、协调等管理的基本过程。因此，将"向某个未曾从事过管理工作的人传授管理学"与"向一个从来没见过其他人类的人传授哲学"进行类比是不恰当的。

最后，MBA 学员并非毫无管理经验的人。大多数 MBA 学员都有多年的工作经验，甚至是管理经验。在此基础上无法认定 MBA 教育是浪费时间。MBA 教育的宗旨是培养具有管理理念和实际应用能力的学生，而非灌输知识。经验分析、案例分析作为 MBA 课程中的主要教学模式，能让没有任何管理经验的初学者将自己置于案例情境中，在间接经历中高效提升管理能力，所以不能轻率地认为 MBA 教育是对管理的一种贬低。

综上，经过理性地审视后，我们不难发现 MBA 教育也许并没有材料所说的那样糟糕。

2004 年管理类（公关公司）

　　目前，国内约有一千家专业公关公司。去年，规模最大的十家本土公关公司的年营业收入平均增长 30%，而规模最大的十家外资公关公司的年营业收入平均增长 15%；本土公关公司的利润率平均为 20%，外资公关公司为 15%。十大本土公关公司的平均雇员人数是十大外资公关公司的 10%。可见，本土公关公司利润水平高、收益能力强、员工的工作效率高，具有明显的优势。

　　中国公关协会最近的调查显示，去年，中国公关市场营业额比前年增长 25%，达到了 25 亿元；而日本约为 5 亿美元，人均公关费用是中国的十多倍。由此推算，在不远的将来，若中国的人均公关费用达到日本的水平，中国公关市场的营业额将从 25 亿元增长到 300 亿元，平均每家公关公司就有 3 000 万元左右的营业收入。这意味着一大批本土公关公司将胜过外资公关公司，成为世界级的公关公司。

要点精析

【原文1】 目前，国内约有一千家专业公关公司。去年，规模最大的十家本土公关公司的年营业收入平均增长 30%，而规模最大的十家外资公关公司的年营业收入平均增长 15%；本土公关公司的利润率平均为 20%，外资公关公司为 15%。十大本土公关公司的平均雇员人数是十大外资公关公司的 10%。可见，本土公关公司利润水平高、收益能力强、员工的工作效率高，具有明显的优势。

【分析角度1】 在题干第一段的论证中引用的数据无法说明员工的工作效率。

【分析角度2】 公司的利润水平与平均利润率是两个不同的概念，根据本土公关公司的平均利润率比外资公关公司高，不能推断出本土公关公司的利润水平比外资公关公司高。

【分析角度3】 收入增长速度并不等同于收入能力，材料显然混淆了二者的概念。由于营业收入增长率只有在增长基数基本相同的情况下才能说明收益能力的差异。本土公关公司与外资公关公司处于不同的发展阶段，收入增加速度快并不意味着收入能力强（在小的基数上增加总是比在大的基数上增加容易）。因此，由本土公关公司的年营业收入平均增长率高于外资公关公司的年营业收入平均增长率，不能得出"本土公关公司的收益能力比外资公关公司强"的结论。

【原文2】 中国公关协会最近的调查显示，去年，中国公关市场营业额比前年增长 25%，达到了 25 亿元；而日本约为 5 亿美元，人均公关费用是中国的十多倍。由此推算，在不远的将来，若中国的人均公关费用达到日本的水平，中国公关市场的营业额将从 25 亿元增长到 300 亿元，平均每家公关公司就有 3 000 万元左右的营业收入。这意味着一大批本土公关公司将胜过外资公关公司，成为世界级的公关公司。

【分析角度4】中国与日本的人口结构存在着相当大的差异，尤其对于公关这种对城市化程度要求很高的行业而言，简单地用日本的人均公关费用类推中国，是错误的类比。

【分析角度5】对未来市场总额的估计与现在市场中企业的总数不是同一时点的数据（前者是预测值，后者是统计值），不具有可比性。公关市场营业额的增长极有可能伴随着公关公司数量的增长。上述论证依据中国公关市场的营业额将增长到300亿元的预测数据，计算出平均每家公关公司有3 000万元左右的营业收入，隐含的假设是公关公司的数量基本不变。而这个假设是很难成立的。

【分析角度6】材料根据中国公关市场的营业额的增长，推出每家公关公司的营业收入有大的增长。然而，受益于营业收入增长的同时包括本土公关公司和外资公关公司。因此，这不能成为一大批本土公关公司将胜过外资公关公司的根据。即使中国的公关市场营业总额增加到300亿元的水平，且平均到每一个公司的营业收入都很高，但这些公司既包括本土公关公司，包括外资公关公司，也无法得出"一大批本土公关公司将胜过外资公关公司"的结论。

【分析角度7】当讨论本土公关公司中是否会诞生一批世界级公关公司时，采取计算平均值的方法所推算出的每个公司的平均营业收入缺乏说服力。在某个行业中，常常是20%的企业创造了80%的市场营业收入。所以，这种根据平均值推断的方式存在很大的漏洞。

参考范文

参考范文一

本土公关公司会成为世界级的公关公司吗？

材料通过一系列分析，试图得到"本土公关公司会成为世界级的公关公司"的结论。但其论证过程存在诸多漏洞，其结论有待商榷。

首先，规模最大的10家公关公司无法代表所有公关公司的水平。从数量上看，相对于国内的公关公司总量而言，10家公关公司占比不到1%，样本数量太小。此外，如果这10家公关公司做到了对行业的高度垄断，那么它们盈利的增长将会使其他公关公司的盈利下降，因此，这10家公关公司难以代表行业所有公关公司的水平。

其次，本土公关公司的营业收入增长率更高并不能说明它们的收益能力更强。评价收益能力不仅要看相对数也要比较绝对值。可能前年本土公关公司的营业收入数额远小于外资公关公司，那么本土公关公司30%的增长额在绝对值上就可能小于外资公关公司，外资公关公司的收益能力仍强于本土公关公司。

再次，中国公关市场和日本公关市场不可类比。中国人和日本人在消费观念上存在差异，中国人对公关产品的需求程度可能达不到日本人对公关产品的需求程度，并且中国人对公关费用的预算可能低于日本，达不到日本的消费水平，因此不应将中国公关市场和日本公关市场同等看待。

最后，中国公关市场的营业额达到300亿元与本土公关公司成为世界级的公关公司不存在必然的关系。中国公关市场中不仅有本土公关公司，还有外资公关公司。如果本土公关公司的服务质量差、价格贵、性价比低，那么消费者很可能更多地选择外资公关公司，使得本土公关公司的市场份额缩小，无法成为世界级的公关公司。

综上，材料的论证过程存在诸多问题，其结论也必然难以成立。

参考范文二

本土公关公司的前景有待商榷

材料在论证过程中存在一些逻辑缺陷，得出本土公关公司的前景有待商榷。

首先，规模最大的10家本土公关公司的运营特点和优势并不能代表整个国内本土公关行业的市场状况。如果行业发展成寡头垄断的形势，资源掌握在少数公关公司的手中，最后形成赢家通吃的局面，那其他本土公关公司又谈何有发展优势呢？

其次，衡量本土公关公司是否具有优势并不能只看公司的利润水平、收益能力、员工的运营效率等财务数据和经营数据。公关公司是否具有能够长期良性发展的优势，还需要看其市场开拓度等。如果公关公司的市场开拓不成熟，即便其数据十分完美，公司在发展上也很可能不具有优势。

再次，中国公关市场的发展未必带来本土公关公司的营业额增长。随着人们的公关需求的增加，他们往往会倾向于寻找优质的公关公司。中国本土公关公司本身发展便稍稍滞后于外资公关公司，资源整合能力、体系成熟度等方面总体来说也要稍逊一筹。如果外资公关公司看准了中国公关市场，想要抢占中国公关市场份额，则本土公关公司的发展处境会愈加艰难。

最后，平均每家公关公司营业收入增长3 000万元就意味着有一大批本土公关公司可以超越外资公关公司成为世界级的公关公司了吗？恐怕未必。随着市场的发展和成熟，外资公关公司的营业收入自然不会原地踏步，它们很有可能并举中国和海外两个市场，凭借其成熟的发展体系依旧保持公关行业的"领头羊"地位。而本土公关公司虽然收入增长，却可能依旧只是行业中的普通公关公司。

综上所述，材料对本土公关公司前景的预测难以让人信服。

2003年管理类（蜜蜂苍蝇实验）

把几只蜜蜂和苍蝇放进一只平放的玻璃瓶，使瓶底对着光亮处，瓶口对着暗处。结果，有目标地朝着光亮拼命扑腾的蜜蜂最终衰竭而死，而无目的地乱窜的苍蝇竟都溜出细口瓶颈逃生。是什么葬送了蜜蜂？是它对既定方向的执着，是它对趋光习性这一规则的遵循。

当今企业面临的最大挑战是经营环境的模糊性与不确定性。在高科技企业，哪怕只预测几个月后的技术趋势都是件浪费时间的徒劳之举。就像蜜蜂或苍蝇一样，企业经常面临一个像玻璃瓶那样的不可思议的环境。蜜蜂实验告诉我们，在充满不确定性的经营环境中，企业需要的不是朝着既定方向的执着努力，而是在随机试错的过程中寻求生路，不是对规则的遵循而是对规则的突破。在一个经常变化的世界里，混乱的行动比有序的衰亡好得多。

📖 要点精析

【原文1】 把几只蜜蜂和苍蝇放进一只平放的玻璃瓶，使瓶底对着光亮处，瓶口对着暗处。结果，有目标地朝着光亮拼命扑腾的蜜蜂最终衰竭而死，而无目的地乱窜的苍蝇竟都溜出细口瓶颈逃生。是什么葬送了蜜蜂？是它对既定方向的执着，是它对趋光习性这一规则的遵循。

【分析角度1】 蜜蜂实验只是特定环境下的一个生物行为实验，不能简单地将生物行为类推到企业行为，更不能把生物行为实验的结果一般化为企业应对不确定性的普遍性原则。

【分析角度2】 不能用小概率的随机试错后成功的特例去否定理性决策。经济发展和技术发展总体上是有规律的。在具有模糊性与不确定性的经营环境中，虽然企业用随机试错的方法可能取得成功，但企业理性决策成功的概率要远远大于随机试错成功的概率。

【原文2】 当今企业面临的最大挑战是经营环境的模糊性与不确定性。在高科技企业，哪怕只预测几个月后的技术趋势都是件浪费时间的徒劳之举。就像蜜蜂或苍蝇一样，企业经常面临一个像玻璃瓶那样的不可思议的环境。蜜蜂实验告诉我们，在充满不确定性的经营环境中，企业需要的不是朝着既定方向的执着努力，而是在随机试错的过程中寻求生路，不是对规则的遵循而是对规则的突破。在一个经常变化的世界里，混乱的行动比有序的衰亡好得多。

【分析角度3】 技术预测具有不确定性，不意味着技术趋势不可预测，也不能说明进行预测是浪费时间的徒劳之举。实际上，对未来的预测是企业经营决策的重要依据。且预测时间的长短也不能作为否定预测必要性的根据。

【分析角度4】 不能把遵循规则和突破规则的区别绝对化。事实上，遵循规则和突破规则不是绝对排斥的。对规则的突破不意味着不遵循任何规则，而意味着突破或修改不合理的旧规则，创建并遵循新规则。

【分析角度5】企业经营环境的不确定性要求不能机械地遵循规则，这个正确的观点被偷换为企业经营环境的不确定性要求不遵循任何规则。

【分析角度6】在一个经常变化的世界里，混乱的行动和有序的衰亡并不是仅有的两种选择。没有理由因为反对有序的衰亡就提倡混乱的行动。

【分析角度7】企业面临的最大挑战是经营的模糊性与不确定性，并不等同于预测几个月后的技术趋势都是徒劳的。预测很可能帮助企业规避风险，如在不确定性中避开发展雷区，且经营环境越是模糊很可能越需要预测作导向。因此该论证不必然成立。

参考范文

混乱的行动比有序的衰亡好得多吗？

材料通过一系列论证试图说明混乱的行动比有序的衰亡好得多。然而由于其在论证过程中存在诸多逻辑错误，所以其结论的可信度也大打折扣，现分析如下。

首先，蜜蜂实验只是特定环境下的一个生物行为实验，不能简单地将生物行为类推到企业行为。因为生物行为是以生物本身的生理反应为主导的，而企业行为则是汇聚复杂的判断的结果，这种判断是企业管理者在极其复杂的商业环境、社会环境、文化环境等的共同作用下进行的，所以不能将生物实验结果直接指导企业的商业行为。

其次，仅凭小概率的随机试验成功的特例无法作为企业决策的依据。经济发展和技术发展总体上是有规律的。在具有模糊性和不确定性的经营环境中，虽然企业用随机试错的方法可能取得成功，但理性决策成功的概率要远远大于随机试错成功的概率。

再次，论证者过于绝对地认为企业需要的不是朝着既定方向的持续努力，而是在随机试错的过程中寻求生路。然而，经济发展和技术发展总体上是有规律的。在具有模糊性与不确定性的经营环境中，虽然企业用随机试错的方法可能取得成功，但企业理性决策成功的概率要远远大于随机试错成功的概率。不能用小概率的随机试错后成功的特例去否定理性决策。

最后，企业面临的最大挑战是经营的模糊性与不确定性，并不等同于只预测几个月后的技术趋势都是徒劳的。很可能预测能帮助企业规避风险，如在不确定性中避开发展雷区，且经营环境越是模糊很可能越需要预测作导向。因此该论证不必然成立。

综上所述，该论证虽有一定道理，但仍存在不少缺陷，如论据不足、推理过程不严谨等，是一个有待完善的论证。

2002年管理类（运动与看电视）

下文摘录于某投资公司的一份商业计划：

"研究显示，一般人随着年龄的增长，用于运动锻炼的时间逐渐减少，而用于看电视的时间逐渐增多。在今后的20年中，城市人口中老年人的比例将有明显的增长。因此，本公司应当及时地售出足量的'达达运动鞋'公司的股份，并增加在'全球电视'公司中的投资。"

对上述论证进行评论。分析上述论证在概念、论证方法、论据及结论等方面的有效性。

要点精析

【分析角度1】一般人随着年龄的增长，用于运动锻炼的时间逐渐减少，但这并不意味着人们对运动鞋的需求会减少，从而影响运动鞋的销量。考虑到舒适度高、款式潮流、具有收藏价值，运动鞋很可能仍然是受欢迎的选择之一。

【分析角度2】电视机属于耐用品，更换频率较低，因此即使人们用于看电视的时间增多，也必然不会导致电视机的销量增加。

【分析角度3】现在的调查情况不能代表未来的情况。随着社会进步，人们的健康意识不断增强，年纪大的人也可能会逐渐喜欢锻炼并减少看电视的时间。

【分析角度4】老年人的比例属于相对数值，而运动鞋公司是否有市场则取决于消费群体的绝对数值。如果老年人比例增加，但运动鞋的消费群体依旧庞大，那么运动鞋公司就还有市场。

【分析角度5】城市老年人口的情况不能代表整体老年人口的情况，材料忽略了农村老年人口的情况。

易错提示 这道真题材料很短，但是信息量非常大，中间隐藏了十几个谬误，在日常测试中，大家的行文情况也非常糟糕。简单来说就是：一看全会，一写全废。大家在行文时经常出现引入了 x 论证，却分析 y 论证的情况；也经常出现引入 x 论证的前提，却引入 y 论证的结论，从而导致前提和结论不匹配的情况。所以要想把论证有效性的文章写好，最关键的就是找准前提和结论。

为了让大家更好地理解，在此举几个例子，以供参考。

参考段落一

【乃心老师小贴士】大家要注意体会精简后的前提和结论。

【前提】用于运动锻炼的时间逐渐减少。

【结论】运动鞋的销量减少（隐藏的假设）。

【分析关键词】运动鞋舒适度、潮流、收藏价值。

【参考段落】

用于运动锻炼的时间逐渐减少并不代表运动鞋的销量就会减少。因为人们不是只有在运动的时候才穿运动鞋，日常出行时也可以穿运动鞋。很多人购买运动鞋是因为其舒适度高、款式紧跟潮流或具有一定的收藏价值。因此，有些人即便不穿，也会购入。基于此，投资公司不应该盲目地认定运动鞋的销量会减少并售出足量的"达达运动鞋"公司的股份。

【问题段落对比】

一般人随着年龄的增长会逐渐减少用于运动锻炼的时间而逐渐增加用于看电视的时间，且城市人口中老年人的比例将明显增长并不必然推出要及时售出运动鞋公司的股份同时增加对电视公司的投资。因为从产品类型来看，运动鞋属于生活必需品，而且易磨损，只要有人运动就会有一定的需求，然而电视机属于耐用品，即使人们用于看电视的时间增多，也未必需要经常更换电视机，所以该公司是否要进行投资转变有待商榷。

参考段落二

【前提】城市人口中老年人的比例将有明显的增长。

【结论】本公司应当及时地售出足量的"达达运动鞋"公司的股份。

【分析关键词】年轻人、儿童运动鞋。

【参考段落】

城市人口中老年人的比例将有明显的增长并不代表本公司应当及时地售出足量的"达达运动鞋"公司的股份。一方面，"达达运动鞋"公司的消费群体未必全是老年人，它的产品范围还可能包括儿童运动鞋、青年运动鞋等；另一方面，老年人用于运动的时间减少并不能说明他们对运动鞋的需求减少了，很可能由于运动鞋的舒适度较高且具有防滑、耐磨等特性，老年人对它们的需求反而更强烈了。故该公司应当及时地售出足量的"达达运动鞋"公司的股份这一决定显然是草率的。

【问题段落对比】

根据材料研究发现，城市人口中老年人比例的增加，是无法得到本公司应当减少运动行业投资而增加对电视公司的投资这一结论的。材料忽略了这一规律主要是针对学习压力大的青年人和工作负担重的中年人提出的，而对老年人而言，他们拥有更多闲暇时间进行锻炼，公园里也大多是老年人在进行身体锻炼，即相较于看电视，老年人往往更注重锻炼身体。若是如此，则该公司不应采取售出足量的运动鞋公司的股份而应增加对电视公司投资的策略。

参考范文

似是而非的论证

论证者通过一系列论证，得出本公司应当及时地售出足量的运动鞋公司的股份，增加对电视公司的投资的结论，然而，这一论证存在以下几个方面的缺陷。

首先，上述论证存在着这样的前提假设，即运动时间减少会使人对运动鞋的需求量减少，同时看电视的时间变长意味着电视机市场会更加繁荣。显然这样的假设是站不住脚的。一方面，现在运动鞋早已不是专属于运动的装备，许多人在日常生活中为了追求舒适也会选择穿运动鞋；另一方面，由于电视机不属于易损耗物品，因此，即使人们看电视的时间增加也不会对电视机的销售起到促进作用。况且，就算人们对未来运动鞋市场的需求会下降，电视机市场确实会向好的方向发展，但也只是整体发展趋势，这两家公司的股票走势并不一定与市场发展方向一致，针对二者的投资行动也就未必合理。

其次，城市人口中老年人的比例增加并不代表整体老年人的数量增加。如果农村地区老年人的比例下降，那么老年人口总数可能维持不变或者下降。更何况，在未来的二十年中，很可能受健康观念、身体状况等因素的影响，中老年人选择通过运动来强身健体，青年人选择通过运动来缓解压力，儿童通过运动增强体质。由此看来，城市人口中老年人的比例下降与该公司售出足量的运动鞋、公司的股份增加对电视公司的投资无必然联系。

最后，今后二十年的行业发展是一个漫长的渐变过程，公司无法根据当前的研究结果作出准确的判断。第一，很可能当前运动鞋市场远好于电视行业，在今后相当长的一段时间内即使略有下降，也还是会处于优势地位，那么该公司减持运动鞋公司的股份可能会损失很多利益。第二，"达达运动鞋"公司和"全球电视"公司只是行业中的个例，个体的发展趋势不能代表行业的整体走势。

综上所述，论证者的论证过程存在诸多问题，其结论缺乏说服力，不足为信。

MBA 综合能力考试论证有效性分析真题

2013 年 10 月（勤俭节约）

"勤俭节约"是中国人民的优良传统，也是近百年流传下来的革命传统。在中华人民共和国成立后的建设时期，尤其是 20 世纪 50 年代，国家百废待兴，就是靠全国人民发扬勤俭持家、勤俭建国的艰苦奋斗精神，才在一穷二白的基础上打下了工业化的基础。

时代车轮开进了 21 世纪，中国加入了世贸组织，实现了全面开放。与 30 年前相比，我们面对的国际形势已经发生了天翻地覆的变化。形势在变，任务在变，人的观念也要适应这种变化，也要与时俱进。比如，"勤俭节约"的观念就到了需要改变的时候了。

我们可以从个人、家庭、国家三个层面对"勤俭节约"的观念进行分析。

先从个人的角度谈起。一个人如果过分强调勤俭节约，就会过度关注"节流"，而不重视"开源"。"开源"就是要动脑筋、花气力，最大程度发挥自己的能力合法赚钱。个人的财富不是省出来的，只靠节省，财富的积累是有限的；靠开源，财富才可能会滚滚而来。试想，比尔·盖茨的财富是靠省出来的吗？

再从家庭的角度分析。一个家庭如果过分强调勤俭节约，也就是秉持"勤俭持家"，对于上了年纪的老人，还是应该的，因为他们已经不能出去挣钱了。但对于尚在工作年龄的人，尤其是青年人，提倡勤俭持家有害无益。为了家庭的长远利益，缺钱的时候还可以去借钱，去抵押贷款。为了勤俭持家，能上的学不上，学费是省了，可孩子的前途就耽误了。即使是学费之外的学习费用，也不能一味节俭。试想，如果郎朗的家长当年不买钢琴，能有现在的国际钢琴大师郎朗吗？

最后从国家的角度审视，提倡"勤俭节约"弊远大于利。2008 年以来的金融危机演变为世界性的经济危机，至今还没有完全走出低谷。2008 年之前，中国的高速发展主要靠出口与投资拉动。而今，发达国家一个个囊中羞涩，减少进口，甚至还要"再工业化"，把已经转移到发展中国家的企业再招回去，而且时常举起贸易保护主义的大旗，中国经济已经不能靠出口拉动了。怎么办？投资率已经过高了，只能依靠内需。

如何刺激内需呢？如果每个个人、家庭都秉持勤俭节约的古训，内需是绝对刺激不起来的，也就依靠不上了，结果是只能单靠投资拉动，其后果不堪设想。所以，要刺激内需，必须首先揭示"勤俭节约"之弊端，树立"能挣敢花"之观念。

只要在法律的约束之下，提倡"能挣"就是提倡"奋斗"，就会给经济带来活力，就不会产生许多"啃老族"，也不会产生许多依赖救济的人，就会激励人们特别是年轻人的创新精神，国家的经济可以发展，科技也可以上去。提倡"敢花"就是鼓励消费，就能促进货币和物资流通，就不会产生大量的产品积压，从而也能解决许多企业员工的就业问题，使他们得到挣钱的机会，并进一步增加消费。试想，如果大家挣了钱，都不舍得花，会有多少人因此而下岗失业啊？本来以为勤俭节约是一种美德，结果却是祸害了他人。就在你为提倡节约每1度电而津津乐道的时候，有多少煤矿和电厂的工人因为领不到工资在流泪？

综上所述，"勤俭节约"作为一种传统已经过时了。在经济全球化的时代，如果继续秉持"勤俭节约"的理念，对个人，对家庭，特别是对国家弊大于利，甚至是有害无利的。

要点精析

【原文1】 形势在变，任务在变，人的观念也要适应这种变化，也要与时俱进。比如，"勤俭节约"的观念就到了需要改变的时候了。

【分析角度1】 由"形势在变，任务在变，人的观念也要适应这种变化，也要与时俱进"不能得出"'勤俭节约'的观念就到了需要改变的时候了"这一结论，因为有些好的传统是需要继承和发扬的。

【原文2】 一个人如果过分强调勤俭节约，就会过度关注"节流"，而不重视"开源"。"开源"就是要动脑筋、花气力，最大程度发挥自己的能力合法赚钱。个人的财富不是省出来的，只靠节省，财富的积累是有限的；靠开源，财富才可能会滚滚而来。试想，比尔·盖茨的财富是靠省出来的吗？

【分析角度2】 "一个人过分强调勤俭节约"并不一定会导致"过度关注'节流'，而不重视'开源'"，因为"勤俭节约"中的"勤"就意味着要努力工作，和"开源"并行不悖。

【分析角度3】 "个人的财富不是省出来的"论断错误。个人的财富既要靠"开源"，也要靠"节流"。试想，如果比尔·盖茨不节俭，他创办公司的资本从哪里来？即使他成功之后有再多的财富可能也不够挥霍，哪里还有钱像现在这样建立上百亿的基金回报社会呢？

【原文3】 一个家庭如果过分强调勤俭节约，也就是秉持"勤俭持家"，对于上了年纪的老人，还是应该的，因为他们已经不能出去挣钱了。但对于尚在工作年龄的人，尤其是青年人，提倡勤俭持家有害无益。为了家庭的长远利益，缺钱的时候还可以去借钱，去抵押贷款。为了勤俭持家，能上的学不上，学费是省了，可孩子的前途就耽误了。

【分析角度4】 "勤俭持家"和"合理消费"并不矛盾，"勤俭持家"并不意味着要将孩子上学的费用都取消。"勤俭持家"是"量入为出"，即不过度消费、超前消费。

【原文4】 提倡"敢花"就是鼓励消费，就能促进货币和物资流通，就不会产生大量的产品积压，从而也能解决许多企业员工的就业问题，使他们得到挣钱的机会，并进一步增加消费。试想，如果大家挣了钱，都不舍得花，会有多少人因此而下岗失业啊？本来以为勤俭节约是一种美德，结果却是祸害了他人。就在你为提倡节约每一度电而津津乐道的时候,有多少煤矿和电厂的工人因为领不到工资在流泪?"

【分析角度5】 提倡"敢花"未必就能促进货币和物资流通,也未必能解决大量产品积压的问题,还可能会导致部分产品紧缺或过剩。而一味提倡"敢花",特别是无节制地借贷消费,正是引发金融危机的导火索。

【分析角度6】 对中国经济社会的发展来说,不可再生资源的紧缺是一直以来的制约因素,节约尤为重要。如果企业因节约不可再生资源导致停产,这些企业应该采用产业升级或转产等方法解决问题。采用浪费资源的方式维持运行无异于饮鸩止渴。

参考范文

勤俭节约真的过时了吗?

上述材料通过一系列有缺陷的论证,试图得出"勤俭节约已经过时了"的结论,现对其逻辑漏洞进行如下分析。

首先,国际形势的变化并不意味着勤俭节约的观念需要改变。随着时代的变迁,"勤俭节约"这种优良的传统更应该被传承下来,真正需要改变的是腐朽落后的观念。正所谓"取其精华,去其糟粕"。若将"勤俭节约"丢弃,面对当前形势,个人如何累积财富?国家怎能增强实力?

其次,勤俭节约并不是只"节流"不"开源"。二者相辅相成而非矛盾关系,一个人只有二者兼顾方可成就大业。若听信材料观点,只注重"开源"而忽视"节流",那么毫无节制的开销势必会造成不必要的浪费,长此以往,取得的财富将消耗殆尽,个人也无法积聚财富。

再次,且不说勤俭节约与挣钱能力是否有必然联系,即便有,勤俭节约也并非要求全面限制开销,只是将不必要的开销节省下来,用在需要的地方。比如在孩子的教育方面,父母勤俭节约能更好地积累财富,为支持孩子的发展奠定坚实的物质基础。

最后,勤俭节约也不是完全不花钱,而是不乱花钱。如果政府能够更好地提倡勤俭节约,引导人们将现有的钱花在该花的地方,内需未必不会被带动起来。材料将工人失业的原因归结为节约,未免有些牵强附会。

综上,材料的论证过程存在诸多逻辑漏洞,由此得出"勤俭节约已经过时了"的结论难以令人信服。

2012年10月（四不承诺）

某县县长在任职四年后的述职大会上说："'不偷懒、不贪钱、不贪色、不整人'，今天，可以坦然地说，我兑现了四年前在人大会上的承诺。"接着，他总结了四年工作的主要成绩与存在的问题。报告持续了一个多小时。

几天后，关于"四不"的承诺在网上传开，引起多人热烈讨论，赞赏和质疑的观点互不相让。主要的质疑有以下几种。

质疑之一："不偷懒、不贪钱、不贪色、不整人"是普通公务员都要坚持的职业底线，何以成为官员的公开承诺？如果那样，"不偷、不抢、喝酒不开车、开车不闯红灯"都应该属于承诺之列了。

质疑之二：不管是承诺"四不"还是"八不"，承诺本身就值得怀疑。俗话说"会说的不如会干的""事实胜于雄辩"。有本事就要干出个样子让群众看看，还没有干就先来一番承诺，有作秀之嫌。有许多被揭发出的贪官，在任时说的比唱的都好听。

质疑之三：作为一个县长，即使真正做到了"四不"，也不能证明他是一个好干部。衡量县长、县委书记这一级的领导是否称职，主要看他是否能把下面的干部带好。如果只是洁身自好，下面的干部风气不正，老百姓也要遭罪。

质疑之四：县长的总结是抓了芝麻、丢了西瓜。他说的"四不"全是小节，没有高度。一个县的领导应该有大局观、时代感、战略眼光、工作魄力，仅仅做到"四不"是难以担当县长重任的。

📖 要点精析

【原文1】质疑之一："不偷懒、不贪钱、不贪色、不整人"是普通公务员都要坚持的职业底线，何以成为官员的公开承诺？如果那样，"不偷、不抢、喝酒不开车、开车不闯红灯"都应该属于承诺之列了。

【分析角度1】质疑之一认为"'不偷懒、不贪钱、不贪色、不整人'是普通公务员都要坚持的职业底线"，这是对的，但是，要做到这些并不是轻而易举的，需要公务员严格要求自己并且持之以恒付出努力。

【分析角度2】质疑之一将"不偷懒、不贪钱、不贪色、不整人"与"不偷、不抢、喝酒不开车、开车不闯红灯"并列，实在不妥。前面的"四不"对领导干部来说更有针对性，因为县长有一定的权力，更加需要拒绝权力给自己带来的便利和诱惑。而"不偷、不抢、喝酒不开车、开车不闯红灯"是每个公民应守的法则。所以，前面的"四不"对领导干部来说更值得承诺。

【原文2】质疑之二：不管是承诺"四不"还是"八不"，承诺本身就值得怀疑。俗话说"会说的不如会干的""事实胜于雄辩"。有本事就要干出个样子让群众看看，还没有干就先来一番承诺，有作秀之嫌。有许多被揭发出的贪官，在任时说的比唱的都好听。

【分析角度3】质疑之二认为"承诺本身就值得怀疑"，其全盘否定了承诺，但理由并不充分。虽然的确存在许多贪官曾经做出过好听的承诺的情况，但这并不能证明所有做出承诺的领导干部都是贪官。从积极的意义上讲，公开承诺是表示决心、表明态度的方式，有助于领导干部形成良好的作风意识，在工作和生活中不断鞭策自己。

【原文3】质疑之三：作为一个县长，即使真正做到了"四不"，也不能证明他是一个好干部。衡量县长、县委书记这一级的领导是否称职，主要看他是否能把下面的干部带好。如果只是洁身自好，下面的干部风气不正，老百姓也要遭罪。

【分析角度4】质疑之三将县长做到"四不"与带好队伍割裂开来，认为做到"四不"只能说明其自身廉洁。俗话说"上梁不正下梁歪"，"上梁正"是带好队伍的必要条件，虽然不是充分条件，但也不是无关因素。

【原文4】质疑之四：县长的总结是抓了芝麻、丢了西瓜。他说的"四不"全是小节，没有高度。一个县的领导应该有大局观、时代感、战略眼光、工作魄力，仅仅做到"四不"是难以担当县长重任的。

【分析角度5】质疑之四认为"四不"全是小节，没有高度，不应该作为评价一个县长是否称职的重要标准。他所说的"大局观、时代感、战略眼光、工作魄力"主要指的是领导干部的"才能"。"才能"并非不重要，但"四不"所指的"德"更为关键。因为一个有能力但缺"德"的干部带给老百姓的危害可能更大，对党的威信造成的影响更坏。

【分析角度6】质疑之四仅根据县长述职报告中提到的"四不"承诺就说县长的总结是"抓了芝麻、丢了西瓜"，没有全面、客观地分析问题。

📖 参考范文

"四不"承诺真的值得质疑吗？

  材料引用了网友对"四不"承诺的诸多质疑，然而，由于其论证过程存在诸多逻辑缺陷，因此其结论是难以令人信服的。

  首先，质疑之一将"不偷懒、不贪钱、不贪色、不整人"与"不偷、不抢、喝酒不开车、开车不闯红灯"并列，实在不妥。前面的"四不"对领导干部来说更有针对性，因为县长有一定的权力，更加需要拒绝权力给自己带来的便利和诱惑。而"不偷、不抢、喝酒不开车、开车不闯红灯"是每个公司应守的法则。所以，前面的"四不"对领导干部来说更值得承诺。

其次，质疑之二认为"承诺本身就值得怀疑"，其全盘否定了承诺，但理由并不充分。虽然的确存在许多贪官曾经做出过好听的承诺的情况，但这并不能证明所有做出承诺的都是贪官。从积极的意义上讲，公开承诺是表示决心、表明态度的方式，有助于领导干部形成良好的作风意识，在工作和生活中不断鞭策自己。

再次，质疑之三将县长做到"四不"与带好队伍割裂开来，认为做到"四不"只能说明其自身廉洁。俗话说"上梁不正下梁歪"，"上梁正"是带好队伍的必要条件，虽然不是充分条件，但也不是无关因素。

最后，质疑之四认为"四不"全是小节，没有高度，不应该作为评价一个县长是否称职的重要标准。他所说的"大局观、时代感、战略眼光、工作魄力"主要指的是领导干部的"才能"。"才能"并非不重要，但"四不"所指的"德"更为关键。因为一个有能力但缺"德"的干部带给老百姓的危害可能更大，对党的威信造成的影响更坏。

综上，网友对"四不"承诺的质疑难以让人信服。

2011 年 10 月（个人所得税）

我国的个人所得税从 1980 年开始征收，当时起征点为 800 元人民币。最近几年起征点为 2 000 元，个人所得税总额逐年上升，已经超过 2 000 亿元。随着居民基本生活开支的上涨，国家决定从 2011 年 9 月将个税起征点提高到 3 500 元，顺应了大多数人的意愿。

从个人短期利益上来看，提高起征点确实能减少一部分中低收入者的税收，看似有利于普通老百姓。但是，如果冷静地进行分析，其结果却正好相反。

中国实行税收累进率制度，也就是说工资越高所缴纳的税率也越高。请设想，如果将 2 000 元的个税起征点提高到 10 000 元。虽然，极少数月工资超过 30 000 元的人可能缴更多的税，但是绝大多数人的个税会减少，只是减少的数额不同。原来工资低于 2 000 元的，1 分钱的好处也没有得到；拿 2 000 元工资的人只是减轻了几十元的税；而拿 8 000 元工资的人则减轻了几百元的税。收入越高，减少的越多，贫富差距自然会被进一步拉大了。

同时，由于税收起征点上调，国家收到的税收大幅度减少，政府就更没有能力为中低收入者提供医疗、保险、教育等公共服务了，结果还是对穷人不利。

所以说，建议提高个税起征点的人，或者是听到提高起征点就高兴的人，在捅破这层窗户纸以后，他们也不得不承认这一客观真理：提高个税起征点有利于富人，不利于一般老百姓。

如果不局限在经济层面讨论问题，转到从社会与政治角度考虑，问题就更清楚了。原来以 2 000 元为起征点，有 50% 以上为非纳税人，如果提高到 3 500 元，中国的纳税人就只剩下 20% 了。80% 的国民不纳税，必定会引起政治权利的失衡。降低起征点，扩大纳税人的比例，不仅可以缩小贫富差距，还可以培养全民的公民意识。纳税者只有承担了纳税义务，才能享受纳税者的权利。如果没有纳税，人们对国家就会失去主人翁的责任感，就不可能有强烈的公民意识，也就会失去或放弃监督政府部门的权利。所以，为了培养全国民众的公民意识，为了缩小贫富差距，为了建设和谐社会，我们应该适当降低个税起征点。

📖 要点精析

【原文 1】 请设想，如果将 2 000 元的个税起征点提高到 10 000 元。虽然，极少数月工资超过 30 000 元的人可能缴更多的税，但是绝大多数人的个税会减少，只是减少的数额不同。原来工资低于 2 000 元的，1 分钱的好处也没有得到；拿 2 000 元工资的人只是减轻了几十元的税；而拿 8 000 元工资的人则减轻了几百元的税。收入越高，减少的越多，贫富差距自然会被进一步拉大了。

【分析角度 1】 个税起征点提高到 10 000 元以后，只有月工资在 2 000~10 000 元的人相应的减少纳税，而月工资超过 30 000 元的人数可能会增加，因此并非所有人"收入越高，减少得越多"。

【原文2】同时，由于税收起征点上调，国家收到的税收大幅度减少，政府就更没有能力为中低收入者提供医疗、保险、教育等公共服务了，结果还是对穷人不利。

【分析角度2】税收起征点上调，国家收到的税收并不一定会大幅度减少，因为个人所得税只是国家税收中的一小部分，国家税收还包括其他税种，如增值税、关税等。此外，针对个人所得税而言，提高起征点后，随着个人收入的增多和征收力度的增强，个人所得税的总量也不一定会大幅度减少。

【原文3】所以说，建议提高个税起征点的人，或者是听到提高起征点就高兴的人，在捅破这层窗户纸以后，他们也不得不承认这一客观真理：提高个税起征点有利于富人，不利于一般老百姓。

【分析角度3】在没有充分论证的情况下，将"提高个税起征点有利于富人，不利于一般老百姓"这一观点被强行定义为"客观真理"是不妥当的。

【原文4】原来以 2 000 元为起征点，有 50% 以上为非纳税人，如果提高到 3 500 元，中国的纳税人就只剩下 20% 了。80% 的国民不纳税，必定会引起政治权利的失衡。降低起征点，扩大纳税人的比例，不仅可以缩小贫富差距，还可以培养全民的公民意识。纳税者只有承担了纳税义务，才能享受纳税者的权利。如果没有纳税，人们对国家就会失去主人翁的责任感，就不可能有强烈的公民意识，也就会失去或放弃监督政府部门的权利。

【分析角度4】假设个税起征点提高至 10 000 元，大大地超过实际确定的个税起征点 3 500 元，由此推出的结论不能作为论据。比如，假设起征点为 10 万元，则可能没有人纳税。

【分析角度5】混淆了"纳税"与"缴纳个人所得税"的概念。即使有的人按个税起征点不缴纳个人所得税，也不能推断他们不纳税，在增值税、消费税、存款利息税等税种中都会有他们的贡献。

【分析角度6】"如果没有纳税，人们对国家就会失去主人翁的责任感"这一判断缺乏依据。如果只看个人所得税，没有纳税的情况有以下几种：按规定应该纳税也有能力纳税却逃税或漏税的人，可以说他们"对国家失去了主人翁的责任感"；对于按规定不需要纳税或没有能力纳税的公民，不能武断地说他们"对国家失去了主人翁的责任感"。

【分析角度7】即便人们没有纳税，也无法在重重错误论证下得出"人们会失去或放弃监督政府部门的权利"的结论。因为现代国家的管理机制，不像公司的股东大会那样按股份分配投票权。中国公民监督政府部门的权利是宪法赋予的，人人平等，不是按纳税数额分配的。

参考范文

提高个税起征点真的不合理吗？

材料通过一系列论证试图得出"我国不应该提高个税起征点"这一结论。然而，材料在论证过程中犯了一系列逻辑错误，所以其结论是值得商榷的，现分析如下。

首先，提高个税起征点，收入越高，减少得越多，贫富差距就会被进一步拉大吗？不一定。虽然个税起征点被提高，中间区域收入者被减免的个税会变多，但是真正的高收入人群可能需要缴纳更多的税。因此，得出的结论难以令人信服。

其次，材料中提到如果税收起征点上调，国家税收会大幅度减少，从而导致政府没有能力保护中低收入者，这个观点是有待商榷的。因为个人所得税只是国家税收中的一小部分，国家税收还包括其他税种，如增值税、关税等。即便最后国家的税收总量真的有所减少，国家也可以通过调整服务对象的财政支出比重来实现对中低收入者的保护。

再次，材料引用了一系列数据来说明如果提高个税起征点，那么将有更多的国民不再纳税，这必定会引起政治权利的失衡，此说法有失偏颇。公民的政治权利是宪法赋予的，而非以是否缴纳个税为标准来衡量。因此，即便国民不缴纳个税，也未必会引起政治权利的失衡。

最后，如果没有纳税，人们对国家就会失去主人翁的责任感吗？很显然不一定。如果只看个人所得税，没有纳税的情况有以下几种：一是按规定应该纳税也有能力纳税却逃税或漏税的人，可以说他们"对国家失去了主人翁的责任感"；二是按规定不需要纳税或没有能力纳税的公民，不能武断地说他们"对国家失去了主人翁的责任感"。

综上所述，材料的结论有待进一步商榷。

2010 年 10 月（猴群实验）

科学家在一个孤岛上的猴群中做了一个实验。将一种新口味的糖让猴群中地位最低的猴子品尝，等它认可后再让猴群其他成员品尝；花了大约 20 天，整个猴群才接受了这种糖。将另一种新口味的糖让猴群中地位最高的猴王品尝，等它认可后再让猴群其他成员品尝。两天之内，整个猴群就都接受了该种糖。看来，猴群中存在着权威，而权威对于新鲜事物的态度直接影响群体接受新鲜事物的进程。

市场营销也是如此，如果希望推动人们接受某种新商品，应当首先影响引领时尚的文体明星。如果位于时尚高端的消费者对于某种新商品不接受，该商品一定会遭遇失败。

这个实验对于企业组织的变革也有指导意义。如果希望变革能够迅速取得成功，应当自上而下展开，这样做遭遇的阻力较小，容易得到组织成员的支持。当然，猴群乐于接受糖这种好吃的东西；如果给猴王品尝苦涩的黄连，即使猴王希望其他猴子接受，猴群也不会干。因此，如果组织变革使某些组织成员吃尽苦头，组织领导者再努力也只能以失败而告终。

📖 要点精析

【原文1】将一种新口味的糖让猴群中地位最低的猴子品尝，等它认可后再让猴群其他成员品尝；花了大约 20 天，整个猴群才接受了这种糖。将另一种新口味的糖让猴群中地位最高的猴王品尝，等它认可后再让猴群其他成员品尝。两天之内，整个猴群就都接受了该种糖。看来，猴群中存在着权威，而权威对于新鲜事物的态度直接影响群体接受新鲜事物的进程。

【分析角度1】猴群接受新口味的糖的时间长短可能有多个决定性因素，如猴子地位的高低、糖的口味的差异等。猴王品尝后认可的糖被猴群快速接受，还有可能是因为其口味更好，不能仅仅归因为权威。

【原文2】市场营销也是如此，如果希望推动人们接受某种新商品，应当首先影响引领时尚的文体明星。如果位于时尚高端的消费者对于某种新商品不接受，该商品一定会遭遇失败。

【分析角度2】猴群实验是一个科学实验，而科学实验的结果只是猴子的一种本能反应，以此类推市场营销缺乏有效性。

【分析角度3】影响引领时尚的文体明星未必能推动人们接受某种新商品。

【分析角度4】位于时尚高端的消费者不接受某种新商品，并不意味着"该商品一定会遭遇失败"。因为不同的商品针对的人群不同，而"位于时尚高端的消费者"仅仅是消费者中的一小部分。

【原文3】这个实验对于企业组织的变革也有指导意义。如果希望变革能够迅速取得成功，应当自上而下展开，这样做遭遇的阻力较小，容易得到组织成员的支持。当然，猴群乐于接受糖这种好吃的东西；如果给猴王品尝苦涩的黄连，即使猴王希望其他猴子接受，猴群也不会干。因此，如果组织变革使某些组织成员吃尽苦头，组织领导者再努力也只能以失败而告终。

【分析角度5】 从猴群实验推到企业变革，不符合逻辑推理规则。让猴群接受一种新口味的糖，并不会带来不确定性风险、利益冲突、权力冲突等变革中会遇到的问题，而企业组织的变革要比实验复杂得多，故不可简单类比。

【分析角度6】 自上而下展开的变革并不一定能够减少阻力，得到群众的支持。

【分析角度7】 在组织变革的过程中，有时某些组织成员的利益受到影响，甚至吃尽苦头是不可避免的，变革也未必"只能以失败告终"。

📖 参考范文

参考范文一

由猴群实验引发的论证合理吗？

材料通过一系列论证，试图由猴群实验得出市场营销、企业组织变革的规律，其论证存在诸多逻辑谬误，所以其结论也是值得商榷的。

首先，由猴群实验的结论并不能推出市场营销和企业组织变革的规律。实验中猴子的行为是出于本能、复制学习的过程，而在市场营销中消费者的行为大多是理性的，是经过认真思考做出的选择。二者有本质的区别，不可简单类比。同理，由此也推不出企业组织变革的规律。

其次，引领时尚的文体明星们未必可以推动人们接受新产品。文体明星们可能在某些领域的确具有一定的号召力和影响力，但在其他领域，如医药等行业中其未必具有号召力，人们往往更关注的是其疗效和专业度。

再次，位于时尚高端的消费者不接受的商品一定会遭遇失败吗？不一定。有些商家为了使其商品能被更多的消费者接受，生产时将商品分为高、中、低三档，可能有些低端商品并不符合时尚高端消费者的需求，不被其接受，但是在中、低端消费者群体中很受欢迎，那么该商品也是成功的。

最后，"如果组织变革使某些组织成员吃尽苦头，组织领导者再努力也只能以失败而告终"的说法是值得商榷的。变革是一个艰难的过程，组织成员吃尽苦头是常有之事。变革过程中的磨炼可能会使得组织成员提升自身能力，成员也会对该变革抱以支持的态度，那么组织变革很可能是成功的。

综上所述，材料的论证不能成立，若想证明其结论，则需要提供更多更有力的证据。

参考范文二

由猴群实验引发的论证未必合理

材料试图通过猴群实验得出市场营销、企业组织变革规律，其论证看似合理，实则存在如下逻辑漏洞。

首先，猴群实验无法简单类推到人类市场营销活动。猴群对糖的偏爱可能仅仅基于无须思考的本能反应,而人类在进行市场营销活动时则需要时刻关注处于变化中的市场与其复杂的供需关系。

其次,如果位于时尚高端的消费者对某种新商品不接受,该商品就一定会遭遇失败吗?未必。因为新商品的设计与市场定位,很可能针对的是与其不同层次的需求人群,比如高端的跑车需求者可能无法接受实用型面包车的设计与性能,但面向对装载空间有需求的人群,面包车仍然可能拥有广阔的市场。

再次,若希望变革能够迅速取得成功,自上而下展开未必阻力较小,也未必更容易得到组织成员的支持。一方面,一些变革很可能为维护高层的利益而损害基层的利益,此时则得不到基层组织成员的支持;另一方面,自上而下展开的变革很可能易于被高层接受,而对基层来说难以实施,那么,越往下阻力越大。

最后,猴群拒绝接受黄连是基于动物趋利避害的本能,无法类推到人类的组织变革,更何况即便组织变革使某些组织成员吃尽苦头,但如果组织领导者身体力行,发挥个人魅力,也有可能变革成功,而非一定以失败告终。

综上所述,材料的论证存在缺陷,其结论值得进一步商榷。

参考范文三

猴群实验未必有效

材料通过科学家对猴群进行的实验来联系市场营销,进而分析企业组织变革,说明权威对新鲜事物的态度直接影响群体接受新鲜事物的进程。然而,其论证过程看似有理,实则漏洞百出,现分析如下。

首先,权威未必对猴群接受新口味的糖具有直接影响。猴群接受新口味的糖的时间长短可能受多个因素影响,除了猴子的地位,还可能是糖的口味。倘若猴王品尝的糖本身就更符合猴群的口味偏好,才导致猴群快速接受了这种口味的糖,那么仅仅将其归因于权威的态度未免有失偏颇。

其次,材料不当地将猴群实验类推到市场营销和企业组织变革。猴子是一种智力远低于人类的动物,其行为缺乏理性,而市场营销和企业组织变革属于人类社会和经济活动的范畴,在社会活动中,人具有思考能力,故不可简单类比。

再次,位于时尚高端的消费者不接受某种商品不代表该商品一定会遭遇失败。不同的商品针对的人群不同,如果某种商品的定位为低端消费者产品,那么即便时尚高端的消费者不接受该商品,只要低端消费者热衷于购买该产品,其也不会遭遇失败。

最后,在组织变革过程中,某些组织成员吃尽苦头也不一定会使变革以失败告终。材料并未提及某些组织成员的具体数量,如果尝到甜头的组织成员的力量大于吃尽苦头的组织成员的力量,那么变革也有可能取得成功。

综上所述,材料的论证存在诸多逻辑错误。因此其结论的可信度被大大地削弱,令人怀疑。

2009年10月（民主集中制）

民主集中制是一种决策机制。在这种机制中，民主和集中是缺一不可的两个基本点。

民主不外乎就是体现多数人的意志。问题在于什么是集中。对此有两种解读：一种认为"集中"就是集中正确的意见；另一种认为"集中"就是集中多数人的意见。第一种解读看似有理，实际上是一种误解。

大家都知道，五四运动有两面旗帜，一面是科学，另一面是民主。人们也许没有想到，这两面旗帜体现的是两种根本对立的原则。科学强调真理原则，谁对听谁的；民主强调多数原则，谁占多数听谁的。所谓"集中正确的意见"，就是强调真理原则。这样解读"集中"，就会把民主集中制置于自相矛盾的境地。让我们想象一种情景：多数人的意见是错误的，少数人的意见正确。如果将"集中"解读为"集中正确的意见"，则不按多数人的意见办就不"民主"，按多数人的意见办就不"集中"！

毛泽东有一句名言："真理往往掌握在少数人手里。"把集中解释为集中正确意见，就为少数人说了算提供了依据。如果这样，民主岂不形同虚设？

什么是正确的，要靠实践检验，而判断一项决策是否正确，只能在决策实施之后的实践中检验，不可能在决策过程中完成。不知道什么是正确的，如何"集中正确意见"来做决策？既然在决策中集中正确的意见是不可能的，民主集中制的"集中"当然就应该是集中多数人的意见。

要点精析

【原文1】 民主不外乎就是体现多数人的意志。问题在于什么是集中。对此有两种解读：一种认为"集中"就是集中正确的意见；另一种认为"集中"就是集中多数人的意见。第一种解读看似有理，实际上是一种误解。

【分析角度1】 材料提到"民主"不外乎就是体现多数人的意志，"集中"就是集中多数人的意见，由此可见"集中"就是"民主"。这与"民主和集中是缺一不可的两个基本点"矛盾。

【原文2】 科学强调真理原则，谁对听谁的；民主强调多数原则，谁占多数听谁的。所谓"集中正确的意见"，就是强调真理原则。这样解读"集中"，就会把民主集中制置于自相矛盾的境地。让我们想象一种情景：多数人的意见是错误的，少数人的意见正确。如果将"集中"解读为"集中正确的意见"，则不按多数人的意见办就不"民主"，按多数人的意见办就不"集中"！

【分析角度2】 真理原则确实不同于多数原则，在某些情况下二者可能冲突，但有冲突并不等同于二者相互矛盾、根本对立。

【分析角度3】 决策过程中某种意见的正确性与决策结果的正确性是两个不同的概念。上述论证混淆了这两个概念。一个决策所集中的意见，要么是正确的，要么是不正确的，二者必居其一。而上述论证断定"在决策中集中正确的意见是不可能的"，这将会得出一个荒谬的结论：任何决策所集中的意见一定都是不正确的。

【原文3】 毛泽东有一句名言："真理往往掌握在少数人手里。"把集中解释为集中正确意见，就为少数人说了算提供了依据。如果这样，民主岂不形同虚设？

【分析角度4】 毛泽东的名言"真理往往掌握在少数人手里"，是在特定的场景下所提出的，其缺乏全面性，并不适用于所有情况。

【原文4】 既然在决策中集中正确的意见是不可能的，民主集中制的"集中"当然就应该是集中多数人的意见。

【分析角度5】 "在决策中集中正确的意见是不可能的"不代表"民主集中制的'集中'当然就应该是集中多数人的意见"。只有对于两个互相矛盾的观点，否定其中一个，才相当于肯定另一个。但上述关于何为"集中"的两种观点并不是互相矛盾的。所以，不能由"第一种观点是不正确的"直接得出结论"第二种观点是正确的"。决策中集中正确的意见未必是不可能的。当团队成员共享彼此的信息、知识和经验时，他们可以更全面地了解问题和挑战。这种信息共享可以促使团队成员形成一致的理解和观点，进而达成正确的决策。

参考范文

值得商榷的论证

材料试图通过一系列论证得出结论：集中并非集中正确的意见。其论证看似合理，实则存在以下几个逻辑漏洞。

首先，科学强调真理原则并不意味着谁对听谁的，因为发现真理是一个曲折的探索过程，人们对真理的认识可能是逐渐接近真理的过程，在此过程中，可能没有绝对的对错之分，也就谈不上谁对听谁的了。同理，民主强调多数原则也不意味着谁占多数听谁的，而是要倾听人民真正的声音，绝非以数量多服人。

其次，在"集中正确的意见"的情况下，不按多数人的意见办未必就不"民主"。"民主"是让人民拥有自主决定的权利，每个人的意见都会被考虑到，而不是只有呼声高的意见。如果只采纳呼声高的意见，那么最终的决策很可能被某一势力左右，从而无法体现真正的"民主"。

再次，毛泽东说"真理往往掌握在少数人手里"，这很可能是人们对事物发展初期的认识，而随着实践的检验，真理会被大多数人接受。基于此，集中正确的意见未必能为少数人说了算提供依据。况且，前文已经指出"民主"绝非以数量多服人，民主并非形同虚设。

最后，判断决策正确与否能在决策过程中完成。在决策过程中，决策者很可能会根据当前的情况，对决策可能产生的影响进行预估，从而判断其决策是否正确。此外，材料将太过绝对地认为决策中集中正确的意见是不可能的，在此基础上所展开的论证是存在缺陷的，无法得到"'集中'当然就应该是集中多数人的意见"的结论。

综上所述，材料的论证存在诸多逻辑漏洞，其结论值得进一步商榷。

2008年10月（官员选拔标准）

有人提出，应当把"孝"作为选拔官员的一项标准，理由是，一个没有孝心、连自己父母都不孝顺的人，怎么能忠诚地为国家和社会尽职尽责呢？我不赞同这种观点。现在已经是21世纪了，我们的思想意识怎么能停留在封建时代呢？选拔官员要考查其"德、勤、能、绩"，我赞同应当把"德"作为首要标准。然而，对一个官员来说最重要的是公德而不是私德。"孝"只是一种私德而已。选拔和评价官员，偏重私德而忽视公德，显然是舍本逐末。什么是公德？一言以蔽之，就是忠诚职守，在封建社会是忠于君主，现在则是忠于国家。自古道"忠孝难以两全"。岳飞抗击金兵，常年征战沙场，未能在母亲膝下尽孝，却成了千古传颂的英雄。反观《二十四孝》里的那些孝子，有哪个成就了名垂青史的功业？孔繁森撇下老母，远离家乡，公而忘私，殉职边疆，显然未尽孝道，但你能指责他是个不合格的官员吗？俗话说"人无完人"，如果在选拔官员中拘泥于小节而不注意大局，就会把许多胸怀鸿鹄之志的精英拒之门外，而让那些守望燕雀小巢的庸才占据领导岗位。

📖 要点精析

【原文1】 有人提出，应当把"孝"作为选拔官员的一项标准，理由是，一个没有孝心、连自己父母都不孝顺的人，怎么能忠诚地为国家和社会尽职尽责呢？我不赞同这种观点。现在已经是21世纪了，我们的思想意识怎么能停留在封建时代呢？选拔官员要考查其"德、勤、能、绩"，我赞同应当把"德"作为首要标准。然而，对一个官员来说最重要的是公德而不是私德。

【分析角度1】 主张"应当把'孝'作为选拔官员的一项标准"并不代表"思想意识停留在封建时代"。因为"孝"不是封建时代独有的行为规范。此外，"主张应当把'孝'作为选拔官员的一项标准"也不能作为"思想意识停留在封建时代"的有力论据。

【分析角度2】 主张"应当把'孝'作为选拔官员的一项标准"并不意味着"偏重私德而忽视公德"。把私德作为选拔官员的一项标准，与把公德作为选拔官员的另外一项更重要的标准并不矛盾。

【原文2】 "孝"只是一种私德而已。选拔和评价官员，偏重私德而忽视公德，显然是舍本逐末。什么是公德？一言以蔽之，就是忠诚职守，在封建社会是忠于君主，现在则是忠于国家。自古道"忠孝难以两全"。岳飞抗击金兵，常年征战沙场，未能在母亲膝下尽孝，却成了千古传颂的英雄。反观《二十四孝》里的那些孝子，有哪个成就了名垂青史的功业？孔繁森撇下老母，远离家乡，公而忘私，殉职边疆，显然未尽孝道，但你能指责他是个不合格的官员吗？俗话说"人无完人"，如果在选拔官员中拘泥于小节而不注意大局，就会把许多胸怀鸿鹄之志的精英拒之门外，而让那些守望燕雀小巢的庸才占据领导岗位。

【分析角度3】"忠诚职守，在封建社会是忠于君主，现在则是忠于国家"，概念使用不准确。"职守"同"君主""国家"不是同一性质的概念。

【分析角度4】《二十四孝》里孝子的孝行妇孺皆知，反问"有哪个成就了名垂青史的功业"是将"孝"作为选拔官员的必要条件歪曲成了充分条件。

【分析角度5】"孝"不仅指"孝行"，也指"孝心"。岳飞因征战沙场、孔繁森因工作而远离家乡，都未能在母亲膝下尽孝，不等于他们没有"孝心"，也不等于他们"不孝"。质问"你能指责孔繁森是个不合格的官员吗"，隐含的前提是认定孔繁森"不孝"，这是不恰当的。

【分析角度6】把"孝"作为选拔官员的一项标准，就会把许多胸怀鸿鹄之志的精英拒之门外，而让那些守望燕雀小巢的庸才占据领导岗位，这一论证背后隐含着一个假设："胸怀鸿鹄之志的精英"往往不孝或者不屑于孝；而"守望燕雀小巢的庸才"都有孝心、会尽孝道。将"孝"与胸怀大志的精英对立，为没有远大抱负的庸才与"孝"之间建立起必然的联系，这是没有根据的。

参考范文

"孝"不能作为选拔官员的一项标准吗？

材料通过一系列的论证得出了"'孝'不能作为选拔官员的一项标准"这一结论，然而在其论证过程中存在诸多逻辑漏洞，其结论也经不起推敲。

首先，主张"应当把'孝'作为选拔官员的一项标准"并不代表"思想意识停留在封建时代"。因为"孝"不是封建时代独有的行为规范，现代社会仍然在提倡，"孝"和封建思想意识并不等同。此外，"主张应当把'孝'作为选拔官员的一项标准"也不能作为"思想意识停留在封建时代"的有力论据。

其次，把"孝"作为选拔官员的一项标准并不意味着偏重私德而忽视公德。把私德作为选拔官员的一项标准，与把公德作为选拔官员的另外一项更重要的标准并不矛盾。

再次，材料中的"孝"不仅指"孝行"，也指"孝心"。岳飞因征战沙场、孔繁森因工作而远离家乡，都未能在母亲膝下尽孝，但这不等于他们没有"孝心"，也不等于他们"不孝"。而质问"你能指责孔繁森是个不合格的官员吗"，其隐含的前提是认定孔繁森"不孝"，这是不恰当的。

最后，把"孝"作为选拔标准，就会把许多胸怀鸿鹄之志的精英拒之门外，而让那些守望燕雀小巢的庸才占据领导岗位，这一论证背后隐含着一个假设："胸怀鸿鹄之志的精英"往往不孝或者不屑于孝；而"守望燕雀小巢的庸才"都有孝心、会尽孝道。将"孝"与胸怀大志的精英对立，为没有远大抱负的庸才与"孝"之间建立起必然的联系，这是没有根据的。

综上所述，材料忽视了诸多因素与条件，得出"'孝'不能作为选拔官员的一项标准"的结论是有待商榷的。

2007年10月（终身制和铁饭碗）

在中国改革开放的字典里，"终身制"和"铁饭碗"作为指称弊端的概念，是贬义词。其实，这里存在误解。

在现代企业理论中有一个"期界问题"（Horizon Problem），是指由于雇佣关系很短而导致职工的种种短视行为，以及此类行为对企业造成的危害。当雇员面对短期的雇佣关系，首先他不会为提高自己的专业技能投资，因为他在甲企业中培育的专业技能对他在乙企业中的发展可能毫无意义；其次，作为一个匆匆过客，他不会关注企业的竞争力，因为这和他的长期收入没有多大关系；最后，只要有机会，他会为了个人短期收入最大化而损害企业利益，例如过度地使用机器设备等。

为了解决"期界问题"，日本和德国的企业对那些专业技能要求很高的岗位上的员工，一般都实行终身雇佣制；而终身雇佣制也为日本和德国企业建立与保持国际竞争力提供了保障。这证明了"终身制"和"铁饭碗"不见得不好，也说明，中国企业的劳动关系应该向着建立长期雇佣关系的方向发展。

在现代社会，企业和劳动者个人都面临着不断变化的市场环境。而变化的环境必然导致机会主义行为。在各行各业，控制机会主义行为的唯一途径，就是在企业内部培养员工对公司的忠诚感。而培养忠诚感，需要建立员工和企业之间的长期雇佣关系，要给员工提供"铁饭碗"，使员工形成长远预期。

因此，在企业管理的字典里，"终身制"和"铁饭碗"应该是褒义词。不少国家包括美国不是有终身教授吗？既然允许有捧着"铁饭碗"的教授，为什么不允许有捧着"铁饭碗"的工人呢？

📖 要点精析

【分析角度1】 论证中"终身制""铁饭碗""终身雇佣制""长期雇佣关系"这四个概念各有其不同的历史背景和具体含义，上述论证中忽视了这些概念之间的差异。

> **【原文1】** 当雇员面对短期的雇佣关系，首先他不会为提高自己的专业技能投资，因为他在甲企业中培育的专业技能对他在乙企业中的发展可能毫无意义；其次，作为一个匆匆过客，他不会关注企业的竞争力，因为这和他的长期收入没有多大关系；最后，只要有机会，他会为了个人短期收入最大化而损害企业利益，例如过度地使用机器设备等。

【分析角度2】 "在甲企业中培育的专业技能对其在乙企业中的发展可能毫无意义"未必代表他就不会为提高自己的专业技能而投资，很有可能他在为甲企业工作的短期雇佣关系中，为了获得更高的工资而提高专业技能。

【分析角度3】 作为企业的匆匆过客，员工的长期收入和企业竞争力没有多大关系，员工未必就不会关注企业的竞争力。虽然企业的竞争力和长期收入没关系，但很可能和短期收入有关系。

【分析角度4】"只要有机会，他会为了个人短期收入最大化而损害企业利益"，并不排除个人利益和企业利益恰好相辅相成的可能。

【原文2】为了解决"期界问题"，日本和德国的企业对那些专业技能要求很高的岗位上的员工，一般都实行终身雇佣制；而终身雇佣制也为日本和德国企业建立与保持国际竞争力提供了保障。这证明了"终身制和"铁饭碗"不见得不好，也说明，中国企业的劳动关系应该向着建立长期雇佣关系的方向发展。

【分析角度5】在中国改革开放过程中，"终身制"和"铁饭碗"作为指称传统体制弊端的概念，有其特定的内涵。日本和德国企业的终身雇佣制一般适用于那些专业技能要求很高的岗位，与中国改革开放前国有单位普遍实行的"终身制"和"铁饭碗"是不同的，这不能证明"终身制"和"铁饭碗"的合理性。

【分析角度6】即便终身雇佣制为日本和德国企业的竞争力提供了保障，也没有充分的理由说明中国企业的劳动关系应该向着建立长期雇佣关系的方向发展。

【原文3】在现代社会，企业和劳动者个人都面临着不断变化的市场环境。而变化的环境必然导致机会主义行为。在各行各业，控制机会主义行为的唯一途径，就是在企业内部培养员工对公司的忠诚感。而培养忠诚感，需要建立员工和企业之间的长期雇佣关系，要给员工提供"铁饭碗"，使员工形成长远预期。

【分析角度7】"环境变化""机会主义行为""培养忠诚感""铁饭碗"这之间不存在必然的因果关系：环境变化不一定会产生机会主义行为；培养忠诚感并非控制机会主义行为的唯一方法；"培养忠诚感"有很多手段可供选择，为员工提供"铁饭碗"并非必需的；长期雇佣关系不等同于"铁饭碗"。

【原文4】不少国家包括美国不是有终身教授吗？既然允许有捧着"铁饭碗"的教授，为什么不允许有捧着"铁饭碗"的工人呢？

【分析角度8】教授的工作性质与工人的工作性质有非常大的区别，将终身教授与"铁饭碗"工人进行简单类比是不恰当的。

参考范文

"终身制"和"铁饭碗"是褒义词吗？

上述材料中，论述者通过一系列的论证试图得出"'终身制'和'铁饭碗'应该是褒义词"的结论，然而由于其论证过程中存在一系列逻辑错误，所以其结论也是值得商榷的。

首先，雇员在甲企业中培育的专业技能对他在乙企业中的发展可能毫无意义，他就不会为提高自己的专业技能投资了吗？未必。很有可能他在为甲企业工作的短期雇佣关系中，为了获得更高的工资而提高专业技能。比如，雇员是一名销售，为了赚取销售佣金，他可能会提高销售技能。

其次，由日本和德国的企业对那些在专业技能要求很高的岗位上的员工实行终身雇佣制，无法推出其适用于所有国家和岗位。因为不同国家的民族文化、国家教育、社会发展等方面都不相同。此外，中国的社会制度和日本、德国也并不相同。因此，日本、德国的终身雇佣制并不一定适用于中国企业的劳动关系。

再次，建立长期雇佣关系未必可以培养忠诚感。因为忠诚感取决于诸多因素。即便建立了长期雇佣关系，但若是工作环境不好、缺乏激励或缺乏认可、绩效评估和奖励制度不公平或不透明等，都可能会使员工对公司的忠诚感减弱。

最后，将教授和工人进行简单类比是不恰当的。因为在工作中，教授和工人所能创造的价值、可替代性、培养周期等都具有较大的差异。不同于工人，教授能够创造的劳动价值较高，且可替代性弱、培养周期长，故二者不可草率类比。

综上所述，由于论述者在论证过程中犯了种种逻辑错误，所以"终身制"和"铁饭碗"应该是褒义词的结论也就难以让人信服了。

2006年10月（经济与丑闻）

　　美国是世界上经济最发达的国家，曝光的企业丑闻数量却比发展中国家多得多，这充分说明经济的发展不一定带来道德的进步。企业作为社会财富最重要的创造者之一，也应该为整个社会道德水准的提升做出积极的贡献。如果因为丑闻迭出而导致社会道德风气的败坏，那么我们完全有理由怀疑企业这种组织的存在对于整个社会的意义。当公司的高管们坐着商务飞机在全球遨游时，股东们根本无从知晓管理层是否在滥用自己的权力。媒体上频频出现的企业丑闻也让我们有足够的理由怀疑是否该给大公司高管们支付那么高的报酬。企业高管拿高薪是因为他们的决策对企业的生存与发展至关重要，然而，当公司业绩下滑甚至亏损时，他们却不必支付罚金。正是这种无效的激励机制使得公司高管们朝着错误的方向越滑越远。因此，只有建立有效的激励机制，才能杜绝企业丑闻的发生。

要点精析

【原文1】 美国是世界上经济最发达的国家，曝光的企业丑闻数量却比发展中国家多得多，这充分说明经济的发展不一定带来道德的进步。

【分析角度1】 美国比发展中国家曝光的企业丑闻更多，并不必然意味着美国企业丑闻的实际数量比发展中国家多，这一结果可能是由于媒体曝光度或自由度高造成的，也可能是与其文化背景相关。因此，也就无法由此推断出"经济的发展不一定带来道德的进步"这一结论。

【原文2】 如果因为丑闻迭出而导致社会道德风气的败坏，那么我们完全有理由怀疑企业这种组织的存在对于整个社会的意义。

【分析角度2】 丑闻迭出并不必然导致社会道德风气败坏，也不能否定企业组织对于整个社会的积极作用，毕竟任何组织的存在对于社会的影响都是复杂多元的。

【原文3】 当公司的高管们坐着商务飞机在全球遨游时，股东们根本无从知晓管理层是否在滥用自己的权力。

【分析角度3】 "公司的高管们坐着商务飞机在全球遨游"与"管理层是否在滥用自己的权力"缺乏因果联系。论述中将这两个事件以某种方式联结，暗示其因果联系，这是牵强附会。

【原文4】 媒体上频频出现的企业丑闻也让我们有足够的理由怀疑是否该给大公司高管们支付那么高的报酬。

【分析角度4】 媒体上出现丑闻的并不一定是大公司，况且，出现丑闻的原因可能复杂多样。因此，针对丑闻频发的问题而质疑支付给大公司高管的报酬，在推理上并不成立。

【原文5】企业高管拿高薪是因为他们的决策对企业的生存与发展至关重要，然而，当公司业绩下滑甚至亏损时，他们却不必支付罚金。正是这种无效的激励机制使得公司高管们朝着错误的方向越滑越远。因此，只有建立有效的激励机制，才能杜绝企业丑闻的发生。

【分析角度5】企业业绩下滑甚至亏损的原因可能很复杂。外部环境的变化、市场竞争的加剧、消费习惯的转变、公司治理结构的问题等，都可能导致业绩下滑或亏损，公司高管的错误决策可能只是其中一个原因。

【分析角度6】即使是公司高管的错误决策造成业绩下滑，也不一定必须支付罚金。否则公司高管就成了企业风险的实际承担者，这就将职业经理人的角色与股东的角色混为一谈了。因此，不能推断出不处罚高管是一种"无效的激励机制"。

【分析角度7】从上述分析可以发现，激励机制与企业丑闻之间并不存在必然的联系。因此，"只有建立有效的激励机制，才能杜绝企业丑闻的发生"的结论未必成立。在实践中，再有效的措施恐怕也只能减少企业丑闻的发生，"杜绝企业丑闻的发生"只是一个美好的愿望。

📖 参考范文

激励机制未必能杜绝企业丑闻的发生

材料通过一系列论证试图说明只有建立有效的激励机制，才能杜绝企业丑闻的发生。然而，由于其在论证过程中存在诸多逻辑错误，所以其结论的可信度也大打折扣，分析如下。

首先，美国比发展中国家曝光的企业丑闻更多，并不必然意味着美国企业丑闻的实际数量比发展中国家更多，这一结果可能是由于媒体曝光度或自由度高造成的，也可能与其文化背景相关。因此，也就无法推断出"经济的发展并不一定带来道德的进步"这一结论。

其次，丑闻迭出并不必然导致社会道德风气败坏。负面新闻的曝光，可以作为反面教材予以警示。此外，企业组织提供了大量的就业岗位，对国家的社会和经济建设提供了帮助，是所有人有目共睹的，不能因为个别丑闻的存在而否定企业组织对社会的积极作用，毕竟任何组织的存在对于社会的影响都是复杂多元的。

再次，企业高管的错误决策就一定要支付罚金吗？这显然是值得质疑的。企业业绩下滑甚至亏损受多种因素影响，例如，外部环境的变化、市场竞争的加剧、消费者消费习惯的转变、公司治理结构的问题等。公司高管的决策很可能只是一个导火索。公司高管支付罚金即让其成了企业风险的实际承担者，这就将职业经理人的角色与股东的角色混为一谈了。

最后，建立有效的激励机制并不代表能杜绝企业丑闻的发生，二者之间不存在必然的联系。很可能真实的情况是，在激励机制的实践过程中，再有效的措施恐怕也只能减少企业丑闻的发生，杜绝企业丑闻的发生只是一个美好的愿望。

综上所述，正是由于材料在论证过程中犯了种种逻辑错误，所以其最终结论也值得进一步商榷。

2005年10月(洋快餐发展)

某管理咨询公司最近公布了一份洋快餐行业发展情况的分析报告,对洋快餐在中国的发展趋势给出了相当乐观的预判。

该报告指出,过去5年中,洋快餐在大城市中的网点数每年以40%的惊人速度增长,而在中国广大的中小城市和乡镇还有广阔的市场成长空间。照此速度发展下去,估计未来10年,洋快餐在中国饮食行业的市场占有率将超过20%,成为中国百姓饮食的重要选择。

饮食行业的某些人士认为,从营养角度看,长期食用洋快餐对人体健康不利,洋快餐的快速增长会因此受到制约。但该报告指出,洋快餐在中国受到广大消费者,特别是少年、儿童消费群体的喜爱。显然,那些认为洋快餐不利健康的观点是站不住脚的。该公司去年在100家洋快餐店内进行的大量问卷调查结果显示,超过90%的中国消费者认为食用洋快餐对于个人的营养均衡有所帮助。而已经喜爱上洋快餐的未成年人在未来成为更有消费能力的成年群体之后,洋快餐的市场需求会大幅度跃升。

洋快餐长期稳定的产品组合以及产品和服务的标准化,迎合了消费者希望获得无差异食品和服务的需要,这也是洋快餐快速发展的重要优势。

该报告预测,如果中国式快餐在未来没有较大幅度的发展,洋快餐一定会成为中国饮食行业的霸主。

要点精析

【原文1】 该报告指出,过去5年中,洋快餐在大城市中的网点数每年以40%的惊人速度增长,而在中国广大的中小城市和乡镇还有广阔的市场成长空间。照此速度发展下去,估计未来10年,洋快餐在中国饮食行业的市场占有率将超过20%,成为中国百姓饮食的重要选择。

【分析角度1】 过去5年中,洋快餐在大城市中的网点数的增长速度在未来10年并不一定仍能保持,因为洋快餐市场空间可能已经趋于饱和。此外,不能用洋快餐在大城市中的发展速度推断其在中国广大的中小城市和乡镇的发展速度,由于大城市和小乡镇消费群体的特点不同,因此不能一概而论。

【原文2】 饮食行业的某些人士认为,从营养角度看,长期食用洋快餐对人体健康不利,洋快餐的快速增长会因此受到制约。但该报告指出,洋快餐在中国受到广大消费者,特别是少年、儿童消费群体的喜爱。显然,那些认为洋快餐不利健康的观点是站不住脚的。

【分析角度2】 洋快餐在中国受到广大消费者,特别是少年、儿童消费群体的喜爱,但这并不能消除饮食行业的某些人士对于"长期食用洋快餐对人体健康不利"的质疑。

【原文3】该公司去年在100家洋快餐店内进行的大量问卷调查结果显示,超过90%的中国消费者认为食用洋快餐对于个人的营养均衡有所帮助。已经喜爱上洋快餐的未成年人在未来成为更有消费能力的成年群体之后,洋快餐的市场需求会大幅度跃升。

【分析角度3】用在洋快餐店内进行的问卷调查结果来得出中国百姓的饮食营养观念,其样本选择存在偏差。在快餐店内的消费者大多是认同洋快餐的,而那边从不去或很少进快餐店的这部分人的意见却没能在该样本中体现。

【分析角度4】未成年人在成年之后,其饮食和消费习惯可能发生比较大的变化,不能轻易推断"已经喜爱上洋快餐的未成年人在未来成为更有消费能力的成年群体之后,洋快餐的市场需求会大幅度跃升"。他们成年之后更具消费能力,却有可能不再消费洋快餐食品。

【原文4】洋快餐长期稳定的产品组合以及产品和服务的标准化,迎合了消费者希望获得无差异食品和服务的需要,这也是洋快餐快速发展的重要优势。

【分析角度5】洋快餐长期稳定的产品组合以及产品和服务的标准化,迎合了消费者希望获得无差异食品和服务的需要,但是这既是其优势,也可能成为其劣势,失去了满足消费者追求新鲜感、追求服务多样化的可能。

【原文5】该报告预测,如果中国式快餐在未来没有较大幅度的发展,洋快餐一定会成为中国饮食行业的霸主。

【分析角度6】中国式快餐与洋快餐并不是中国饮食行业的全部,即使中国式快餐没有很好地发展,也无法推断出"洋快餐一定会成为中国饮食行业的霸主"的结论。

参考范文

该报告预测真的合理吗?

材料通过某管理咨询公司公布的一份洋快餐行业发展情况的分析报告,预测如果中国式快餐在未来没有较大幅度的发展,洋快餐一定会成为中国饮食行业的霸主。然而,这是经不起严格的逻辑推敲的,存在以下问题。

首先,过去5年中,洋快餐在大城市中的网点数的增长速度在未来10年并不一定仍能保持,因为洋快餐市场空间可能已经趋于饱和。此外,不能用洋快餐在大城市中的发展速度推断其在中国广大的中小城市和乡镇的发展速度,由于大城市和小乡镇消费群体的特点不同,因此不能一概而论。

其次,用在洋快餐店内进行的问卷调查结果并不必然能得出中国百姓的饮食营养观念,显然样本选择存在偏差。在快餐店内的消费者大多是认同洋快餐的,而那些从不去或很少进快餐店的这部分人的意见却没能在该样本中体现。

再次,认为洋快餐不利于健康的观点未必是站不住脚的。洋快餐在中国受到广大消费者,特别是少年、儿童消费群体的喜爱，他们缺乏对食物健康与否的辨别能力，大多是因为口感和味道而喜欢高油高糖的洋快餐，很少有人从健康的角度进行考量。因此，洋快餐受到喜爱并不意味着其对健康没有危害。

　　最后，在未来，已经喜爱上洋快餐的未成年人成为更有消费能力的成年群体之后未必会导致洋快餐的市场需求大幅度跃升。未成年人在成年之后，其饮食、消费习惯可能发生比较大的变化，有可能不再消费洋快餐食品。

　　综上所述，材料的论证过程存在诸多问题，其结论缺乏说服力，不足为信。

2004年10月（与老虎赛跑）

有两个人在山间打猎，遇到一只凶猛的老虎。其中一个人扔下行囊，撒腿就跑，另一个人朝他喊："跑有什么用，你跑得过老虎吗？"头一个人边跑边说："我不需要跑赢老虎，我只要跑赢你就够了！"

这个故事告诉我们，企业经营首先要考虑的是如何战胜竞争对手，因为顾客不是选择你，就是选择你的竞争者，所以只要在满足顾客需求方面比竞争者快一点，你就能够脱颖而出，战胜对手。想要跑得比老虎快，是企业战略幼稚的表现，追求过高的竞争目标会白白浪费企业的大量资源。

要点精析

【分析角度1】从材料中的故事推断企业经营所依据的逻辑是将故事中的两个人看作竞争者，而忽略了老虎本身也是人的竞争对手这样一个事实，因此破坏了整体的论证有效性。

【分析角度2】材料中的故事与企业经营之间不具有可类比性。

【分析角度3】在企业经营中，"顾客不是选择你，就是选择你的竞争者"并不成立，这并不是顾客仅有的两种选择。当市场不能满足消费者需求时，消费者可以不为之买单，而不是择其一委曲求全。

【分析角度4】要满足顾客，并不只是比竞争者快一点就够了，速度只是顾客所需要考虑的众多因素中的一种。多、快、好、省，可能都是顾客在你和你的竞争者之间进行选择时的重要衡量标准。

【分析角度5】企业经营并不是以战胜竞争对手为主要目的，如果只强调战胜对手，可能会造成两败俱伤的局面，最终企业也难逃失败的命运。

【分析角度6】想要跑得比老虎快，是企业战略幼稚的表现吗？答案是否定的。人和人在竞争，人和老虎同样在竞争。企业如果只是满足于战胜相似规模的对手，哪怕占了上风，最终也可能被"老虎"一样更强劲的竞争对手"吃掉"。所以，不能认为跑的比老虎快是企业战略优势的表现，是追求过高的竞争目标。

参考范文

企业经营首先要考虑战胜竞争对手吗？

材料通过一系列有问题的论证得出结论：企业经营首先要考虑的是如何战胜竞争对手。这样的论证看似有理，其实是难以必然成立的。

首先，跑过老虎还是对手的故事与企业经营管理的原则之间并不具有可类比性。故事中两个人的行为是在生死存亡的紧急关头产生的，而在企业经营的管理过程中，企业与其竞争对手并不绝对存在同样的情况，除去竞争关系，也可能有合作的关系。

其次，在企业经营中，顾客不是选择你，就是选择你的竞争对手吗？这显然是值得怀疑的。因为你和你的竞争对手并不是顾客仅有的两种选择，很可能存在这样一种情况，顾客对你和你的竞争者都不选择，而是去寻求其他可替代产品，换言之，你和你的竞争者都无法满足顾客的需求。

再次，即使在满足顾客需求方面比竞争者快一点也并不意味着你就一定能够脱颖而出，战胜竞争对手。一个企业要想战胜竞争对手受诸多因素影响，如技术优势、价格竞争力等。与此同时，要想满足顾客，并不只是要比竞争者快这一点就够了，速度只是顾客所考虑的众多因素中的一种。"多、快、好、省"可能都是顾客在你和你的竞争者之间进行选择时需要比较的因素。

最后，想要跑得比老虎快未必是企业战略幼稚的表现。人和人在竞争，人和老虎同样也在竞争。中国企业如果只是满足于战胜本土竞争对手，那么，即便你是中国企业冠军，也有可能被老虎——国外更强大的企业"吃掉"。

总之，该论证虽有一定道理，但仍存在诸多缺陷，如论据不足、推理过程不严谨等，是一份有待完善的论证。

经济类综合能力考试论证有效性分析真题

2023 年经济类（减轻中小学生负担）

要减轻中小学生过重的学习负担，还必须加强引导和管理。

首先，我们应引导家长破除"望子成龙"的传统观念，因为这一观念是加重中小学生学习负担的重要原因之一。千百年来有多少家长都望子成龙，但大部分的孩子还是成了普通人。如果家长都能正视这一事实，破除"望子成龙"的传统观念，把期望值降低一些，过重的学习负担马上就减轻了。

其次，我们应该改变"不能输在起跑线上"的观念。众所周知，不能输在起跑线上未必能赢在终点线上，既然如此，我们又何必纠结于"起跑线"呢？学习就像马拉松，是长期的过程。马拉松的冠军就不一定是赢在起跑线上的人，如果家长都明白了这个道理，也就不会给子女加压，孩子们就不会存在过重的学习负担了。

再次，我们应该实施素质教育，废除应试教育。应试教育所带来的课业，无疑加重了中小学生的学习任务，如果我们全面地实施素质教育就能有效地减轻学生的负担。

最后，如果有关部门再进一步出台更为严格的减轻中小学生学习负担的法规，减负就能获得成功。

📖 参考范文

如此中小学生减负就能获得成功吗？

上述材料针对中小学生减负问题展开了诸多论证，然而，由于其在论证过程中存在诸多缺陷，所以，所得结论也是有待进一步商榷的。

首先，破除"望子成龙"的传统观念，把期望值降低一些，过重的学习负担马上就减轻了吗？其实不然。即使家长没有"望子成龙"的传统观念，学生仍然需要完成学校的课程要求和教师布置的作业，这些都是学生的学习负担。不仅如此，家长的期望值降低不意味着学校和教师的期望值也会降低，学生仍然需要面对来自学校和教师的学习压力。

其次，虽然马拉松和学习都是长期的过程，但二者在本质上存在很大的差异。马拉松比赛的目的在于最终完成比赛，并在规定时间内完成比赛的距离，而学习则是为了学习知识、掌握技能，达到个人成长和发展的目的。故不可将二者草率地进行类比。

再次，全面地实施素质教育未必就能有效地减轻学生的负担。很可能素质教育本身也需要学生付出相应的时间和精力来学习，而且素质教育的实施需要有足够的教师和教学资源来支持。如果学校和教师在实施素质教育的过程中没有充分考虑学生的个性和差异，没有科学、合理地组织教学活动，反而可能加重学生的负担，那么素质教育就无法达到减轻学生负担的目的。

最后，有关部门进一步出台更为严格的减轻中小学生学习负担的法规，并不意味着减负就能获得成功。制定法规并不等同于执行，如何保证学校、教师、家长能够积极配合法规的执行也是一个难题。若是各方都不愿意配合法规的执行，减负的效果也就难以预估了。

综上，正是由于材料在论证过程中存在诸多缺陷，所以其结论也是难以让人信服的。

2022 年经济类（数字阅读）

国内公布的一项国民阅读调查分析报告显示，大城市的数字阅读率正以较快的速度增长，这说明数字阅读正在改变人们传统的阅读习惯，即将成为国人主要的阅读方式。

数字阅读和传统的纸质阅读相比具有绝对的优势。各种电子阅读器在实体商店和网上商店比比皆是，人们可以十分方便地买到和使用；互联网时代全球信息一体化，国人可以方便地使用这些丰富的资源，这无疑会加速数字阅读的发展。

另外，为满足受众需求，电子类的报纸、杂志、书籍等出版物迅猛增加，而原有纸质媒体，如古籍等也正在加速实现数字化。这些不争的事实也在佐证传统的纸质阅读方式将很快被人们舍弃而寿终正寝。

参考范文

关于数字阅读的论证合理吗？

上述材料通过诸多论证试图说明传统的纸质阅读方式将很快被人们舍弃而寿终正寝。然而，由于其论证过程中存在诸多缺陷，所以其结论也是值得商榷的。

首先，仅凭大城市的数字阅读率正以较快的速度增长无法说明数字阅读即将成为国人主要的阅读方式。材料忽视了除大城市人群外的其他人群。由于大城市人群生活水平、受教育程度较高，且生活节奏较快，其数字阅读的普及率更高，而其他地区的人群则依然青睐于纸质阅读。

其次，人们可以十分方便地买到和使用各种电子阅读器，无法佐证数字阅读相比传统阅读具有绝对的优势。很可能真实的情况是电子阅读器的功能较为复杂，使得很多人在使用电子阅读器阅读的时候难以沉浸其中，从而人们会更加青睐于纸质阅读。

再次，国人可以方便地使用丰富的网络资源未必会加速数字阅读的发展。人们在阅读的过程中，往往追求的是阅读的质量而不是数量。当人们面对海量信息的时候，反而变得无所适从，并滋生焦虑的情绪，从而使得数字阅读的发展举步维艰。

最后，纸质媒体加速实现数字化无法佐证传统的纸质阅读方式将很快被人们舍弃而寿终正寝。纸质媒体数字化未必会使得更多人参与数字阅读，人们也有可能仅仅是图一时新鲜，过了新鲜劲儿以后就会继续回归传统阅读。

综上，材料的结论难以让人信服。

2021年经济类（根治诈骗）

人们受骗上当的事时有发生，乃至有人认为如今的骗术太高明而无法根治。其实，如今要根治诈骗并不难。

首先，从道理上讲，正义终将战胜邪恶，这是历史已证明的规律。诈骗是一种邪恶的行为，最终必将被正义的力量彻底消灭。既然如此，诈骗怎么不能根治呢？

其次，很多诈骗犯虽然骗术高明，但都被绳之以法，这说明在法治社会中，诈骗犯根本无处藏身。这样，谁还敢继续行骗呢？没有人敢继续行骗，诈骗不就被根治了吗？

最后，还可以通过全社会的防范来防止诈骗的发生。诈骗的目的，无非想骗取钱财。凡是要你花钱的事情，你都要慎重考虑。例如，有些投资公司建议你向他们投资，有些机构推荐你参加高收费的培训，有些婚恋对象向你借巨款。诸如此类，其实都不靠谱。如果所有的人都不相信这些话，诈骗就无法得逞。诈骗无法得逞，不就是被根治了吗？如果建立更加有效的防范机制，根治诈骗就更容易了。

总之，无论从道理上，还是从行骗者或被骗者的角度来看，如今要根治诈骗根本不是难事。

参考范文

根治诈骗并不难吗？

材料经过诸多论证试图说明要根治诈骗并不难，然而，由于其论证过程存在诸多缺陷，所以其结论"如今要根治诈骗并不难"也是难以让人信服的。

首先，诈骗是一种邪恶的行为不代表诈骗最终必将被正义的力量彻底消灭。一方面，很多人在面对利益的诱惑时，即便知道诈骗是一种邪恶的行为，依然会选择铤而走险；另一方面，很多诈骗行为具有一定的隐蔽性，难以被正义的力量发现，故难以被彻底消灭。

其次，很多骗术高明的诈骗犯被绳之以法，无法说明在法治社会中诈骗犯根本无处藏身。不排除很多诈骗犯的确能被绳之以法，但也有一些诈骗犯仍然逍遥法外，继续在隐蔽处行骗。

再次，诈骗的目的只是想骗取钱财吗？其实不然。还有很多诈骗团伙是为了骗取感情，他们通过虚假的个人信息等获得受害者的信任和好感，从而达到欺骗感情的目的。故不能草率地认定诈骗只是为了骗取钱财。

最后，建立更加有效的防范机制，根治诈骗就会更容易吗？其实不然。根治诈骗不仅仅需要在诈骗发生前建立更加有效的防范机制，还需要对正在发生的诈骗行为进行威慑。若仅仅是使防范机制更加有效，但没有建立严格的惩治机制，很多诈骗犯会由于犯罪成本低，绞尽脑汁地寻找机制的漏洞并更新行骗的方式，根治诈骗也就无从谈起。

综上，材料在论证的过程中存在诸多逻辑漏洞，故"如今要根治诈骗并不难"的结论难以让人信服。

2020 年经济类（金融机构）

在漫长的发展过程中，金融机构和金融功能逐步形成和完善，但相比金融机构的发展演化，金融功能作为核心和基础则表现得更为稳定，主要表现为提供支付、资产转化、风险管理、信息处理和监督借款人等方面。近些年来金融科技发展突飞猛进，金融业产生了革命性的变化。

数百年来金融业有了很大变化，但金融功能比金融机构更具稳定性。在金融需求推动下，如今的金融规模总量更大、结构更复杂。金融科技发展带来的开放、高效、关联、互通，使金融风险更隐蔽、传递更迅速。互联网的普及为场景金融带来了庞大的用户基础，移动支付技术的发展为各式线上、线下金融场景的联动提供了更多的可能；风控技术的进步使得金融安全性得以保障；大数据技术则为整个场景金融生态的良性运转提供着关键性的技术支持。场景金融成为金融功能融合加速器。通过场景平台，将金融四项功能融为一体，或集成于一个手机中。人与商业的关系迈入"场景革命"，供给、需求方便地通过"场景"建立连接，新场景正层出不穷地被定义，新平台不断被新需求创造，新模式不断在升级重塑。

当前金融机构对于金融服务的供给力度仍然不足，特别是长尾客户的金融需求一直以来未被有效满足，巨大的服务真空为金融科技带来机会。金融科技技术运用，将打破传统的金融界限和竞争格局，创造出新的业务产品、渠道和流程，改变金融服务方式及社会公众的生活方式，解决传统金融的痛点；提高在传统业务模式下容易被忽视的微型企业客户的服务供给，将掀开金融竞争和金融科技发展的新的一幕。这对于发展中小企业业务、消费金融和普惠金融意义重大。所以金融科技发展与支持实体经济发展必须要结合，实现"普"和"惠"的兼顾。

【乃心老师小贴士】2021 年经济类综合能力考试（396）官方考试大纲改革后，写作的考查方向及命题形式与管理类综合能力考试（199）逐渐趋同。该年真题的材料形式与命题角度参考价值极小，故不专门解析。

2019 年经济类（AlphaGo）

AlphaGo（阿尔法狗）是谷歌旗下的 DeepMind 公司开发的智能机器人，其主要工作原理是"深度学习"。2016 年 3 月，它和世界围棋冠军职业九段选手李世石进行围棋人机大战，以 4∶1 的总比分获胜。2017 年 5 月，在中国乌镇围棋峰会上，它又与排名世界第一的世界围棋冠军柯洁对战，以 3∶0 的总比分获胜。围棋界公认 AlphaGo 的围棋棋力已经超过人类排名第一的棋手柯洁，赛后柯洁也坦言："在我看来，它（AlphaGo）就是围棋上帝，能够打败一切……对于 AlphaGo 的自我进步来讲，人类太多余了。"

的确，在具有强大自我学习能力的 AlphaGo 面前，人类已黯然失色，显得十分多余。未来机器人将变得越来越聪明。什么是聪明？聪明就是记性比你好，算得比你快，体力比你强。这三样东西，人类没有一样可跟机器人相提并论。因此，毫无疑问，AlphaGo 宣告人类一个新时代的到来。现在一些饭店、商店已经有机器人迎宾小姐，上海的一些高档写字楼已经有机器人送餐，日本已经诞生了全自动化的宾馆，由清一色的机器人充当服务生。除了上天入地，机器人还可以干许多人类干不了的活，它们可以进行难度更大、精确度更高的手术，它们还能写书法、绘画、创作诗歌小说等，轻而易举地进入这些原本人类专属的领域。迈入人工智能化时代，不只是快递小哥，连教师、医生甚至艺术家都要被智能机器人取代了！

现在，我们正处在信息成几何级数增长的大数据包围中，个人的知识量如沧海一粟，显得无足轻重。过去重视基础知识的学习，如让小孩学习加减乘除、背诵和默写古诗词等，已经变得毫无意义。你面对的是海量数据，关键不是生产而是使用它们，只要掌握如何搜索就行，网络世界没有你问不到的问题，没有你搜索不到的信息和数据。一只鼠标在手，你就可以畅行天下、尽享天下了。可以说，在这样的时代，人的唯一价值在于创新，所以教育改革的目标在于培养具有独立思考能力，具有批判性思维和创新性思维的人。注重创新、创造、创意，这是人唯一能超越机器人的地方了。

AlphaGo 战胜围棋高手，只是掀开冰山一角，可以断言的是，随着人工智能时代的到来，人类即将进入一个由机器人统治的时代，人不如狗，绝非危言耸听，如果我们不愿冒被机器人统治的风险，最好的办法是把已有的人工智能全部毁掉，同时颁布法律明令禁止，就像禁止多利羊的克隆技术应用在人类身上一样。

参考范文

人工智能真的如此可怕吗？

材料由 AlphaGo 引发了一系列关于人工智能的讨论，并试图得到人类即将进入一个由机器人统治的时代这一结论。然而由于其在论证过程中存在诸多缺陷，故其结论也是值得商榷的，现分析如下。

　　首先，AlphaGo 的围棋棋力已经超过世界排名第一的棋手柯洁，并不意味着对于 AlphaGo 的自我进步来讲，人类很多余。因为 AlphaGo 是人类智慧的结晶，它是按照人类设计的程序和规则进行自我学习的。如果没有人类，又怎么会有 AlphaGo 呢？故不能基于此便判定人类是多余的。

　　其次，机器人的记性比人类好、算得比人类快、体力比人类强不代表 AlphaGo 宣告人类一个新时代的到来。因为机器人能做的都是具有一定的规则和程序的工作，而人类的核心价值不仅仅体现于此。创造力、同理心、思考能力等都是人类的特有属性，是机器人所无法替代的。

　　再次，一只鼠标在手，就可以畅行天下、尽享天下了吗？其实不然。因为网络中存在着大量虚假信息和无用信息。仅仅掌握搜索的技能并不能帮我们快速判断哪些是有价值的内容，哪些是无价值的内容。对信息的分析、思考、辨别才是更重要的能力。

　　最后，如果我们不愿冒被机器人统治的风险，最好的办法未必就是把已有的人工智能全部毁掉。面对新生事物所带来的威胁，我们要做的不是直接销毁，而是选择完善其功能，提高自身对机器人的掌控力等。不能因为担心风险就拒绝发展。

　　综上，正是由于材料的论证存在以上诸多缺陷，故其结论也是难以令人信服的。

2018 年经济类（市场竞争）

市场竞争有利于谁？有些人认为有利于消费者，在市场中不同的商家为了各自的利益相互斗争，从客观上为第三方——消费者带来好处。因为他们在争斗中互相压价，使消费者占得便宜。

非常肯定地说，这种建立在把生产者与消费者相互割裂的基础上的观点是极其错误的。消费者是谁？在现代社会，消费者不是什么第三者，他们之所以有消费能力，是因为他们作为公司的员工获得报酬。市场的主导消费者是谁？也是在单位默默工作，以获得收入的劳动雇佣人。消费者即生产者。市场竞争。市场竞争还会与消费者毫无切身利益关系吗？还会是消费者占得便宜吗？

两家电器公司价格大战，我作为 IT 公司的员工，感到占便宜，因为电器价格下降了，但是对于电器公司呢？价格战使利润率降低，使电器公司的员工丧失了提高工资的可能。利润是公司再投资的来源，也是工资的来源，这损害了相关竞争公司的员工利益。我在为电器公司竞争而感到占便宜的同时，IT 公司之间也在竞争，我如同那个电器公司的员工一样恨自己的公司因许多竞争对手的存在而无法独占或占领大部分市场。所以谁也没有占便宜，因为市场竞争是普遍的。总的来说，"市场竞争受益者是消费者"是个伪命题。

那么市场竞争真正的受益者是谁？是那些能在市场竞争中取得优势的社会集团。而大部分社会集团是处于劣势的，它们只占有较小的利润份额。那么，它们的员工就要承担竞争不利的威胁——降低薪水。它们的境遇越是恶化，那么它们的员工的购买力就越低。但是，处于竞争劣势中的总是大多数公司的员工，他们是消费者中的主力军。

总之，市场竞争有利于占据竞争优势的行业的员工——当他们作为消费者的时候，购买力会加强；不利于处于竞争劣势的行业的员工——当他们同样作为消费者的时候，购买力会减弱。市场竞争只是私有制条件下各市场主体利益相互对抗的产物，本身便是内耗，将一种混乱和内耗罩上有利于消费者的光环，根本是靠不住的。

📖 参考范文

参考范文一

市场竞争真的有利于员工吗？

材料通过一系列论证试图得出"市场竞争有利于占据竞争优势的行业的员工"的结论。然而，由于其论证过程存在诸多逻辑漏洞，故其结论也是值得商榷的。

首先，消费者具有消费能力未必是因为他们作为公司的员工获得了报酬。其消费能力还可能来自父母或他人等的赠予，或是投资回报等。因此难以得到"消费者即生产者"的结论。

其次，价格战未必使利润率降低，如果公司采取合理的经营策略与定价措施，降低成本、提高销售量，则利润率可能维持原有水平甚至升高。更何况，即使利润率降低也未必会使公司的员工丧失提高工资的可能，因为利润率降低未必说明公司未获得利润甚至亏损，如果公司仍可盈利，为了鼓励员工，公司也可能提高工资。

最后，大部分社会集团处于劣势，它们的员工就要承担竞争不利的威胁吗？未必。社会集团的利润份额较小，给股东分配的利润可能会减少，但员工的薪酬是其劳动应得的报酬，未必会受到威胁，由此不能推出"员工购买力降低"的结论。

综上，材料的论证存在诸多逻辑漏洞，所以难以必然得出"市场竞争有利于占据竞争优势的行业的员工"的结论。

参考范文二

市场竞争不利于消费者吗？

材料通过诸多论证得出了"市场竞争不利于消费者"的结论。然而，由于该论证存在一系列的逻辑漏洞，因此该结论值得商榷。

首先，消费者之所以有消费能力，并不都是来源于他们作为公司员工获得的工资报酬。消费者并不全是在公司工作，有的消费者是个体工商户或自己创业，还有一部分消费者是已经退休的老人或失业人员，他们的消费能力可能来源于国家经济政策，并不是全部来源于工资报酬。

其次，价格战使利润率降低，就会使电器公司的员工丧失提高工资的可能性吗？未必。虽然公司的利润率降低了，但与此同时带给公司的可能是销量的大幅上涨，因此，这并不会给公司的总体收益带来负面影响，也就不会丧失公司给员工涨工资的可能性。

再次，社会集团境遇越恶化，员工的购买力就越低吗？显然答案是否定的。如果社会集团境遇恶化，员工们可能会为了生存或为了追求更好的生活品质另谋副业，只要能保证手头资金宽裕，又怎会降低购买力呢？所以这一结论难以必然成立。

最后，市场竞争未必是靠不住的。良性的市场竞争会使一个行业的技术研发水平不断提高，产品不断完善，为消费者提供更多物美价廉的商品。与此同时，消费者对于这种商品市场的信任度和依赖度也会大大增加，进而实现消费者与生产者的互利共赢。

综上所述，由于材料在论证过程中存在以上的逻辑缺陷，所以其结论是值得商榷的。

2017 年经济类（市场规模）

我们知道，如果市场规模扩大，最终产品的需求将是巨大的。采用先进技术进行生产的企业，因为产品是高附加值的，所以投资回报率高，工人的工资报酬也高。如果工人得到的工资报酬高，那么所有的工人都会争先恐后地选择在采用先进技术生产的企业工作。这样一来，低技术、低附加值、低工资的劳动密集型企业就会自动淘汰出局了，市场上最终生存下来的都是采用先进技术的高新技术企业。

相反，如果市场规模狭小，最终产品的需求非常小，而且采用先进技术的成本很高，生产出来的高科技产品根本无人问津，企业无利可图，因此没有一家企业愿意采用先进技术进行生产。这时工人即使拥有高技术，也会发现英雄无用武之地。最终，市场上剩下的都是低技术、低附加值、低工资的劳动密集型企业了。

由此可见，市场规模决定了先进技术的采用与否。没有大的市场规模就别指望能涌现高新技术企业。中国不仅拥有庞大的国内市场，而且拥有更庞大的国际市场，所以大可不必为中国低技术、低附加值、低工资的劳动密集型企业担心，更不要大动干戈搞什么产业结构升级。政府应该采取"无为而治"的方针，让市场去进行"自然选择"，决定什么样的企业最终存活下来。所以，政府唯一要做的事情就是做大市场，只要政府把市场做大了，就什么都不用发愁了。

参考范文

政府只做大市场就可以吗？

材料通过一系列的论证试图说明"政府唯一要做的事情就是做大市场"，然而由于其论证过程存在诸多缺陷，所以其结论也难以让人信服。

首先，高附加值的产品未必能获得高投资回报率。因为能否获得利润还受生产成本、消费者需求、营销管理等其他因素的影响。即使产品有很高的附加值，但如果其成本过高，超出了消费者的购买能力，那么消费者很有可能选择平价的替代产品。一旦失去了广阔的市场，产品也就难以获得高投资回报率。

其次，工人们一定会争先恐后地选择采用先进技术生产的企业工作吗？未必。因为一般情况下采用先进技术生产的企业对工人的学历、技术能力有较高的要求，有些工人未必能满足高技术企业的招聘要求。一部分工人会进入低技术水平、低附加值、低工资的企业工作，所以劳动密集型企业未必会被淘汰出局。

再次，没有大的市场规模未必就不能涌现高新技术企业。因为市场规模大并不代表市场对高科技产品的需求就大，生活必需品的市场十分庞大，但大多是一些低附加值的产品。而市场规模小，高科技产品也未必就无人问津,有可能该国进行了产业结构的优化升级,对高科技产品有很大的需求。

最后,政府不必升级产业结构而应采取"无为而治"的方针是值得商榷的。因为市场是有缺陷的,会出现市场失灵、滞后等现象,从而造成市场秩序混乱,如果政府不加以规范和约束,经济就难以快速增长。况且,产业结构升级有利于促进高科技企业的发展,抢占市场先机,从而提高企业在国际市场上的竞争力。

综上所述,材料的分析看似有理,但由于其论证过程存在诸多逻辑缺陷,所以,"政府唯一要做的事情就是做大市场"这个结论是难以必然成立的。

2016 年经济类（结婚证书）

在我们国家，大多数证书都是有有效期的。不要说驾照、营业执照等需要审核的证书了，连身份证也有十年或二十年更换的规定，然而我们的结婚证书，都是不需要年审、不需要换证的。

我认为结婚证书也应有有效期。新领的，有效期七年；到期后，需重新到民政部门去办理存续手续，存续十年；十年过后，就不用再办存续手续了。为什么呢？

首先，让男女双方能定期审视自己的婚姻生活。通过办理证书存续手续，男女双方能够有机会好好审视双方结合以来的得与失，从而问一下自己：我还爱他吗？他还爱我吗？自己的婚姻有没有必要再延续呢？通过审视，就能很好地发现自己在上个婚期内有没有亏待过对方，这对今后的婚姻无疑大有益处。

其次，让双方再说一遍"我愿意"，提高夫妻各自的责任感。从热恋的激情甜蜜到婚姻中的熟悉平淡，这似乎是大多数情感的必经过程。然而疲惫的情感却容易使婚姻进入"瓶颈"。经过一段时期的婚期考验后，在办理婚姻二次手续时再向对方说一声"我愿意"，无疑更显真诚、更显实在、更多理性、更能感动对方。即使以前在共同生活中有很多磕磕绊绊，但一句"我愿意"相信可以消除许多误会和猜疑；新婚时说的"我愿意"，有太多的感情冲动；而一段婚姻后再说的"我愿意"，不光更具真情实意，还具有更强的责任感：你不对我负责，我到期就跟你说"再见"。

最后，让一些垂死的婚姻自然死亡，减少许多名存实亡的婚姻的存在，降低离婚成本。现在很多家庭，即使双方已经彻底破裂，却因多种原因而维系着，维系的最主要原因就是不愿去法院打官司。而通过这种婚姻到期存续，就没必要一定要通过办理离婚手续才可离婚，只要有一方说"我不愿意"，双方就没有婚姻关系了，这样将会使更多对婚姻抱着"好死不如赖活着"想法的人，能够轻松获得解脱。

（选自《发展外语》（第二版），北京语言大学出版社，2011 年）

📖 参考范文

参考范文一

结婚证书应该有有效期吗？

材料通过诸多论证试图推出"结婚证书应该有有效期"的结论，然而，由于其论证过程存在诸多缺陷，所以其结论也是值得商榷的。

首先，由驾照、营业执照等证书需要年审推不出结婚证书也需要年审。驾照是一种技术资格证书，年审的目的是检测证书持有者的技术水平是否达到规定标准，而结婚证是一种关系证明，与驾照的技术能力证明不同，二者没有可比性。因此用驾照需要年审来证明结婚证也需要年审，未免有些站不住脚。

其次，即使通过定期审视婚姻生活能发现上个婚期内的不足，也未必能对今后的婚姻大有益处。

倘若发现了婚姻中的矛盾，但是双方都不去解决，而是选择敷衍甚至是逃避问题，那么夫妻之间的矛盾非但得不到解决还可能会进一步被激化，又何谈对今后的婚姻生活大有益处呢？毕竟想要解决问题不仅要发现问题，还需要付诸行动。

再次，结婚后再说一句"我愿意"比结婚前更显真诚了吗？未必。很可能夫妻双方因某种特殊原因，例如考虑到孩子的教育、父母的赡养及财产分配等多方面的因素，而选择继续维系婚姻，此时的"我愿意"包含了更多的无可奈何。

最后，维系名存实亡的婚姻的最主要原因不一定是不愿意去法院打官司，还有可能是子女教育及财产分配等问题，因此即使降低了离婚成本，也未必会让这些垂死的婚姻有一个良好的结局。

综上所述，材料的分析看似有理，但由于其论证过程存在诸多逻辑缺陷，所以其结论也是值得商榷的。

参考范文二

结婚证书真的应该有有效期吗？

材料中通过一系列论证得出"结婚证书应该有有效期"的结论，然而由于其论证过程存在诸多逻辑错误，故其结论有待商榷。

首先，驾照、营业执照与结婚证书具有本质区别，不可简单类比。驾照的年审是检查驾驶员有无安全驾驶的能力，营业执照的年审则是为了检查企业是否符合营业要求、遵守法规，这些如果没有定期检查将不利于社会和谐发展，而结婚证书没有定期审核并不会对社会运行造成威胁，所以在错误的论证上得到的结论也是有待商榷的。

其次，定期审视婚姻生活对今后的婚姻一定有益吗？其实未必。因为被繁忙的日常生活掩盖的缺点很可能会在审视的过程中暴露，使得男女双方对未来的婚姻生活感到更加迷茫、丧失信心。若是如此，定期审视婚姻生活就未必会对今后的婚姻有益。

再次，办理婚姻二次手续时说的"我愿意"未必会消除许多误会和猜疑。因为很可能真实的情况是积攒多年的误会和猜疑，是由于夫妻双方缺乏沟通或沟通效果差，又或是不能相互理解和信任造成的。若是如此，仅凭一句"我愿意"，无法消除误会和猜疑。

最后，维系破裂婚姻关系的最主要原因真的是不愿意去法院打官司吗？现实中，更常见原因是夫妻双方担心离婚会对孩子的身心健康、未来发展等造成不利影响，或是家里长辈和周围好友极力劝说和阻挠，未必就是不愿意打官司。

综上所述，材料的论证过程存在诸多逻辑错误，所以其结论也是值得商榷的。

2015 年经济类（互联网大会）

2014年11月，中国互联网大会，阿里巴巴集团董事局主席马云和京东集团创始人刘强东，围绕网络假货问题各自发表了看法。刘强东已多次指责淘宝"假货"和"逃税"问题，大会开幕前在接受媒体采访时，他直言不讳：中国互联网假货的流行会严重影响消费者的网购信心，这是整个电商行业发展的最大"瓶颈"。刘强东说，目前，网上卖假货、水货的公司都是大型的、有组织化的，动辄几千万、几个亿规模的公司。

阿里巴巴董事长马云高调回击了刘强东："你想想，25块钱就买一块劳力士手表这是不可能的，原因是你自己太贪。"他指出：售假商家最怕去淘宝网上去卖，阿里巴巴很容易就能查出谁在卖。近一两年来整个电商在中国发展迅猛，若靠假货，每天的交易额不可能达到六七十亿元。阿里巴巴每年支出逾1 610万美元用来打击假货。打假行动也获得国际认可，使得美国贸易代表将淘宝从2012年的恶名市场名单中移除。

刘强东指出解决网络假货问题要依靠行业合作、政府监管。他建议，打击售假，一是在电商行业内大力推广电子发票，二是推动卖家进行电子工商注册，政府相关部门联合起来加强跨平台联合监管，共同打击有组织、有规模的售假商家。他建议从电商征税角度这一源头上来解决问题。一方面将交税的营业额起征点提高到100万元；另一方面对于百人以上运作的大商户，应注册电子工商执照，使用电子发票。

马云认为，解决网络假货问题要依靠生态系统和大数据。互联网技术能够为知识产权保护和打击制售假冒伪劣商品提供更有利的条件。生态系统建设和大数据技术能够快速找出假货来源，通过信用体系弘扬正能量，从而有效地解决假货问题。马云还补充说，阿里巴巴集团正在建设一个互联网生态系统，该系统对假货的打击和知识产权的保护都很有效。

（改编自《火药味！两个大佬互联网大会上互掐》，《广州日报》，2014年11月21日）

📖 参考范文

两位大佬的论辩合理吗？

材料中刘强东和马云就网络假货问题展开了诸多讨论，然而由于他们各自的论证存在诸多缺陷，所以其各自的结论也是难以让人信服的。

我们先来看马云的论证。

第一，阿里巴巴每年支出逾1 610万美元用来打击假货，并不能说明打击假货的行为取得了成效，因为马云并没有说明打击假货一共需要多少钱，以及这1 610万美元是否得到了有效利用，更何况美国贸易代表将淘宝从恶名市场名单中移除并不一定是因为淘宝打击假货的力度大，也可能是出于利益的考量。

第二，生态系统建设和大数据技术能够快速找出假货来源，并不意味着能够有效解决假货问题。因为找出假货来源不等于解决了假货问题。若是发现售卖假货的行为后，没有实施相应的整改及惩罚措施，售卖假货行为很可能会继续泛滥。

我们再来看刘强东的论证。

第一，假货影响消费者的网购信心未必是电子商务行业最大的"瓶颈"，影响电子商务行业发展的因素有很多，如网络用户的数量、基础物流设施的建设、网购售后服务等。

第二，通过推广电子发票等一系列措施来打击假货未必行之有效。假货问题涉及制造、生产、流通、交易等多个环节。电子发票主要应用在交易环节，即使有真实的电子发票，也无法完全排除在制造和流通环节替换或掺杂假货的可能性。

综上，马云和刘强东的发言存在诸多缺陷，如果想要让结论更为可信，则需提供更为有力的论据。

2014 年经济类（高考改革）

2013 年 10 月，北京市教育委员会公布的《2014—2016 年高考高招改革框架方案》（征求意见稿）显示，从 2016 年起该市高考语文由 150 分增至 180 分；数学仍为 150 分；英语由 150 分减为 100 分，其中听力占 30 分，阅读、写作等占 70 分。这一举措引发了各方对高考改革的热烈讨论。

支持者的理由如下：第一，语文高出英语分值 80 分，有助于强化母语教育，因为不少学生对外语所投入的时间、精力和金钱远远超过语文。第二，母语是学习的基础，只有学好母语才能学好包括英语在内的其他科目。第三，很多中国人从幼儿园就开始学习英语，但除了升学、求职、升职经常需要考英语，普通人在工作、生活中很少用到外语。第四，此举可以改变现有的"哑巴式英语"教学的状况，突出英语作为语言的实际应用作用。

反对者的理由如下：第一，没必要那么重视语文，因为我们就生活在汉语环境中，平时说的、看的都是汉语，喊着"救救汉语"的人实在是杞人忧天。第二，普通人学习英语时不可能像学习母语时那样"耳濡目染"，若还要在学校里弱化英语教学，那么英语就更难学好了。第三，中学生学习负担沉重并不全是因为英语，英语改革需要有周密的调研，高考改革也应从全局考虑。第四，这一举措把中小学英语教学负担推给了大学，并没有考虑到学生今后的发展，因为学生读大学时还得参加四六级英语考试，而检验教育成果的一个重要方面就是学生以后的就业情况。

（改编自《北京高考改革方案：降低英语分值 提高语文分值》，人民网，2013 年 10 月 28 日；《英语特级教师：反对高考英语改革的九点理由》，中国教育在线，2013 年 10 月 24 日）

📖 参考范文

关于高考改革的论证合理吗？

上述材料中，支持者和反对者围绕高考改革的问题各自展开了诸多论证，然而由于他们在各自论证的过程中均存在诸多缺陷，所以其结论也是难以让人信服的。

我们先来看支持者的论证。

一方面，语文高出英语分值 80 分，未必有助于强化母语教育。语文分值的提高并不意味着学生的母语水平会得到提升，很可能更多的分值只会让学生更加注重对高考语文的备考，而非真正地加强母语教育。

另一方面，将语文分值增加至 180 分与改变"哑巴式英语"教学状况以及突出英语作为语言的实际应用作用之间没有必然的逻辑关系。因为改革并未体现加强"口语"的教学环节，且改变"哑巴式英语"教学状况需要从教学内容、方法和师资等多个方面入手，仅仅通过增加语文分值并不能直接解决这个问题。

我们再来看反对者的论证。

一方面，学生生活在汉语环境中不代表增加语文分值是不必要的。汉语的日常使用和汉语的学术应用是完全不同的。语文分值的提高可以促进学生对语文的深入学习，包括对古代文化、文学、语言的了解和掌握，这对学生的人文素养和学术能力都是有帮助的。

另一方面，减少英语分值未必会对学生的英语学习产生不利影响。学生可以通过不同的平台来学习英语，比如学校、社交场合、媒体和互联网等。此外，减少英语分值并不意味着弱化英语教学，而是通过调整英语教学的方式，让学生能够更好地掌握英语。

综上，关于高考改革的论证，支持者与反对者各自的结论都是难以让人信服的。

2013 年经济类（黄金周）

1999 年 10 月开始实行的"黄金周"休假制度，在拉动经济、为国人带来休闲度假新观念的同时，也暴露出很多问题。因此，自 2006 年起，陆续有人提出取消"黄金周"的建议。2008 年，"五一"黄金周取消，代之以清明、端午、中秋等传统节日"小长假"。2012 年"国庆黄金周"后，彻底取消"黄金周"的声音再次引起公众的注意。

支持取消者认为：

第一，"黄金周"造成了景区混乱和资源调配不合理，浪费了社会资源、打乱了正常的生活秩序，不利于经济长期可持续发展。

第二，"黄金周"人为地将双休日挪在一起，使大家不得不连续休假七天，同时要连续工作七天，这在很大程度上是一种"被放假"的安排，体现了一种群众运动式的思维，是计划经济的产物，不符合自主消费的原则。

第三，当初实行"黄金周"是一种阶段性的考虑，随着带薪休假制度的落实，应该彻底取消"黄金周"。

反对取消者则认为：

第一，"黄金周"对旅游业的成熟和发展起到了极大的促进作用，对经济的拉动也功不可没。任何事物都有利有弊，不能只看到弊端就彻底取消。

第二，随着消费者出游经验的不断丰富，旅游消费必将更加理性。错峰出游、路线选择避热趋冷等新的消费习惯会使一些现有问题得到解决。

第三，目前我国可享受带薪休假的职工仅有三成，年假制度不能落实，"被放假"毕竟比"被全勤"好，实在的"黄金周"毕竟要比虚无缥缈的带薪休假更加现实。

（改编自《旅游界反对取消十一黄金周，新假期改革效果尚不明确》，《南方日报》，2008 年 9 月 9 日；《黄金周假期惹争议，最终取消是必然》，凤凰网资讯，2012 年 10 月 8 日；《彻底取消黄金周高估了带薪休假环境》，东方网，2012 年 10 月 5 日等）

📖 参考范文

关于是否应取消黄金周的论证合理吗？

上述材料中，支持者和反对者围绕是否应该取消黄金周的问题各自发表了诸多见解。然而由于他们在各自论证的过程中都存在着一定的不合理之处，所以其各自论证也是难以让人信服的。

我们先来看支持者的论证。

第一,"黄金周"造成了景区混乱和资源调配不合理,浪费了社会资源、打乱了正常的生活秩序,未必就不利于经济长期可持续发展。该观点没有考虑到"黄金周"所带来的经济效益,取消"黄金周"可能会使得景区的游客数量骤降,对经济产生负面影响。

第二,"黄金周"是一种"被放假"的安排就意味着应该被取消吗?其实不然,该观点没有给出足够的证据来支持"被放假"这种安排是不利的。实际上,对于很多人来说,能够连续休假七天是一件非常愉悦的事情,他们可以借此机会去旅游、探亲、参加各种活动等,增加生活乐趣,减轻工作压力。

我们再来看反对者的论证。

第一,"黄金周"制度对旅游业和经济的发展起到了极大的促进作用,不意味着不能被彻底取消。该论证忽略了一个重要的事实,即"黄金周"实际上只是一个长假安排,而并非旅游业和经济发展的主要推动力。很可能取消"黄金周"后,反而会带动双休日及小长假的旅游经济。

第二,消费者出游经验不断丰富,不意味着旅游消费必将更加理性。一方面,每逢"黄金周",旅游景点人挤人的新闻数不胜数。一年中屈指可数的"黄金周",会更加激发人们在该时间段的旅游欲望,错峰出行几乎无法实现。另一方面,消费者也可能会受到旅游目的地营销策略等的影响,导致他们偏爱某些旅游产品,而非基于理性做出选择。

综上,正是由于支持者和反对者在各自的论证过程中均存在诸多缺陷,所以其各自的结论也有待进一步推敲。

2012 年经济类（迁都）

2010 年 9 月 17 日，北京发生"惊天大堵"。当日，北京一场细雨，长安街东西双向堵车，继而严重堵车现象蔓延至 143 条路段，北京市交管局路况实时显示图几乎通盘红色。央视著名主持人白岩松以"令人崩溃""惨不忍睹"的字眼来形容这一"大堵"。全国工商联房地产商会理事陈宝存在接受媒体采访时称，北京"首堵"已成常态，不"迁都"已经很难改变城市的路况。

12 月 13 日，上海学者沈晗耀在接受媒体采访时表示：要解决北京集中爆发的城市病，迁都是最好的选择，并提出未来的新首都应选在湖南岳阳或河南信阳。有人将其表述称为"迁都治堵"。12 月 15 日，沈晗耀告诉《郑州晚报》记者，媒体"曲解"了他迁都的本意，他的设想是在中部与西部、南方和北方连接处的枢纽地区建设"新首都"，培育符合市场经济规律的"政策拉力"，以此根本改变中国生产力分布失衡的状况。治疗北京日益严重的城市病，只是迁都后的一个"副作用"。

沈晗耀说，他所认为的新都选址，不应该是一个已经成型的大中型城市，而是再造一个新城。与大多数建议者一样，沈晗耀将"新都"的选址定在了中原地区或长江流域，较好的两个迁都地址，"一个是湖南岳阳，一个是河南信阳。距离武汉二三百公里的地方都是最佳的选择"。他的理由是，这些地方水资源充沛、交通便利、地势平坦。更重要的理由是，迁都能够带动中西部的发展，有利于经济重心的转移。

其实，1980 年就有学者提出将首都迁出北京的问题。1986 年，又有学者提出北京面临迁都的威胁，一度引起极大的震动。2006 年，凶猛夹袭的沙尘暴将"迁都"的提议推向高潮。当年 3 月，参加全国人大会议的 479 名全国人大代表，联名向全国人大常委会提出议案，要求将首都迁出北京。此后，北京理工大学教授胡星斗在网上发出酝酿已久的迁都建议书："中国北方的生态环境已经濒临崩溃。我们呼吁：把政治首都迁出北京，迁到中原或南方。"并上书中央、全国人大、国务院，建议分都、迁都和修改宪法。2008 年，民间学者秦法展和胡星斗合作撰写了长文《中国迁都动议》，提出"一国三都"构想，即选择佳地建立一个全新的国家行政首都，而上海作为国家经济首都，北京则只留文化职能，作为文化科技首都。

网络上，关于迁都引发的争议，依旧在热议，甚至已有"热心人士"开始讨论新首都如何命名。但现实是，每一次环境事件都会引发民间对于迁都的猜想和讨论，不过，也仅仅限于民间。

参考范文

关于迁都的论证合理吗？

上述材料围绕迁都问题展开了诸多论证。然而由于其论证过程中存在诸多缺陷，所以其结论也是难以让人信服的。现分析如下。

首先，要解决北京集中爆发的城市病，迁都是最好的选择吗？一方面，沈晗耀的观点忽略了其他可能的解决方案，如疏解首都的非核心功能、建立首都副中心等；另一方面，迁都并不能保证解决这些问题，可能只是将这些问题迁移到"新首都"。

其次，将新首都选址在水资源充沛、交通便利、地势平坦的中原地区或长江流域，未必有利于经济重心的转移。中原地区和长江流域已经是中国经济较发达的地区，新首都选址在这些地方，未必有利于经济重心的转移，甚至可能加剧中央与地方之间的经济差距。相反，如果新首都选址在一些经济相对落后的地区，可能反而会有利于推动这些地区的经济发展，并有利于实现经济重心的转移。

最后，"一国三都"的构想未必合理。该构想没有考虑到城市的功能和发展是相互联系的，一个城市不可能只发挥单一的功能。如此会导致各个城市的职能分散，相应地需要建设大量的新的机构和设施。这不仅需要巨大的资金和时间投入，而且还可能会导致资源的浪费和效率低下。故"一国三都"的构想有待进一步推敲。

综上，正是由于材料在论证过程中存在诸多缺陷，所以其结论也是难以让人信服的，迁都的问题还需要重新考量。

2011 年经济类（汉语能力测试）

从今年开始，教育部、国家语委将在某些城市试点推出一项针对国人的汉语水平考试——"汉语能力测试（HNC）"。该测试主要考以母语为汉语的人的听、说、读、写四方面的综合能力，并将按照难度分为各个等级，其中最低等级相当于小学四年级水平（扫盲水平），最高等级相当于大学中文专业毕业水平。考生不设职业、学历、年龄限制，可直接报考。公众对于这项新事物，支持和反对的意见都有。

支持者认为，在世界各地掀起学习汉语的热潮的今天，孔子学院遍地开花，俨然一个"全世界都在说中国话"的时代就要来临。但是国人的汉语能力，如提笔忘字、中英文混杂、网络用语不规范等现象普遍存在。目前大家都感到母语水平下降，但是对差到何种程度，差在哪里，怎么入手解决，无人能言。而汉语能力测试有一个科学的评测标准，可以帮助应试者了解其汉语水平在特定人群、地域中的位置。这样的测试一定会唤起大家对母语文化的重视。

以下几种是有代表性的反对观点：

观点一，汉语学习更多的是培养一种读书氛围，养成良好的阅读习惯，不能太功利；汉语要保存，要维系，需要培养的是修养而不是一种应试能力；在当前汉语衰退的环境下，要让汉语重新"热"起来，应从维系汉语文化的长远发展着手，营造一种大众的、自由的、向上的母语学习环境。

观点二，中国的孩子在中国的土地上学习母语有完整的教育体系，在这种情况下，这项测试的诞生不仅是一种浪费，还严重干扰了当前的汉语教学；汉语的综合水平量化，就是使得原来丰富生动的语言扭曲化、简陋化。

观点三，对于把汉语作为母语的中国人来说，汉语会用会说就可以了，不是人人都要成为作家，汉语类的能力测试更适合外国人来考。

参考范文

由汉语能力测试引发的讨论合理吗？

公众对于汉语能力测试这项新事物，支持和反对的意见都有。然而由于支持者和反对者在论证过程中均存在诸多缺陷，所以其各自的结论难以让人信服。

我们先来看支持者的论证。

第一，孔子学院遍地开花，不代表一个"全世界都在说中国话"的时代就要来临。一方面，传授知识不代表掌握知识，孔子学院有传授汉语的能力，但其学生未必可以很好地掌握汉语；另一方面，孔子学院多不代表孔子学院里的学生多，很可能由于孔子学院招生较为严格或者在当地的宣传力度不够等导致汉语没有被有效地普及。

第二，汉语能力测试可以帮助应试者了解其汉语水平在特定人群、地域中的位置，不代表其一定会唤起大家对母语文化的重视。真实的情况可能恰恰相反，很可能由于这类测试使得汉语学习具有较强的功利性，反而使得人们对学习汉语产生抵触情绪。

我们再来看反对者的论证。

第一，中国的孩子在中国的土地上学习母语有完整的教育体系，不代表这项测试的诞生是一种浪费。因为教育体系完整不代表所有中国孩子对于汉语的学习也是系统的，很可能很多学生由于更加注重汉语的日常应用，而忽视了对汉语的系统学习，这项测试的诞生很可能可以督促其系统学习汉语并检验学习成果。

第二，对于把汉语作为母语的中国人来说，汉语会用会说就可以了吗？其实不然。因为语言不仅仅是日常口头沟通的工具，也是很多正式场合信息传递的载体，即便人们不需要成为作家，也有必要系统地掌握汉语。

综上，由于支持者和反对者各自的论证过程中均存在诸多缺陷，所以其各自的结论难以让人信服。

下篇
论说文

管理类综合能力考试论说文真题

2023 年管理类（领导艺术）

根据下述材料，写一篇 700 字左右的论说文，题目自拟。[①]

人们常说"领导艺术"，可见领导与艺术之间存在着某种相似点，如领导一个团队完成某项任务就和指挥一个乐队演奏某首乐曲一样。

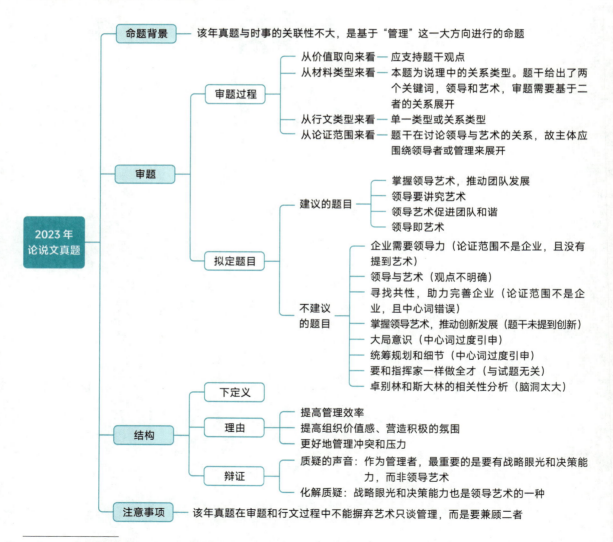

[①] 后文在未特殊说明的情况下，论说文题干要求均为：根据下述材料，写一篇 700 字左右的论说文，题目自拟。

📖 审题通关

【独立审题】请认真思考后，独立拟定题目。

【审题测试】请判断以下题目是否合理。

题目1：企业需要领导力

题目2：领导与艺术

题目3：寻找共性，助力完善企业

题目4：掌握领导艺术，推动创新发展

题目5：大局意识

题目6：掌握领导艺术，推动团队发展

题目7：领导要讲究艺术

题目8：领导艺术促进团队和谐

题目9：领导即艺术

题目10：统筹规划和细节

题目11：要和指挥家一样做全才

题目12：卓别林和斯大林的相关性分析

【参考答案及审题思路】

建议的题目：题目6、题目7、题目8、题目9。

本题的审题方向主要有两个，一是找到领导与艺术的共性，二是指出领导艺术的重要性。从审题的角度来说，两个角度都对。但从行文角度来说，角度一更多在陈述，没有进行论证，立意不够深刻；角度二在展开行文时更易论证。

不建议的题目：

(需要提醒大家，不建议的题目未必就是错误的，也有可能会拿到很高的分数，只是不同阅卷者对这类题目的认知可能存在一定的偏差，有一定的风险。)

题目1：第一，题干中的论证范围是团队，并非企业；第二，题目中没有体现出领导的艺术。

题目2：题目中没有体现出观点、立场，观点不明确。

题目3：第一，题干中的论证范围是团队，并非企业；第二，中心词应该是领导的艺术，而不是要找到共性。

题目4：结果落到了创新上，题干没有提到创新。

题目5：中心词有过度引申之嫌，题干没有提到大局意识。

题目10：中心词有过度引申之嫌。

题目11：题干中并没有说指挥家是全才，有过度引申之嫌。

题目12：题目中没有明确观点，且文体不像是论说文。不建议大家在拟题环节过于创新，万一阅卷者没能产生共鸣，将面临很大的风险。

参考范文

掌握领导艺术，助力目标达成

指挥乐队演奏某首乐曲，不仅需要调动每个乐队成员的积极性，更需要让整个乐队和谐。指挥乐队如此，领导团队又何尝不是如此，团队目标的达成也离不开领导艺术。

首先，领导艺术可以帮助领导者更好地组织和管理团队。在一个大型项目中，团队成员的数量可能很多，任务也可能非常繁重，如果领导者无法有效地协调、管理和分配任务，团队成员的能力就无法得到充分的发挥。领导艺术可以帮助领导者理解每个团队成员的优势和不足，了解他们的技能、能力和兴趣爱好，进而制定合理的任务分配方案，使得每个人都能够发挥最佳水平。

其次，领导艺术可以帮助领导者营造积极向上的团队文化。一个团队的成功不仅仅取决于每个人的个人能力，还取决于整个团队的文化和价值观。领导者可以通过鼓励、激励和支持，帮助团队成员建立共同的价值观和目标，并制定符合团队文化的规则和标准。在这种积极向上的文化中，每个人都能感到自己的工作有价值，团队成员之间的相互信任和支持也得到了加强。这种积极向上的文化可以使团队成员更加努力地工作，共同实现目标。

最后，领导艺术可以帮助领导者更好地管理冲突和压力。在完成任务的过程中，团队成员之间可能会存在意见分歧和冲突，任务本身也可能会带来一定的压力。领导者需要具备处理这些冲突和压力的能力，使得团队目标能够顺利地向前推进。通过领导艺术的学习和实践，领导者可以掌握有效的沟通和协调技巧，解决团队成员之间的问题，减轻压力，从而使团队更加稳定和高效。

综上，具备领导艺术，能更好地助力团队目标达成。

2022 年管理类（鸟类会飞）

鸟类会飞是因为它们在进化过程中不断优化了其身体结构。飞行是一项较特殊的运动，鸟类的躯干进化成了适合飞行的流线型；飞行也是一项需要付出高能量代价的运动，鸟类增强了翅膀、胸肌部位的功能，又改进了呼吸系统，以便给肌肉持续提供氧气。同时，鸟类在进化过程中舍弃了那些沉重的、效率低的身体部件。

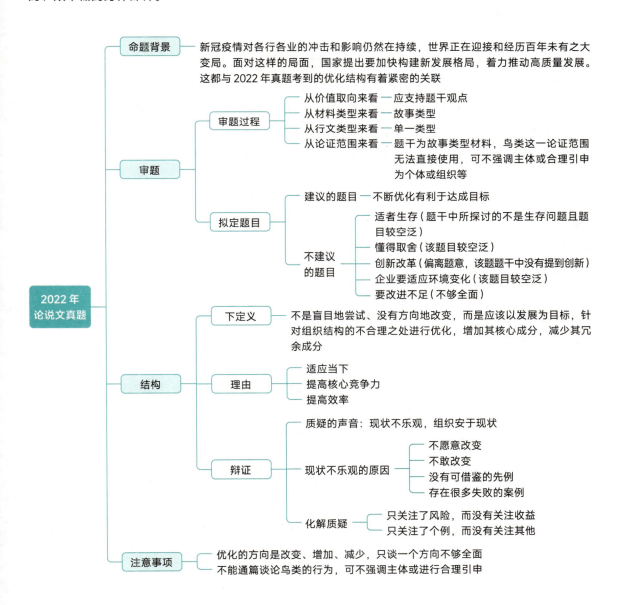

📖 审题通关

【独立审题】请认真思考后,独立拟定题目。

【审题测试】请判断以下题目是否合理。

题目1:适者生存

题目2:懂得取舍

题目3:创新改革

题目4:不断优化有利于达成目标

题目5:企业要适应环境变化

题目6:要改进不足

【参考答案及审题思路】

建议的题目:题目4。

该题的审题难度较小,题干中已经明确给出了中心词。但需要注意的是,这道题中的干扰信息较多,很多同学容易被干扰信息误导,一定要在确定题目前排除干扰信息,找准审题方向。

题干中的中心句为"鸟类会飞是因为它们在进化中不断优化了其身体结构"。

剩下的三句话是对这句话的解读,即鸟类优化其身体结构主要有三个方向。

方向一:改变。通过进化改变不合适的身体结构。

方向二:增加。增强需要的身体功能。

方向三:减少。舍弃不需要的身体结构。

故本题的最佳拟题方向是尊重原题。

中心词:不断优化结构。

结果:鸟类会飞。(本题需要将该结果进行翻译,可以翻译为达成目标、发展等)

可参考题目:发展中需要不断优化;不断优化有利于达成目标;不断优化结构促发展。其他题目体现出类似意思亦可。

不建议的题目:

题目1:中心错误且不明确。第一,题干所探讨的不是生存问题;第二,题目较空泛,题干中已经给出了"适"的方向,即不断优化,所拟题目最好直接指出。

题目2:中心不明确。该题目较空泛,没有明确具体应该如何取舍。

题目3:偏离题意。题干中没有提到创新。

题目5:中心不明确。该题目较空泛,题干中已经给出了"适"的方向,即不断优化,所拟题目最好直接指出。

题目6:审题范围错误。审题为改变、增加、减少三个方向,只写其中之一不够全面,阅卷者会酌情扣分。

本题审题为改变、增加、减少三个方向，只写其中之一都不够全面，如要改进不足、要做好减法、要舍弃冗余等。本题为科普类型材料，一般不需要强调主体。但如果为了更好地展开下文，与某主体结合且结合得较为自然，也不算错误。

📖 参考范文

参考范文一

发展中需要不断优化结构

鸟类会飞是因为它们在进化过程中不断优化了其身体结构。同样，组织也需要在发展过程中不断优化其结构。

优化结构不是盲目地尝试和改变，而是应该以发展为目标，针对组织结构的不合理之处进行优化，增加其核心成分，减少其冗余成分。

组织需要不断优化结构，这话说起来容易，但实际情况不容乐观。数字化浪潮的到来及近年来疫情的不断蔓延，给组织带来了极大的挑战。可是很多组织依然安于现状，不敢迈出自己的舒适区去优化结构。之所以会产生这样的现象，主要有以下几点原因：第一，很多组织已经按照原有的方式经营了很多年，开拓了一个相对安全、熟悉的领域，从而不愿意去改变现状；第二，优化结构需要耗费大量的成本和精力，但结果具有较大的未知性，因此很多组织不敢去改变；第三，每个组织在发展的过程中都形成了其独一无二的组织结构，没有成功的案例可供参考；第四，部分组织进行了优化结构的尝试，但最终以失败收场，这也进一步打击了组织优化的积极性。

然而，若组织基于以上理由便拒绝优化，就是极其不理性的行为。一方面，组织仅仅看到了优化结构所带来的风险和成本，却忽视了优化结构可能带来的巨大收益；另一方面，失败的案例往往更容易被人们所熟知，组织仅仅看到了部分失败案例，却忽视了更多的成功经验。

实际上，组织只有不断优化结构才能更好地完善自身，促进发展。不断优化结构的过程，也是组织自我复盘的过程，以使其更适应当下的发展。不仅如此，优化还有利于组织强化其核心构成，进而提高其稳固性及核心竞争力。更重要的是，优化结构还是一个做减法的过程，能促使组织减少无用部分和冗余成员，进而提高整体效率。

综上，鸟类尚且在不断地进行自我优化，组织也应该不断地优化结构，促进发展。

参考范文二

优化结构有利于组织发展

鸟类在进化过程中通过优化身体结构，获得了飞行的能力。类比于组织和机构，优化结构同样对组织发展有着重要的作用。

首先，优化结构可以提高组织的适应能力。组织在发展的过程中，面对的环境和任务是多变的，通过优化结构可以更好地适应这些变化。例如，在市场竞争激烈的情况下，企业需要不断优化组织架构和流程,以提高效率和竞争力。同样,政府机构也需要优化其结构和流程,以更好地满足公众的需求。优化结构可以让组织更加灵活、敏捷地应对各种挑战。

其次,优化结构可以提高组织的生产力。生产力是组织能够创造的价值和财富的度量,而优化结构可以提高生产力的水平。通过优化流程、减少浪费和提高效率,组织可以更好地利用资源,提高生产力。例如,工厂可以通过优化生产线和流程,提高产量和质量;学校可以通过优化教学方法和课程设计,提高学生的学习效率和成绩。

再次,优化结构还可以提高组织的灵活性和创新能力。当组织面临新的挑战和机遇时,需要具备灵活性和创新能力,以更好地适应变化。通过优化结构,组织可以更好地发掘和利用其潜力和优势,推动创新和发展。例如,企业可以通过优化组织架构和流程,激发员工的创新潜力,推动产品和技术的创新;学校可以通过优化教学方法和课程设计,激发学生的创新思维,推动学科的创新发展。

最后,优化结构可以提高组织的生存能力。当一个组织在面对外部环境的变化和挑战时,如果其内部结构松散、不够灵活,面对环境的变化很难及时做出调整和反应,从而可能会有被淘汰的风险。但如果组织的结构不断得到优化,那么组织在应对变化和挑战时,可以更快速、更灵活地做出反应和调整,从而不断提高适应能力,取得更好的发展。

综上,就像鸟类一样,优化结构有利于组织更好地发展。

2021 年管理类（实业与教育）

我国著名实业家穆藕初在《实业与教育之关系》中指出，教育最重要之点在道德教育（如责任心和公共心之养成、机械心之拔除）和科学教育（如观察力、推论力、判断力之养成）。完全受此两种教育，实业界中坚人物遂由此产生。

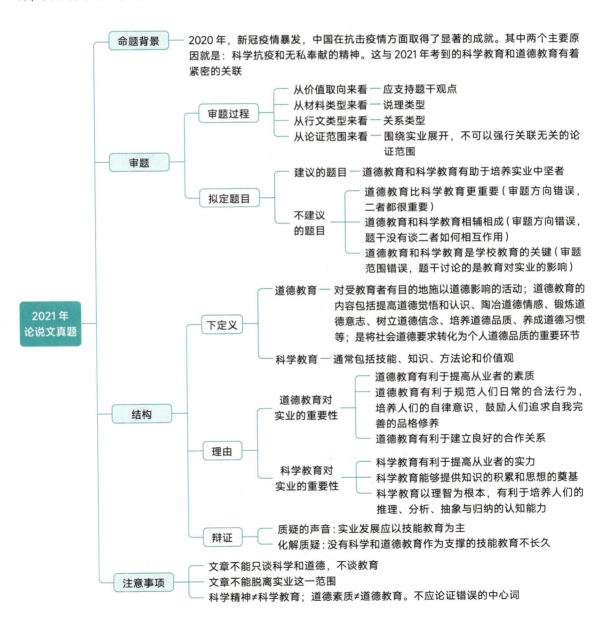

审题通关

【独立审题】 请认真思考后，独立拟定题目。

【审题测试】 请判断以下题目是否合理。

题目1：我们要争做道德情操和科学精神兼备的人才

题目2：道德教育比科学教育更重要

题目3：道德教育和科学教育相辅相成

题目4：道德教育和科学教育是学校教育的关键

题目5：道德教育和科学教育有助于培养实业中坚者

题目6：我们更要选拔受过道德教育和科学教育的人

【参考答案及审题思路】

建议的题目：题目5。

该年真题的审题难度不大，题干中已经直接给出了中心词。但很多同学在审题的过程中容易忽视细节问题，在此和大家强调一下。

第一，题干的审题方向是道德教育和科学教育都很重要。题干中没有讨论二者是如何相互作用的，故不能把题目拟为"道德教育和科学教育相辅相成"。

第二，题干的主语不是人才，也不是人才选拔者，而是教育者。故要注意拟题方向。

第三，题干的论证范围是实业，不要改变范围。

不建议的题目：

题目1：主语错误。题干的主语不是人才，而是教育者。

题目2：审题方向错误。题干没有比较道德教育和科学教育，而是在强调二者都很重要。

题目3：审题方向错误。题干没有谈道德教育和科学教育如何相互作用，而是在强调二者都很重要。

题目4：审题范围错误。题干讨论的是教育对实业的影响，而不仅仅是在讨论教育本身。

题目6：主语错误。题干的主语不是人才选拔者，而是教育者。

参考范文

参考范文一

道德教育和科学教育有助于培养实业中坚者

正如我国著名实业家穆藕初在《实业与教育之关系》中所说的，教育最重要之点在道德教育和科学教育。完全受此两种教育，实业中坚者遂出之。穆藕初先生的话对我们当下的实业教育依然具有启发意义。在培养实业人才的过程中，我们应当重视道德教育和科学教育。

道德教育有利于提高从业者的素质。当今中国工业化、信息化、国际化快速发展，随着经济发展方式的转变，迫切需要一大批高素质的劳动者。然而，在实业从业者中，敬业奉献精神的缺乏、诚信意识的淡漠等道德缺失现象却与日俱增。为了提高实业从业者的道德素养，我们应该追根溯源，加强道德教育。道德教育有利于提高人们的事业心和责任心，能够使受教育者热爱自己的事业、忠于职守、胜任本职工作；同时，道德教育还有利于从业者更好地塑造价值观，树立远大理想并为之奋斗。这些都是实业中坚者不可或缺的素养。

科学教育有利于提高从业者的实力。当下，人工智能、大数据等新领域不断涌现，"勤能补拙"不再是万能的真理。所有重复性的、有规律的劳动都逐渐被机械、科技所取代，仅仅靠蛮力和勤奋已经无法适应当下实业发展的需要了，科学才是这个时代的主旋律。这就需要在教育层面加强对实业从业者的科学教育，在教学环节中培养和锻炼他们的观察力、判断力及推断力，以"智力"谋"富力"，以科学教育推动实业人才的培养。

人才是企业发展的根基。所有的人才都是在接受教育后被输送到各行各业的。教育的质量将在很大程度上决定人才的水平。教育不仅仅要"教"，更要"育"。实业教育不应局限于传授知识、技能，还应该培养其高尚的道德情操和科学的思维能力，这也是培养实业中坚者的关键所在。

基于此，在培养实业人才的过程中，我们应重视道德教育和科学教育。

参考范文二

培养实业家需要道德教育和科学教育

穆藕初曾指出，教育最重要之点在于道德教育和科学教育。这一理念对当今实业家的培养仍有启发意义：培养实业家，需要道德教育和科学教育并重。

道德教育在于责任心和公共心的养成、机械心的拔除，这是实业家立足的根基。实业家的培养，不仅需要专业素质，还需要道德品质。追求利益最大化是人的本性，如果实业家缺乏社会责任心，可能会存在唯利是图的机械心，投机取巧，逾越道德的底线，这样不仅不利于实业的健康发展，而且会使其自身也难以立足。道德教育可以使人拥有大局观和长远眼光，从而能让实业家真正地服务消费者、造福社会。

科学教育在于培养观察力、推论力和判断力，其价值在于拓展人的认知边界。实业家需要有良好的信息提取能力，要能观察和把控市场变化动向，把握发展的机会，做出合理、正确的判断，并落实到实业的发展计划中。如果实业家没有及时抓取市场信息的能力，或者不能快速做出正确决策，那么其事业可能难以获得成功。

若是只看重道德教育，而忽略科学教育，很可能培养出的实业家只知道遵纪守法、只具有高尚品德，却没有过硬的实干能力；同样，若是只重视科学教育，而不顾道德教育，那么即使科学教育方面的活动开展得再成功，也可能只是带出了一批只知技术理论，而不懂何为为社会、为国家做贡献的"单一人才"。

我们要重视道德教育和科学教育并不是说只有这两种教育对人的成长有益，技能教育、知识教育等也很重要，我们应该将道德教育与科学教育融入其中，让受教育者在生活的方方面面都能接受道德的教诲与科学理念的熏陶，从而促进其更好地发展。

综上所述，在急需实业人才的当下，道德教育与科学教育应该并重，从而培养实业界中坚力量。

典型习作点评

典型习作

教育有利于企业发展。①

实业家穆藕初在他的著作中指出实业中坚者的产生离不开道德教育和科学教育。可见，企业的发展需要道德和科学。②

道德精神是指应良心经营、诚信待顾客，对社会有回报的心；而科学精神是指实业应具有对市场敏锐的观察力、行业风向的判断力，二者不可或缺。③

道德教育可以促进科学教育的形成，为企业长期发展打下基础。④众所周知，三鹿奶粉事件给同行业敲响了警钟，可见，诚信经营是道德教育中的重中之重，实业想长期发展，口碑与名誉尤为重要。⑤如果企业诚信经营，对顾客说到做到，则会吸引顾客前来购买。同时，合作方都喜欢与信用良好的企业进行合作，达到合作共赢的效果。试问如果企业连基本的道德都不过关，还能发展长远吗？⑥

科学教育可以强化道德教育。⑦一方面，科学教育能增强企业的观察力，在观察市场风向发展趋势上有很大的助力。当企业掌握了顾客的喜好，自然也能留住客源；另一方面，在道德教育中，在已有口碑下，企业通过对风险的判断能力来知晓自身的不足，用科学技术来不断完善自身，以达到企业长远发展的目的。⑧

道德教育与科学教育缺一不可，无论缺少哪一个都不利于实业的长远发展。道德教育缺失，则该企业会变得为了利益而不择手段，长此以往，劣币驱逐良币产生不良风气。而科学教育的缺失会使企业在技术上落后于人，无法及时抓住机遇，最终被市场淘汰，企业一旦丧失竞争力将无法长远发展。⑨

总之，实业中坚者的产生与道德教育和科学教育密不可分，希望企业能认识到此问题，使自身能长远发展，做大做强。

批改建议

① 第一，标点符号使用错误，题目不需要以句号结尾；第二，题干的主体是实业而非企业；第三，题干的中心词是道德教育和科学教育而非教育。

② 第一，材料与观点的过渡有逻辑缺陷，个人的观点无法反映真实的情况；第二，道德教育和科学教育不等价于道德和科学。

③ 道德精神不等价于道德教育，科学精神不等价于科学教育。该段再次混淆了中心词。

④ 本文要论证的是道德教育和科学教育对实业发展的重要性，而不是讨论道德教育和科学教育之间的关系，该分论点的论证方向错误。

⑤ 三鹿集团的个例无法反映整体的情况，此处犯了以偏概全的错误。

⑥ 题干讨论的是对人才进行道德教育的好处，而不是企业诚信的好处，中心不一致。

⑦ 该分论点的论证方向错误，不应该讨论道德教育和科学教育之间的关系。

⑧ 段落论证方向不清晰，一边论证科学教育的好，另一边又论证道德教育和科学教育的关系。

⑨ 段落表达过于绝对。

全文点评

本文存在的问题非常典型,很多同学的文章也有类似问题,即中心词混乱。文章从题目到开头再到正文,一直在混淆道德、诚信、道德精神、道德教育等概念,没有找准主语,这使得文章层次混乱、杂乱无章。除此之外,文章还犯了很多明显的逻辑错误,各位同学应引以为戒。

引申参考

"科学教育"与"道德教育"缺一不可

我国著名实业家穆藕初在《实业与教育之关系》中指出,教育最重要之点在道德教育和科学教育。完全受此两种教育,实业界中坚人物遂由此产生。那么对于人的发展而言,"科学教育"与"道德教育"到底哪个更重要呢?其实,科学教育与道德教育如同车之两轮、鸟之双翼,对于人的发展而言,二者缺一不可。

科学教育为个人的成功提供"基础"和"登山阶"。人类的进步来源于对世界认知程度的加深,而这很大程度要归功于人们对科学教育的逐步重视,我们也可以把科学教育理解成通识教育,它就像人类进步路上的"登山阶",在人类知识传播、素养提高方面起到基础性作用;同时,科学教育的发展对于个人的观察力、推论力和判断力的培养都起到了至关重要的作用。我们不难发现许多优秀企业的管理者都有着优秀的专业知识背景,如刘强东、雷军等,科学教育为他们提供了知识的积累和思想的奠基,没有知识的积淀,又何来事业的成功?我国生化领域专家陈薇院士也是我国的高科技人才,为我国新冠疫苗的研发做出了杰出贡献。由此可见,科学教育是个人在成功路上的"登山阶",基础且不可或缺。

道德教育为个人的成功提供"保障"和"瞭望台"。道德教育也是个人成长路上的一个重要环节,没有思想和品德的高科技人才对于一个国家和民族来说是不幸的,甚至是灾难性的。而当下的中国,道德教育下的人才比比皆是。在疫情面前,我们看到各种逆行的力量在保护人民群众的安全,在保护我们的家园:"天使白""橄榄绿""守护蓝""志愿红"迅速集结;当洪水侵蚀我们的家园时,可爱的子弟兵用身体筑起了堤坝,守护一方平安。他们为了国家安危、百姓健康,不惜牺牲自己的生命。有这样一群可爱的人守护着,我们很庆幸,也很自豪,这一幕幕感人的景象,无不透露着人性的光辉与美好,这是道德教育的成果,是个人不断前行所必需的基本素养,也是一个国家和民族所必需的前进动力。

科学教育与道德教育相辅相成,相得益彰。缺少了科学教育的道德教育如同空中楼阁,摇摇欲坠;缺少了道德教育的科学教育则会失去灵魂,没有意义。只有二者结合起来,才能造就中坚人物,才能成就一个"大写"的人,这样的人才是我们国家和社会发展所需要的。钟南山院士——共和国勋章获得者,他在人民心中有两个身份,首先是救死扶伤的白衣天使,其次是胸怀人民的仁人志士。他将所学用于人民健康,他将一生奉献给医学事业,我们既要学习钟院士的才学,也要学习他的仁心。

科学教育与道德教育是相互促进、互为前提的，二者缺一不可。

发展科学教育与道德教育是我国实现伟大复兴中国梦的重要法宝。科学教育与道德教育两手都要抓，两手都要硬。

（文章来源：刘致远）

2020 年管理类（挑战者号）

据报道，美国航天飞机"挑战者号"采用了斯沃克公司的零配件。该公司的密封圈技术专家博易斯乔利多次向公司高层提醒：低温会导致橡胶密封圈脆裂而引发重大事故。但是，这一意见一直没有受到重视。1986 年 1 月 27 日，佛罗里达州卡纳维拉尔角发射场的气温降到零摄氏度以下，美国宇航局再次打电话给斯沃克公司，询问其对航天飞机的发射还有没有疑虑之处。为此斯沃克公司召开会议，博易斯乔利坚持认为不能发射，但公司高层认为他所持理由还不够充分，于是同意宇航局发射。1 月 28 日上午，航天飞机离开发射平台，仅过了 73 秒，悲剧就发生了。

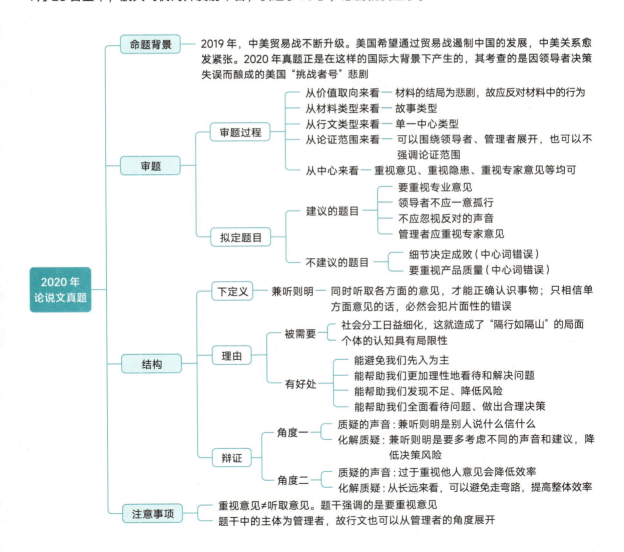

📖 审题通关

【独立审题】请认真思考后，独立拟定题目。

【审题测试】请判断以下题目是否合理。

题目1：细节决定成败

题目2：官僚作风不可取

题目3：要重视产品质量

题目4：要及时止损

题目5：兼听则明

题目6：要重视专业意见

题目7：领导者不应一意孤行

【参考答案及审题思路】

建议的题目：题目5、题目6、题目7。

该年考查的是一个非常简单的故事类型材料。题干中的结果是"悲剧就发生了"，故我们需要寻找悲剧发生的原因。题干中有两个导致悲剧发生的情节，第一个是"这一意见一直没有受到重视"，第二个是"公司高层认为他所持理由还不够充分，于是同意宇航局发射"，这两个情节传递的意思其实是一样的，即专家一次次地提醒公司高层，但他们不听，非要发射。

故本题的保底题目为"我们要重视意见"。

我们还可以进一步细化这一题目。

因为题干中的主语是公司高层，所以此处可以将"我们"替换为"管理者、领导者、决策者等"。题干中的意见是专家提出的，故可以将"意见"补充为"专家意见、权威意见"。

题干中的意见是关于隐患、危机的，故可以将"意见"替换为"隐患、危机、反对的声音等"。故可参考题目：重视意见；兼听则明；要重视专业意见；领导者不应一意孤行；不应忽视反对的声音；不应忽视风险预警；管理者应重视专家意见。其他题目体现出类似意思亦可。

不建议的题目：

题目1：中心词错误。失败的根源不是没注意到细节，而是在专家指出该问题后依然没有采纳。

题目2：中心词错误。题干中没有体现出官僚作风，过度解读。

题目3：中心词错误。题干中并没有说橡胶密封圈本身存在质量问题，而是说这一零件不能在低温环境下发挥作用，公司高层却不顾发射条件依旧同意发射。

题目4：中心词错误。及时止损有亡羊补牢的意思，题干没有提及之前发生过事故，是一种风险的预警。

需要注意的是，这些题目并非完全错误，而是不够严谨。写作的阅卷具有一定的主观性和灵活性，所以无法确定阅卷者会如何评定，这些题目有可能会因为审题扣分，也有可能给一个一类卷的分数。我们要做的是将所有的风险因素都扼杀在摇篮中。排除所有扣分的可能性，文章自然就没有了得低分的理由。

【真题变形】

请对如下真题的变形材料进行审核，并拟定题目。

变形一

据报道，美国航天飞机"挑战者号"采用了斯沃克公司的零配件，但公司高层忽视了低温会导致橡胶密封圈脆裂而引发重大事故这一细节。1986年1月27日，佛罗里达州卡纳维拉尔角发射场的气温降到零摄氏度以下，美国宇航局再次打电话给斯沃克公司，询问其对航天飞机的发射还有没有疑虑之处。为此斯沃克公司召开会议，依然没有重视这一细节，于是同意宇航局发射。1月28日上午，航天飞机离开发射平台，仅过了73秒，悲剧就发生了。

变形二

据报道，美国航天飞机"挑战者号"采用了斯沃克公司的零配件，但公司高层忽视了低温会导致橡胶密封圈脆裂而引发重大事故这一隐患。1986年1月27日，佛罗里达州卡纳维拉尔角发射场的气温降到零摄氏度以下，美国宇航局再次打电话给斯沃克公司，询问其对航天飞机的发射还有没有疑虑之处。为此斯沃克公司召开会议，依然没有重视这一隐患，于是同意宇航局发射。1月28日上午，航天飞机离开发射平台，仅过了73秒，悲剧就发生了。

变形一参考题目：细节决定成败、细节的重要性

变形二参考题目：管理者要重视隐患

大家要注意区分变形一、变形二与原题的区别，这样更容易理解该年真题的正确审题方向。

参考范文

参考范文一

兼听则明

老话常说：听人劝，吃饱饭。斯沃克公司高层因为没有重视专家的提醒，一意孤行地同意宇航局发射，最终酿成了美国航天飞机"挑战者号"的悲剧。这一事件也在时刻警醒我们兼听则明。

首先，兼听则明是一种态度，能避免我们先入为主。心理学上有一个自我价值保护原则。这个原则的意思是说，人为了保护自我价值，心理上会有一种防止自我价值遭到否定的自我倾向。人一般只接纳那些喜欢自己、支持自己的人，以防止自我价值受到贬低和否定。这是一种自我支持的心理倾向。不同的意见往往会被排斥，所以会有"忠言逆耳"的说法。在企业中，如果管理者不能克服自我价值保护原则，就会先入为主，只接受自己喜欢的人的意见以及和自己的意见相一致的意见。长此以往，员工便专提管理者喜欢的意见，专做管理者喜欢的事情，没有人愿意表达自己的洞见和"忠言"。如此循环往复，最终形成"亲小人，远贤臣"的局面。

其次，兼听则明是一剂良方，能帮助我们更加理性地看待和解决问题。世界上的事物错综复杂，人们受自身知识、经历、观念、涵养等因素的局限，难免在见解上有所缺失。如果把多种意见集中起来，进行综合比较、鉴别，从而去伪存真，自然会更加公正合理。忽略了兼听则明的重要性，就容易误入"听信一方"的歧途，使得思绪难以开阔，考虑也会欠周到。

再次，值得一提的是我们不应错误地理解兼听则明。兼听则明不是指别人说什么我们就信什么，很多企业家总是很膜拜所谓的专家，为了少走弯路或者避免决策错误，他们会找很多专家花大量的时间去交流讨论，从而错过了很多机会，最终只能不停地扼腕叹息。由此可见，仅仅兼听还不够，必须结合自己的经验和视角，果断地做出判断，这样才会兼听则明。

最后，兼听则明，希望"挑战者号"的悲剧不要再次上演。

参考范文二

我们要重视他人的意见

博易斯乔利多次向公司高层提醒：低温会导致橡胶密封圈脆裂而引发重大事故。但这一意见并没有受到重视，最终导致了悲剧的发生。这件事让我们深刻地认识到：一定要重视他人的意见。

当下，社会分工日益细化，这就造成了"隔行如隔山"的局面。在非专业领域不听从专业人员的意见，轻则屡屡碰壁，重则像"挑战者号"一样发生悲剧。因此，为了更加高效地完成任务，降低试错成本，我们一定要重视他人的意见。

重视他人的意见有利于查漏补缺。他人的意见可能恰恰指出了自己所忽视的或还有待完善的地方。重视他人的意见可以发现自己的不足，及时加以改正和完善。这不仅有助于工作顺利进行，提高工作效率，还可以使自己学习到新的方式、方法。

重视他人的意见可以提高认同感。根据马斯洛的需求层次理论，当一个人的基本需求得到满足时，会激发更高层次的需求，认同感就是高层次需求的一种。一个意见的背后可能是多次的实验、大量知识的沉淀以及绞尽脑汁的思考。如果提出者的意见能够被采纳或认可，会给他带来强烈的认同感和成就感，这会激励他不断进步。管理者对意见的认可也会激励其他员工献计献策，形成良性循环，为企业的发展保驾护航。

也许有人会认为，重视他人的意见会拉低整体效率，因为如果这个意见是错误的，那么可能会多走弯路，得不偿失。但其实，重视他人的意见并不是要对他人的意见照单全收，在采纳前需要对其合理性、可行性和有效性进行分析、评估。在这个过程中可以有效避免采纳错误意见。并且，在对这些错误意见的分析过程中，可以预见后续工作开展过程中可能会走的弯路，从而降低风险。

综上所述，我们不仅要重视他人的意见，还要理性地看待他人的意见，这样才能保证工作的顺利开展。

参考范文三

重视隐患，保障发展

一个小小的"密封圈"就导致了一场悲剧的发生，给企业带来了巨大损失，其原因是斯沃克公司高层没有对潜在隐患予以重视。斯沃克公司的例子警示着每一家企业：重视隐患才能保障发展。

无论是"黑天鹅"还是"灰犀牛"，隐患与危机一直存在于生产经营的过程中，那为何有些企业却没有重视这些隐患呢？究其根本，原因有二：其一，"术业有专攻"，管理层在技术层面的知识相对匮乏，对潜在隐患可能带来的损失了解不全面，从而低估了风险等级；其二，管理层多以成本效益为原则进行决策，当长期投资却不见回报时难免心急，此时，他们会对隐患与危机抱有侥幸心理，选择冒险。

然而，这并不是漠视隐患的理由。实际上，企业重视隐患，能给其长足发展加上一份保险。重视隐患，能为企业争取时间预设解决办法，不至于让企业在面临危机时措手不及，从而错失最佳的处理时机。此外，重视隐患还有助于企业建立品牌形象，赢得消费者信任。例如，在产品设计与制造过程中，重视可能产生事故的每一处细节，绝不让不合格产品入市，这样既能在消费者中建立口碑，也能避免后续因产品质量问题而产生纠纷。合理的风险预警机制以及良好的企业形象能助力企业稳步发展。

需要强调的是，重视隐患不是一句口头承诺，也不是照搬照做。第一，重视隐患需要建立起合理的风险预警机制，利用大数据、云计算等手段计算企业的安全边界，一旦项目风险评估等级超过安全边界，企业就应及时止损。第二，管理者应该听取专家的意见，必要时专家应拥有"一票否决权"。做到以上两点，才算是对隐患有了基本的防范意识，才能够发挥重视隐患的积极作用。

大风起于青萍之末，任何不起眼的事物都可能掀起汹涌波涛。企业若想在竞争激流中稳步发展，必须重视隐患，要做到"宁舍眼前利，不存侥幸心"。

参考范文四

兼听则明

1986年1月28日，是备受关注的"挑战者号"航天飞机升空的日子。然而在发射后仅73秒，悲剧就发生了。这是美国航空事业上的一次失败，更是人类探索宇宙的一次大挫折。痛定思痛，事后的分析令人唏嘘，这一切本可以避免，只是因为公司高层没有听从专家的警告。在多年后的今天，这一事件仍给我们警醒——兼听则明。

对一个企业来说，生存和发展是根本目标，而企业的管理者对公司的布局和战略的制订更是至关重要。但人的精力和所长是有限的，不可能对所有的领域都了如指掌。兼听的必要性就此显现。

若企业的管理者一意孤行，将阻碍企业发展的进程。没有不同思想的碰撞，如何产生创新的火花呢？没有各种声音的发出，又如何能真实了解企业内部存在的问题呢？这样一来，不需要竞争对手或是外部条件的打击，企业自己就会走向失败。

反之，若"兼听"，则会"明"。现代许多公司之所以会以优厚的待遇招贤纳士，正是因为这些管理者懂得兼听则明对企业管理和发展的重要性。企业管理者及时听取相关专业人才的建议和意见，并加以分析和研究，这样会更有利于企业的发展，有利于企业竞争力的提高。

当然，兼听则明并不是说只要听取多方的看法，就可以发展得更好，而是指应在充分了解企业的发展阶段、发展目标、发展遇到的困难和自身特点的基础上，以平等、尊重的态度对待不同的声音，再结合管理者自身充分的考量和分析，最终做出正确的决策。

在竞争日益激烈、大环境日益复杂的今天，以正确的态度面对不同的声音，才是企业得以发展的"阳关大道"。

参考范文五

管理决策当重视专家意见

美国航天飞机"挑战者号"在发射前存在橡胶密封圈脆裂的重大风险，尽管专家一再提醒公司管理层，但其意见始终未得到充分重视，结果酿成悲剧。这启发我们：管理决策当重视专家意见。

重视专家意见，有利于防范风险，提前化解危机。与管理层不同，专家在某个细分领域深耕多年，已经积累了丰富的知识和经验，能够发现很多常人难以发现的漏洞，或能依据可靠的数据资料，更为准确地判断事态发展的趋势。因此，听取专家的意见，有助于预先识别风险，及时纠正错误，从而避免产生不必要的损失。正如此次抗疫，我国决策层充分听取了专家"封城"和"建设方舱医院"的建议，在短短几个月内就基本控制了疫情，让人们的生活逐渐回归常态。

重视专家意见，还有利于做出更合理的决策，推动组织成长。这是因为：一方面，重视专家意见可以汇集各方的声音，吸纳不同领域的智慧，形成互补，减少决策过程中因考虑不全面和信息不对称产生的不利影响；另一方面，专家意见可以调动组织内优秀成员的积极性，让他们获得参与感和成就感，激发他们为组织效力的热情。

相反，不重视专家意见、一意孤行，就有可能造成类似"挑战者号"的悲剧。"挑战者号"的失败不仅让数位宇航员失去了宝贵的生命，耗资巨大的项目毁于一旦，还让公司的声誉遭受严重冲击，管理层的治理能力饱受外界质疑。

当然，重视专家意见并不意味着对专家意见不加分辨地接纳，而是要在态度上给予充分重视，并在决策过程中针对其进行有效论证，取其精华，去其糟粕。不仅如此，重视专家意见也未必会造成决策低效，相反，这能帮助决策者少走弯路，更快地达成既定目标。

综上，为了做出科学的管理决策，我们应当重视专家意见。

典型习作点评

典型习作

决策需要顾全大局①

斯沃克公司高层不听专家意见,执意认为航天飞机可以发射,最终导致"挑战者号"发射失败。通过这一例子我们不难发现,正确决策需要顾全大局。②

由于管理者自身的认识有限,对产品研发与生产方面的细节不够了解,所以他们对这方面问题所做出的判断往往因主观性太强而导致错误,这时专家意见的重要性就不言而喻了。术业有专攻,专家对具体问题的研究是基于其丰富的专业知识展开的,所以他们提出的意见更加关键,正如博易斯乔利多次向公司高层进行提醒一样,专家凭借自己的专业知识能及时发现对企业而言"致命"的问题。③

这就需要管理者在决策时顾全大局,充分考虑专家的意见,④斯沃克公司的失误足以为管理者们敲响警钟。尽管企业的决策除了要考虑技术因素外,还要考虑成本与收益等因素,但是企业想要持续经营就必须兼顾所有的问题,尤其要关注一些看似不起眼的问题。古人言"千里之堤,溃于蚁穴",管理者因为在公司需要顾全大局,所以顾不到一些细枝末节,此时员工的意见就能弥补这一缺陷,从而促使管理者做出正确决策。⑤

有人可能会说,虽然专家的意见更具权威性,但他们有时也会为了保全自己的利益而夸大风险,所以他们的意见不必完全听取。这一看法是不正确的,就算专家的意见中确实有夸大事实的成分,但问题的客观存在是不可否认的,若是忽视问题,将会增加企业出现危机的风险。一方面,虽然员工的意见对管理者做出正确决策很重要,但很多企业因为沟通渠道不够畅通,导致员工的意见无法准确传达,这就需要企业完善相关机制并鼓励员工积极提出意见;另一方面,管理者也要改变自己的观念,多听取员工的意见,不能只顾收益而忽略潜在的风险。⑥

正确的决策往往需要经过多方面的考量,只有管理者在做决策时兼顾风险与收益,积极听取他人意见,才有利于企业的长远发展。⑦

批改建议

① 立意方向错误。

② 材料中引入的情节是公司高层不听专家意见,但过渡到观点时变成了顾全大局,观点与引入没有保持一致。

③ 这段描述的是专家建议的重要性,与答题者拟定的题目不一致。

④ 充分考虑专家意见不等于顾全大局,不要过度引申。

⑤ 这段话描述的其实还是建议的重要性。

⑥ 同上,段落中心与题目中心不一致。

⑦ 同上,段落中心与题目中心不一致。

全文点评

　　本文所产生的问题都是由拟题方向错误导致的。答题者本身明白题干的中心,但是因为题目拟定的方向不准确,所以全文都很难扣题,中心不能保持一致。有类似问题的同学在拟定关键词的时候一定要想好准确的立意,保持全文的中心一致。

2019 年管理类（知识的真理性）

知识的真理性只有经过检验才能得到证明。论辩是纠正错误的重要途径之一，不同观点的冲突会暴露错误而发现真理。

📖 审题通关

【独立审题】请认真思考后，独立拟定题目。

【审题测试】请判断以下题目是否合理。

题目1：实践出真知

题目2：论辩有利于企业发现真理

题目3：唯有论辩才能完善真理

题目4：实践是检验真理的唯一标准

题目5：论辩有利于发现真理

题目6：真理越辩越明

题目7：论辩有利于检验真理

【参考答案及审题思路】

建议的题目：题目5、题目6、题目7。

不建议的题目：

题目1：中心词错误。本题的中心词为论辩或观点冲突，而非实践。

题目2：论证范围错误。题干中没提到企业，且本题的中心词与企业之间没有关联性，故不建议与企业结合。

题目3：论证有缺陷。论辩并非完善真理的必要条件，此处过于绝对。

题目4：中心词错误。实践并非本题的中心词。拟题时没有从题干出发，而是依赖生活经验，需要警惕。

该年的论说文真题是围绕"真理"展开的。题干中呈现了三个步骤：第一步是如何发现真理中的错误——通过不同的观点冲突；第二步是如何纠正真理中的错误——通过论辩；第三步是如何证明真理的合理性——通过检验。

三个步骤形成了一个"发现问题—改正问题—检验真理—再发现新问题"的良性循环。在这样的良性循环中，诞生了"真正的真理"。

不难看出题干的目的是发现真理，发现真理的关键步骤就是要对冲突的观点进行论辩。所以本题的立意非常简单，中心词是要对冲突的观点进行论辩，目的是发现真理。故可参考题目：真理越辩越明；真理要勇于质疑；碰撞出真知；论辩出真知；真理需要质疑精神。

【真题变形】

请对如下真题的变形材料进行审题，并拟定题目。

变形一

根据下述材料，以"真理与论辩"为题写一篇700字左右的论说文。

知识的真理性需要检验，论辩是纠正错误的重要途径之一，不同观点的冲突会暴露错误而发现真理。

变形二

知识的真理性只有经过检验才能得到证明，那么如何才能检验真理呢？实践是检验真理的唯一标准。

变形一参考题目：真理与论辩（注意审题，变形后为命题作文）
变形二参考题目：实践是检验真理的唯一标准

大家在审题的时候不仅要审材料内容，也要审题干要求，若题干像变形一一样给出了题目，则不可以自己拟定。

同时，大家在审题的时候还要避免先入为主。不要强行运用自己的知识储备，要读懂题干的要求。例如该年真题就不能像变形二一样将题目拟定成大家耳熟能详的"实践是检验真理的唯一标准"。

参考范文

参考范文一

真理越辩越明

人类的历史是追求真理、探索真理、传播真理，进而摆脱蒙昧、无知、愚笨的过程。然而，认识真理的过程并非一帆风顺，它是一个去伪存真、去粗取精的过程。在这样的过程中，论辩是必不可少的一个环节，人们为了寻求真理，要同无知辩，同偏见辩，向未知挑战，与荒谬斗争，同强权抗衡。俗话说："鼓不敲不响，理不辩不明。"人们正是在长期追求真理的过程中，认识到了真理越辩越明的道理。

所谓的真理是人们对客观事物及其规律的正确认识。辩是指以一定的逻辑基础为规则，通过摆事实、讲道理的方式与不同的观点交流、交锋；而明即清楚明晰。真理越辩越明就是说真理会在与其他思想的论辩中变得更加清晰明白。

为什么说真理越辩越明呢？

第一，在认识真理的过程中，辩可以使认识由片面到全面，由含混到清晰，由肤浅到深刻。大千世界万物运行，无数规律隐藏在表象的背后，需要我们去探索、去检验。然而，个人的认知水平是有限的，正所谓"人非生而知之者，孰能无惑？"于是，人们用辩来识别真假，用辩来裁决真理和谬误。在辩的过程中，真理逐渐由萌芽走向成熟。

第二，在真理的传播过程中，辩可以使真理常新。任何真理都离不开一定的条件。一旦条件发生变化，那么真理也将随之而改变。如果人们不继续去探索真理，那么真理最终也会变成一堆"死"的教条。而辩则是防止真理僵化的有效途径。

综上，真理应从质疑开始，真理越辩越明。

（改编自1997年国际大专辩论赛经典辩词）

【乃心老师小贴士】这篇范文的结构和观点大家可以参考。但需要注意的是，这篇范文并不是在20分钟内完成的，而是在搭建完框架后又进行了细节和理由的修订。所以大家在参考很多范文的时候要保持理性，不要盲目模仿规定时间内写不出来的文章。

参考范文二

通过论辩发现并检验真理

知识的真理性往往是需要检验的,而论辩则是检验真理的重要途径。通过论辩纠正错误认知,形成正确思维,从而在此过程中发现并检验真理。

人们能在论辩过程中拓宽思路,取其精华,去其糟粕,进而发现真理。人们由于自身的局限性,通常很难全面地掌握知识信息。此时,论辩的作用显得尤为重要。通过论辩,我们可以开拓视野,学习到不同于自身的、新颖的思路,并就不同的观点进行交流探讨,从而引发更多的思考,继续去探索未知真理。

人们能在论辩过程中暴露错误认知,并及时纠正,进而检验真理。实践是检验真理的唯一标准,论辩也是实践的方式之一。当人在某一领域有着卓越的成就时,他提出的观点通常会被当作真理。但这时,如果其他人对此提出分歧,要求进行论辩,那么错误认知便会暴露,从而达到检验真理的目的。需要注意的是,发现并检验真理的过程不是一蹴而就的,这需要投入大量的时间与精力,不断发现错误认知并及时改正,在论辩中获得真理。

当然,论辩并不是说不切实际地随意发表观点,进行无意义的争辩,而是要在论辩双方平等的基础上,根据充分的论据去论证各自的论点,并不断地通过有效分析、讨论去探索真理。为了更好地进行论辩,首先,双方需要提前做好准备,拥有客观、合理的论据是双方进行论辩的前提。其次,论辩双方需要有接纳理解的意识。固执己见,无论对方说什么都一味否定,不是论辩的精神所在。最后,论辩双方要在平等的基础上进行。如果一方是另一方的领导者,可能会出现"不敢辩"的现象。在平等的基础上交流讨论,有助于双方更积极地发表自己的观点。

论辩出真知,相信知识的真理性通过论辩的不断检验能得到更好的证明。

> 【乃心老师小贴士】这是一篇我非常推荐的考场文章。之所以推荐并不是因为文章非常精彩、语出惊人,而是因为这篇文章在考场上几乎没有得低分的风险,所有的得分点都注意到了,而且结构清晰、分论点紧扣题意,段落内容也和观点紧密相关。

📖 典型习作点评

典型习作一

论辩有助于发现真理

只有经过实践检验的才是真理,而真理的推出往往离不开通过论辩纠正错误、暴露错误进而解决问题的过程。①

可见,论辩有助于发现真理。

批改建议

① 这句话将题干中的语句堆叠在一起,重复题干也不是绝对不可以,但是此处在堆叠语句后对推出观点没有任何辅助作用,故不建议。

论辩是指双方或多方通过对同一件事的不同见解做出说明，指出对方的错误及不足之处以解决问题，从而达到意见统一的过程。② 那为什么要通过论辩发现真理呢？答案其实很简单。

一方面，论辩有助于发现真理，促进企业发展。③ 每当一个企业决策失误浮现，企业便可立刻召开董事会，此时各股东发表自己的见解，各抒己见，指出决策错误的根源，在论辩中寻找最能促进企业发展的方法，统一最优解，达成企业最美好的愿景，这一方法即成为论辩后的真理。④ 各行各业中通过论辩发现真理，进而使企业成功的例子不胜枚举。拼多多创始人黄峥在"售假"事件中选择持久获利，从而杀出了一片蓝海，其取得如此成就离不开论辩，在论辩中纠正错误，不断改变方针，使拼多多在阿里巴巴和京东两大巨头的夹缝中逆势崛起。⑤

另一方面，论辩有利于对知识真理性的升华。⑥ 当今时代是一个赢家通吃的时代，在这样的情况下，企业需要在短期内迅速抢占先机，倘若企业在大型决策中已经暴露错误，董事却一意孤行，让错误产生的不利影响一再扩大，后果将不堪设想。⑦ 然而，论辩则是最有效的途径，采用论辩方可化解其眼下的危机，使企业发现真理，夺得一席之地。⑧

反之，若是离开论辩这一方式，企业的决策就无法达成一致，也就无法探讨其可行性，那么企业面临的危机将无法想象，也许会破产。

当然，也会有人说论辩就是争论，只会制造问题。其实非也，争论只是短期的沟通，我们不否认在此期间会产生新问题。但这正是出于长远考虑为发现真理所做的铺垫。⑨

综上，论辩有助于发现真理。

② 该定义没问题，但是无功无过，对观点也没有什么支撑力度，可以尝试从正反两方面下定义，例如：论辩不是……而是……

③ 本题和企业无关，不建议写企业。

④ 题干中明确指出是知识的真理性，这段所论证的既不是知识，也不是真理。

⑤ 此处引用的例子与论辩无关，且表述较为生硬。

⑥ 语句不通顺，很难理解分论点的真实意思。上一段的分论点主要强调的是论辩有利于企业发展，是从主体的角度出发的，这一段的分论点主要强调的是论辩对知识真理性的升华，是从优点出发的，两个分论点维度不一样。

⑦ 第一，不能写企业；第二，段落表述和论辩没有关系。

⑧ 夸大了论辩的作用。

⑨ 段落指出了论辩不是争论，但是没有对为什么不是争论做出解释，论证力度不够。

全文点评

这篇文章看似审题没有什么缺陷，行文结构基本清晰，在考场上很有迷惑性。但实际上隐藏着很多"致命"的问题。第一，论证主体错误。论说文的主体只能由材料来决定，当材料中没有指定主体的时候，不要强行和企业等主体相关联。第二，论证空洞。这篇文章读下来没有哪个理由可以被阅卷者迅速捕捉到，基本上都在重复观点。而且很多语句和论辩这一主体没有关联性。

典型习作二

论辩出真知

真理是永恒的、绝对的，①真正的真理经得起实践的检验；但发现真理的过程总是漫长的、曲折的，论辩是发现真理的必由之路。②

实践是检验真理的唯一标准，③论辩是纠正错误的重要途径之一。因为真理属于意识的范畴，真理是人们对客观世界的正确认识。如果不经过实践检验，知识难免会变成"主观唯心主义"，其真理性也难以令人信服。④所以，真理经得起"论辩"，论辩是发现真理的必由之路。

论辩有助于暴露错误，从而发现真理。因为个人的认知难免有其局限性，通过论辩和沟通，可完善自己的观点，以弥补主观的认知缺陷。同时通过论辩，取他人之长，而补己之短，有利于降低"发现真理"的成本，提高边际收益。再者，在论辩的过程中会不断地暴露错误，然后通过沟通提高解决问题的效率，进而一步步地接近真理。

论辩有助于激发社会活力，推动社会进步。春秋战国时期是个大开放、繁荣的时期，正是由于当时形成了鼓励思想碰撞的良好社会氛围，才形成了"百花齐放，百家争鸣"的繁荣景象。在激烈的论辩中，形成了儒家思想、道家思想等源远流长的经典思想，其中包含了许多经久不衰的真理性认知。这些认知不仅促进了当时社会的发展，还为我国以后几千年的发展奠定了牢固的文化根基。

立足当下，为实现中华民族伟大复兴的中国梦，仍然需要鼓励"论辩"。⑤一方面，政府应提高公民的受教育程度，⑥使公民意识到论辩不是批评，要勇于表达自己的观点；另一方面，在保证言论自由的同时，还要让公民了解论辩不是诡辩，脱离现实、道德、法律的论辩是没有意义的。

一言以蔽之，论辩出真知，真理促发展。

批改建议

① 不建议这样表述，因为材料的意思恰恰是说真理未必永恒，应该不断地进行论辩更新。

② 开头引入的内容对观点没有支撑力度，过渡很生硬。

③ 材料和这句话没有关系，这句话放在段首很容易传递出错误的意思。

④ 这句话论证的是"实践"的重要性，而不是"论辩"的重要性。

⑤ 文章的观点是论辩出真理，而不是论辩有利于实现中国梦。

⑥ 不建议这样表述，论辩不仅仅为高知人群所需要，其他人群同样需要，受教育程度和是否需要论辩没有很强的关联性。

全文点评

这篇文章的致命性错误不多，但仍有不少瑕疵，部分段落的表述仍有欠缺，这些小错误看似无关紧要，但是非常容易被阅卷者识别到，从而增加扣分的风险。大家可以对照这篇文章，检查并修改自己文章里的问题。

引申参考

认识的冲突：实践检验真理的必要条件

认识的冲突，是指在某个问题上存在着两种以上不同的认识，不同的认识之间在观点上互相冲突。提出和探讨认识的冲突对于实践检验真理问题的重要性，对于马克思主义认识论和我国的现代化建设，都具有重要的意义。

1

实践是检验真理的唯一标准，是人所共知的常识。人们在工作中提出一个新认识、一项新政策，往往要先经过试点，在取得经验之后，开始大范围推广，指导面上的工作。然而，我们时常可以看到这样的现象：一些经过了试点，经过了实践检验的认识和政策，在执行中却出现了问题，不得不以补充规定或新政策对之进行修正或更正，先前的实践没有检验出认识中存在的问题。

当然，真理是一个过程，人们要形成一个正确的认识，需要有一个"实践 — 认识 — 实践"的过程。由于实践的社会和历史的局限性，实践作为检验真理的客观标准，既具有确定性，也具有不确定性。我们不能因为某些经过实践检验过的认识后来被修正和更正，而怀疑和否定实践是检验真理的唯一标准。

但是，对于前述现象，我们却不能只从实践的方面进行解释。实践检验真理作为一种活动，涉及实践和认识两个方面。从实践的方面来说，实践必须是科学的实践，才能成为检验真理的标准。从认识的方面来说，认识必须是有不同意见的认识，即只有存在着认识的冲突，才能使实践充分发挥和实现其检验真理的作用。没有认识的冲突，就没有科学的实践检验。

认识的冲突，乃是实践检验真理的必要条件。

2

对于认识的冲突是实践检验真理的必要条件，我们可以从以下几个方面说明和论证。

第一，认识的冲突提出了实践检验真理的任务，没有认识的冲突，就没有实践检验真理的需要。人类认识发展的历史表明，真理是同谬误相比较而存在、相斗争而发展的。实践检验真理，从来不是对某一种认识的检验，而是对某一问题上认识冲突的检验。只有存在着相互冲突，甚至于相互对立的认识，为了证实某种认识的正确或错误，人们才会运用实践对之进行检验，才能通过实践检验，去伪存真，得出正确的认识。例如，亚里士多德曾经断言，"物体的落下时间与其重量成比例"。由于没有不同的观点，亚里士多德的这个论断在西方长期被看作真理。直到1590年伽利略提出落体法则，与亚里士多德的论断形成认识的冲突，才有伽利略于1591年在比萨斜塔进行的著名的落体实验，才使关于落体运动的观点第一次得到了实践的检验。通过实践检验，推翻了亚里士多德的观点，证明了伽利略的落体法则的正确性。

第二，认识冲突的存在，可以有效地提高实践检验的客观性和可靠性。实践作为人的主观见之于客观的活动，必然要受人的主观的作用和影响。在只有一种认识、一种观点的情况下，人们可以根据需要，选择和变化实践的内容与实践的方式，以求证明或否定这种认识。这样做极易造成认识上的失误。然而，在有认识冲突的情况下，为了真正能够说明问题，就必须对实践检验慎重从事，就要要求实践检验科学化、具有可重复性。例如，在20世纪中期以前，长期以来宇称守恒定律一直是物理学的基础。1956年，李政道、杨振宁提出了在弱作用下宇称不守恒的观点，与传统的宇称守恒定律形成了认识的冲突。他们提出了这样一个问题：以前有关弱作用的实验对于弱作用是否导致宇称守恒是不敏感的，以这样的实验得出的弱作用中宇称守恒的观点是不可靠的。因为存在着认识的冲突。为了检验李政道、杨振宁的观点，吴健雄比较了多种实验方法，精心设计和进行了可以重复验证的实验。由于吴健雄的实验的严密性和可重复性，实验一成功就使李政道、杨振宁的理论得到了迅速和广泛的承认。

第三，认识的冲突可以使实践检验充分发挥其纠错功能。实践作为检验真理的唯一标准，有着两种基本的功能：其一是裁判功能，通过实践检验判定某种认识的正确与否；其二是纠错功能，通过实践检验纠正认识中的失误，使认识在实践过程中得到修正，不断趋向于正确。从控制论的观点来看，反馈、特别是负反馈是实现控制的基础。认识冲突的存在，使人们迫切地关注实践的结果，不仅要关心自己的认识在实践中的表现，也要密切注视不同的认识在实践中的表现，以便对自己的认识进行修正，客观上使反馈和控制的机制得以建立，从而有利于及时发现认识的失误，发挥和实现实践检验的纠错功能。

在当代，社会发展日新月异，生产和经济活动的规模越来越大，意识的能动作用也越来越大。一项正确的认识、正确的决策，可以使一个企业、一个民族、一个国家走向兴盛。一项错误的认识、错误的决策，也可以使一个企业、一个民族、一个国家走向衰落。为了有效地发挥实践检验真理和发展真理的功能，为了更好地认识真理，我们应当高度重视认识的冲突在实践检验真理中的地位和作用。

3

提出和研究认识的冲突是实践检验真理的必要条件，对于马克思主义认识论和我国的现代化建设都有什么意义呢？我们认为其意义至少有以下一些方面：

首先，扩展和深化了对实践检验真理问题的研究。过去，理论界对实践检验真理的问题偏重于对实践的作用的研究，忽略了对被检验的认识的性质和特点的研究；只把实践看作检验真理的尺度，而不注意运用这把尺度的条件和基础。这不能不说是一种片面性。深刻性是与全面性相联系的，看到和重视认识方面在实践检验真理中的重要性，不仅有助于克服研究工作中的片面性，而且也有利于克服现实生活中的把实践检验真理庸俗化的现象。

其次，为决策民主化提供了理论根据。所谓决策民主化，是指在决策活动中发扬民主，充分发挥有关专家的作用，集中和依靠集体的智慧进行决策。我们对决策民主化的重要性和必要性的认识，除了从决策民主化是社会主义民主的客观要求和科学技术与经济发展的必然趋势的方面理解外，还可以从认识论的方面来理解。在决策中发扬民主、广开言路，倾听各种意见，实质上就是要形成认识的冲突，就是要利用认识冲突的相互作用，达到全面性，避免片面性。由于认识的冲突是实践检验真理的必要条件，所以决策民主化是科学决策的基础。

再次，减少实践检验真理的社会成本。任何实践检验真理的过程都要以时间、人力、物力的消耗作为成本。对一些关系到国计民生和社会经济发展的重大认识进行实践检验，其社会成本是极其高昂的。如果没有认识的冲突，由于缺乏比较，实践检验就难以发挥其纠错功能，只能在实践全部完成或出现重大问题后得出结论，其结果往往是沉痛的。所以，对重大认识的实践检验，不能等实践全部完成之后，再来判断认识是否正确，而一定要在实践检验过程中建立主动纠错、使认识不断趋向正确的机制，而这个机制就是把认识的冲突作为实践检验真理的必要条件，把认识的冲突贯穿于实践检验的全过程中。有了这个机制，就可以减少或避免实践活动出现大的曲折，走大的弯路。

（文章来源：《内蒙古社会科学》（文史哲版），1993年，石向实，何一兵）

2018年管理类（人工智能）

有人说，机器人的使命，应该是帮助人类做那些人类做不了的事，而不是代替人类。技术变革会夺取一些人低端烦琐的工作岗位，最终也会创造更高端、更人性化的就业机会。例如，历史上铁路的出现抢去了很多挑夫的工作，但又增加了千百万的铁路工人。人工智能也是一种技术变革，人工智能也将促进未来人类社会的发展。有人则不以为然。

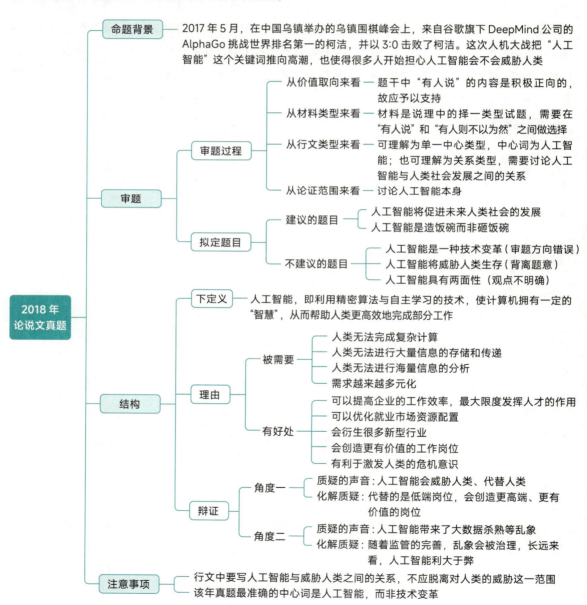

📖 审题通关

【独立审题】请认真思考后，独立拟定题目。

【审题测试】请判断以下题目是否合理。

题目1：人工智能是一种技术变革

题目2：人工智能将促进未来人类社会的发展

题目3：人工智能是造饭碗而非砸饭碗

题目4：人工智能将威胁人类生存

题目5：人工智能具有两面性

【参考答案及审题思路】

建议的题目：题目2、题目3。

本题的审题难度比较低。题干中引入了他人的观点，我们首先需要对该观点表达支持或反对的态度。

从题干信息来看，题干中明确指出虽然人工智能会带来一定的威胁，但是也会带来更多的好处。故题干对人工智能是支持的。

从社会主流价值观来看，人工智能是一个高效的工具，可以极大地提高生产力。故从社会主流价值观来看也应该持肯定态度。

故我们应对该观点予以支持。可参考题目：人工智能更有利于未来人类社会的发展；人工智能不会替代人类；人工智能不是砸饭碗而是造饭碗。其他题目只要合理亦可。

不建议的题目：

题目1：审题方向错误。题干讨论的主要问题是人工智能是否能促进人类社会发展，而不是人工智能与技术变革之间的关系。

题目4：背离题意。该论证方向不符合主流价值趋势。题干中已经明确指出虽然人工智能会对人类造成一定的威胁，但是也会带来更多的好处，故不应该对人工智能持否定态度。

题目5：观点不明确。题目要明确表达对人工智能的态度。

【真题变形】

请对如下真题的变形材料进行审题，并拟定题目。

有人说，技术变革虽然会夺取一些人低端烦琐的工作岗位，但最终也会创造更高端、更人性化的就业机会。例如，机器人的出现，就在帮助人类做那些他们做不了的事，而不是代替人类；历史上铁路的出现抢去了很多挑夫的工作，但又增加了千百万的铁路工人。可见，技术变革将促进未来人类社会的发展。有人则不以为然。

变形参考题目：技术变革将促进未来人类社会的发展

大家要重点对比变形后的试题与真题的区别。真题强调的主体是人工智能，而变形后的试题强调的主体是技术变革。

参考范文

参考范文一

假人工智能者，而致千里

"假舆马者，非利足也，而致千里。"随着经济发展和技术进步，善用人工智能才能让科技成为第一生产力，更好地推动社会发展。如果只是着眼于表面上人工智能的弊端，不能从本质上了解人工智能技术变革的作用，无异于因噎废食。

人工智能运用自动化、云计算、大数据等一系列手段实现人脑和计算机的有机结合，不仅创造出能够代替人类工作的机器人，更是创造了许多新兴的产业。

人工智能的发展是社会进步的催化剂。功能不断进化的机器人不仅可以代替人们从事高危工作，减少伤亡，而且可以克服人类自身生理和心理上的缺陷。在从事重复性的工作时，机器人可以有效提高工作效率。与此同时，人们可以从繁重枯燥的工作中解放出来，将会有更多时间用在自己的兴趣爱好上。这不仅有利于企业的生产发展，还有利于和谐社会的构建。

人工智能的发展是国家转型的有效推动力。我国的产业结构正处于由劳动密集型向技术密集型转变的重要阶段。人工智能的出现加快了这一进程。人工智能取代了一部分依靠劳动力的低端岗位，有效地节省了企业的成本，有助于企业将更多的资金运用于技术的研发和创新。同时，劳动力需求的下降也促使求职者积极提升自身的专业素养，培养了更多的新型人才，这有利于提升我国的综合实力。

不可否认，当下人工智能会带来一些社会问题，其中就业问题首当其冲，但这往往是新事物发展所带来的阵痛。面对人工智能的冲击，相关部门正大力推动素质教育，积极培养有综合思维、敢于创新的全方位人才。同时也加强了对人工智能产品的监管，增强了相关行业的法律规范，以此规范企业与个人的行为，不让人工智能的发展超越法律道德的底线。随着相关措施的普及和完善，长远来看，人工智能将有利于职业的升级转型。

人工智能产业方兴未艾，要想让其更长久地造福于人类还需要社会各方的共同努力，唯有善用人工智能，方能致千里。

参考范文二

人工智能促进社会发展

很多人担心人工智能的存在会取代人们的工作，阻碍社会发展。但实际上，人工智能将大大促进社会发展。

人们担心人工智能会取代他们的工作的原因主要有三点：第一，相比于人类的大脑，人工智能拥有更快的运算速度和更强的信息处理能力，在一些重复运算的工作中，其工作效率远超人类；第二，人工智能的学习能力远超人类，在一些新兴的行业中，人工智能能够更快地适应工作；第三，人工智能只需要电力和网络便可以永不停息地工作，相比于人力成本，其成本更低。

然而这些担心都是没必要的。一方面，人工智能的出现取代的往往是低端重复的工作，比如在审计过程中的调用法规、采集数据等，这反而解放了劳动力，让审计人员能够将时间和精力更多地放在设计审计方案上，有助于提高审计效率和审计质量。另一方面，人工智能取代低端工作的同时也激励了原先在这些岗位上的人提升自己，使其可以获得更好的工作机会。这大大提高了企业人才成长的速度，也降低了培养人才的成本。

若是没有人工智能，很多高端精细化工作将无法完成，这将阻碍社会的发展。很多手术都因应用了人工智能技术的医疗器械而提高了成功率，很多高端工业产品的生产因为机械臂的应用，其精确度可以达到毫米甚至微米，这些都是人类自身无法企及的。

当然，人工智能的存在并不代表人们就可以不用努力，只需等待社会进步了。须知道人工智能的进一步发展还需要科研人员的研发。更何况社会上还有很多需要温度、情感的工作，这些工作所在的行业只能靠人类自身发展。

总之，人工智能将促进人类社会发展，但人类也要找准自己的定位，努力工作助力社会发展。

参考范文三

人工智能促进人类社会发展

随着科技的进步和发展，人工智能进入了人们的生活，影响着人们生活的方方面面。本文认为，虽然人工智能存在一些弊端，但其在诸多领域能够促进人类社会的发展。

人工智能可以提供更多就业机会，优化就业市场资源配置。在大数据时代，虽说人工智能在一定程度上引起了"技术性失业"，形成了"替代效应"，但与此同时，人工智能也创造出更多更具优势的就业岗位，产生了"创造效应"，进一步优化了就业市场的资源配置。比如，制造智能传感器、芯片、智能机器人等均需要大量的技术工人，相比于单一烦琐的工作，这些工作更能够缓解人们工作时的枯燥感，提升他们的工作体验。

人工智能可以提高企业的工作效率，最大限度发挥人才的作用。企业中繁重的科学和工程计算等任务本来是需要人脑承担的，而如今的计算机不仅能完成这些任务，而且比人类做得更快、更准，大大提升了工作效率。与此同时，这些脑力工作者被人工智能取代，企业将他们安排在那些人工智能所不能及的工作领域，最大限度地发挥了人才的价值，优化了企业人力资源配置。

当然，人工智能的问世也为人类的发展带来了一些困扰。例如，人工智能的发展间接导致了"大数据杀熟"、失业人员增加等问题，这些问题在一定程度上对人们的日常生活造成了冲击。但是，我们不能因为人工智能存在一些弊端便否定它，因为其所带来的利远大于弊。试想，如果没有人工智能，人们现在的通信工具可能仍是书信、电报等，飞机等交通工具的制造也可能仍停留在初始阶段，工作效率低下的问题可能依旧普遍存在。

综上所述，人工智能大大促进了人类社会的发展，虽有不足，但权衡利弊后，我们仍需大力发展人工智能。

参考范文四

发展人工智能，推动社会进步

随着经济发展和科技进步，人工智能逐渐映入人们的眼帘。人工智能作为一项新兴技术，会极大提高社会生产力和生产效率。因此，我们要发展人工智能，推动社会进步。

人工智能，即利用精密算法与自主学习的技术，使计算机拥有一定的"智慧"，从而帮助人类更高效地完成部分工作。

从这个定义不难看出，人工智能有助于节约劳动成本、提高社会生产力和生产效率。人工智能的大规模应用，可以使劳动密集型的企业节约大量人力成本、降低次品率并提高产量。海底捞的无人餐厅、蔚来汽车的无人换电站等都是人工智能增效、创收的例子，它们在节省了服务员或维修工的人力成本的同时，也省去了由于人工操作失误所带来的额外成本。

人工智能还有利于优化人类岗位种类，提升人们的知识储备，从而推动社会进步。随着人工智能的广泛应用，那些技术含量低、重复性高的职业将有可能被人工智能所取代，剩下的岗位将需要具有一定专业知识、应变能力和管理经验的人胜任。这就要求人们提升知识储备，否则将逐渐被社会所淘汰。当公众的知识水平普遍提高时，社会的运行效率和发展速度将会进一步提升。

有些质疑的声音认为：人工智能会提高失业率、带来伦理道德问题甚至取代人类。其实，随着监管力度的加强，有关部门采取大力推动素质教育、培养具有不可替代性的全方位人才等措施，这些问题未必不能解决。的确，人工智能的发展初期难免"吞食"部分就业岗位，但随着技术的普及和人们的知识储备的增加，一大批更高端、更有"钱途"的职业将会涌现。

人工智能的发展是社会进步的新浪潮、新机遇，我们要大力发展人工智能，克服挑战，推动社会进步。

参考范文五

人工智能是造饭碗而非砸饭碗

不管你是否在意、是否愿意，人工智能的时代已经悄然来临。人工智能代表着极为先进的生产力，如果发展成熟，也许能极大地节省人力，但是这也意味着大量基础的人力、落后的生产方式、组织机构等随之遭到淘汰。对此，我们千万不可因其替代了部分劳动岗位而将其视为洪水猛兽。人工智能的发展总体上属于不可逆转的好事，因为人工智能是在造饭碗而非砸饭碗。

一方面，人工智能的发展会衍生很多新型行业。就像在互联网出现之前，职业的选择非常少，人们只能从事售货员、工人之类的职业；而在互联网出现后，一系列新兴职业也跟着出现，比如高门槛的程序员以及低门槛的快递员等。我们不能认为一个新生事物的出现，就一定会残忍地淘汰所有的旧有事物。它更可能出现的形式是结合，慢慢过渡，之前的人力也可以随着学习和训练慢慢地转移到新的行业中来。而且由于科技的发展、生产力的提升，职业的划分是进一步细化的，这也意味着诸多行业将会吸纳更多的人力。

另一方面，人工智能的发展会创造更有价值的工作岗位。行业的职业结构通常都是金字塔形的，顶部需要高精尖人才，但底部也需要大量的普通员工，这才是一个健康的行业生态。从短期来看，人工智能可能导致部分人失业，但从长期来看，人工智能会使其具有更广阔的就业空间，因为人工智能的发展方向是协同人类而非取代人类。例如，京东的无人机等不是真正的无人化，而是需要人的操作、维修、保养等工作协同才能运作。在未来，随着人工智能的发展，旧的职业需求减少的同时，新的职位也一定会越来越多，而且并非都需要研发类的高级人才。一些调试、维修等工作，其实只需要经过简单培训，大多数人都可以上手，这也意味着那些被人工智能冲击的人力，在未来仍可以找到新的工作，并不会因为文化程度不高而失去工作机会。

综上，人工智能这一新兴事物，是在帮我们造饭碗，而非砸饭碗。

参考范文六

让人工智能促发展

随着科技的进步，有关人工智能应该如何与人类共处的争论也变得日益激烈。在我看来，人工智能应该促进人类的发展，而不是取代人类。

一方面，人工智能的发展有利于降低生产成本，满足消费需求。随着我国居民收入水平的普遍增长，消费需求越来越个性化、多样化。消费需求的升级对企业生产方式的创新和变革提出了新的时代课题。在新时代，不少企业期望降低成本的同时仍能满足消费者的需求，而降低成本的有效方法之一就是使用人工智能，人工智能本身具有高效且精确的特征，它不仅降低了企业生产过程中不必要的损耗，同时也提高了生产效率，有利于形成规模经济、降低成本，为消费者提供更高性价比的服务和产品。

另一方面，人工智能有利于激发人类的危机意识。随着人工智能的不断发展，一些体力工作以及机械化的工作逐渐不需要人类来操作，而如果人们想在这竞争愈发激烈的市场中生存下去，就不得不去学习更多的知识和技能来充实自己，这对人类自身而言是有意义的，同时对整个社会的发展也是有益的。相反，如果抵制人工智能，很可能导致社会后退。人类能有今天的高速前进，离不开工业革命和科技革命。如果一家企业不顺应潮流，就很可能被社会边缘化，最终走向破产。同理，如果一个人不顺应潮流，不仅无法享受到人工智能带来的便捷，同时很可能会被社会淘汰。

当然，还有些论调认为人工智能会代替人类，实则不然。许多工作，如研究员、心理咨询师、育儿师等，都是人工智能无法替代的，如果人们能够提升自己，让自己的技能和学识能够符合市场需求，是可以在市场中占据一席之地的。并且有旧工作的消逝，也就会有新工作的出现。就如材料中说的一样：铁路的出现抢去了挑夫的工作，但又增加了成千上万的铁路工人。

综上所述，我们应该发展人工智能，让其成为人类的得力助手。

参考范文七

人工智能推动社会发展

如材料所说，人工智能的蓬勃发展对人类的生活方式进行了极大的优化，它淘汰了一些落后、低效的产能，推动了社会的发展。

人工智能让人们的生活更便利。人工智能的发展提高了社会智能化水平，为公共服务提升提供了基础。智能交通系统让人们随时随地地关注路况信息，节省了人们的出行时间，也在一定程度上缓解了交通拥堵的状况；智能家居不仅增添了生活的趣味性，也着实从细节上体现出它带给人们的便利，如智能洗碗机、扫地机、电视机等。主人只要一声令下，这些智能产品就各司其职，开始运作，让人们能够忙里偷闲。这些成果都得益于人工智能对科技的推动，大到工作生活，小到日常家务，无不感受得到人工智能给我们带来的便利。

人工智能让社会运作更高效。社会就像一台大机器，而人工智能就像润滑油，让社会高效生产。如今，许多机器人接替了工厂流水线上单一枯燥的工作。一方面，这有助于企业降低劳动力成本、提高生产效率、为社会提供服务；另一方面，机器人代替了简单的劳动，释放了劳动力，让人们能够去学习更高层次的技术和知识，从而满足社会对高层次人才的需要。正是有了人工智能，社会生产效率才能不断地提升。

人工智能发展过程中虽有弊端，但不能因噎废食。我们应该正确认识它，在享受人工智能给我们带来服务的同时，也要迎接人工智能给我们带来的威胁和挑战。面对新的技术变革，我们不应将其扼杀在摇篮之中，而是应该不断提升自我，让自己真正融入这个时代，更好地让人工智能为我们所用，推动社会的发展。

面对人工智能掀起的新浪潮，有人立潮头当弄潮儿，有人被海浪淹没。但不可否认的是，人工智能的时代已到来，依靠其无与伦比的优势，必将推动着社会滚滚向前。

参考范文八

坚持人工智能，促进社会发展

现在越来越多的"机器人"产品出现在我们身边，如智能语音助手、外卖机器人、导航机器人等。随着5G的发展，这一现象又有进一步扩大的趋势。人们也对人工智能与社会发展的未来展开讨论，有人认为人工智能与工业革命一样，会给人类社会带来发展上的变革，我深以为然。

一方面，人工智能可以提高效率、减少危险。人工智能将人们从低端烦琐的工作中解放出来，或到人类难以到达的危险区代替人工作业。比如，物流行业利用人工智能对包裹进行分装、运输，不但节约人力，而且错误率低，提高了效率；人工智能对一些人类难以到达的高压电网、桥梁隧道的连接处进行定期检查，减少了意外事故的发生。这些实例就是人工智能促进社会发展的有力证明。

另一方面，人工智能可以促进创新，赋予社会新的活力。根据马斯洛需求层次理论，当我们为满足基础物质需求的劳动已经被机器完成后，我们就有更多的时间和精力去追逐更高层次的精神需求。

随着一代代智能机器的出现，我们会在逐渐接受新鲜事物的同时，以一种全新的思维角度看待世界，社会文化会越来越开放、进步、包容，从而为社会的繁荣发展注入新的活力。人们也会时刻保持紧张感，努力学习新的知识，创造新的价值。

相反，拒绝人工智能是一种拒绝进步的自我麻痹。很多人用"机器会在未来代替人类"的观点拒绝发展，但历史上闭关锁国的例子也给予了我们对当代社会的反思：只因为自己不想改变的惰性而拒绝新事物，最终将会导致落后而被淘汰。还有人提出人工智能在当下面临的道德伦理问题，而这正表明了我们当今社会法律体系的不完备之处，督促我们完善法律制度，推动构建更和谐美好的新时代。我们不能用新事物的不足之处麻痹自己不去努力进取，而应当以开放包容的态度，利用它推动社会继续向前。

坚持人工智能，促进社会发展。发展是永恒的，人工智能的时代终要来临，它也终会在学习生活的方方面面为我们带来更多的发展和便利。

参考范文九

人工智能促社会发展

人工智能和历史上铁路的出现一样，作为技术变革，虽然会夺取一部分工作机会，但是最终会提供更多、更高端的就业机会。因此，人工智能促社会发展。

人工智能有利于提高效率。一方面，面对越来越昂贵的研发成本以及要求更高的产品特色与服务等，企业必须通过规模经济来建立成本优势和企业优势，而人工智能的应用使得企业在一定程度上减少了人工成本，在更大程度上提升了企业的工作效率，能够在生产研发上投入更多的时间、精力、金钱，以此来建立企业在核心技术方面的竞争优势；另一方面，随着人工智能时代的来临，人们的消费方式也在升级，对于日常生活品质的要求也会变高，例如，智能家电、智能助手的应用使得人们摆脱了空间限制，享受到了口头发令的方便快捷，提升了生活的品质。

人工智能有利于加速技术变革。第一，人工智能的出现要求人们具有与时代发展相匹配的专业技能，从而促进教育事业对于科技发展的大力投资，培养更多致力于技术研发的人才；第二，人工智能提供了更多高端人性化的工作机会，使得人才摆脱低端烦琐的工作，拥有更高的平台，从而更好地发挥自身的价值，为加速技术变革贡献力量。

虽然人工智能的发展在一定程度上夺取了一些就业机会，但也相应地提供了更多其他的就业机会。为什么这么说呢？因为，人工智能所取代的是一些从事低端、烦琐的工作的劳动力，而创造的却是更高端、更人性化的就业机会。这样一来，通过技术人才的努力，我国的技术便能有更大的发展，如此良性循环，就会源源不断地为市场提供更多的就业机会。

综上，虽然人工智能的确会取代部分工作岗位，但是我们不能因噎废食，因为它能创造更多岗位。人工智能最终会促进社会的发展。

典型习作点评

典型习作一

智慧人类与智能人工共同发展①

随着现代科技的进步，智慧的人类在第三代科技革命中，创造出了各式各样的智能产品，二者在智能化浪潮中可以相互促进、共同发展。

智能产品使人类的生活更加便利。②继扫地机器人、自动洗碗机之后，出现了语音智能热水器、语音管控窗、自动光感灯、语音机器人助手和智能管家等智能家居产品。人们不仅不需要自己扫地、开关窗户和拉窗帘，而且在家里想做任何事情都可以召唤智能家居助手来完成，极大地减少了做家务的时间。不光是智能家居，生活中很多方面都出现了智能管理助手，自动化和智能化可以帮助人们完成生活各方面琐碎的小任务，使得人类的生活更加方便。

智能数据与人类分析相结合，创新可以更加立体、快速、全面。③一方面，互联网技术和科技使得大数据迅速发展完善，人们可以通过互联网的多方面平台进行数据处理，完成数据和信息的快速传播与共享。例如，在新型冠状病毒传播时期，人们通过上传相关定位信息、发布已感染人群的活动轨迹等方式，快速进行筛查排查工作，将密切接触者快速隔离。大数据的时效性和准确性不仅在特殊时期发挥着无可替代的作用，在人类社会各方面几乎已经是无处不在了。另一方面，人类通过分析实时数据、大数据统计信息等，结合未来发展趋势和前景进行预测分析，以做出正确的发展部署。例如，财务数据共享与分析，会计师正是通过大数据库查看企业的实时信息，同时结合复杂的市场变化，分析企业未来发展趋势，以最大程度发挥企业优势并完善不足来应对行业激烈竞争，制订企业未来发展的正确规

批改建议

① 不建议这样拟题。"智慧人类"这一概念本身存在歧义，例如，人类是否分为智慧人类和非智慧人类呢？如果答案是否定的，那么智慧人类就是人类，可以直接写人类；如果答案是肯定的，那非智慧人类是否能够和智能人工共同发展呢？

② 如果题目未强调"智慧人类"，那么这个分论点是正确的，但是此处没有扣题，没有写明智能人工和智慧人类的关系。

③ 中心词混乱。智能数据不等于智能人工，人类分析不等于智慧人类。而且题目的目的是要共同发展，此处是在促创新。

划。科技创新下的智能化与人类智慧相互影响、相互促进、共同发展。

　　智能化淘汰低端岗位，同时激发新行业。④优胜劣汰是自然发展规律，也是人类社会发展规则之一，随着人工智能的快速发展，很多岗位已经被机器人所替代。对于银行柜员来说，他们有些简单业务的工作程序是相对固定的。如今，设置了相关工作流程的智能前台机器人已经在许多银行中得到了广泛的应用。如此，银行可以在维持比较高的服务水平的同时降低人工成本。早在服务业出现机器人之前，很多工业企业早有机器代替人工的情况，机器人的初始固定成本较高，但其并没有人工的后期变动成本，而且可以长期劳作不用休息，效率和准确性都比较高。机器人现在已经出现在各行各业，未来可能将更加普及和发展，但是不难发现，机器人只能替代低端且程序比较固定的工作，距离取代高端岗位还有一段距离。而且，在智能机器发展的同时，也需要增加对机器的监测、检查、修理等相关工作岗位。低端岗位被取代是社会未来发展的大趋势，这有利于相关人才和劳动力向中高端岗位过渡，社会发展过程中也存在着"物竞天择，适者生存"的规律，我们应该尊重发展规律并注重提高自身素质，发挥人类智慧的独特优势，用智能促进整体发展。⑤

　　总而言之，人类智慧与人工智能并不是矛盾体，二者可以相互促进、共同发展。

④ 建议保持中心词一致。智能人工、智能数据、智能化的意思都不相同。

⑤ 该段落篇幅过长，且语言赘余，层次不够清晰，没有直观地表达出想传递的观点。可以借助关联词、标点符号等让层次更为清晰，同时精炼语言。

全文点评

　　这篇习作的问题较多，也都比较典型。

　　首先，本篇习作的篇幅过长，远超题干要求的字数。

　　其次，没有将观点和理由解释清楚，且语言赘余，重点不清晰。

　　再次，最重要的问题是审题方向不准确，这会直接影响阅卷者的起评分。

　　最后，文章的中心词混乱，多次变换中心词，且每个中心词的意思没有保持一致。

典型习作二

技术变革有利于社会发展①

铁路的出现虽然让挑夫失去了工作，但随即出现了铁路工人的新职位。因此，在面临同样问题的人工智能变革上，我们比起去相信人工智能会取代人类，更应该相信以人工智能为代表的技术变革会促进我们的社会发展。②

首先，③回顾历史的进程，我们可以看到人类文明发展的步伐一直在前进，因为在这样的历史背景下，技术变革只是作为人类文明进步这一必然趋势的一小部分产物，因此我们不必恐惧它们。④其次，在目前我们所处的互联网时代，人们大多都满足了基本的生存需求，开始追求更高标准的物质需求和精神需求。而作为高标准的其中一部分，像人工智能这种具备便捷、快速等特质的产品刚好满足了人们旺盛的需求。⑤最后，我们也应该看到，在全球基本人口红利日益消退的背景下，比起担忧人类被机器代替，那些劳动密集型行业更多的是担忧未来劳动力的短缺。而人工智能这项技术变革正是他们这些行业在转型初期所需的引导者。因此，技术变革对社会发展十分必要。

当然，⑥企业的发展也离不开技术变革。⑦在目前电商行业发达的背景下，快递行业也在飞速发展。其中的代表当属菜鸟裹裹和京东物流，在公司强有力的技术和资金支持下，菜鸟裹裹和京东物流都在其分拣快件流水线上基本实现了人工智能化，大大节约了人力物力成本。⑧

反之，如果人们只抓着眼前的利益不放手，害怕丢失利益，而放弃了技术变革，那么只会产生更大的机会成本。⑨而失去技术变革的企业也就失去了其竞争活力，最终就会被市场淘汰，而一个社会如果没有技术变革作为基础，慢

批改建议

① 更建议将"人工智能"作为中心词，而非"技术变革"。

② 第一，由铁路到人工智能的转换使用的是"因此"，有不当类比的嫌疑，过渡需要更严谨；第二，"因此"后的内容可以更精炼。如简化为：人工智能的变革又何尝不是如此，人工智能的发展将促进我们的社会发展。

③ 建议段首加上总结句，让阅卷者可以快速抓住重点。

④ 理由不充分，对观点没有足够的支撑力度。

⑤ 与理论的结合较生硬，没有解释清楚为什么人工智能满足了人们的需求。

⑥ 上一段和本段的段首关联词没有衔接，层次性不强。

⑦ 上一段没有从某一主体出发展开行文，这段也不要突然引入企业这一主体。

⑧ 两个例子没有和观点紧密结合。

⑨ 机会成本没有表述清楚，直接影响了段落总论点的表达。

慢地，人们也会失去其生存动力，使得阶级分化越来越明显，社会的发展也会陷入僵局。⑩

综上所述，人类和企业⑪应该不断提高其自身竞争力，去拥抱技术变革，对社会的发展才是上策。

因此，技术变革有利于社会发展。

⑩ 为什么没有变革就会失去生存动力，阶级分化越来越明显呢？这两个理由较为牵强。

⑪ 这两个主体的划分维度不恰当，人类这一范畴太大了，而且人类的活动包括了企业经营。

> **全文点评**
>
> 这篇文章的作者应该会觉得行文的时候都在按照老师所讲的来展开，从文章中也能看出其认真学过的痕迹。但问题在于其行文时没有将这些方法自然地运用，且很多表达仍存在逻辑缺陷。
>
> 文章的段首句和段首关联词的使用混乱，很难让阅卷者第一时间抓住重点，这在应试中有很大的扣分风险。
>
> 有类似问题的同学一定要将所学方法内化后自然地运用。

📖 引申参考

如何把控人工智能

近年来，随着人工智能技术的快速发展，公众的担忧有所上升。最响亮的声音之一来自已故的斯蒂芬·霍金教授，他认为人工智能可能会毁灭人类。那么，该如何看待人工智能的威胁？应该采取行动控制人工智能吗？是否要像对待核能和其他潜在危险的技术一样，制定法律甚至是国际条约来控制人工智能的发展？

回答这些问题之前，首先需要明确的是，人工智能的成就目前仍很有限。现在的人工智能系统能够执行20年前计算机不可能完成的任务。比如，现在全世界每天都有数以百万计的人在使用文本自动翻译工具；无人驾驶汽车即将问世，未来10年将出现在马路上；计算机现在比人更善于识别人脸；等等。尽管这些成就令人印象深刻，但人们还是不知道应该如何使机器具有意识和自我感知。因此，在可预见的未来，人工智能接管世界仍将是科幻小说的情节。当然，这并不意味着我们可以高枕无忧。

人工智能系统越来越多地被用于做出决策，这对人们产生了直接影响。例如，银行发现人工智能系统善于预测潜在客户是否会成为优质客户——是否会按时还债等。他们可以通过使用大量的客户记录，来"培训"一个人工智能系统。一段时间后，这一系统将能够分析潜在客户的详细信息，从而预测其是否优质。对于银行来说，可以迅速而低廉地决定是否需要一个特定的客户。但对于客户自身而言，应该会感到担忧：如果银行的人工智能系统在某种程度上存在偏见怎么办？

这就是算法偏见。当前人工智能浪潮的一个特点是，系统无法像人那样，解释或合理化其所做的决定。所以，银行可能会使用人工智能系统来决定不与你做生意，却不能给你解释原因。这公平吗？银行这样运作合乎道德吗？谁来对这个决定负责？

这些问题不容忽视。一种解决办法是，建议对人工智能技术的使用进行监管。我认为通过一般法律来管理人工智能的使用是不现实的，这似乎有点像试图通过立法来管理数学的使用。另一种似乎正在被接受的办法是，如果软件做出了影响你的决定，那么你应该有权知道这个决定是如何做出的，使用了哪些和你有关的数据，标准是什么。我认为这比较合理。使人工智能可解释化和透明化，是当今这一领域面临的最大挑战之一。

在某些情况下，人工智能决策可能直接事关生死，比如在战场上使用人工智能系统。尽管目前还没有证据表明这种"致命性自主武器"已经被使用，但确实已经具备了可能性。过去5年来，人工智能领域的科学家们积极行动，希望政府认识到这一问题的严重性并做出应对。最近英国政府在一份报告中明确表示，永远不给人工智能系统伤害人的权力。

人工智能只是一种技术，就像任何技术一样，可以用来造福人类，也可能带来危害。条件反射式的立法，对于把控人工智能不太可能奏效。我们需要以负责和道德的方式使用人工智能，正如最近全球关于自主武器的讨论取得进展一样，国际社会需要应对人工智能带来的挑战。

（文章来源：《人民日报》，2018年05月15日22版，英国牛津大学计算机系主任迈克尔·伍尔德里奇）

2017 年管理类（扩大研发）

一家企业遇到了这样一个问题：究竟是把有限的资金用于扩大生产呢，还是用于研发新产品？有人主张投资扩大生产，因为根据市场调查，原产品还可以畅销三到五年，由此可以获得可靠而丰厚的利润。有人主张投资研发新产品，因为这样做虽然有很大的风险，但风险背后可能有数倍于甚至数十倍于前者的利润。

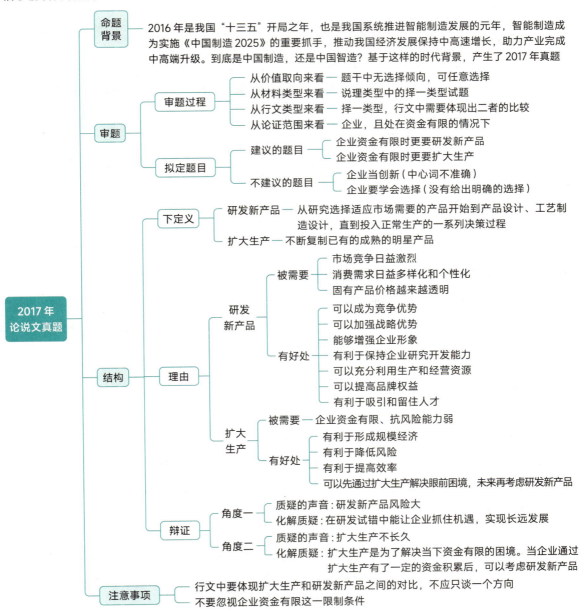

审题通关

【独立审题】请认真思考后，独立拟定题目。

【审题测试】请判断以下题目是否合理。

题目1：企业当创新

题目2：企业要学会选择

题目3：直面风险的重要性

题目4：企业要学会规避风险

题目5：企业资金有限时更要研发新产品

题目6：企业资金有限时更要扩大生产

【参考答案及审题思路】

建议的题目：题目5、题目6。

通过题干形式不难看出，材料中对于投资扩大生产和研发新产品两个选项并没有倾向，所以本题在进行选择的时候两个方向均可。

如选择投资扩大生产方向，则核心内容应为扩大生产更好；如选择研发新产品方向，则核心内容应为研发新产品更好。需要注意的是，在拟题以及行文的过程中，一定要体现出是在对比二者后选择了某一个方向，而不要只谈一个方向，置另一个方向于不顾，因为材料问的是二者之间选择谁。故可参考题目：企业资金有限时更要研发新产品；企业资金有限时更要扩大生产。

需要注意的是，创新≠研发新产品，不可将二者等价。

不建议的题目：

题目1：中心词不准确。因为创新≠研发新产品，不可将二者等价。

题目2：中心词不明确。没有明确指出企业遇到该困境时应该如何选择。

题目3：中心词指向有歧义。研发新产品和扩大生产都有风险，通过该题目无法准确传递观点。

题目4：中心词不明确。没有明确说清楚做何选择。

【真题变形】

请对如下真题的变形材料进行审题，并拟定题目。

变形一

一家企业遇到了这样一个问题：究竟是把有限的资金用于扩大生产呢，还是用于研发新产品？有人主张投资扩大生产，因为根据市场调查，原产品还可以畅销三到五年，由此可以获得可靠而丰厚的利润。然而这种主张却忽视了若是投资研发新产品，虽然会有很大的风险，但风险背后可能有数倍于甚至数十倍于前者的利润。

变形二

一家企业遇到了这样一个问题：究竟是把有限的资金用于扩大生产呢，还是用于研发新产品？若是投资研发新产品，虽然可能有数倍于甚至数十倍于前者的利润，但有较大的风险。若是投资扩大生产，原产品则还可以畅销三到五年，由此可以获得可靠而丰厚的利润。

变形一参考题目：企业资金有限时更要研发新产品

变形二参考题目：企业资金有限时更要扩大生产

该年真题为择一类型试题，题干中无倾向。变形后的两道试题依然是择一类型试题，但题干中有倾向。大家需要准确地识别题干中的选择倾向。

参考范文

参考范文一

创新研发更有助于企业发展

在面对有限的资金时，企业很可能会陷入艰难的发展抉择：研发新产品还是扩大生产。在企业持续经营的过程中，从长远发展来看，我认为研发新产品更能为企业带来巨大的发展潜力。

扩大生产是不断复制已有的成熟的明星产品，在一定程度上的确有助于企业扩大市场份额，占领更多已开拓的市场。但是，其初衷很可能不会达成，因为在消费更迭的大环境下，竞争者很可能在不断创造需求，企业一味扩大生产很可能会失去主动权，不仅可能使大力生产的产品滞销，更有可能给企业带来资金链断裂的"灭顶之灾"。

然而，研发新产品则能够化解这些危机。

一方面，创新研发能使企业进军新的产品领域，站在行业领先地位，获得先机，也能使企业有机会激发出新的消费需求，以期创造更多的利润。这里所谓的创新研发不是盲目试错的过程，而是经过市场调研后做出理性的抉择。市场的反馈是企业抉择的见证，那些不进行创新研发的企业，如柯达、雅虎等，都逐渐淡出了消费者的视野，成为市场的"炮灰"。

另一方面，创新研发更易使企业适应瞬息万变的市场更迭，更好地应对竞争者的调整策略。谁要做守常者，谁就是失败者——这是每个企业都深谙的道理，但是有很多企业知行不一。为什么呢？一句话，惧怕创新的风险所带来的后果，而安于扩大生产后的短暂的繁荣假象。殊不知，一旦其隐蔽的矛盾爆发，企业将无法翻身。

然而，有人却认为研发新产品是极端冒险的行为，会给企业带来难以预计的灾难。诚然，很多企业的创新研发可能并不成功，耗费了大量人力物力却毫无成果，但是，创新研发不是不考虑风险的冒险，而是在经历产品工程师的成功率预估与市场部门的调研后进行的理性的研发行为。我们不应只追求事事一帆风顺，而是应该在不断的波折过程中达成量的积累，进而产生质变。

综上，比起扩大生产，将有限的资金用于创新研发更有助于企业的长久发展。

参考范文二

扩大生产更有助于企业生存

　　在面对有限的资金时，企业很可能会陷入艰难的发展抉择：研发新产品还是扩大生产。在企业持续经营的过程中，从长远发展来看，我认为扩大生产更有助于企业度过眼下资金有限的窘境，从而有机会在激烈的竞争中存活。

　　的确，从长期来看，研发新产品可以应对更多的市场变化，使企业在消费更迭的大环境中脱颖而出。但是，眼下的问题是企业如何生存，如何获得更多的利润，以实现日后更大的雄心抱负。一些企业的失败，很大程度上是因为其盲目地跟风资金雄厚的企业进行创新研发，一味追求市场前沿，想要做到先发制人。殊不知，把有限的资金投入研发不确定性更大的产品可能会使企业面临资金链断裂的危机。

　　然而，扩大生产却很可能可以化解这些危机。

　　一方面，扩大生产有利于企业巩固市场地位。扩大生产是将已有的有限资金合理地投入现有成熟的商品，规避研发投入的不确定性风险，因为扩大生产的产品是企业的明星产品或"现金牛"，具有一定的市场认可度，进一步扩大生产很可能刺激消费者的需求，使该产品家喻户晓，从而形成本阶段的财富积累，为后期发展壮大奠定坚实基础。

　　另一方面，扩大生产可以促进资金周转速度，吸引外部投资。企业的发展一部分靠其自身产品与服务的创收，另一部分要靠外部投资者的投资。那么，企业靠什么来吸引投资者呢？靠其对外公布的报表数据，如果其利润趋势好，那么投资者更可能加大投资。所以，扩大生产可以提高其自身产品的创收，也可以在此基础上获得投资者的青睐。

　　综上，在企业捉襟见肘之际，扩大生产更有助于企业度过眼下窘境，先保证企业生存，而后才有机会考虑创新研发。

📖 典型习作点评

典型习作	批改建议
选择眼前还是选择未来？①	① 题目中没有指出应该如何选择，没有明确的立场，故不建议这样拟题。
就像这个企业所遇到的情况：是选择眼前可靠的利润，还是选择面对未来市场的创新以获取更大的利润。看似两难的选择，其实并不难选。②	② 文章开头没有表明立场。
选择大规模生产，企业可以获得可靠的利润和三到五年畅销品牌效益，安稳地度过现在的处境。而选择创新研发，则要面对风险探索未知的未来，那里可能拥有数倍的利润，同时也伴随着难以预计的风险。③	③ 本段在重复题干的内容，没有表明立场，无意义。

创新，这是一个近几年最热门的词语。无数有志之士，前赴后继冲入创新的浪潮之中，大有百舸争流之势。但是，大浪淘尽之后，成功者少之又少。人们在追逐巨大利益的同时，往往忽视了这条航路之上的风暴与礁石。如果只顾盲目地选择利益，而忽视其背后的风险，那么安然公司的破产悲剧可能会再次上演。即使在创新力上有所突破，但没有了核心竞争力与企业资金的支持，企业也难以继续维持。④

既然选择未来充满风险，那么专注眼前、稳定提升就是上上策吗？其实不然，如果只专于眼前，不关注未来的发展趋势，一味维持现状，结果必然是被后人所追上，被时代所遗弃。即便如诺基亚这般庞大的手机帝国也会轰然倒塌，留一下那一句："我们并没有做错什么，但不知为什么，我们输了。"让人无比惋惜。⑤

那么企业应该如何选择？眼前与未来并不真正对立，还需从企业自身出发，剖析自身再做决定。如果已是濒临破产、苦苦支撑，那么势必要通过扩大生产来度过困难阶段，以求再创辉煌。如果实力雄厚，是老牌强企，那在这创新求新的大潮中，必然要提高创新力，挑战风险。若能进入蓝海岂不是更好？⑥

眼前与未来并不冲突，相互结合，定能共创辉煌！

④ 第一，"创新"并不等价于"研发新产品"，此处中心词不准确；第二，该段没有明确表达出对于研发新产品的态度是支持还是反对；第三，段落最后一句的中心词是"创新力"还是"核心竞争力与企业资金的支持"，不明确。

⑤ 本段中的立场不明确。

⑥ 该年真题中，题干已经明确给出企业的境遇是资金有限。故不需要再分情况讨论。

全文点评

本篇习作最主要的错误是论证方向错误。该年真题可以看作一个案例分析题，期望得到的答案应该是如何选择，为什么做此选择。据此，更建议在行文分析的过程中基于这个背景给出明确的选择，而不是论证二者的辩证关系。故基于这一错误的论证方向，后文的结构与段落表达就都不合理了。

📖 引申参考

引申参考一

企业新产品研发的意义

市场营销学中的新产品，不是纯技术角度理解的发明创造。一般认为，凡是企业向市场提供的能给顾客带来新的满足、新的利益的产品，同时企业还没有生产过的产品，即为新产品。新产品包括新发明的产品、换代产品、改进产品、新品牌产品（仿制新产品）、再定位产品等。企业新产品开发的实质就是规划、组织、研制、推出不同内涵与外延的新产品，它可以是现有产品的改进，也可以是全新产品。

当今时代，唯一不变的事情就是变化，创新是企业生命之所在，创新已经成为时代发展的主旋律。对企业而言，开发新产品具有十分重要的战略意义，它是企业生存与发展的重要支柱。

一、市场竞争的加剧迫使企业不断开发新产品。企业的市场竞争力往往体现在其产品满足消费者需求的程度及其领先性上。特别是现代市场上企业间的竞争日趋激烈，企业要想在市场上保持竞争优势，只有不断创新，不断开发新产品。相反，则不仅难以开发新市场，而且会失去现有市场。因此，企业必须重视科研投入，注重新产品的开发，以新产品占领市场、巩固市场，不断提高企业的市场竞争力。

二、产品生命周期理论要求企业不断开发新产品。产品在市场上的销售情况及其获利能力会随着时间的推移而变化。产品生命周期理论告诉我们，任何产品不管其在投入市场时如何畅销，总有一天会退出市场，被更好的新产品所取代。企业如果能不断开发新产品，就可以在原有产品退出市场时利用新产品占领市场。一个成功的企业和智慧的经营者，应该抢夺先机，开发新产品。

三、消费者需求的变化需要不断开发新产品。消费者市场需求具有无限的扩展性，也就是说，人们的需求是无止境的，永远不会停留在一个水平上。随着社会经济的发展和消费者收入的提高，对商品和劳务的需求也将不断向前发展。消费者的一种需求满足了，又会产生出新的需求，循环往复，以至无穷。适应市场需求的变化需要企业不断开发新产品，开拓新市场。

四、科学技术的发展推动着企业不断开发新产品。科学技术是第一生产力，是影响人类前途和命运的伟大力量。科学技术一旦与生产密切结合起来，就会对国民经济各部门产生重大的影响，伴随而来的是新兴产业的出现、传统产业的被改造和落后产业的被淘汰，从而使企业面临新的机会和挑战。这是由于科学技术的迅速发展，新产品开发周期大幅缩短，产品更新换代加速，从而推动着企业不断寻找新科技来源和新技术，开发更多的满足市场需要的新产品。

五、开发新产品有利于提升干部队伍素质，提升企业技术含量和品牌形象。在新技术、新材料、新工艺的开发和应用过程中，组织机构和管理流程也在同步优化，管理干部和技术人员在新产品开发过程中能力和水平得到锻炼和提高。一个拥有高效管理体系、众多高新技术产品和强大研发团队的企业，其市场形象和品牌价值也自然水涨船高，并为同行所仰慕。

六、开发新产品，符合国家节能高效环保经济政策。新产品开发成功，不但能直接得到政府的资金支持，还可享受税收减免政策。拥有新产品的数量，也是企业申报科技进步奖、高新技术企业及国家级技术中心的基本条件。

综上所述，开发新产品不仅有利于企业的成长、进步和竞争能力的提高，而且也使企业与社会、自然环境的适应能力大大提高，因此，要使企业成为"百年老店"，必须要充分把握时机开发新产品。

（文章来源于网络）

引申参考二

"创新"与"风险"关系之辨析

在实践过程中，在强调创新的同时，不能忽视创新的一个副产品——风险。创新总是对原有东西的突破和对新的目标的追求，其间必然包含着许多不确定因素，因而具有较大的风险，表现为一种风险性行为。同时，风险又往往是在创新活动中得到强化、发展的。所以，创新与风险是相伴而生的。尤其是随着科学技术的快速发展和社会生活的剧烈变动，风险性因素日趋增多，以致现时代被称为"风险时代"。

关于"创新"与"风险"关系，要澄清一种误解

这里需要澄清一种误解，即认为冒险或闯风险是一种迫不得已、带赌博性的行为。实际上，这是现代社会尤其是知识经济时代一种正常的、普遍性的现象。在激烈的竞争中，谁要在市场上取胜，谁就必须敢于面对风险，知难而进。创新者为什么甘愿冒险发起创新呢？这是因为，通过冒险求得创新，可以帮助创新者在竞争中获得垄断地位。创新者可以通过产品、管理方式、组织结构等方面的创新获得高市场份额，从而能够有力地控制竞争的各种资源，在定价、选择供应商等方面处于控制者和操纵者的地位，获得其他竞争者无法企及的超额利润。许多处于激烈市场竞争中的企业，正是由于深切地感受到了这一点，才敢于挑战风险，不断发起创新——胜者希望永远保持垄断者的地位，败者则希望能够扭转落后局面。

关于创新，当代出现了两个新变化：主体多元化、主体由个体化向组织化发展

在当代社会的经济生活中，创新的主体越来越趋于多元化，而创新也逐渐由个体化向组织化方向发展。20世纪70年代以来，许多国家相继建立了自己的风险企业，这些企业都冒着较大的风险，集中力量开发新技术，试制新产品，开拓新市场。在新技术革命条件下，通过风险企业的技术创新和技术传播作用，发展中国家的技术发展以至经济发展可以以"超常"的形式来进行。如果技术先进国家的风险企业同技术落后国家进行协作，或者技术落后国家所建立的风险企业引进先进技术，从事新产品、新技术的开发，那么，这些技术落后的国家就有可能实现跨越发展。

风险是一种"创造性的破坏"，与"企业家精神"是什么关系

谈到风险，人们经常提到"企业家精神"。熊彼特认为，企业家的工作就是"创造性的破坏"。所谓"创造性的破坏"，就是不安于现状，破旧图新。企业家总是寻找变化，对它做出反应，并将它视为一种机遇加以利用。也就是说，许多科学技术的发明创造仅仅是潜在的创新，只有通过企业家的开

拓，不断寻求应用、变革的商机，才能使之变为现实的创新。勇于开拓、善于开拓，这是企业家特有的行为，企业家的职责就是进行创新。随着市场竞争的日益加剧，企业的生存和发展越来越依赖于创造性变革和挑战风险能力的形成，缺乏企业家精神的企业则难以生存。

创新的起点并非越高越好

创新要敢于冒险，但这并不意味着盲目冒险。在创新过程中，风险总是客观存在、不可避免的，但是，敢闯风险与盲目冒险、蛮干是完全不同的两回事。前者是建立在对客观对象及其规律的正确认识和把握的基础上的一种新的探索，后者则可能是背离规律或者对规律缺乏足够认识而盲目进行的一种行动。尽管这两种活动都有成功与失败的可能，但前者所承受的代价要比后者小得多。应当承认，只要进行创新，就要付出一定的代价，没有代价的创新是很难找到的；但是，创新的推进又不能随意付出代价或代价过大，这就必须注意一个合理的限度。首先，创新的目标和对象要符合国情。在一定时期、一定条件下，某种创新成果的推广和运用对于别国可能是有益的，而对于本国则可能是弊大于利的，盲目推行的结果，可能给经济的发展带来重大损失。这主要涉及社会的承受能力、社会经济结构状况、社会的稳定与正常运行等问题，因而必须从实际出发，准确地选定创新的目标和方略，不能盲目照搬某些国家的创新模式来作为本国追求的方向。其次，创新活动必须注意创新的起点和条件。也就是说，并不是越新越好，必须注意原有的技术、产业水平以及新技术的推广应用能力。

对于发展中国家来说，由于原来的产业、技术水平比较落后且发展不平衡，因而在其发展过程中不能一味求新，一律采用高、新的标准。盲目推行新技术的结果，往往会影响某些产业、技术的正常发展，使其不能发挥其巨大潜力并与新兴技术成功衔接，从而给经济发展带来较大的风险。所以，创新不是对原有产业、技术的取代，而是用新技术成果对原有产业、技术的提升。用先进技术改造传统产业，实现传统产业总体水平的提高，这是发展中国家的一条重要创新之路。因此，在创新的起点问题上，不是越高越好，而应当充分考虑现有的条件，以避免付出过大的代价。

（文章来源：北京大学哲学系教授丰子义）

引申参考三

是图一时安逸，还是永领风骚？
——论企业是创新主体

当前，实施创新驱动战略已成为全市上下的一致共识。抓创新驱动，依靠什么，具体怎么抓？创新驱动最终要落到企业和产业发展，要大力推动企业主动抓，企业是创新主体，这是根本。市第八次党代会提出要深入实施创新驱动战略，重要举措之一就是要大力培育创新主体，强化企业创新的主体地位和主导作用，加快培育高新技术企业，打通科技成果转化通道。

所谓"春江水暖鸭先知"，企业直面市场冷暖，长期在经济前沿摸爬滚打，对市场需求最为敏感，也最能准确把握市场的脉搏，有着将技术优势、创新成果转化为产品优势、现实生产力的热情和动力。企业有没有创新积极性，能不能使出"洪荒之力"投入创新中，决定着企业在市场竞争中的成败。

然而现实中，企业往往会在"创新"与"守成"之间面临着极大的抉择。许多已经站稳脚跟的企业，自满于安逸的现状而变革缓慢，视力求创新为洪水猛兽，把自身的路越走越窄，最终因跟不上时代的脚步而遭到淘汰。谁都不会想到，曾经作为手机代名词的"诺基亚"和胶卷代名词的"柯达"，因安于现状，因循守旧，忽视创新，被市场所淘汰。相反的是，苹果公司以技术和创新占领市场，在竞争中立于不败之地。这"一正一反"的例子给所有企业敲响了警钟：不创新，就只有被淘汰。

创新是企业获得长期领先优势、在激烈的市场竞争中勇立潮头的法宝。企业要当好创新的"主角"，首先要有创新激情，变"要我创新"为"我要创新"。对企业来讲，抓创新就是抓发展，企业家一定要有想创新、敢创新的勇气和魄力，紧紧抓住当前中央、省、市高度重视创新驱动发展的大好时机，把握创新发展方向的能力，主动寻标对标、敢于攀高比强，制定创新战略，明确创新目标，脚踏实地、奋起直追、赢得主动。

企业要当好创新的"主角"，更要有创新投入。创新能够带来真金白银，但前期更需投入真金白银，企业一定要算大账、算长远账，舍得投入。创新投入体现在有足够强的技术支撑。企业既要以技术创新引领支撑新兴产业发展，又要靠技术创新推动传统产业改造，这也是更多企业的当务之急。创新无捷径，关键在人才，要不拘一格引进和培养创新人才，加快推进关键技术攻关，形成支撑企业长远发展的创新体系，尽快蹚出一条适合企业自身特点的创新发展之路。

企业要当好创新的"主角"，还要有创新成果，使创新成果更快转化为现实生产力。创新成果能否最终变成现实生产力，要以产品能否充分满足市场需求、在激烈的市场竞争中占有一席之地为衡量标准。企业要根据自身发展需要，有针对性地引进技术成果，把企业打造成产业化基地。要强化与高校、科研机构的长期合作，跟踪产品，跟踪市场，及时升级换代，不断巩固与扩大市场份额，做大企业，做强产业。

抓创新是进行时，永远没有终点。企业必须要发挥好创新主体的作用，坚定不移搞创新，扎扎实实推创新，以实实在在的创新成果助推企业转型升级，增强企业的核心竞争力。

（文章来源：《珠海特区报》，评论员李栋）

2016年管理类（多样一致）

亚里士多德说："城邦的本质在于多样性，而不在于一致性。……无论是家庭还是城邦，它们的内部都有着一定的一致性。不然的话，它们是不可能组建起来的。但这种一致性是有一定限度的。……同一种声音无法实现和谐，同一个音阶也无法组成旋律。城邦也是如此，它是一个多面体。人们只能通过教育使存在着各种差异的公民统一起来组成一个共同体。"

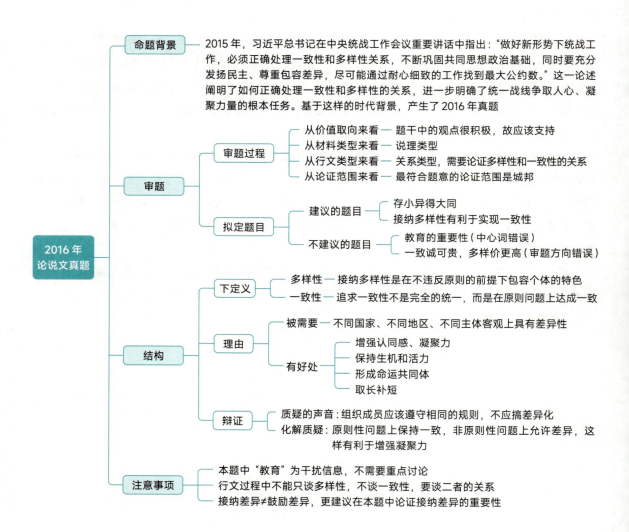

📖 审题通关

【独立审题】请认真思考后，独立拟定题目。

【审题测试】请判断以下题目是否合理。

题目1：一致性的重要性

题目2：教育的重要性

题目3：教育能使多样性变为一致性

题目4：存小异得大同

题目5：接纳多样性有利于实现一致性

题目6：一致诚可贵，多样价更高

题目7：唯有存异才能得同

【参考答案及审题思路】

建议的题目：题目4、题目5。

对于这类试题，我们需要理解材料每一句话的含义以及语句之间的关联，不可断章取义，也不要将所有的信息进行堆叠，而是要通过对语句的分析找到最合适的审题方向。

题干的第一句在强调多样性的重要性，第二句在强调一致性的重要性，第三句在强调二者之间的关系，即多样性是实现一致性的基础。所以，如果只看前三句，很明显立意方向应该是多样性促进一致性，但看到第四句的时候，很多同学就可能产生误解，将中心放在了教育上。实际上，第四句只是对上文观点的一个补充，不应作为审题重点。

所以审题方向应该是论证多样性和一致性之间的关系。仔细分析题干形式不难发现，题干中更想传达的是一致性是必不可少的，是我们的目标，而这一目标的实现需要多样性这一条件，所以二者的关系应该是接纳多样性能够促进一致性。故可参考的题目：接纳多样性有利于实现一致性；存小异得大同。

不建议的题目：

题目1：中心词错误。本题的中心词为接纳多样性，而非一致性。

题目2、题目3：中心词错误。本题的中心词为接纳多样性，而非教育。

题目6：审题方向错误。题干讨论的是二者的共存关系，而非比较关系。

题目7：逻辑有缺陷。题目的表达过于绝对。

【真题变形】

请对如下真题的变形材料进行审题，并拟定题目。

变形一

亚里士多德说："城邦的本质在于多样性，而不在于一致性。……无论是家庭还是城邦，它们的内部都有着一定的一致性。不然的话，它们是不可能组建起来的。但这种一致性是有一定限度的。……同一种声音无法实现和谐，同一个音阶也无法组成旋律。城邦也是如此，它是一个多面体。人们只能通过一定的方法使存在着各种差异的公民统一起来组成一个共同体。"

变形二

亚里士多德说："城邦的本质在于多样性，而不在于一致性。……无论是家庭还是城邦，它们的内部都有着一定的一致性。不然的话，它们是不可能组建起来的。但这种一致性是有一定限度的。……同一种声音无法实现和谐，同一个音阶也无法组成旋律。城邦也是如此。"

变形三

亚里士多德说："城邦的本质在于多样性，而不在于一致性。"

变形四

亚里士多德说："无论是家庭还是城邦，它们的内部都有着一定的一致性。不然的话，它们是不可能组建起来的。"

变形一参考题目：接纳多样性有利于实现一致性

变形二参考题目：接纳多样性有利于实现一致性

变形三参考题目：多样性比一致性更重要

变形四参考题目：一致性的重要性

该年真题的四个变形截取了材料中的不同片段，当呈现的内容存在差异的时候，拟题方向也会随之改变。故大家在考场上一定要全面审题。

📖 参考范文

参考范文一

存小异，求大同

同一种声音无法实现和谐，同一个音阶也无法组成旋律。对城邦来说，亦是如此，存小异，更能得大同。

存小异，是为了更好地求大同。我们所言之"存小异"，不是无原则地包庇一切差异，而是提倡对个性的保护，这是在不违反原则的前提下包容个体的特色，使之在集体中也能实现属于自己的目标。同时，这也能为整体提供更多的可能性，增强整体发展的活力，让这个世界更加精彩。中国的"一国两制"方针、民族区域自治制度以及多党合作和政治协商制度等对于一国之内不同组成的保护，不正是尊重个体多样性的最好示范吗？如今中国社会能有百花齐放的繁荣图景，其功不可没。

然而，求大同，并不排斥小异。"大同之路"向前铺设时，并非还要为此除掉路旁装点世界的花花草草；求大同，也不该消除一切看似与整体发展所需不相符的个性，使每个部分都像流水线的产品，毫无生气。相反，"求大同"的过程，更应是将"小异"有机整合，使个体与整体相互促进、协同发展。也正所谓"独行快，众行远"，个体只有乘上集体这艘"大船"，才能站上更高的平台，获得更优的机会，实现个体的价值。这正如习近平总书记提出的"一带一路"倡议，将沿线不同文化与制度的国家的发展连成命运共同体，使欧亚大陆迸发更大活力；沿线国家也获得了更多的发展机遇，提升了自身实力。

求同存异，才能使整体与个体相互促进，实现真正的和谐。但也要警惕"小人同而不和"，只有找到整体与个体利益的真正结合点，同时适当妥协，摒弃无谓的争端，方可实现"君子和而不同"的愿景。

"和实生物，同则不继。"古人尚且深谙求同存异之道，我们身处更加多元，却更需"抱团取暖"的21世纪，更要求同存异，谱写新时代和谐美妙的乐章！

参考范文二

求同，更要存异

亚里士多德认为，城邦的本质在于多样性，而不在于一致性。无论是家庭还是城邦，它的内部都有着一定的一致性。而在当代社会，多样性和一致性依然不可或缺。我认为，我们要求同，更要存异。

很多人对"同"存在一定的误解，认为"同"就是完全相同，只有一种声音，一个看法。实则不然，"同"不是扼杀差异，而是约定俗成的行为习惯，是事物发展运行的规律。如果没有了"同"，那么社会的发展就没有了明确的方向，人们的行为也没有了约束。这会影响人们的正常生活秩序，不利于国家的稳定与发展，基于此，我们要求同。

那么是否只有"同"就可以了呢？答案显然是否定的。事物的发展在于其多样性。以企业为例，如果在企业管理中只有一种声音，那么会极大地影响管理者的决策判断。俗话说，术业有专攻，由于管理者和基层工作者存在着信息不对称，如果企业只有"同"，那么管理者将不能全面、多方位地了解企业的情况，不利于管理者做出符合实际的战略决策和市场定位。更有甚者，这会导致管理者做出错误的决定，造成企业的重大损失。如果企业能够存异，那么将会调动员工建言献策的积极性，形成良好的企业文化，为企业的创新和发展不断注入新的活力，提高企业在市场中的竞争力。

当然，求同和存异并不是对立的矛盾关系。如我国的经济体制从计划经济体制转向了社会主义市场经济体制，这一过程借鉴了资本主义经济制度。二者虽然都是市场经济，但是我国结合了自身的国情，制定了更符合我国国情的经济制度，利用了市场的规律，极大地调动了社会生产力的积极性，推动了社会的发展。这启示我们，在求同时，更要存异，要结合自身的情况，取长补短，做到"见贤思齐焉，见不贤而内自省也"。

综上所述，多样性和一致性不可分割，我们要客观看待求同，但是在这一过程中，更要存异。

📖 典型习作点评

典型习作

求同存异,缺一不可①

正如亚里士多德所说:"城邦的内部都有着一定的一致性,不然的话,它们也不会构建出一个多样化的城邦。"也正如在存异的万物之中,构建了一个相同而又多样的世界一样。②

大千世界,无奇不有,正是由于众多奇特不同的生物构建了一个丰富多彩的世界,而不仅是万物。就在当今社会中,一个个的企业也因其包含组成企业的各个元素的不同而成为一个个主体,展示着各自的多样性。③

何为企业多样性?在世界中,从来没有完全相同的两片叶子,各个事物之间都存在着各自的差异性。一个企业的差异,源于其组成元素的差异,就像如今众多的成功企业一样,它们都有着不同思想、不同性格以及不同作风的员工,在其日常活动中不停地磨合、交流、合作,构建了一个丰富的群体,多种丰富的群体在相互交错中形成了一个具有多样性的企业。④

如何发挥企业的多样性?求同存异对于企业乃至整个社会都是至关重要的,而成功的企业,都有着相似的成功之道。它们的成功,更多的是源于个体的不懈努力,在各个群体中,每个员工都发挥着各自的作用,让不同的观念经过一系列的加工成为一个多样成熟的方式推动着企业走向成功。具有多样化经营的格力公司,其总裁董明珠曾说过:"一个企业的财富是员工,让员工可以充分发挥各自的才能,通过内部的不断讨论、筛选、层层上报,再交流、讨论,让每一个员工对产品的想法都能表现出来,在一个整体不同的个体之中做到求同存异,让整体更具有丰富性。"⑤

批改建议

① 题目过于绝对。题干讨论的是二者是否可以共存,而不是是否必须要共存。

② 文章开头没有明确表达观点。

③ 该段与文章总论点没有明确的关系;不仅如此,题干所讨论的主体是城邦,而非企业。

④ 题干要论证的是多样性和一致性的关系,此处仅解释了多样性,没有论证力度。

⑤ 论证的方向应该是加强观点,而非讨论措施。

企业的多样性可以带来什么样的成功？某著名的游戏公司，在被腾讯收购之前，它的每个管理办公室都有着一个办公方阵，员工可以把自己的想法通过各种方式表达，也可以说出想法，相互讨论，不通过上报就可以利用企业的一系列资源去实践一个群里相互讨论的计划，也因为这个计划，才有了后来享誉全世界的《英雄联盟》的出现。一个企业的成功，更多的是经过个体差异的统一，从包含着的众多差异中取其精华，去其糟粕，而成为一个更大的个体。⑥

可见，求同存异更能让一个企业具有多样性，在竞争残酷的社会中，稳定前进。⑦

⑥ 本段依然没有论证文章的总论点，且个例的论证力度较弱。
⑦ 结尾没扣题。

全文点评

这是一篇非常糟糕的习作。从审题到结构再到行文表达，都有很多漏洞，且都是容易被阅卷者识别到的论证漏洞。这主要是因为答题者在动笔前没有理解题干到底在阐述什么，简言之就是审题时思路不清晰，导致在表达的时候不知所云。

📖 引申参考

正确处理一致性和多样性的关系

统一战线是一致性和多样性的统一体，只有一致性、没有多样性，或者只有多样性、没有一致性，都不能建立和发展统一战线。习近平总书记在中央统战工作会议上的重要讲话中强调，做好新形势下统战工作，必须正确处理一致性和多样性关系，不断巩固共同思想政治基础，同时要充分发扬民主、尊重包容差异，尽可能通过耐心细致的工作找到最大公约数。这是对统一战线90多年实践经验的科学总结，是对统一战线发展规律的准确把握，明确了巩固和发展最广泛爱国统一战线的方针。

一致性和多样性始终贯穿于统一战线各个历史时期，覆盖统一战线各个工作领域。可以说，历史上统一战线工作中曾出现的许多问题，根源就在于没有正确处理好一致性和多样性的关系，要么对一些损害统一战线的原则分歧一味容忍，要么过于追求纯而又纯，都使党的事业遭受重大损失。统战工作促进政党关系、民族关系、宗教关系、阶层关系和海内外同胞关系和谐的过程，说到底就是不断增进一致性、正确对待多样性的过程。实践证明，在充分尊重多样性的基础上，一致性程度越高，统一战线团结的基础越牢；在不断巩固一致性的基础上，多样性范围越宽，统一战线团结的力量越多。

当前，随着改革开放深入和社会主义市场经济发展，社会思想更加多元、多样、多变。对此，既不必大惊小怪，也不能见怪不怪。"声一无听，色一无文，味一无果，物一不讲。"一致性和多样性共同存在并相互作用，是自然法则，也是社会规律。只要妥善处理好二者的关系，善于在复杂多元中加以正确引领，就能够更好地激发社会的活力，形成致力于共同事业的合力。

正确处理一致性和多样性的关系，关键在于坚持求同存异。要不断增进一致性，巩固统一战线共同思想政治基础。思想统一，行动才会一致，这是基础和前提。最根本的是要坚持中国共产党的领导，否则统一战线就会偏离正确方向，就会缺少汇聚力量的核心。要以坚持和发展中国特色社会主义、实现中华民族伟大复兴中国梦为引领，在统一战线广大成员中最大限度地凝聚共识、激起共鸣，形成利益共同体、事业共同体、命运共同体，从而建立起最广泛、最牢固的统一战线。

要正确对待多样性，这是重点和难点。有的多样性无关宏旨，可以存而不论；有的多样性有利于改进工作、减少错误，要鼓励和支持；有的多样性涉及大是大非问题，必须旗帜鲜明地亮明观点，积极主动加强引导。教育引导要讲究方式方法，在民主协商中、在平等相待中、在真诚交心中，和风细雨地讲道理，而不是劈头盖脸地扣帽子。即使是思想交锋，也要让人有酷夏饮冰、寒冬围炉的感觉，营造体谅包容、宽松和谐的氛围。

面对经济体制深刻变革、社会结构深刻变动、利益格局深刻调整、思想观念深刻变化，只要把政治底线这个圆心固守住，包容的多样性半径越长，画出的同心圆就会越大，就越能团结一切可以团结的力量，调动一切可以调动的积极因素，同心共筑中华民族伟大复兴的中国梦。

（文章来源：《人民日报》，2015年05月22日01版）

2015 年管理类（仁与富）

孟子曾引用阳虎的话："为富，不仁矣；为仁，不富矣。"（《孟子·滕文公上》）这段话表明了古人对当时社会上为富为仁现象的一种态度，以及对两者之间关系的一种思考。

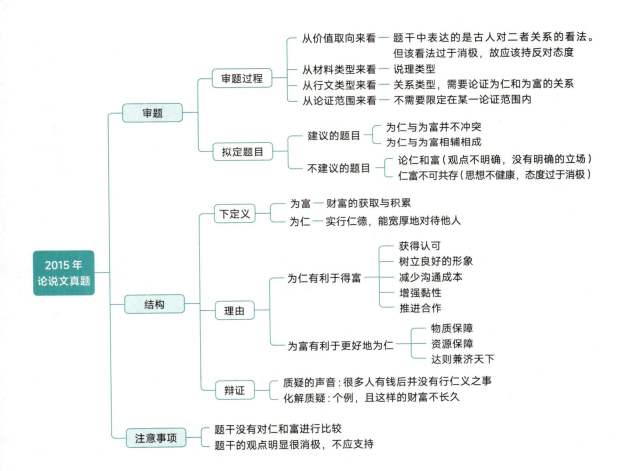

📖 审题通关

【独立审题】请认真思考后，独立拟定题目。

【审题测试】请判断以下题目是否合理。

题目1：论仁和富

题目2：仁富不可共存

题目3：仁富可共存

题目4：仁富必共存

题目5：仁富缺一不可

题目6：为仁有利于为富

【参考答案及审题思路】

建议的题目：题目3、题目6。

本题为关系类型材料，我们需要基于材料来表达自己的观点。材料引用了一句古话，总结起来就是仁富不共存。我们需要针对这句话表达自己的态度和立场。清楚审题方向后，大家需要做出合理的选择，即到底是支持还是反对？很明显"仁富不共存"这一立场过于消极、思想不健康，故我们应该持反对态度，指出"仁富可共存"。故可参考的题目：为仁与为富并不冲突；为仁与为富相辅相成；为富者亦可为仁；为仁者更易得富。其他题目只要合理亦可。

不建议的题目：

题目1：观点不明确。题目中没有明确的立场。

题目2：思想不健康。该立场过于消极。

题目4、题目5：表达过于绝对。题干中讨论的是二者能不能共存，而非是否必须要共存。

【真题变形】

请对如下真题的变形材料进行审题，并拟定题目。

变形一

有人曾说："为富，促仁矣；为仁，促富矣。"这段话表明了古人对当时社会上为富为仁现象的一种态度，以及对二者之间关系的一种思考。

变形二

有人曾说："为富，胜仁矣。"这段话表明了古人对当时社会上为富为仁现象的一种态度，以及对二者之间关系的一种思考。

变形三

有人曾说："为富，必仁矣；为仁，必富矣。"这段话表明了古人对当时社会上为富为仁现象的一种态度，以及对二者之间关系的一种思考。

变形一参考题目：为仁为富相辅相成

变形二参考题目：为仁，胜富矣（本题需要对仁富进行比较，原题中的观点思想不健康，故我们可以表示反对，审为"为仁，胜富矣"）

变形三参考题目：仁富必共存

很多同学一看到题干中有两个关键词，就想写成择一或者相辅相成，这是非常危险的行为。大家一定要在题目中寻找答案。通过该年真题与几个变形试题的对比，大家能更好地体会这一点。

📖 参考范文

参考范文一

仁与富可共存

自古至今都存在着对于仁富关系的思考，孟子曾引用阳虎的话："为富，不仁矣；为仁，不富矣。"而基于当下社会的现状及未来发展的角度，仁与富是可以共存的。

其一，为富且为仁者并不鲜见。很多企业家家财万贯却仍心怀社会，是为富亦可为仁的鲜明印证。其二，为仁对为富具有促进作用。为仁者以人为本，尊重他人的利益，不会轻易损害利益相关者的权益，易于建立良好的个人信誉和企业信用，进而为日后的资金筹措提供保障，为经营活动的开展提供支持。因而，秉持仁心有助于致富之路的畅通，为仁自然可为富。

然而，社会上还存在着其他的声音。或许是因为《水浒传》中富人的骄奢无度，《白毛女》中黄世仁的蛮不讲理，新闻报道中富商为谋利益不惜损害消费者权益，等等，这些例子为人们所熟知，导致很多人直观地以为为富者不仁。然而，仅仅基于文学作品和部分新闻报道而对富人建立的印象并不可靠。作品中对富人的刻画在基于特定历史时期和社会背景的同时，更多地考虑到了衬托反抗精神等文学效果；新闻报道可能仅仅反映社会的一个侧面，汶川地震后也不乏富人捐献重金以助重建家园的新闻。

如果我们基于此便偏颇地认为仁富不可共存，可能会激化社会仇富心理。一些并不富裕的人或许会以为富人都是无良的，都是自私的，从而化身"键盘侠"，对富人所做仁义之事指手画脚，甚至声称他们借故作秀，沽名钓誉。或许还会有人把不择手段当作致富的唯一途径，寄希望于损人利己的歪门邪道，步奸商的后尘，危害行业和市场的发展。就富人而言，原本为他们所推崇的仁心被众人所误解，长此以往，他们难免会心寒，仁德之光也可能因之暗淡。

所以，为仁与为富并非相互矛盾，二者可以共存。

参考范文二

"为富不仁"新解

不同于"道义不存而富"，在市场经济体制下，我们可以对孟子的"为富不仁"做出新的理解：不能绝对地认为为富之人都不仁爱，为仁为富并行而不悖。

一味地"为仁"、舍弃"为富"难以长久。价格是市场配置资源的信号，如果人人都"轻利"，反而很可能找不到交易均衡点，很容易引起社会资源的错配，进而可能导致整个社会利益的损失。例如，在企业管理中如果过于"乐善好施"，将"行善"作为衡量企业的主要筹码，那么效率与效益就很难得以保障，长此以往，既无法保障企业自身的健康运转，也无法持续地"行善"。因此要想真正把企业做大做强，还需要按照市场规律理性竞争，依循"为富"的规律行事。这样才能更好地在仁与富之间找到均衡点，使企业更好地发展。

但遵循"为富"并不是要舍弃"为仁"，"为富"和"为仁"是可以并行的。企业在实现股东财富最大化的过程中，通过拓展经营规模与领域为社会提供就业机会、优化社会资源配置。而随着股东财富的增长，企业也会贡献更多的税金，进而间接增加社会福利，同时积极履行社会责任为企业带来了更好的商誉，最终有利于股东价值最大化，这些都是为仁为富相辅相成的表现。

为富既然不是传统的唯利是图，那么就不必求全责备，对于勤勉、正当的为富者我们应当表示应有的尊重。受仁者不能认为受仁是理所当然的，不能把为富与为仁割裂开来。当然，为富之道也不能突破为仁的底线，正确的为富观应自觉受仁制约，杜绝"道义不存而富"的现象。

综上所述，在市场经济体制下，为富与为仁并行不悖，每个人正当的"利己"是可以带来更为广泛的"利他"的。

参考范文三

为富与为仁相辅相成

"为富，不仁矣；为仁，不富矣。"这句话表达了古人对当时社会上为富为仁现象的一种态度，然而这种态度在当今社会背景下已经不再适用了。随着社会制度和法律法规的不断完善，为富为仁应是相辅相成的关系。

为富指的是财富的获取与积累，为仁指的是正直、本分。古人之所以认为二者不相容，可能是因为他们存在着一种偏见：富人都是无良的，而仁者因坚守内心的良知而无法为富。那么，为什么如今为富为仁可以相辅相成呢？

为富亦可为仁。根据马斯洛需求层次理论，人们在获得高层次需求的满足前需要满足低层次需求，只有低层次需求得到满足了，高层次的需求才能发挥其激励作用。该理论说的就是这个道理。为富可以满足人们对于生理、安全、社交的需求，在这些需求得到一定程度的满足后，高层次需求则会产生激励作用，促使人们为仁。

为仁亦可为富。其实，做好自己分内的事情也是为仁。同仁堂坚持"炮制虽繁必不敢省人工，品味虽贵必不敢省物力"的原则，保证产品的质量，给消费者带来良好的购物体验。这份坚持也为同仁堂赢得了良好的声誉，帮助其在行业内占有较大的市场份额。同仁堂的发展告诉我们，为仁者或许走得慢，但这不妨碍他们抵达富的终点。

只仁不富怕是会让为仁者心理失衡，不利于他们对仁的坚守。一个社会可以提倡为仁，但不能指望每个人都为仁。因此，为仁者是需要为富的。只富不仁无法取得他人的信任，即使因取得了眼前的小利而沾沾自喜，也无法实现长远发展。尤其是在如今这个信誉社会，信誉是一次性消费，以牺牲仁为代价的富寸步难行。

综上所述，在人类文明空前进步的今天，为富与为仁是可以相辅相成的。

参考范文四

为富亦能为仁

材料以孟子引用阳虎的话表示"为富"和"为仁"是一对矛盾的关系。实际上二者的关系并不矛盾，在现实社会中，为富亦能为仁。

所谓为富，是指拥有一定的物质基础，并且能对财产进行自由支配。而为仁则是实行仁德，能宽厚地对待他人。

一方面，大部分为富者在后天受到良好的家庭氛围和素质教育的影响，很有可能会在自身的道德感和社会责任感的驱使下，追求更高的精神满足，去帮助更多的人，从而获得延时满足感并实现自身的社会价值；同时，社会信息具有不对称性，为富者拥有一定的社会资源和人脉关系，在为仁的过程中，能更合理地协调社会资源，实现资源分配效用的最大化。

另一方面，由于为富者具有一定的社会地位与社会影响力，因此他能够号召更多人参与到为仁的过程中。而这一过程能够降低社会的宣传和号召成本，同时提高社会整体的效益。而在社会良性发展的背景下，社会的生产力会在一定程度上有所发展，有利于社会现有行业的发展和创新升级，为富者会在这一过程中利用自身的优势再次实现资本积累。

当然，我们承认存在"为富不仁"的现象，在制度和教育不够完善的过去，为富不仁并不能为人们带来足够的警惕。然而，在当代社会的背景下，随着法律、法规的完善以及社会整体道德素养的提高，为富不仁的代价很有可能远远大于为仁的代价。为富不仁的行为不仅会损害自身的名誉和社会声望，还很有可能给自己带来牢狱之灾，得不偿失。因此，为富和为仁并不是矛盾的关系，而是相辅相成、互相促进的。

综上所述，为富和为仁并不矛盾，为富亦能为仁。

参考范文五

为富也要为仁

孟子曾引用阳虎的一句话来描述当时社会的"为富为仁"现象，即"为富，不仁矣；为仁，不富矣"。在当时的社会，富和仁无疑被视作对立的两方，无法兼而有之。而随着时代的演变，富和仁逐渐打破壁垒、相互依附，在我看来，为富也要为仁。

只富不仁，则无法富之有道，富得长久。仁义不仅仅是人和企业自身需要秉持的道德标准，更是与对手竞争，与伙伴合作时的通关良药。震惊中国的"三鹿奶粉"事件，便是为富不仁的典型。三鹿集团只着眼利润，损害消费者利益，将自己的企业声誉置之不理，最终葬送了企业的前程。仁义之心，正如企业发展道路上的垫脚石，只有维护这一颗仁心，才能帮助自己走得更远。

只仁不富，则无法强大自身，发扬仁之根本。仁义可分为小仁和大仁，若洁身自好为小仁，那么通过一己之力帮助身边人，乃至影响社会风气，则可称之为大仁。有中国首善之称的企业家陈光标，出身贫困，但他立志改变自己的命运，改变家庭的境遇。通过求学、创业等方式，陈光标渐渐有了积蓄，并在三十岁那年开始涉足慈善事业，捐款数十亿元，帮助了数万名和他一样出身贫困的人。不求回报地帮扶身边人，是中华民族的传统美德，但若不提升自我，获取生财之道，那么大仁大义可能永远都只是心中的一份幻想。一定程度上的富是仁的物质基础，若不打好地基，何来参天大楼？

仁，是富的前提；而富，则是仁的基础。既为仁，又为富，则能深明大义，以仁治身。中华人民共和国成立以来，市场经济蓬勃发展，我们目睹了形形色色的企业和个人因丧失了仁，而断送了财路和前途；也目睹了更多仁义之士，以善行赢得了认可和发展。

仁和富，其实从古至今都不是对立的概念，若能将二者有机结合，我们可能会离人生理想的境界更进一步。

参考范文六

为富还需先为仁

古人认为"为富不仁""为仁不富"，将仁与富对立起来，这实则是对二者关系的误解。"为富"是指获得财富，"为仁"是指遵守道德准则。实际上，"为仁"能够更好地"为富"，为富还需先为仁。

首先，为仁是立足社会的根本，不为仁，难为富。我们常说"仁义礼智信"，仁作为三纲五常之首，足见其在道德伦理社会中的重要程度。在我国如此重视伦理道德的社会背景下，一个不仁之人犹如过街老鼠，必将遭到口诛笔伐。除此之外，仁也是市场的必然要求。我们在新闻上常看到的"失信人名单""终身市场禁入"等就是违背"为仁"的后果。可见，如果不为仁，难以在社会上立足，更不用谈财富的创造了。

其次，为仁有助于为富的实现。一方面，为仁要求一个人遵守道德准则，为人处事不逾矩，而在这样一个信息不对称的大环境下，"为仁"之人无论是受雇于人还是与他人合作，都能向对方传递低风险成本的信号，自然能够收获大量的青睐，开拓更广阔的平台，有助于其实现"为富"的目标。另一方面，一个以"为仁"为主要基调的社会能够节省打击不仁行为的成本，优化社会资源的配置，为全社会实现"为富"创造良好的环境。

最后，假如没有"为仁"的基础，即便达成"为富"，也不过是昙花一现，难以持久。固然，绕过"为仁"的要求或许有实现"为富"的捷径，但是如此生财之道，不仅难以复制，还可能瞬间崩塌。一方面，躲过一次道德机制的审查可能纯属偶然，若想靠此积累财富则此路不通；另一方面，快速堆积起来的财富高楼，由于满是道德漏洞，一旦有政策转变等情况发生，高楼可能瞬间变为废墟。虽然"先为仁再为富"的过程需要花费更多的时间，但从长远发展角度来看，只有搭建起坚实的"仁"的基础,才能使财富高楼在风雨中屹立不倒。

综上所述,为富还需先为仁。

参考范文七

为仁利于为富

在古人看来,为仁、为富是一种不可共存的矛盾关系。但随着时代的发展,为仁、为富其实可以良好共存,而且,为仁利于为富。

首先,为仁可以促进信用的建立,利于为富。不同于古代的人情经济,现代经济正逐渐演变为一种信用经济。一方面,在同等条件下,一个人为仁,可以增强他人对其的信任,在就业时将具备较高的议价能力,在买卖关系上也更利于商品交易的形成。试想:不同于与不为仁的人交易所带来的违约风险,和一个为仁的人进行交易将降低你的机会成本。市场容量总是有限的,如果大家都更倾向于与为仁的人进行交易,那么为仁的人将更利于为富。另一方面,一个企业为仁,可以加强自身的品牌建设,更好地提升自身的客户黏性,从而将顾客的信任转换为产品销售,有利于获得更大的商品利润。

其次,为仁可以获得长远的收益,利于为富。正如党的十九大报告中所指出的那样,我国当前社会的主要矛盾已变为"人民日益增长的美好生活需要和不平衡不充分的发展之间的矛盾",这种"美好生活需要"正伴随着社会民众个人素质的提高,对商品经济提出了新的为仁要求。古代"为富不仁,为仁不富"的观念或许是受交通和通信的限制而形成的。但是,随着信息时代的来临,信息不对称的现象逐渐被打破。在长远交易中,人们更青睐为仁的个人或企业,由此,为仁将会获得更多的忠实顾客,利于为富。

再次,为富不为仁不利于获得实质性的成功。如今,以往的地域经济已逐渐演变为全球经济。在这样紧密相扣的经济体系下,商品信用的建立尤为重要。随着民众举报、央视315晚会报道等社会监督机制的跟进,众多不为仁的无良商家也被停业整顿。为富不为仁的情况虽可获得短期的利益,但终将不利于长期发展,更不利于获得实质性的成功。

最后,为仁不意味着不能为富,为富也不意味着割裂仁义价值。现代经济和社会价值所发生的众多变化正在逐步昭示着:为仁利于为富。

参考范文八

为仁有利于为富

材料中关于为仁还是为富的话题引人深思,但是无论在过去还是未来,仁与富都并不是对立的,为仁有利于为富的观点更适用于社会的发展。

在改革开放初期,先富带动后富的政策深入人心,一些长辈们抱着富国利民的仁心,历经创业的艰辛,不畏艰苦地努力,正体现了为仁有利于为富的思想;同时,在如今的市场经济中,仁心是提升企业用户黏性的重要举措。对企业来说,抱着一颗仁心获得的财富往往比一味地追求财富更能获得消费者的信赖、引发消费者的共鸣，从而实现二次甚至多次回购，夯实消费基础，实现企业的长远发展。由此看来，为仁更有利于为富。

反之，失去仁心所获得的财富往往都很短暂。为富而不仁者在获取短期利润之后，再踏上致富的征途会更加艰辛，同时，其所面临的风险也会更大。当前，多样化的产品、创新型的企业更受追捧，无论是产品还是服务，其可替代性都会愈来愈强，而这也从侧面反映了我们更需要以仁治企、为仁致富，从而紧紧抓住消费群体，利用光环效应提升用户黏性，扩大市场份额，而这不正是为仁有利于为富的体现吗？

为仁有利于为富，失去仁心，很可能会丧失为富的良好时机，增加机会成本。仁，在一定程度上是指企业的责任感、道德感。当前，人们的消费需求逐步升级，这就更需要企业对其生产的产品做出一定的承诺，保证其服务质量，此举不仅能体现企业的仁心，而且能使消费群体安心。反之，若企业失去对其产品的责任感，售后服务无法保障，这种一次性买卖或许会快速获得短期利润，但从长远看来，则失去了实现平稳致富的保障。

综上，为仁为富并不冲突，为仁有利于为富。

📖 典型习作点评

典型习作一　　　　　　　　　　　　　　　　　　　　　　　　　　　　　　　　　**批改建议**

企业为仁更易得富①

材料中孟子通过引用古话阐明了当时社会上认为的仁富不可共存的观点。②可在现如今这样一个新时代背景下，该观点已然不再适用。对于企业来说，为仁更易得富，获得更好的发展。③

对于企业外部来说，企业为仁更易得富。④其一，企业为仁能够提高其商誉，而商誉是企业的一项重要的无形资产，无论是对于身处供应链上下的合作方还是消费者来说都很注重商誉的好坏；其二，企业为仁能够提升用户对品牌的好感度，在一定程度上影响消费者的消费倾向，扩大自身在消费者间的知名度；其三，企业为仁便于扩大市场，消费者对企业产品需求上升易于企业形成规模效益，从而进一步降低成本，促进企业更好地得富。⑤

对于企业内部来说，企业为仁更易得富。⑥企业在管理过程中秉承仁义，有利于企业氛围的营造与培养，一定程度上能够增加员工对企业的归属感和认同感，增强企业内部的凝聚力。试想，若是整个企业内部上下员

① 立意的方向无缺陷，但是题干中没有限定"企业"这一范围，仁富这一话题也不仅仅适用于企业，所以在拟题行文中不需要把文章限定在"企业"范围内。对于这类材料，可以直接给出观点，如"为仁更易得富"，无须专门强调主体。当然，只写企业不算错，只是不局限于企业会更好。

② 因为孟子对于我们来说也是古人，所以"引用古话"可以改为"引用阳虎的话"。

③ 企业问题，同第一点。其实去掉企业，正文中的很多观点和理由依然适用，而且很多与企业相关的例子也可以使用。不需要把自己框定在企业范围内。

（④⑤⑥见下页）

工勤力同心，从事产品研发的认真探索消费者的喜好，从事销售回访的仔细记录消费者的反馈……各司其职，朝着一致的目标——企业发展一起努力，是不是会更有利于企业得富呢？同时，企业员工在上班时间是员工，而下班之后也是消费者，如果自身企业确实很好、产品过硬，也可能会多多宣传，使其向外辐射开来，促进企业进一步得富。⑦

反之，企业不仁不利于企业得富。虽然不得不承认企业经营的首要目的确实是为了得富，但若是一味追求富的增加而忽视仁的发扬，其结果只能是被富所累，为市场所淘汰。前有三鹿奶粉无底线地在婴儿奶粉中添加违禁物质，后有某些无良厂家为追求更高收益，罔顾消费者生命健康，售卖更改标签的过期食品。为富不仁在短期内或许真的可以为企业带来一定利益，可若是从长远来看，却是搬起石头砸自己的脚，终会被消费者所放弃，不利于其获得长远的富。⑧

综上所述，仁富对于企业来说并不冲突，反而为仁能够更好地促进企业得富，形成良性循环，进一步获得更多的富。因此，企业不应忽视为仁，为仁促进企业得富。⑨

④ 内部、外部这一划分维度是我们的"保底方案"，适用于考场的极端状况，不建议作为日常练习的常规方法。否则，容易逐步弱化自己的写作能力。而且对于本题来说，内部、外部这一划分标准并不恰当，因为为仁大多是作用于外部的。

⑤ 这几个理由超棒。

⑥ 同上段段首句。

⑦ 这段描述的场景不算"仁"，而是"认真工作"，二者还是有区别的。

⑧ 无缺陷。

⑨ 无缺陷。

全文点评

整体来讲，这是一篇很不错的文章，但之所以被选为典型习作，是因为这篇文章犯了很多同学当下的一个通病，就是没有将所学知识内化后恰当地与文章结合，而是将所学方法生硬地用到了文章里。这样一来，大家的努力非但不会转化成分数，还会适得其反。

该习作的框架使用了"内部、外部"这一保底方案的分论点，但在此处并不恰当，即便恰当，日常练习中也不建议使用保底方案。

同时，该习作紧紧围绕企业展开，但是材料中没有要求只能写企业，仁富这一话题也不仅仅适用于企业，虽然写企业不算错，但用在此题中不是最佳方案。

其实这篇文章中间段落的表达，理由和语言都很不错，但因为被理论束缚了，没能用在合适的地方，理论反而成了短板。

犯了类似错误的同学一定要警觉，及时改正。

> 尽管这篇文章不建议局限在"企业"这一范围，但不代表不能提企业。我对该习作做了一个微调，去掉了"企业"这一范围的限制，大家可以参考一下。

【修订后】

（本文仅修订了关于"企业"的部分，其余内容未做调整）

为仁更易得富

材料中，孟子通过引用阳虎的话阐明了当时社会上认为的仁富不可共存的观点，可在现如今这样一个新时代背景下，该观点已然不再适用。实际上，仁富二者并不矛盾，为仁者往往更易得富，更易获得更好的发展。

为仁有利于增强社会认可度，更好地为富。以企业为例，其一，企业为仁能够提高其商誉，而商誉是企业的一项重要的无形资产，无论是身处供应链上下的合作方还是消费者，都很注重商誉的好坏；其二，企业为仁能够提升用户对品牌的好感度，在一定程度上影响消费者的消费倾向，扩大自身在消费者间的知名度；其三，企业为仁便于扩大市场，消费者对企业产品需求上升易于企业形成规模效益，从而进一步降低成本，促进企业更好地得富。

为仁有利于增强自身的凝聚力，更好地为富。在管理的过程中秉承仁义，有利于良好氛围的营造与正确价值观的培养，一定程度上能够增加成员的归属感和认同感，增强自身内部凝聚力。

反之，不仁不利于得富。虽然不得不承认得富的重要性，但若是一味追求富的增加而忽视仁的发扬，其结果只能是被富所累，为市场所淘汰。前有三鹿奶粉无底线地一味得富，在婴儿奶粉中添加违禁物质，后有某些无良厂家为追求更高收益，罔顾消费者生命健康，售卖更改标签的过期食品。为富不仁在短期内或许真的可以为企业带来一定利益，可若是从长远来看，却是搬起石头砸自己的脚，终会被消费者所放弃，不利于其获得长远的富。

综上所述，仁富并不冲突，反而为仁能够更好地促进得富，形成良性循环，进一步获得更多的富。因此，我们不应忽视为仁，应该以仁促进得富。

典型习作二

先为富，再为仁①

以孟子为代表的古人认为"为富"和"为仁"二者的关系是矛盾的，"为富"者难以"为仁"，"为仁"者将不再"为富"。② 然而，对于当今社会，我们不能再囿于富仁对立的思想藩篱。先为富，再为仁，才是大势所趋。③

"富"指的是创造财富的过程，"仁"指的是乐善好施，体现在财富支配过程中行为的取舍，二者在如今是

批改建议

① 这一观点思想不健康，因为是否为仁不应受为富的影响。不应把为富当作为仁的必要前提。

② 观点整体加一个引号即可，不需要在每个词语上都加引号，因为每个引号都要占一个空格，这样放到文章中会让段落显得很零乱。

③ 同上，观点不够积极。

辩证统一的。④

  为富为仁才可收获信任和尊重，为富不仁者终将失去财富。⑤在市场经济繁荣的当今社会，做好本职工作、合法创造财富就是在"为仁"。如果企业能够诚信经营，切实保障消费者利益，则有助于消费者与企业在多次博弈中，建立互信关系，增强其对企业的稳定预期，这不仅可以降低企业的营销成本，还可以增加企业产品的附加值，提升品牌形象，从而创造更多利润；而若是为富不仁，则可能会导致人们对其产生厌恶心理，甚至可能会出现对其服务或产品的联合抵制，最终导致为富不仁者失去自己的财富。所以，为富为仁是社会的双向选择。⑥

  "为富"是"为仁"的前提。⑦让一个自身饥饱难知、无所依靠的人做到乐善好施是不现实的，首先他并没有乐善好施的能力，而且这也是反人性的。正如马斯洛需求层次理论所说的，只有当人们的物质和安全需求得到满足，他们才会追求更高层次的尊重及自我实现的需求。古人说的"达则兼济天下，穷则独善其身"也是这个道理。⑧

  综上所述，"为富"与"为仁"在如今的社会是辩证统一的整体，且"为仁"必先"为富"，我们应该鼓励人们追求物质财富，然后乐善好施，在追求自我实现的同时带动整个社会的发展。

④ 辩证统一和先富后仁并不等价，此处观点没有保持一致。

⑤ 此处表达的是"为富者当为仁"，也不等价于"先富后仁"这一主题。

⑥ 分析内容很流畅。

⑦ 同标题，这一表达思想不够健康，为富者有更大的能力去为仁，但是不富者也可以尽己所能去为仁，为仁不需要为富这一前提。

⑧ 观点本身不恰当，后文的分析也就没有意义了。

全文点评

  这篇习作的缺陷都是由观点引起的，而且都是比较致命的问题。

  第一，思想不够健康。本文的观点是"先为富，才能为仁"，即富是仁的前提。这种观点把仁变成了富人的专属，思想不积极。看到乞讨者，我们没有能力对其施以援手，不恶语相向也是一种善良。

  第二，观点不一致。习作的题目是"先为富，再为仁"，第三段却在论证"为富者当为仁"。

引申参考

引申参考一

树立适应社会主义市场经济的财富观念

日前,中共中央、国务院发布了《关于完善产权保护制度依法保护产权的意见》,对产权保护政策作了系统阐述。这一重要文件在重申公有制经济财产权不可侵犯的同时,强调非公有制经济财产权同样不可侵犯,倡导让平等保护、全面保护、依法保护观念深入人心,在坚持以经济建设为中心、提倡勤劳致富、保护产权、弘扬企业家精神等方面加强舆论引导,推动形成保护产权的良好社会氛围。

有恒产者有恒心。完善产权保护制度是坚持社会主义基本经济制度的必然要求,是推动经济持续健康发展的迫切需要,也是促进社会公平正义的重要举措。产权在本质上是对财富的法律确认,而财富则构成产权的自然实体。因此,营造尊重和保护产权的良好社会氛围,首先要在全社会树立与社会主义市场经济相适应的财富观念,以观念更新引导和带动规则生成。

应当肯定,我国经过30多年的改革开放,人们对财富的认知发生了很大变化。许多新财富观念如贫穷不是社会主义、勤劳致富光荣、先富带动后富等越来越深入人心,并不断转化为人民群众创新创业的精神动力。但是,由于我国传统上对财富有不同于市场经济的伦理观念,加上改革开放以来不同程度地存在分配不公和收入差距扩大等现实问题,一些人对财富仍然存在一些偏见,特别是对企业家群体和先富群体还存在一些负面印象。比如,有人认为"无商不奸",将商人、企业家追求利益的行为与社会公共利益对立起来,认为利己必然损人、见利必然忘义。在这种义利观的支配下,商人、企业家通过正当途径取得的财富往往被一些人视为不义之财。还有人认为"为富不仁",将财富持有量和道德水准进行负相关关联,即所谓"钱一多人就坏、有钱必然使坏"。如果说"无商不奸"是对财富创造过程道德合法性的否定,那么,"为富不仁"则是对财富拥有者的道德质疑。这类观念在社会伦理层面难以托起创业者充实的成就感,也无助于形成稳定的财富安全感,不利于社会主义市场经济持续健康发展。

在社会主义市场经济条件下,企业家的经营行为主观上固然是在追求个人利益,但客观上也是在满足公众需求。市场经济所赋予的消费者权益可以在一定程度上指引企业家把利己与利他、私利与公益较好地统一起来,因为企业家只有为社会创造价值,才能不断为自己赢得财富。创造财富多的企业家,往往更需要与他人形成协作共赢关系,也为社会提供了更多产品和服务。反过来讲,企业家为社会创造价值越多,市场给予他的回馈就越多,他赢得的财富也就越多,这是一个正向激励机制。改革开放的实践证明,财富增长所带来的不仅是物质生活的丰富,还有精神面貌的改善。虽然在经济社会发展过程中一些人身上出现了各种道德问题,但中国人的整体文明程度有了很大提升。不能因为一些人的不当谋利行为而否定整个企业家群体的财富创造活动,正确的态度和做法是通过完善市场经济规则、提高社会道德水准等方式来防范和打击非法经营、不正当竞争、侵害消费者权益等行为。

我国公有制为主体、多种所有制经济共同发展的基本经济制度不断完善,非公有制经济成为发展社会生产力的重要力量。但目前在产权保护方面仍在不同程度上存在重公有、轻私有的现象，一些民营企业家对产权保护状况感到担忧，这在一定程度上影响了民间投资的积极性。这种现象与财富观念的偏差有关。推动平等保护产权的法律规则落地，需要消除不正确的财富观念，形成符合社会主义市场经济要求的新的财富伦理，在全社会培育对财富和财富创造过程的尊重，从而增强人们的财富安全感，促进更多财富涌流。

（文章来源：《人民日报》，2017年01月26日07版，西南政法大学地方立法研究中心研究员徐剑锋）

引申参考二

"为富不仁"与"为仁不富"之辩

"为富是否仁"与"为仁是否富"这两种观点自古争论不休，没有统一的结论。

孟子在《滕文公上》有载："阳虎曰：'为富不仁矣！'"（清）陈忱《水浒后传》亦载："自古道：'为富不仁。'"而其本意俱为，人富则不行仁义。但究其根源，也不过有四：其一，富财多获于"贪"。以（唐）邵谒《春日有感》"但言贫者挫，不言富者贪"及（元）张国宾《合汗衫》中"人无横财不富，马无夜草不肥"可为证，贪乃富者本性，是富之来源。其二，富人多行不义。《左传·定公十三年》有载"富而不骄者鲜"，并且富人间比奢斗阔，炫耀、挥霍钱财的现象屡见不鲜。其三，富者骄奢淫逸多。王符的"富贵太盛，则必骄佚而生过"及老子的"富贵而骄，自遗其咎"俱可明晰富贵、骄奢联系之必然。其四，富贵不如贫者之履道，也即富者面对国计民生中的艰难困苦，无动于衷，仍继续巧取豪夺，趁火打劫，甚者包揽词讼，扰乱司法程序……上述种种，可以看出我国古代对于"为富不仁"这种观点的辩论由来已久。

而在认定"为富不仁"的同时，人们亦推崇"为仁不富"。这可以从以儒家文化为核心的中国传统文化对"仁义礼乐"的推崇，并逐渐演变为仁者行自然之道观之。孔子有曰"君子无好生而害仁，有杀生求仁也""克己复礼为仁"，孟子亦曰"恻隐之心，仁也……恭敬之心，礼也"。荀子则道"仁，人心也"。以此渲染慎独的仁义观。

"为富不仁"与"为仁不富"这两种观点到底哪种是正确的？笔者对此不想"一锤子"确定。但是，在对其进行区分之前，我们应当对"仁""富"来一次合理的界定。笔者认为，"仁"，人性也，其广义乃广施善行，救世之苦难，其狭义则为自修其身，求天合之乐；而"富"，其本不以财富积之多少，其分则"物意一统"。虽二者"表里不合"，但"仁""富"并非相对的，即"为富则不仁""为仁则不富"，其二者皆可同一体，即为内外合一。因而，我们应当承认，为富而不仁的人是存在的。但是，在富人中，也并非俱为"坏蛋"。而且为仁者虽在物质财富上不是富甲一方，但是其精神是富有的，而这一点甚堪超越财富的拥有。然而，为何人们如此执着"为富不仁""为仁不富"呢？笔者认为主要有如下两点：

第一，"人"的病态仇"富"——物。

从人性来说，食、色，性也，因此财富是人人都想得到的。但由于自然、社会财富的有限性及人对财富欲望的无限性，必然引致人与人之间、社会不同阶级或阶层之间对财富的机会选择。不过，这些财富最终只能归于一部分人，并且会逐渐实现"犹太效应"——富者越富，穷者越穷。然而这种机会的争夺结果也并非让所有人心服口服，其中必有一部分人对别人更富有产生艳羡或嫉妒，还有一部分人则"善意"期盼富者分一杯羹，其动机背后不过是彰显对"物"的病态追逐。

第二，"人"的病态善"仁"——独穷。

仁，人心也，也就是说仁义乃自然于人之本性。但是，这种本性并不只是源于其行为的"为人""安人""助人"，而在心尚仁而修身行为。而实际上，人们恰恰过分崇尚仁，并以之架构于物上，曰："物尽其仁—— 独穷，但是它只是无争、无欲、无求，非实求仁。"笔者以为，人者行仁，并非其本意，乃社会欲其所以为；其行仁，守物，只要无失其本—— 获物行仁二者兼得，则无可责备。所以说，真正认识仁者是不会一味求仁的。

总而言之，我们并不能僵化地看待"为富不仁"与"为仁不富"这两种观点，而应辩证地区分"仁"与"富"的内涵，并对二者的相关性加以辨析。只有这样，我们才能真正建构"为富并非不仁"与"为仁并非不富"的价值观。

（文章来源：《人民法院报》，广东省湛江市赤坎区人民法院洪泉寿）

2014 年管理类（孔雀的选择）

生物学家发现，雌孔雀往往选择尾巴大而艳丽的雄孔雀作为配偶，因为雄孔雀尾巴越大越艳丽，表明它越有生命活力，其后代的健康越能得到保证。但是，这种选择也产生了问题：孔雀尾巴越大越艳丽，就越容易被天敌发现和猎获，其生存反而会受到威胁。

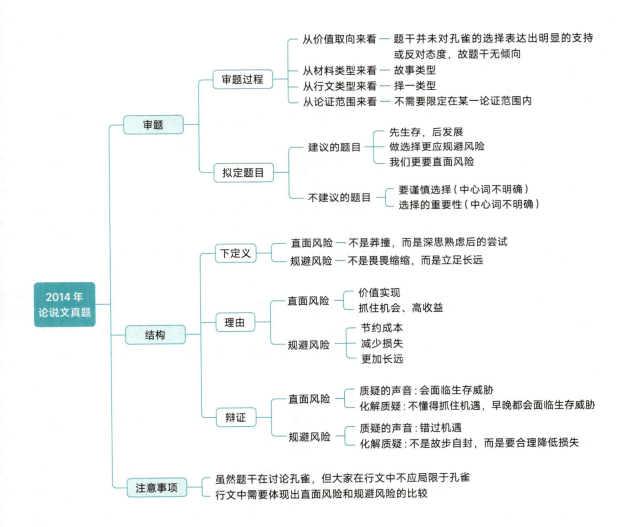

📖 审题通关

【独立审题】请认真思考后，独立拟定题目。

【审题测试】请判断以下题目是否合理。

题目1：直面风险，更有利于成功

题目2：成功更需要合理规避风险

题目3：选择的重要性

题目4：要谨慎选择

题目5：鱼和熊掌不可兼得

题目6：事物具有两面性

题目7：树大招风，做人要低调

【参考答案及审题思路】

建议的题目：题目1、题目2。

本题是故事类型材料。题干的形式是一个主语（雌孔雀），发生了一件事（选择尾巴大而艳丽的配偶），取得了两个结果（后代健康、生存威胁）。那么应该如何审题呢？为了搞清楚这个问题。大家可以先想一想，什么是审题？按照大纲的说法就是"对材料的观点进行分析，表达自己的观点并加以论证"，理解了这句话以后我们再来结合该年真题进行分析。

"生物学家发现，雌孔雀往往选择尾巴大而艳丽的雄孔雀作为配偶，因为雄孔雀尾巴越大越艳丽，表明它越有生命活力，其后代的健康越能得到保证。但是，这种选择也产生了问题：孔雀尾巴越大越艳丽，就越容易被天敌发现和猎获，其生存反而会受到威胁。"请对上述材料的观点进行分析，表达自己的观点并加以论证。

如果这么结合以后大家还是没有感觉，我们再切换一个类似场景。

"教育学家发现，考生往往选择名气高的院校进行报考，因为院校的名气越高，未来发展越能得到保证。但是这种选择也产生了问题：院校名气越高，竞争压力越大，越容易被淘汰。"请对上述材料的观点进行分析，表达自己的观点并加以论证。

如果大家还是没有感觉，我们再将这一场景口语化。

"我发现，我特别想报这个名气高的院校。因为从这个学校毕业后好找工作，但是我又特别担心会考不上。"大家能不能根据我目前的情况说说你的看法，再说一下原因。

看到这儿，我相信大家应该非常有代入感了，这道题其实就是我们生活中经常遇到的选择困境。此时，当我们征求别人的观点时，如果别人的观点是"做选择应全面考虑、凡事有利必有弊、事物具有两面性等"，虽然不算错误，但这样的话说了等于没有说，没有价值。最好的观点应该是权衡利弊后给出选择倾向，这才能够被称为立意深刻。故可参考的题目：先生存，后发展；做选择更应规避风险；我们更要直面风险。其他题目只要合理亦可。

不恰当的题目：做选择应考虑风险、做选择应全面考虑、事物具有两面性、鱼和熊掌不可兼得、做决策要能权衡收益和风险（这些题目也可以拿到三类卷左右的分数，但很难拿高分）

不建议的题目：
题目3、题目4、题目5、题目6：中心词不明确。没有指出要如何选择。
题目7：审题方向错误。本题要讨论的是选择者应该如何选择，而不是被选择者应该如何生活。

📖 参考范文

参考范文一

我们更需要规避风险

雌孔雀择偶时面临着一个难题，选择一个更能保证后代健康的雄孔雀，就意味着生存遭受威胁。我们又何尝不是经常面临着雌孔雀一样的选择呢？我认为面对选择，我们更需要规避风险。

规避风险有利于长远发展。随着市场经济的实施，市场自由度与不确定性越来越高，竞争越来越激烈与残酷，想要在市场中占据一席之地，首先要考虑的就是如何生存下去，只有先满足生存的基本条件，才有机会进行更进一步的发展。规避风险就是生存下去的基本方法之一，由于市场风险一直存在并且无法消除，规避风险能够在很大程度上减小重大失败的概率，面对已经基本被瓜分的市场，最终能够实现长远发展的胜利者往往不是获利最多的企业，而是一直屹立于市场的企业。

规避风险有利于节约成本。随着人工费用的增加与产品周期的延长，企业需要冒险一搏，通过大规模生产建立成本优势，但这导致了一个问题，一旦某个环节出现问题，那么后续的准备将全部作废，前期的成本投入也很难挽回。如果在一开始就懂得规避风险，那么就能够减少不必要的损失。

当然，有人说规避风险也会将很多机会拒之门外，很难获得较大的收益。但是这只是暂时的，获利高的机会并非只有一次，只要企业能抓住机遇，那么获利只是时间问题。相反，如果企业一味地追逐机会，遭受一次风险打击就很可能一蹶不振；而规避风险的企业在风险的包围之中反而依旧能保持自身的稳定性，抓紧时机提高自身实力，当风险过去之时，其已经具备更强的实力，能够在机会到来之时脱颖而出，从而获得机遇，得以发展壮大。

综上所述，我们更需要规避风险。

参考范文二

做高收益的选择

雄孔雀的尾巴越大越艳丽，就越容易被天敌发现和猎获，导致其生存受到威胁，但它的活力可以保证后代的健康，这样后代也会具有更好的躲避天敌的能力。因此，雌孔雀仍应选择尾巴大而艳丽的雄孔雀作为配偶。我们人类也一样，尽管高收益伴随着高风险，但我们不能因噎废食，而应敢于尝试，坚定地选择高收益。

做高收益的选择并不是在被利益冲昏了头的情况下不假思索地选择，而是在综合考虑自身承担风险的能力以及对风险的控制力等多方面因素后理性地选择。现实中不乏倡导逃避风险的人，他们认为这样可以带来稳定、持久的收益，既然如此，为何还要承担更大的风险呢？

　　做高收益的选择更容易实现自我价值。愿意承担高风险的人往往是不安于现状的人，而承担高风险在一定程度上来说是满足更高层次需求的必要条件。我国社会的主要矛盾已经由人民日益增长的物质文化需要与落后的社会生产力之间的矛盾转化为人民日益增长的美好生活需要和不平衡不充分的发展之间的矛盾，这意味着当前人们的生理需求已经基本得到了满足并产生了更高层次的需求。高收益的选择带来的不仅仅是表面的利益，更是对自身能力的肯定，这样可以给人带来更高的成就感和自信心。

　　诚然，低风险、低收益的选择相对保险而又稳定，但"不想当将军的士兵不是好士兵"，每个人内心都有自己的追求和理想，如果受制于不愿意承担高风险的心理，那么或许只能一生委曲求全，将就生活。他们一生确实免于许多困难和打击，但也同样承担了巨大的机会成本，失去了很多大放光芒、实现自我价值的机会，最终遗憾离场。

　　综上所述，高收益虽然伴随着高风险，但如果风险在自己的可承受范围内，为了自我价值的实现，不妨一试。

参考范文三

我们更应该直面风险

　　雌孔雀为了后代的健康选择了尾巴大而艳丽的雄孔雀作为配偶，尽管这个选择会将自己置身于危险中，甚至对生存产生威胁。孔雀的选择也给予我们启发：我们更应该直面风险。

　　直面风险并不是指面对不确定因素时的鲁莽前行，亦不是指没有策略的一时兴起，而是经过审时度势后的迎难而上。这是一种不拘于现状的无畏突破，力争为自己取得最大利益与优势。

　　直面风险有利于拓宽发展渠道，获得更多的机遇。面对风险，拒绝畏葸不前，而选择无惧前行，在无形中会赢得更多的机遇，有助于挣脱自身的思想桎梏，这样也使自身的关注点不只停留在事物的表面，而会引导自己更多地去探求深邃的内部核心，整合优质资源，从而发现更多的着力点。同时直面风险所带来的优势条件也可以进一步夯实基础，进而巩固自身壁垒，增强对风险的抵抗能力。

　　直面风险有利于提振积极性，并且强迫自身提高洞察力。面对不确定风险的无措，反而会逼自己聚焦于发展态势，减少了其他不必要因素的干扰，这样可以锻炼自身对于事物发展的敏锐程度，从而有助于做出正确的选择，降低错判风险。时刻保持紧迫感，督促自己保持"半杯水"的心态，不断勉励自己，有助于实现质的飞跃，为自己积蓄更多的能量，实现完美绽放。

　　若一味地选择规避风险，会使自己永远在舒适圈中徘徊，只会故步自封，这样可能会产生消极情绪，无法追随时代发展，最终只能被无情地淘汰。规避风险的确能将自己置于一隅净土，远离风险及危险的侵袭，但同时也缺少了更多的积极刺激以及选择，只能被动地生存，缺乏主动性。而直面风险则会激励自己进行风险预判，带来延时满足。

综上，我们更应该直面风险，而不是畏惧地蜷缩在一旁，这样才更有助于长远发展。

参考范文四

直面风险更利于长远发展

雌孔雀为了后代的健康能够得到保障，选择尾巴大而艳丽的雄孔雀作为配偶，但面临着易被天敌发现和猎获的风险。正如雌孔雀一样，企业在经营过程中也会存在风险，而为了长远发展，企业应选择直面风险。

直面风险能够使企业在复杂多变的市场环境中稳固发展。一方面，企业选择直面风险就意味着有更大概率获得巨额收益，企业可将部分收益用于对市场的扩张，从而赢得抢占市场的先机，避免其在激烈的市场竞争中处于被动地位。另一方面，直面风险提高了企业的抗风险能力，当类似的突发状况发生时，企业就有经验应对，不至于陷入困境，从而为自身的稳固发展提供保障。

直面风险有利于企业竞争优势的提升。随着消费的升级，消费者由以前吃饱穿暖的低层次需求，转变为更注重产品对其心理和生理影响的高层次需求。诚然，企业在创新过程中仍然会面临风险，但企业若勇于直面风险，研发出满足消费者需求的产品，就能获得更多的客户群体，这不仅有利于企业品牌形象的建立，而且能使企业因其独一无二的产品体验获得更大的竞争优势，从而使企业实现长远发展。

逃避风险看似是企业长久运行的保障，实则不然。逃避风险不仅使企业丧失了向前发展的动力，而且使其错过了很多良好的发展机会，不利于企业的长远发展。

直面风险并不意味着莽撞行事，而是一种在仔细考量后的合理做法。企业在直面风险的过程中应结合自身发展情况以及市场环境变化做出合理的判断，同时要预估风险发生的可能性以及其可能造成的损失，并制订合理有效的应对方案，以期风险来临时，避免企业受到重创。

综上，企业直面风险更利于其长远发展。

参考范文五

直面风险更有利于企业发展

在材料中，雌孔雀为了后代的健康，宁愿冒着被天敌发现的风险也要选择尾巴大而艳丽的雄孔雀作为配偶。这也在一定程度上给予了企业一定提示，在如今这样一个风险与机遇并存的时代，直面风险更有利于企业乘风破浪，向前发展。

直面风险更能增强企业实力。在变化纷繁的市场中，敢于直面风险的底气便是对自身实力的信任。在应对风险时，对企业的战略调整、规划布局等都能极好地锻炼企业管理层，为今后应对同类型风险积攒经验与教训。同时，企业直面风险更有利于企业上下勠力同心，积极为企业的更好发展建言献策，营造更加团结的企业氛围，并充实企业文化。

逃避风险不利于企业发展。我们深知企业在复杂多变的市场中打拼，或许在市场风平浪静时能恣意生长、发展壮大，可当市场风云突变、骤雨袭来之际，毫无风险应对能力的企业该如何自保呢？而对于习惯了逃避风险的企业管理者来说，遇到困难，第一时间想的不是设法去解决，而是躲避，则不利于其积攒丰富经验以应对考验，企业上下也会人心涣散，可能不需要风险的打击，不久之后自己就消逝在了市场竞争中。

当然，我们所说的直面风险并非不考虑自身实力而盲目蛮干，对于管理层来说，是合理评估企业自身实力、前景，以及员工氛围、凝聚力等情况后做出的决策。相对来说，直面风险所带来的收益若是比逃避风险带来的收益要大，又或是长期而言其优于逃避风险，那么便可以依照形势做出直面风险的选择。但若是在企业已岌岌可危，自身发展都难以保证的情况下，还是可以暂时喘息，给予自身一定的缓冲空间之后再做打算的。

综上所述，企业在综合考虑自身条件等因素后若反馈较优，选择直面风险是更有利于其未来发展的。

参考范文六

直面风险求发展

雌孔雀在选择配偶时面临的是保证后代的健康还是降低生存威胁的选择，而为了保证后代更健康，雌孔雀应选择直面风险。企业也是如此，直面风险以求得长远发展。

风险是指企业在生产经营过程中可能面临的资产损失、收益减损等对企业发展造成威胁的问题。直面风险是指企业要正视风险，敢于面对，而不是一味逃避。

直面风险可以实现更大的收益，有利于企业的长远发展。风险与收益往往呈正相关，直面风险增大了企业博取更多收益的概率，而所获收益可以进一步用于企业的市场扩张，从而实现企业地位的长久稳固。就好比拉里·佩奇在创新风险中实现了差异化经营，获取了超额收益，奠定了其在互联网时代长远发展的基础。况且，企业发展不会一帆风顺，直面风险才能在曲折中实现螺旋式上升，完成质的飞跃。

一味逃避风险难道就能保证企业生命的延续吗？非也。就像雌孔雀若选择其他类型的配偶，或许能够免受生命威胁，却为后代的健康埋下了隐患，最终其所面对的可能是整个物种的灭绝。企业身处复杂多变的交易市场，即使是保守决策，也可能存在潜在隐患，长久如此，危机一旦爆发，可能会对企业造成致命打击。更何况，激烈的竞争环境使得企业经营如"逆水行舟，不进则退"，一味求稳看似很有保障，实则会损耗企业的发展活力，断送企业持续经营的可能性，得不偿失。

需要强调的是，直面风险并非莽撞行动，让企业处于不利境地，而是一种在企业充分研究后所选择的决策方案。为实现这种方案的效益最大化，对内，企业需要完善战略布局，制订合理的风险应对方案，控制成本；对外，要做好外部的市场调研工作，契合市场发展环境，及时发现并解决潜在风险。

不要被风险一叶障目，要直面风险，收获博弈中更大的生机。

📖 典型习作点评

典型习作	批改建议
<p style="text-align:center">做选择应考虑风险①</p><p>　　雌孔雀为了后代的健康选择尾巴大而艳丽的雄孔雀作为配偶，但这样的雄孔雀容易被天敌发现，生存易受威胁。这样的现象同样可以在企业做决策时找到，然而，做出选择时应当考虑风险。②</p><p>　　风险是一种不确定性因素，可能会使预先能达到的结果变坏，因此，如果要做出决策，考虑风险和收益的关系是必要的。企业在进行战略部署时，需要做市场调研，搜集各方面的市场信息。这种做法在评估项目收益的同时也会衡量项目失败的可能性，无论多大的企业，风险与收益的比较这一步是必须要进行的。一方面，合理利用高风险带来的高收益可能会使企业获利，但相反，以企业投资一笔金融资产为例，高收益的背后必然伴随着高风险，此时企业若不进行风险测算就贸然投资，很有可能会损失资产。③</p><p>　　假如不考虑风险的影响，轻则损失一笔投资或者公司名誉，重则可能会使公司陷入不可逆的困境。企业的资金是有限的，对于制造业企业而言，如果投资一个收益很高，但风险很大的项目，直接的结果有可能是资金无法及时回笼，那么企业就难以及时购买原材料，产品的生产很可能陷入停滞。这对于一个制造业企业而言是难以设想的，既然无法生产，公司则不敢接订单，因此企业可能会陷入一个停止发展的怪圈。④</p>	① 不建议这样拟题。类似题目很难拿到一二类卷的高分。原因是考虑风险这一表达很含糊，没有对孔雀的行为表达出明确的态度。 ② 第一，故事引入的部分情节不够合理，故事中是雌孔雀做了选择，结果也应该作用于雌孔雀，这样更有说服力；第二，"然而"这一转折词的使用不恰当。 ③ 作者在写本段时应该非常犹豫，因为观点本身想传递的意思非常含糊，没有表达清楚应该如何选择，导致该段内容也非常含糊。 ④ 本文的观点是要考虑风险，既要规避风险也要直面风险，要把握好度。但是本段仅在论证规避风险。

因此，企业在面临抉择时最好衡量好风险带来的影响。企业可以通过设置公司决策机制，提高决策谨慎性，避免一人或少数人决策，从而受到高风险的影响。此外，对于企业而言，加强对管理层的风险培训也可以提高他们在决策时的意识，能根据公司情况合理利用风险，也能合理规避风险，从而让企业能在一定程度上控制风险。⑤

总之，风险与收益并存。对于企业而言，风险是把"双刃剑"，控制得好可以为企业带来利润；而控制得不好则会让企业陷入困境。因此，在做选择时应该考虑风险。⑥

⑤ 同上，由于观点本身不够深刻，导致本段没有论证力度。

⑥ 同上，由于观点本身不够深刻，导致本段没有论证力度。

全文点评

　　本文所存在的大多数问题都是由审题方向不清晰、观点不明确导致的。有类似问题的同学可以参考一下该年真题的审题建议，修订题目后重新尝试行文。

2013 年管理类（波音麦道）

20 世纪中叶，美国的波音和麦道两家公司几乎垄断了世界民用飞机的市场，欧洲的飞机制造商深感忧虑。虽然欧洲各国之间的竞争也相当激烈，但还是采取了合作的途径，法国、德国、英国和西班牙等决定共同研制大型宽体飞机，于是"空中客车"便应运而生。面对新的市场竞争态势，波音公司和麦道公司于 1997 年一致决定组成新的波音公司，以抗衡来自欧洲的挑战。

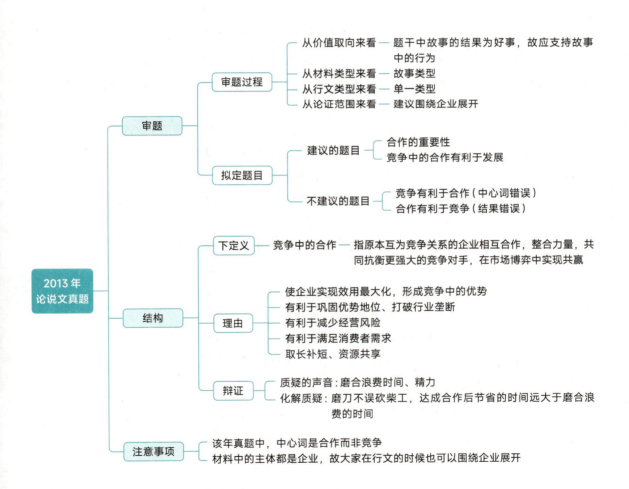

📖 审题通关

【独立审题】请认真思考后,独立拟定题目。

【审题测试】请判断以下题目是否合理。

题目1:竞争的重要性

题目2:合作的重要性

题目3:竞争有利于合作

题目4:合作有利于竞争

题目5:竞争中的合作有利于发展

题目6:成功需要竞争与合作

【参考答案及审题思路】

建议的题目:题目2、题目5。

这道题应该算论说文真题中数一数二的简单题,之所以波音与麦道和欧洲各国都相继得到更好的发展,其根本原因就是"合作"。所以这道题的中心词就是"合作",对应的题目可以是"我们要合作""合作的重要性""合作促双赢"等。

但很多同学在考场上不愿相信这道题居然这么简单,经过进一步拆解,发现原来这道题中还有一个关键词,即"竞争",所以试图将"竞争"也加入题目。这种思路也是可以的,但一定要注意,竞争并非成功的原因,故竞争不能作为"中心词";合作的目的也不是为了"竞争",故竞争也不能作为"结果"。也就是说,"竞争促进合作""竞争促进发展""合作促进竞争"等题目都是错误的。

竞争在这道题中的角色是一个状语,即题干中的主语都是在竞争的情况下选择了合作,如果一定要把竞争加入题目,那么题目可以拟成"竞争中的合作有利于发展""我们要竞合"等。

不建议的题目:

题目1:中心词错误。题干中两组主语成功的根本原因都是合作,而非竞争。

题目3:中心词错误。本题的中心词应该是合作,而非竞争。

题目4:结果错误。合作的结果是取得成功,而非竞争。

题目6:审题方向错误。题干中没有体现出竞争与合作相结合才能成功,而是在强调合作的重要性。

📖 参考范文

参考范文一

竞合促进发展

面对波音和麦道的垄断,欧洲各国转向合作;而波音和麦道为抗衡新的挑战,也转为合作。双方均在竞争态势下选择合作,它们的选择对当下的市场环境依然具有借鉴意义:合作更有助于成功,企业应在合作中寻求发展,实现共赢。

所谓竞合,是指原本互为竞争关系的企业相互合作,整合力量,共同抗衡更强大的竞争对手,在市场博弈中实现共赢。当然，竞合并非盲目合作，而是在竞争状态下，根据自身实力和企业特点，选择最合适的合作伙伴，进行风险共担、利益共享。

竞合可以使企业实现效用最大化，形成竞争中的优势。原本互为竞争对手的企业，资源难免分散，此时选择合作，反而可以对二者的资源进行整合，补劣促优，最大限度地避免双方在经营过程中因短板效应而失去抢占市场的先机，进而实现共赢。同时，竞争企业间的强强联合，可以将彼此所具有的品牌效应相互叠加而产生更大的影响力，从而避免了"鹬蚌相争，渔翁得利"的惨淡结局。小微企业间打破竞争格局，进行合作，也可以产生1加1大于2的优势升级，为与大企业抗衡博得一分胜算。

若企业固守自己的一亩三分地，不仅很难实现利益最大化，反而可能沦为市场炮灰。企业在竞争过程中，难免会把部分资源和资金用于与对手的博弈，从而对企业研发、扩大生产造成一定影响。况且，即使博弈成功，其收益是否能够平衡成本也是个未知数，更不要提这种状态下的利益最大化了。而退一步，选择与竞争对手合作，看似谁都没能成为最终霸主，但很可能都会成为收益颇丰的市场赢家。

综上，企业应在竞合中寻求更好的发展，实现共赢。

参考范文二

竞合以抗衡挑战

面对波音和麦道在世界民用飞机市场的垄断格局，欧洲各国放弃其相互间的竞争，通过合作组建"空中客车"，以抗衡强大的对手；同样，波音和麦道也随之组建新波音公司以期维持垄断格局。而面对如今多变的市场，我们更需要竞合以抗衡挑战。

竞合是指多方在竞争中由于外界势态变化或新的进入者威胁，谋求合作发展，最终实现双赢的一种正和博弈。那么为什么要在竞争中合作呢？原因很简单。

一方面，竞合有利于巩固优势地位。随着信息技术的发展和全球化进程的加快，原本闭塞的地域经济转变为全球经济。这一转变刺激了潜在的行业竞争者和外来经济体进入市场，市场中现有的经济主体岌岌可危，如果不谋求经营策略的转变，势必会被市场所淘汰。而通过在竞争中加强合作，能够有效整合多方优势资源，通过扩大生产规模形成产品规模效益，有利于提升企业的议价能力，提高市场准入门槛，减少潜在竞争者的威胁，进而巩固企业原有的优势地位。

另一方面，竞合有利于减少经营风险。在多变的市场竞争环境中，企业面临多方挑战。通过竞合能够减少竞争中无谓的资源浪费，增加整体资产规模，提升企业抵御风险的能力，进而减少经营风险。疫情期间，良品铺子通过持续整合上下游产业链优势资产，加大产品端和生产端的战略合作，最终在疫情中实现业绩逆势上扬，这激励着更多企业要在竞争中谋求合作共赢，减少经营风险。

当然，也有一些论调认为，竞合无利于企业获利，企业的利润会被摊薄，然而并非如此。竞合能够增加多方的市场竞争力，实现整体利润持续增加。短期来看，合作方的利润可能会被摊薄，但长期来看，竞合双方能够通过整合优势资源寻求新的利润增长点和更多的明星业务，以保证长远利益。

综上，面对风云变化的市场，企业应以竞合抗衡挑战，不落窠臼，方能行而致远。

参考范文三

成功需要在竞争中合作

美国和欧洲的飞机制造商在外部竞争激烈的情况下,都选择了合作,并取得了成功,这也为当下企业上了生动的一课,成功需要在竞争中选择合作。

这样做的原因有很多,具体如下:

第一,在竞争中合作有利于打破行业垄断。当今的后起之秀——拼多多就是一个很好的例子。几年前,电商行业的主要市场份额被阿里巴巴等几个巨头牢牢握住,就连像腾讯这样的大型企业想进入该行业也是无功而返。这个时候的拼多多与腾讯认识到了双方的优势,从竞争对手转向了合作关系,腾讯的强大社交能力和拼多多的电商能力结合起来,成功地打破了多年来电商行业的壁垒,现在甚至超过了一些原有的电商巨头,这样的成功正是靠着在竞争中合作得到的。

第二,在竞争中合作有利于满足消费者的需求。中国的经济形势从短缺经济变成了过剩经济。各行各业的时代红利已经消退,各行业都有企业掌握着话语权。这时新兴企业如果想进入并占领市场,通过合作一起挑战行业的龙头,是在当今经济态势下的解决方法之一。这种合作不仅提高了企业核心竞争力,也使其有精力研发出更好的产品以满足消费者的需求,从而抢夺市场。而原有的企业在后入者挑战的危机感下也会被迫意识到自己公司的问题所在。这样的市场由于良性竞争而充满活力,消费者的需求也能因为市场的良性发展不断得到满足,实现双赢。

反之,如果一些企业没有看到在竞争中合作的长期利益,或者错误地判断了自己的实力,从而盲目地挑战巨型企业,只会让自己蒙受巨大的损失。再者,长期垄断的行业如果没有新兴企业成功打破行业壁垒,一些没有话语权的企业只会逐渐走向衰退,加重了行业市场的恶性循环。

当然,在竞争中选择合作不是一方盲目地服从另一方,而是在认清自己与对方的实力之后,在审清时态局势孰轻孰重的情况下做出的合作战略。

综上所述,成功需要在竞争中选择合作。

参考范文四

企业要以合作来抗衡挑战

面对新的市场竞争态势,波音、麦道以及欧洲各国的飞机制造商都不约而同地选择了合作,它们的选择对身处当下市场环境中的企业依然具有借鉴意义。面对如今多变的市场,企业更需要以合作来抗衡挑战。

企业之间的合作有利于产生规模效益,巩固优势地位。一方面,与上下游企业合作,能够打通产品供应链和销售渠道,整合上下游产业优势资产,加大产品端和生产端的战略合作,节省生产成本,从而获取更大的利润。另一方面,与同行业企业合作,可以发挥各自优势,规避劣势,形成规模效益,使彼此利益最大化。此外,企业之间的合作还有利于形成进入行业的壁垒,提高市场准入门槛,减少潜在竞争者的威胁,进而巩固企业原有的优势地位。

企业之间的合作有利于及时获取市场信息，及时调整发展战略以适应市场需求的变化。"三人行，则必有我师"，这句古训放在企业之间也同样适用。随着信息技术的发展和全球化进程的加快，原本闭塞的地域经济转变为全球经济，仅靠自己去掌握时刻变化的产品需求未免有些困难，而企业之间如果互通有无，分享市场变化的信息，则能够帮助企业及时地调整市场策略，与时俱进，从而形成互惠互利、共同发展的良好态势。如果企业故步自封，放弃合作的机会，则很有可能陷入发展的窘境。

　　值得说明的是，鼓励企业之间的合作并不是放弃自身的优势，逐渐趋同和单一化发展；相反，企业之间的合作是取长补短，更好地发挥自身的长处并弥补短板，根据木桶原理，这样能最大限度地优化企业的产品结构，促进企业高质量发展。

　　综上所述，面对激烈的竞争环境，企业更应该以合作的方式来抗衡挑战。

📖 典型习作点评

典型习作一　　　　　　　　　　　　　　　　　　　　　　　　　　　**批改建议**

　　　　　　　要竞争愈要合作①

　　尽管欧洲各国竞争激烈，但还是合作研制宽体飞机应对美国劲敌。在消费升级的新时代中，要想在红海中脱颖而出，要竞争，更要合作。②

　　从个体企业的角度来看，合作有利于减少阻力，实现飞跃，③众所周知，独行快，众行远。面对错综复杂的市场环境，不仅需要自身产品过硬，更要融于市场，占据主动。而抱团研制项目，无疑减少了信息不对称的风险和试错成本，团队的技术支持使研发更顺利地进行。不仅如此，企业实力的提升也象征着个体实力的提升，因为互助互促，企业更有可能在合作中突破自身的发展瓶颈，突破质变。④

　　从片区企业的角度来看，合作有利于优势互补，实现规模经济。⑤其一，尺有所短，寸有所长，多元化的碰撞有利于弥补各自的短板，经过配置后，实现优势等最大程度的发挥；其二，片区行业具有利益结合点，而合作能将个体整合成企业链，从上游到下游的一体化生产，节约了诸多成本，实现了规模经济。⑥

① 立意不准确。该立意将竞争与合作做比较，但实际上，该题并非择一类试题，竞争与合作之间也不具有可比性，竞争是客观存在的条件。

② 即使上面的立意是正确的，开头也不正确，因为材料的立意是由波音与麦道和欧洲各国两组主体发生的事件得到的，该段落只写了欧洲各国，不全面。材料与观点的过渡也十分生硬。

③ 首先，两个分论点的层次是个体企业和片区企业，这种划分不恰当，因为人们的日常表达中很少会出现这样的划分，不容易被接受；其次，标点符号使用混乱，不利于阅卷者识别重点，分论点结束后应该使用句号；最后，题目是竞争与合作的比较，但是分论点中没有体现出比较。

④ 段落逻辑混乱，想呈现的内容太多，但是内容没有清晰的层次，导致段落的观点无法被阅卷者识别。

⑤ 问题同上一段分论点。

（⑥见下页）

这里的合作者可以是曾经的竞争者。没有永远的朋友，也没有永远的敌人，只要有相同的利益需求和恰当的时机，昔日的仇人都可以成为合作伙伴。⑦

这里的合作并非全盘托出，与其体验一把真心话大冒险⑧，活在担心对方出卖机密的忧虑之中，不如在某方面进行一定程度的合作，保持适当的合作距离，良好关系才能细水长流。

在日益激烈的时间战场中，⑨企业若想拔得头筹，占得一席之地，就得考虑在竞争中寻找盟友来提高自身的存活率，以便日后抓住重大转机。⑩

⑥ 第一，由于片区企业的层次划分，导致理由不易被理解；第二，段落理由的阐述不够自然，如节省成本和实现规模经济的过渡太生硬了。

⑦ 该段落比较突兀，与上下文之间没有明确的衔接关系，且对观点没有支撑力度。

⑧ "真心话大冒险"使用不恰当，与这道题的场景不一致。

⑨ 时间战场这一背景的使用过于牵强。

⑩ 题目是竞争与合作的比较，结尾却变成了竞争中需要合作，观点不一致。

全文点评

该文章更像是很多同学在练习论说文写作时的初始形态。在读的过程中能感受到作者有一定的理论基础，但是理论掌握得不够熟练，且没有进行过大量练习和自我批改，导致文章读起来似是而非。

第一个需要大家共同警惕的就是结构问题，因为结构上的缺陷太容易被阅卷者捕捉到了。该篇习作的结构就不够清晰，且分论点的划分难以被主流接受。

另外一个需要大家共同警惕的就是审题问题，审题比结构还要重要，审题不仅仅是题目需要审对，整篇文章也需要围绕该题目展开。

这篇文章中的很多问题，其实并不是隐藏得很深的陷阱，大家可以在自我批改和互相批改的过程中识别并纠正。有类似问题的同学，赶紧拿出自己的文章，先自我修改，再和伙伴互评，把这些基础问题改正过来。

典型习作二

批改建议

合作与竞争中寻求双赢①

合作与竞争向来被视为一组反义词，似乎二者只能取其一而难以兼容。然而在经济多元化的今时今日，善于在竞争中寻求合作，在合作中促进竞争才是更利于快速发展的最佳方式。②

正如材料中面对垄断市场时，欧洲各国之间放下成见而选择了一同开辟市场。而波音与麦道在激烈的竞争面前也选择了共同研发以抵御外

① 立意不准确。材料中飞机制造商之所以可以实现成功，其根本原因是合作，而竞争是主体面临的客观环境，故材料没有强调竞争与合作缺一不可、二者结合，该立意没有扣题。

② 该段落的过渡其实很自然，但是由于立意错误，所以本段落也变得没有意义了。

敌。竞争与合作并非一成不变的单项选择，而是可以自由组合与把控的机遇。③

竞争固然是发展必会面临的情境，可这并不意味着就要每分每秒都绞尽脑汁地独自钻营，寻求成功之法，而忽视可利用的外界因素。倘若一味想要竞争，固守己见，不肯接受他人递来的橄榄枝，将一切视作绊脚石，思维意识都只局限于眼前，那么道路终究会越走越窄。

合作的确有助于企业开拓新领域。可如果只是跟随在同行身后亦步亦趋，等待着别人分来的胜利果实，没有任何竞争意识，那么长此以往，只会让自己变得迟钝，在逐渐失去对市场的敏锐力的同时，也会失去独自创新的能力，最终沦为他人前进道路上的垫脚石。④

唯有在竞争中寻求合作，在创新中联手开拓，互惠互利，才能实现双赢。⑤正如同每年"双十一购物节"中阿里与京东等电商平台心照不宣地统一步径。既是竞争对手，也可以作为商业伙伴，企业间彼此了解对方的运营模式，那么自然能够发挥双方自身的价值所在，从而在合作中实现利益最大化。⑥而合作中的双方同样存在内部竞争，正如蒙牛与伊利在每次新产品推出时包装宣传上的不甘落后。⑦合作中彼此间的暗自"较劲"并非恶意争斗，而是取彼之长，补己之短的良性促进，于企业双方均是开阔眼界与完善自身的不可多得的良机。

常言道，想要走得更快，可以一个人走；想要走得更远，只能一群人走。竞争带来合作，合作促进竞争。合作中的竞争能够提升自我，竞争中的合作才能实现双赢。⑧

③ 更建议在文章开头引入材料，由此引出结论。不建议在正文中引入材料作为论据。

④ 若题目的正确立意是竞争与合作相结合，以上两个段落则没有缺陷。

⑤ 此处的立意变成了我们要在竞争中合作，与前文立意不一致。

⑥ 用阿里与京东的例子来论证合作不恰当，二者在"双十一"统一行动是为了更好地竞争，而非合作。

⑦ 举例不当。蒙牛和伊利原本不是合作关系，故无法论证合作中的双方存在竞争。

⑧ 若题目的正确立意是竞争与合作相结合，则该结尾段没有缺陷。

全文点评

　　这篇文章如果没有审错题,其实是一篇很好的习作。文章没有模板痕迹,大部分表述的逻辑都很清晰。但由于立意方向错了,导致后续的很多论证毫无意义。而且该习作不仅仅是题目审错了,行文中也再次偏离题意,没有扣上自己拟的题目。

　　犯过类似错误的同学,一定要在审题和行文中不断地提醒自己要扣题。

2012年管理类（十力语要）

中国现代著名哲学家熊十力先生在《十力语要》（卷一）中说："吾国学人，总好追逐风气，一时之所尚，则群起而趋其途，如海上逐臭之夫，莫名所以。曾无一刹那，风气或变，而逐臭者复如故。此等逐臭之习，有两大病。一、各人无牢固与永久不改之业，遇事无从深入，徒养成浮动性。二、大家共趋于世所矜尚之一途，则其余千途万途，一切废弃，无人过问。此二大病，都是中国学人死症。"

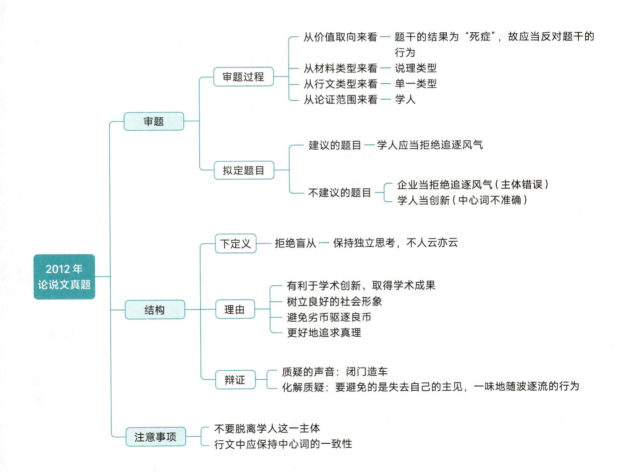

📖 审题通关

【独立审题】请认真思考后，独立拟定题目。

【审题测试】请判断以下题目是否合理。

题目1：论中国学人之死症

题目2：做事不应浮躁

题目3：企业当拒绝追逐风气

题目4：学人应当拒绝追逐风气

题目5：学人当创新

【参考答案及审题思路】

建议的题目：题目4。

本题为说理类型材料。材料的题干形式：学人的一个行为产生了两个不好的结果。故我们应该避免学人的这个行为。从材料中不难看出，学人的行为是"总好追逐风气"。故可参考的题目：学人应当拒绝追逐风气。

需要注意的是，题干中明确给出了学人这一主体，故不建议转换主体。

不建议的题目：

题目1：观点不明确。题目中没有给出明确的立场。

题目2：中心词不准确。做事浮躁是题干中的结果之一，并非唯一结果，故以此作为中心词不恰当。

题目3：主体错误。题干中的主语是学人，不需要转换。

题目5：中心词不准确。不盲从是指要保持理性思考，不等于创新。

📖 参考范文

学人当拒绝跟风

如熊十力先生所言，吾国学人中跟风者屡见不鲜，一旦出现热门话题，便一拥而上，浮躁之风横行。然而，此等逐臭之风气并不可取，学人当拒绝跟风。

首先，夫学术者，天下之公器，学人在社会发展进程中承担着重要的角色。学术作为"天下之公器"的本质，决定了学术的根本宗旨是服务人类社会。学术的主体是学人，这也决定了学人参与学术研究必须要有社会责任感。一旦学人都丧失理性和创造力，一味跟风，不但会对其自身造成影响，还会对社会造成不良危害。

其次，保持独立思考、拒绝盲目跟风的学人往往更能在学术上有所造诣、收获真理。与其他行业不同，学术科研不仅要求学人掌握相关领域的知识，更为重要的是要有一颗"沉得住"的心。面对巨大的经济利益诱惑，不少学人随波逐流、盲目跟风，罔顾了追求真理的使命，从而降低了对自身的要求，失去了在专业领域的探索精神，使得自己在错误的道路上越走越远，难以有所建树。

最后，从长远来看，盲目跟风不利于学术界的良性发展。在短期内，盲目跟风的行为固然能满足部分学者的一己私利，但长此以往，势必会造成一个人人都不愿看到的局面：真正有所成就的学者少之又少，大部分学者皆为利益所驱动。这种局面显然不利于科学研究的进展，甚至会阻碍整个行业的发展。当整个学术界处于一片死气沉沉的氛围中时，行业的退化无疑会给身处其中的每一个个体带来不小的冲击，如科研经费的减少、职称头衔被撤回，相信这些是每个学人都不愿看到的景象。

需要指出的是，拒绝盲目跟风并不意味着闭门造车、不听取他人意见，我们要避免的是失去自己的主见，一味地随波逐流。

综上，学人当拒绝盲目跟风。

📖 典型习作点评

典型习作

批改建议

拒绝盲目跟风①

正如十力先生所言，太多的学者爱盲目跟风，而这些都是中国学人的死症。其实又岂止于学者，这一现象在许多中国企业中也十分普遍。十力先生的话启示我们：企业应该拒绝盲目跟风。②

对于企业来说，盲目跟风是指不经过市场分析，不结合自身实际，片面追求眼前利益，毫不考虑市场状况，就贸然进入某一领域，随波逐流。③

那么为什么企业要拒绝盲目跟风呢？

一方面，拒绝盲目跟风有助于企业坚持自我，把握前进方向。面对日益激烈的市场竞争环境，盲目跟随大企业脚步，终有一天会被优势对手所吞并，而拒绝盲目跟风的企业在跟风盛行的环境中更能坚持自我，把握自己的前进方向，潜心做好自己，更易走向成功。④

另一方面，拒绝盲目跟风有助于企业上下一心，激励自主创新。拒绝盲目跟风的企业能够更加全身心地投入研发创新之中，弘扬拒绝跟风的企业文化能使各个员工团结一心，各个部门相

① 题目无缺陷。
② 第一，引用人名的时候建议引用全名；第二，材料中的主语是学人，不是企业，不应强行关联。
③ 下定义段落无缺陷。
④ 段落内容较为空洞，没有实质性的理由。

互协作，能够最大限度地集中企业精力于研发之中，企业才能在竞争中凸显出来，形成自己的竞争力，拥有自己的市场。⑤

面对互联网经济迅猛发展、共享经济盛行的市场环境，越来越多的企业盲目扎堆共享单车市场，在摩拜和ofo单车已占据几乎所有市场的情况下仍然跟风进入已经饱和并趋向成熟的共享单车市场。最终因市场份额小、融资困难等原因而走向破产。究其原因，主要还是企业缺乏对市场外部环境的分析，没有结合自身状况，就追逐风气，盲目进入共享单车市场。⑥

当然，这里所说的不跟风不是只埋头做自己认为对的事情。如若风气是正确的，是未来的市场趋势，是符合市场发展规律的，那么就应该结合自身实际做出适当调整，抓住时机占据属于自己的市场，切勿学习诺基亚的故步自封，面对大势所趋却毫不自知。⑦

综上，企业应该做到拒绝盲目跟风。

⑤ 该段落内容也较为空洞，且表达过程中过于理想化，不够严谨。
⑥ 该段落仅用了共享单车一个例子，试图否定盲目跟风，力度较弱，有以偏概全的嫌疑。
⑦ 该段落在论证：错的事情不要跟风，对的事情要跟风。然而，在没有尘埃落定之前，无法判断事情的对错。该段论证内容与题目所倡导的观点不相符。

全文点评

这篇文章看似是一篇非常规范的考场作文，观点明确、结构清晰，表达也没有明显缺陷。但是这篇文章最大的问题是主语不恰当，题干材料在明确讨论学人这一主体，文章不应强行将主体转化为企业。

引申参考

盲目跟风要不得

据说，闻名遐迩的大黄鸭，即将于9月"游"至北京。届时，"忽如一夜春风来，遍地都是大黄鸭"的景象，又很可能将在各城市出现。

2013年5月，荷兰艺术家霍夫曼设计的憨态可掬、体型巨大的橡皮大黄鸭，出现在香港维多利亚港，不但当地民众喜爱不已，也吸引了大量内地游客，成为上半年引人注目的文化事件之一。

正版大黄鸭在香港戏水之时，山寨大黄鸭也纷纷在内地诸多城市露面。可惜的是，这些山寨鸭，不仅都未经授权，而且多数造型丑陋，缺乏文化景观应有的型与质，虽然借"大黄鸭"的光环也招徕了不少观众，却实在难以让人赏心悦目。

设计师霍夫曼说，大黄鸭来北京时，将考虑一系列版权保护措施。效果如何，尚不可知。而我们要反思的则是文化领域内"遍地都是大黄鸭"的跟风恶习。

毋庸置疑，文化是有潮流的。当年，大学生卢新华的小说《伤痕》因为契合时代脉搏，掀起了"伤痕文学"的潮流，引领了中国新时期的文学。这潮流，犹如大海深处的洋流，近看不醒目，站远一点便知是大势所趋。

创作者并不能每次都开创潮流，多数是在追随。但追随潮流不等于亦步亦趋地跟风。令人不解的是，不知何时开始，从电视、电影到图书、演出，"什么火，上什么"成为行业通例。跟风，居然成为文艺创作、文化生产的主要方式。

从之前的"超级女声"到最近的"好声音"，一个节目火了，几乎所有电视台都跟着要举办歌唱类真人秀节目；电影《那些年，我们一起追的女孩》大热，我们就在银幕上密集地看到一批青春电影；图书《明朝那些事儿》因小说笔法、语言幽默走红，于是唐朝、宋朝、清朝、民国的历史都得这么"幽默"一番，盗墓文学、穿越文学、养生指南等莫不如此；《印象刘三姐》在桂林叫响后，其他著名景点打造实景演出，好像就难脱"印象"的窠臼；就连引进国外动画片，由于当年《玩具总动员》火爆，"某某总动员"居然成为一系列后来者的不二选择……

从短期的经济效益考量，这么做或许有其道理。据说，文化产品的消费者本就有跟风的习性。在大型书店，本来并不畅销的书籍，如果放在人流密集的畅销书集中处，也很容易获得"畅销"的待遇。如果粗制滥造的跟风者，靠宣传、炒作，甚至靠争议、"审丑"，也能获得不菲的收益，必然导致"劣币驱逐良币"。

但是，"第一个这么做的是天才，第二个这么做的是蠢材"，电影《致青春》里老教授的这句台词，是绝大多数跟风者的宿命。跟风，简单复制，以及赶时间导致的粗制滥造，必然带来行业内整体的"过度竞争""产品滞销"和资源浪费。多少影片拍摄出来未上银幕就进了库房，多少图书上了书架却无人问津最终只能回归纸浆，多少观众因为高度雷同的电视节目而关上了电视机。

更进一步说，不思创新，千人一面，导致的是整个文化市场的萎缩。例如，富含文化价值和个性特征的旅游纪念品，是每个大小城市不可或缺的名片。而有些城市和旅游景点的纪念品，要么样式雷同，要么内容单一，怎能让人产生购买的心情。

而在一些地方，在城市建设中，拆旧建新，盲目跟风，建起所谓的标志性建筑、标志性景观，或者与当地历史、文化毫无瓜葛的仿古街区，看似"爱文化"，却是最没文化的破坏。

高大的大黄鸭，需要宽阔的水面，才能展现出其抚慰人心的可爱。当跟风成为风尚，成为创新的束缚，文化的路只会越走越窄。主事者，当明鉴。

（文章来源：《人民日报》，2013年08月15日17版，文章有删减）

2011 年管理类（拔尖冒尖）[①]

众所周知，人才是立国、富国、强国之本。如何使人才尽快地脱颖而出，是一个亟待解决的问题。人才的出现有多种途径，其中有"拔尖"，有"冒尖"。拔尖是指被提拔而成为尖子，冒尖是指通过奋斗、取得成就而得到社会公认。有人认为，我国当今某些领域的管理人才，拔尖的多而冒尖的少。

审题通关

【独立审题】请认真思考后，独立拟定题目。
【审题测试】请判断以下题目是否合理。
题目1：论人才的选拔
题目2：拔尖和冒尖应并行
题目3：争做拔尖人才
题目4：争做冒尖人才
题目5：我们更要选拔冒尖人才

【参考答案及审题思路】
建议的题目：题目5。
本题是一道择一类型试题，题干中给出了拔尖、冒尖两个选项。从两个词语的解释来看，冒尖更加积极，故题干更倾向于选择冒尖。需要注意的是，本题的主语不是人才，而是人才选拔者。故可参考的题目：我们更要选拔冒尖人才。

不建议的题目：
题目1：观点不明确。题目中没有表达出明确的立场。
题目2：审题方向错误。材料的重点是要从众多途径中选择一个，而非并行。
题目3：审题方向错误。从题干信息来看，题干更加倾向于选择冒尖。对于该年真题来说，选择拔尖不算原则性错误，故不会直接给六类卷的分数，但有很大的扣分风险。
题目4：主体错误。本题的主体是人才选拔者，而非人才。

[①] 由于早年真题的参考价值较小，故不再给出真题的思维导图分析，其他模块内容也进行了相应调整。

参考范文

参考范文一

人才选拔更应冒尖

人才是立国、富国、强国之本。从古时"求贤若渴"到当代一系列的人才培养计划,无不体现了整个社会对人才的重视和期待。人才的出现主要有"拔尖"和"冒尖"两种形式,在人才选拔中,我认为应侧重推行人才冒尖。

"拔尖"是指个体经由上级提拔成为尖子;而"冒尖"是指个体通过自身的努力与奋斗取得成就,获得社会的认可。可见,这两种选拔方式存在本质差异,而冒尖应为更优的选拔途径。

第一,冒尖有助于保障选拔的公平公正。对比拔尖和冒尖的选拔过程不难发现,冒尖强调独立奋斗,而拔尖却隐含"外力相助"之意。实际上,在现实生活中不乏有人借"拔尖"之名,行"开后门"之实,这样的做法严重破坏了人才选拔制度的公平公正,长此以往,必将对人才体系的构成乃至整个社会的发展产生负面影响。换言之,冒尖选拔要求个体凭借自身努力取得成就,杜绝了拔尖选拔制度中"灰色事件"的发生,能够很好地保障人才选拔的公平公正。

第二,冒尖有助于推动人才队伍朝着高质量方向发展。一方面,冒尖激励人才不断涌现。冒尖为人才选拔的公平公正提供了保障,让那些遭到拔尖制度限制和打压的人才得到"出头"的机会,激励更多的"寒门"人才涌现。另一方面,冒尖还能对那些借力上位的"人才"产生威慑作用。冒尖通过选拔真才实学的人才发挥鲶鱼效应,给那些"走后门"的沙丁鱼们带来危机感,督促他们通过不断学习和实践去缩小个人能力与岗位要求之间的差距,实现从"人才"到人才的转变。

固然,拔尖选拔人才更加快速高效,但是高速度并不代表高质量。为了追求"速战速决"而放弃对人才能力的考核,甚至根据自己的喜好和收受的好处来决定人才的任用,这样的选拔毫无意义。相反,冒尖选拔虽然需要一定的时间,但是"慢工出细活",时间能够检验一个人是否有真才实学,进而筛选出真正胜任岗位之人。

综上所述,人才选拔更应冒尖。

参考范文二

"拔尖"诚可贵,"冒尖"价更高

在当今科技创新和技术革命高度繁荣的时代,人才是促进社会飞速发展的中坚力量。而如何能快、准、狠地选中人才,是一个急需解决的问题。尽管"拔尖"不失为一种发现人才的好方法,但管理人才更应选用"冒尖"之才。

"拔尖"是指提拔者根据其经验和偏好对人才进行选拔,这个过程无可避免地带有个人主观色彩,难以保证被选中人才真正具有工作所需的能力。况且,随着人工智能、区块链等数字交叉学科的发展,"伯乐相马"的选拔制度已不再适用,我们需要的不仅是单一领域的专业人才,而且是多维度的学习型人才。仅凭某一个方面突出就判定其为"人才",未免欠妥。

"冒尖"则是指通过奋斗、取得成就而得到社会的认可，通过这种方式出现的人才较大程度上符合当今社会的需求。一个人能通过不断努力和自我提升最终出现在大众视野，其学习能力和自我管理能力往往是比较突出的。这类人，无论你把他放在哪一个位置上，他通常都能够对所处形势进行准确的判断，从而发挥出自己最大的能力，为企业作出最大贡献。

若是过多依赖"拔尖"，人才选拔制度可能会偏离其原来的目的，变得不再公平。因为在"拔尖"的过程中，可能会出现一些"潜规则"现象。一旦这类"暗箱操作"行为成为默认的选拔规则，真正的人才一直得不到重用，就会出现"劣币驱逐良币"的逆向淘汰现象。没有人才，组织的发展必将停滞不前，最终整个社会也将乌烟瘴气。

如果我们能将主要的选拔途径转向"冒尖"，就能促进人们不断提高自我能力、提升自己的内在价值，最终实现人才和社会共同发展的良性循环。而通过"冒尖"选出的人才，尽管选拔过程可能需要花费较多时间，但其从最大程度上保证了选拔的公平和人才的质量。

综上，我们不能全盘否定"拔尖"的作用，但在人才选拔的过程中，还是要以"冒尖"为主。

参考范文三

要拔尖，更要冒尖

拔尖和冒尖是人才选拔的两种途径。为了使真正的人才能够脱颖而出，基于长远的眼光来看，人才选拔要拔尖，但更要冒尖。

不可否认的是，拔尖的方式确实可以快速选拔人才，有效解决人才急缺的问题。但是，这种方式本身会带来一系列不良的影响。一方面，拔尖给心术不正的员工和领导开了一扇便利之门，不公平的拔尖会使领导班子"近亲繁殖"，使忠诚的员工失去动力；另一方面，拔尖的选拔方式风险较大，拔尖人才能否担起重任还需更多的检验。然而，冒尖的选拔方式却可以有效解决拔尖带来的问题。

第一，冒尖的选拔方式有利于营造公平的竞争环境。公平的竞争环境可以激发员工的奋斗热情，推动员工个人的成长进程，在一定程度上也可以为组织节约培养人才的成本，有助于公司战略发展目标的实现。而基于合理标准的冒尖选拔人才的政策可以保障组织内部公平竞争的氛围，保障员工和组织双方目标的实现。

第二，冒尖选拔出的人才更有可能取得出色的成绩。冒尖人才是指那些通过自己的努力奋斗，获得公认成就而晋升的员工，其工作能力在基层岗位已经得到了充分的体现。另外，由于群众的认可，冒尖人才在工作过程中更容易树立威信，带领下属高效工作，完成组织目标。

值得注意的是，选拔人才时也不能仅用冒尖，杜绝拔尖。人才急缺是我国当今某些领域亟待解决的问题，冒尖的选拔过程需要通过层层考核，其选拔周期相对较长，可能无法满足对人才的急迫需求。因此，为了平衡人才需求与人才供应之间的矛盾，应该将重心放在如何做好冒尖人才的选拔上，必要时采取拔尖的方式。

综上，人才选拔要拔尖，更要冒尖。

📖 典型习作点评

典型习作

更要做"冒尖"人才①

人才是立国之根，强国之本，而人才出现的途径有多种，有"拔尖"也有"冒尖"。当今某些领域选拔管理人才以"拔尖"居多，而我认为，人才更应当"冒尖"。②

所谓"冒尖"，是指通过奋斗、取得成就而得到社会认可，例如，当今的公务员考试、各大国有银行的招聘考试都是用来选拔"冒尖"人才的；而"拔尖"是指被提拔而成为尖子的选拔人才的方式。

所谓"冒尖"是通过奋斗，即内因；"拔尖"则是通过选拔，即外因。③要想成为被社会广泛认可的人才，仅靠外因是不够的，还需要不断提升自我，锻炼自我，才可能得到更多的机会，脱颖而出。"打铁还需自身硬"就是这个道理。④

"冒尖者"大多数都出身平平，没有一个良好的家境做支撑，而必须通过自身的努力以获取更多的机会。例如，遥观古代，不论刮风下雨，天寒地冻，日复一日躲在山洞里偷读《诗经》的屈原，坚持每日练字以至池水变黑的王羲之；近看当前，吃住在牛场的蒙牛老总牛根生，以厂为家、事必躬亲的新希望刘永好。正是由于自身的努力，才得以在各自领域成为不可多得的人才。在此过程中，他们掌握了真才实学，也练就了坚韧不拔的品质。⑤

"千里马常有，伯乐不常有"，因此，伯乐的稀少以及强烈的主观性在一定程度上阻碍了"拔尖"的成功。如果只靠"拔尖"，而自身能力不过关的话，则会打击那些努力奋斗的人的积极性，同时也不能使他们信服，不利于企业的管理。

由此可见，我们应该努力提高自身能力，不断进取，以适应社会发展需要，做"冒尖"人才。

批改建议

① 该真题的主语应该是人才选拔者，而非人才，故题目的主语错误。

② 主语不是人才，而是人才选拔者。

③ 上一段中已经对拔尖和冒尖下过定义，此处内容重复。

④ 该段落依然是主语错误，段落论证的主语应该是人才选拔者，而非人才。

⑤ 第一，该段落与上下段落之间的层次不清晰；第二，例子过时，且不恰当。我们要站在管理者视角选拔人才，而不是站在人才视角讨论如何发展。

全文点评

　　这篇文章存在的都是较为严重的、容易被阅卷者识别的问题。第一，审题方向错误，没有找到准确的主语，这也导致后文的论证方向错误；第二，结构不清晰，段落间层次混乱。

📖 引申参考

相马和赛马哪个更重要？

　　很多年前，海尔曾提出一个著名的观点：赛马不相马。那么，到底是赛马重要，还是相马重要呢？

　　"赛马不相马"是基于劳动力供应充足的背景下，通过优胜劣汰找到最优秀的人才。但是近年来连续出现"用工荒"，劳动力结构发生了深刻变化，人才竞争激烈导致居高不下的人才流失率等因素影响，使"赛马"式人才管理遭遇了困境。

　　相马就是通过对人的素质考察，来发现和选拔优秀人才。一个优秀的领导，首先就应该是一名伯乐。如果人没有选对，在后面的使用、考核、激励、培养方面就会遇到一系列的问题，不仅会使工作变得更加吃力，增加培训的负担，分散上司的精力，也会导致较高的人才流失率。根据冰山模型理论，对于冰山以上的知识、经验、技能等，较易通过后天的培养、锻炼得到改变和提升，而冰山以下的潜力、个性、动机，则较难通过后天的努力而改变。因此，管理者首先要把好人才入口关，把那些冰山以下素质符合企业和岗位要求的人选出来。

　　赛马关注结果导向的绩效评价，形成了一种内部人才竞争机制，这样一来，人人都有危机感。但是只以结果论英雄，就会带来人事决策的风险，在赛马上失败的员工很有可能被竞争对手挖角或自动离职，这对企业来说是一种损失。关注结果并没有错，因为企业本身就是个功利组织，但是结果并不能总是准确地反映真相。现实的情况往往是绩效好的，能力未必强。因为个人的绩效有可能是在领导或团队支持下完成的，也有可能是因为机会垂青获得的。绩效差的，也并不是没有能力，可能是其所处部门处于"拓荒"阶段，也可能受到了外部环境影响，还有可能是个人生活或健康等出了问题。

　　近年来，海尔又在内部倡导一个新理念——"人的再造"。"海尔只有实现了员工再造才能实现企业的再造。"在这个管理逻辑下，海尔引进了能力模型和人才测评技术，在"赛马"之前关注"相马"的过程。海尔这一变化既有外部环境变化的因素，也有海尔在管理认识上的自我突破——赛马不能代替相马，从而在行动上颠覆了原来的"赛马不相马"理论。强调绩效结果的同时，在人事决策上强调过程和行为，以及行为后面的动机、人格等因素；鼓励优胜劣汰的充分竞争，同时也关注培养高潜人才并留住优秀员工。

　　对于员工来说，通过能力模型能更好地了解获得成功的关键因素而不断提高工作能力；在员工和直线经理之间提供了绩效反馈和个人发展等方面的沟通基础。对于业务部门来说，除了有助于强化人才并最大限度地提高整体绩效、提供了员工绩效目标标准外，重要的是，有助于在团队中识别高潜人才。

所以从这个角度来说，相马、赛马得根据企业的实际情况来决定。在企业不同发展阶段，所处的不同行业，对相马、赛马有不同的倾向和侧重。对于创业成长期的企业，需要花更多的精力来相马；对于成熟发展期的企业，则可以把精力放在赛马上。对于竞争激烈的主流行业，如互联网、房地产、金融、物流等，人才在市场上的流动性较频繁，可以通过相马来获取人才；对于一些特殊的行业，比如航空、核电企业，人才市场上可替代的人才较少，核心人才只能靠企业内部培养。

而对于一些正处于创业成长阶段的中小型企业来说，内部的平台还不够大，就要花更多的精力在相马上。比如雷军创办小米公司时，在选人方面就花了非常大的投入。小米内部认为，如果一个同事不够优秀，很有可能影响到整个团队的工作效率。所以在小米创办 2 年的时间里，小米团队从 14 个人扩张到约 400 人。董事长雷军每天都要花费一半以上的时间来招人，前 100 名员工入职时，雷军都会亲自见面并沟通。

总而言之，在移动互联网时代，外部环境变化越来越快，企业在人才选拔上面，应该是赛马与相马并重，甚至相马比赛马更加重要。所谓"人心隔肚皮"，相马不是你想相就能相的，要了解一个人是很难的，特别是对潜力的考察就更是难上加难了。因此有必要借助科学的方法和工具进行考察，而随着现代人才测评技术的发展，这一事情变得越来越容易。目前越来越多的企业都在不同程度上采用人才测评技术帮助进行人才的识别。未来，人才测评技术会得到进一步广泛地应用，哪家企业不引入人才测评，其人才管理就注定失败。

（文章来源：三茅人力资源网）

2010 年管理类（追求真理）

一个真正的学者，其崇高使命是追求真理。学者个人的名利乃至生命与之相比都微不足道，但因为其献身于真理就会变得无限伟大。一些著名大学的校训中都含有追求真理的内容。然而，近年学术界的一些状况与追求真理这一使命相去甚远，部分学者的功利化倾向越来越严重，抄袭剽窃、学术造假、自我炒作、沽名钓誉等现象时有所闻。

📖 审题通关

【独立审题】请认真思考后，独立拟定题目。
【审题测试】请判断以下题目是否合理。
题目1：学者的使命
题目2：学术造假的危害
题目3：追求真理才能成功
题目4：学者应追求真理
题目5：追求真理不可抛
题目6：放弃真理又何妨
题目7：追求真理当去功利化
题目8：企业不应为了利益放弃真理

【参考答案及审题思路】
建议的题目：题目4、题目5、题目7。
这道真题的审题难度不大，行文时很少会出现偏离题意的情况。需要注意的几个细节问题：
（1）材料不应只谈功利化不谈真理，也不能只谈真理不谈功利化，应二者都有所涉及。
（2）材料的主体应是学者，不建议强行关联其他主体；若是实在不会写学者，部分语段可以关联其他主体，但必须要进行合理过渡。
（3）不建议泛化题目。例如，很多同学将追求真理理解为"保持本心"，这种做法不建议。因为题干中已经明确说明本心是追求真理了，不建议再笼统描述。
故可参考的题目：学者当追求真理；追求真理当去功利化；学者当拒绝功利化。
不建议的题目：
题目1：观点不明确。题目中没有表达出明确的立场。
题目2：观点不明确。试题要求的文体为论说文，要论证观点成立，并非说明文。
题目3：结果不一致且逻辑不严谨。追求真理并非成功的必要条件，此处表达过于绝对。且材料中并未将成功作为追求目标。

题目6：思想不健康。与题干倡导的价值取向不一致。

题目8：范围不一致。题干已经明确将范围限定为学者，故不建议与企业相关联。

📖 参考范文

参考范文一

追求真理要去功利化

追求真理是学者的崇高使命。然而近年来，部分学者的功利化倾向愈演愈烈，引发社会思考。于我看来，学者在追求真理的过程中要去功利化。

去功利化，有利于学者术业专攻，有所成就。在当今知识经济迅速发展的时代，掌握某些知识可以快速获取资源和财富。然而，如果学者们都为了追逐财富而舍弃自己擅长的领域，投身于快速获取财富的领域，那么该领域很可能会快速达到饱和而不再衍生财富，并且学者最初专攻的领域也会荒废。在这种得不偿失的情况下，学者应该去功利化，专心从事自己所长，这样才更可能获得像袁隆平、屠呦呦那样的成就。

去功利化，有利于学术界井然有序，返璞归真。时下，各行各业都需要条理化的行业规范和稳定的环境，这样才能促进事物稳定发展。同样，学术界是保障社会进步，关联经济、文化、社会等方方面面的体系，因此良好的学术界秩序能够为学者们提供纯粹的求知环境。学者们只有处于这种环境，才能更好地将个人知识转化为探索钻研的武器，勇敢地追求真知。

去功利化，有利于知识与社会紧密相连，共同发展。众所周知，文明社会的发展离不开知识的不断更新。然而功利化的存在会使学者对知识的探索偏离方向，停留在表面。所以，去除功利化可以降低知识探索中偏离轨道的时间成本，使学者不被眼前的诱惑所吸引，潜心钻研知识，获得更高成就。当学者得知自己的钻研成果会与时代进步接轨时，必然会不断攀登知识高峰。

对利益的追求无可厚非，但是过分地追求功利化的确会阻碍追求真理的步伐。社会需要采取措施来抑制学者对功利化的过分追求，从而达到追求真理的目的。我们要倡导学者去功利化，以推动学术界术业专攻，勇登高峰。

参考范文二

纯粹化追求真理

当浮躁成为时代标签，就连以追求真理为目标的学术研究，也变得不再纯粹。功利化的追求带来了诸多社会矛盾，加剧了信任危机。因此，纯粹化追求真理尤为重要。

纯粹化追求真理，与数字时代背景更加匹配。互联网技术的发展几乎完全颠覆了传统治学研究的方式和体系，从仅能查阅有限知识的纸质类书籍到简单地在浏览器中输入关键词便能收获一大片相关知识网。这使学术研究的过程变得快捷，研究成果更加科学。然而，这同样为"投机"创造了条件。有些人认为，通过窃取他人学术文章，稍做修改，署上姓名便拥有了属于自己的研究作品。殊不知，互联网在提供这样的机会的同时，对于文章的审核也会更加严格。因为社会公众获取信息的渠道相通，发现偷梁换柱的速度也许快于你浮躁化拼凑信息的速度。如众所周知的翟天临事件，从前程似锦到现在前途惨淡，这便是互联网时代背景下浮躁求学的代价。这样的高风险告诫我们，应当有效利用数字时代为我们创造的条件，选择与之匹配的纯粹化追求真理。

纯粹化追求真理，是提高核心竞争力的捷径。从收集资料到搭建框架，从整合思路到自主创作，看似枯燥乏味的治学过程，正是对自身能力的磨炼，在追求真理过程中提高了自己的核心竞争力。

我们所追求的纯粹化追求真理，不是与外界失联的闭关研究，而是有条件地选择利用信息。不能照搬他人研究成果，也不代表不能汲取别人研究的智慧，在潜心钻研的情况下，我们可以利用资源加以辅助。

只有真正做到纯粹化追求真理，才能依托科技提供的便利，提高自身核心竞争力，立足长远发展，从而摘去浮躁化的时代标签。

参考范文三

追求真理要去功利化

追求真理作为学者的崇高使命，广为人们称颂。然而如今部分学者功利化倾向越来越严重，学术造假等行为为人诟病。作为一名学者，应当做到去功利化。

功利心理会使学者丢失追求真理的初心。学者的初心往往比较纯粹，他们注重对真理的探索，认为真理的价值高于名利的价值。而功利心会使学者在研究时有更多的顾虑，将研究成功后能得到的头衔等名利考虑进去，这就会使学术研究不再是为了追求真理，而变成了追求名利的一种手段。一旦学者忘记了初心，出现学术造假等行为也就不足为奇了。

此外，功利化会败坏学术风气，严重阻碍学术发展。学术研究的一个特点是，研究时需要倾注大量时间和精力，即使这样也未必会有任何成果。在这种情况下，认真钻研的学者可能没有任何回报，而抄袭剽窃的人却可能名利双收。这样不公平的现象就会导致更多的学者不再专心追求真理，纷纷效仿，偏离了追求真理的使命。这种劣币驱逐良币的行为会严重阻碍学术界的健康发展，造成人心浮躁，学术不端之风盛行。

为了防止这些情况的发生，学者应该摒弃功利化。想要追求真理，就要有良好的学术氛围作为保证，使学者摒弃功利化，就要营造一种积极向上的学术氛围，不得将个人私利凌驾于知识真理之上，不以追求名利为目的进行学术研究，从而让学者以一种理性客观的态度去追求真理。

当然去功利化并非完全脱离对名利的追求，而是要把荣誉等名利作为对自己的研究成果的一种肯定，杜绝用不当行为追求名利。用自己的真实成就得到的名利是应当的，而将名利之心置于求知之心之上，则会本末倒置，为人们所诟病。

因此，作为学者，应保持对真理的热忱，去功利化，不要被名利所蒙蔽。

📖 典型习作点评

典型习作一　　　　　　　　　　　　　　　　　　　　　　　　　　**批改建议**

真正的学者更应实事求是追求真理①

材料提及近年学术界的一些状态已远离了追求真理的使命感，从而急功近利、造假炒作，这让人们更加清醒地认识到做人做事应该实事求是，遵循真理。为什么这么说呢？②

首先，实事求是追求真理有利于实现马斯洛需求层次理论中的更高层次的需求，即尊重和自我实现；③随着经济水平的提高，人们越来越清晰地认识到应当更加崇尚高层次的精神文明和可持续发展；④清华大学以厚德载物为莘莘学子提出做人的根本道理，体现了优良品质的重要作用，为人才的培养指明了方向；⑤这也是后备力量培养中非常重要的因素之一。⑥

其次，违背真理，必将接受真理的惩罚；⑦也许那些剽窃和造假行为曾一度为其获取经济利益，但这种不被文明社会容忍的恶性事件必将接受法律的制裁；⑧况且要想人不知，除非己莫为，这种沽名钓誉的行为本身就是注定要走向灭亡的，也和研究真理的身份大相径庭。⑨

最后，从个人角度，⑩和谐的人际关系需要诚信和尊严，这个是我们做人的基础；⑪从企业发展角度，更应该倡导追寻真理，善于分析总结，在实际操作和策略层面都可以更加稳妥；⑫从国家角度，国民的真正素质映射了国力的强弱，人们探究真理才可以增强国际竞争力，人才是竞争的关键因素，正确的教育和理念才可以转化为真正强盛的生产力。⑬

当然，有人说资本积累的过程就是市场竞

① 实事求是与不功利化并不等价，没有与材料中心词保持一致。

② 第一，由材料到观点的过渡不自然，建议优化表述；第二，材料的论证主体是学者，不建议将范围扩大到所有人；第三，不建议开头直接发问，更建议开头表达观点立场，另加一个过渡段发问。

③ 观点与马斯洛需求层次理论的结合过于生硬。

④ 这句解释无助于论证观点。

⑤ 材料想论证的是追求真理而不是优良品质，中心偏离了。

⑥ 这句话与总论点和分论点都没有关联性，与上文的衔接也不紧凑，对于论证而言无意义。

⑦ 第一，按照当前立意，观点的对立面应该是"追求真理的过程中没有实事求是"，而不是"违背真理"，二者是有区别的；第二，"必将接受真理的惩罚"这样的表述不恰当，建议修订。

⑧ 该段的分论点是必将接受真理的惩罚，此处变成了接受法律的制裁，前后内容不一致。

⑨ "要想人不知，除非己莫为"这一表述不太符合材料的背景信息，段落中没有提及学者想隐瞒不端行为，所以这一表述不合适。

⑩ 第一，这篇文章本论部分的第一段是正论，第二段是反论，那这一段是想表明什么呢？这一段落与上下文之间的层次关系较为混乱。第二，材料的主体已经给出是学者，不建议写个人角度。

（⑪⑫⑬见下页）

265

争，胜者为王败者为寇，在社会资源不是很充足的情况下，有人就动歪脑筋去伪造事实，窃取他人成果，认为这样才是竞争和挑战，但殊不知，这种反社会道德的行为必将面临良心和舆论的双重谴责；而创新型发展以及科技力量的不断强大，都是要实实在在建立在业绩和质量的基础上。⑭

说回清华校训，其上半句就是自强不息，不能让思想萌生歪门邪念的蛀虫，要保持清醒的头脑，坚持实事求是追求真理，做到真正的强大。⑮

⑪ 材料讨论的是追求真理的问题，与人际关系、诚信、尊严无关。
⑫ 材料与企业无关。
⑬ 材料与国家无关，"探究真理才可以增强国际竞争力"等表述过于绝对。
⑭ 文章到这一段已经彻底偏离了材料主题，完全是在论证另外一个话题了。
⑮ 清华大学的校训不是导入话题，也不是核心观点，不建议在结尾将其与追求真理相关联。

全文点评

这篇文章给我的感觉就是答题者理论知识没学透。从结构上来看，文章所选择的结构是保底结构的变形，但是在应用的时候答题者尝试加入的内容太多，导致段落层次非常混乱；从扣题上来看，文章的题目本来就不准确，而在行文中还在不停地转换主题，导致文章最后两段彻底偏离题意；从观点和表达上来看，行文中试图与一些理论结合，但是结合得很生硬，没有有效地让理论为观点服务。出现过类似问题的同学一定要抓紧改正，先规避错误，再优化文章。

典型习作二　　　　　　　　　　　　　　　　　　**批改建议**

　　　　　　试论保持本心的重要性①

近些年，一些学者的功利化倾向越来越严重，各类负面新闻时有发生，甚至毁掉了老一代学者献身追求真理所维系起来的学术界声誉。这给我们敲响了警钟，要保持本心，才能走得更远。②

个人在发展中需要保持本心，才更容易在一方面有所成。③著名作家海岩，以一部《永不瞑目》火遍大江南北，无数合作意向蜂拥而至，但他坚持只与一家自己担任编剧的影视公司合作，不再授权，保证质量，这才成就了海岩剧拍出必火的名声。④同时在网络小说、言情小说火热时，他保持本心，坚持写自己的警察小说，最终在2010年进入中国作家财富榜前五。⑤而同一时期被市场化需求带着走的其他作家，渐渐迷失，淡出人们视线。⑥

① 不建议这样拟题。材料中已经明确说明本心即追求真理，不建议将这一话题泛化。
② 如果不考虑题目的正确性，开头没问题。
③ 第一，材料中已经明确给出了主体是学者，不建议转换为个人；第二，分论点建议表述得具体一些，不要写"在一方面有所成"这样较为笼统的理由。
④ 这段经历和坚守本心没有关联性，无法支撑观点。
⑤ 这段经历更偏向于专注，而非坚守本心。
⑥ 个例不能代表整体，有以偏概全的嫌疑。

企业在发展中同样需要保持本心。⑦我国如今的布鞋第一品牌内联升便是如此。2002年国际市场初步向中国品牌开放，传统行业纷纷面临选择，很多老字号为了走向国际，推出很多符合外国审美的新款，而忽视了经典款式的更新与开发，最终既没有走出国门，还丢了国内市场。而内联升不忘初心，始终立足国内市场，持续更新适合不同年龄段人群的新布鞋，最终三年内抢占国内大部分市场，登上布鞋品牌头把交椅。⑧

随着现在节奏的加快，各种诱惑不断涌现，无论是个人还是企业都容易迷失。翟天临事件警告人们不要妄想急于求成；而亚马逊忽略自己发家的图书市场，去开拓电器、日用品等市场，最终一败涂地，退出中国市场，这也警醒着企业要保持本心。⑨

总之，也许走向成功的道路有千万条，但是保持本心一定是其中绕不开的重要一段，我们要清醒意识到其重要性，强化意识，鞭策自己，砥砺前行，一定可以在这个美好的时代作出贡献，实现发展与突破。⑩

⑦ 不建议将主体切换为企业。
⑧ 不建议主体段落都靠例子支撑，而且该段也是在用例子支撑观点，有以偏概全的嫌疑。
⑨ 同上，仅用例子支撑观点力度小，文体更像记叙文而非论说文。
⑩ 结尾建议言简意赅，要直接扣题。

全文点评

这篇文章给我的感觉：答题者会什么就写什么，而不是题干考什么就写什么。第一，审题上，偏离了中心；第二，结构上，个人、企业不适合作为这篇文章的分论点；第三，段落论证方式上，每个段落的论证都靠例子支撑，论证力度小，且个例不能代表整体，有以偏概全的嫌疑。如果大家的文章中有类似问题，要抓紧改正。

【出现类似错误的文章】

保持本心，弃功利化

一个真正的学者，其崇高的使命是追求真理，但最近学术界的状况与之相差甚远，有部分学者功利化很严重。所以，在企业的发展过程中，应该保持本心，不应功利化。

保持本心，弃功利化如何有利于企业成功呢？

在企业发展初期，保持本心，弃功利化有利于企业巩固新兴市场地位，从而开拓更大的市场。发展初期的良品铺子遇上了移动互联网时代，新技术、新模式的不断涌现，使其发展面临严重的挑战。在此举步维艰的时刻，良品铺子没有选择跟上时代潮流去追逐功和利，而是从最基础的做起，发展零售产品，同时推出新产品，不断加强客户的体验，从而稳定了良品铺子在零食业的地位，进而开拓了更大的市场。虽然良品铺子的成功不能代表每一个公司，但仍能启发我们应追求本心，弃功利化。

相反，没有保持本心，追求功利化的企业发展速度会日渐放缓，最终走向衰亡。三鹿集团是当时最大的奶粉生产制造厂，在其繁荣发展时期，它错误地选择了追求功和利，加工带有三聚氰胺的奶粉，使数以万计的新生儿患上疾病，并丧失大量顾客，最终导致企业破产，甚至走向违法的道路。三鹿集团的失败虽不能代表每个企业，但仍能提示我们应追求本心，弃功利化。

由此看来，追求本心，弃功利化有利于企业发展。

引申参考

端正的学风是学术的生命

近年来关于学风的问题已经闹得沸沸扬扬了，从"学风不正"到"学术腐败"，丑闻越来越骇人听闻，引起的指责也越来越严厉。虽说有许多正直的学者一直都在默默地耕耘，整个学术界也并没有成为一潭浊水，但是这种清者自清、浊者自浊的情形决不能成为我们对学术腐败掉以轻心的借口，理由有二：

首先，学术乃天下公器，任何个人的学术活动都是整个学术界的组成部分，正如局部细胞的坏死终将导致整个生命的危险一样，部分人在学术活动中的不正当行为终将败坏整个中国学术界的声誉，我们必须对学界腐败现象保持足够的警惕，正直的学者不能满足于洁身自好而对学界的歪风置若罔闻。

其次，目前学术腐败的毒菌不仅仅出现在个别学者的身上，它也相当严重地侵入了出版机构、学术机构、学术评估体系的集体行为之中，试看现在学术论著的发表、学术成果的评奖和学术课题的评审等活动中，请托、贿赂、以权谋私等不正之风已经甚嚣尘上，有些地方或部门甚至达到了颠倒黑白、劣胜优败的程度。长此以往，这必将导致整个学术界风气的大溃坏。我认为在中国目前的体制下，集体性行为中学术腐败的危害更加严重，因为它在事实上起着引导风气的作用。诚然，真正有价值的学术成果是不会被永远埋没的，真正优秀的学者终将得到历史的承认。但是在现代社会中，要求学者们彻底不求闻达，甘于寂寞，那毕竟是不太现实的，也是不公正的。况且就算你不计较自己的职称、学术头衔以及与之密切相关的各种实际利益，也总想及时发表自己的研究成果而不愿将它藏之名山吧！所以集体性学术腐败的影响实际上关系到每一个学者的生存状态，它的危害是全局性的。

对于学者个人学风不正的问题，解决的最佳途径是诉诸其学术良心。对于集体性的学术腐败问题，解决的最佳途径是增进决策、评议等活动的学术性和民主性。当然，自律和他律是相依相存的，上述两种解决途径也必须互相结合，才能有所成效。但既然后一种学术腐败的危害性更大，而它的解决方法主要是他律性质的，从而易于操作，所以我觉得当务之急是清除后者。在前一阶段的讨论中，学界已经提出了不少具体的操作方法，有的被有关机构采用，例如国际上流行的匿名审稿制就已在好几个刊物实行了。但是我认为重要的不是形式而是精神，否则，正如《围城》中所说的，一切好东西引入以后都会变得面目全非。我的看法是，在一切有关学术的集体性活动中，都应大幅度地提高学术性和民主性。前一点应该是不证自明的。就是说这些活动应由学者唱主角，要尽量淡化官方色彩，要避免由外行来评估内行的学术工作的现象，更不能由长官意志来拍板做主。后一点则需稍加解释：有人认为匿名的评审可以达到公正，我对此持不同看法。在目前的社会风气下，正直不阿、完全凭学术良心办事的学者并不很多；而那些投机取巧者却无孔不入，他们每逢评奖、评审课题之类的活动都会四处打听评委名单，请托行贿，而且屡屡得手。这样，所谓的"匿名评审""无记名投票"等有名无实，反而成为暗箱操作的掩饰，从而在公正的外表下大行其私。我认为真正有效的操作办法是把一切学术评估类的活动都尽可能地公开化，使之具有相当的透明度。例如学术评奖，应把每个评委所投的票及其理由都予以公布，评出的结果也应在确定之前先公之于众并接受评议；同样，学术批评也应指名道姓地进行，并允许批评和反批评的人公开争论。只有这样才能在学术界中杜绝"劣币驱逐良币"的不正常现象，才能把学术界建设成它本该如此的净土。

我不认为学术研究比其他劳动更加高贵，我也不认为学者就是社会的精英。但是既然学者们所从事的工作性质是探索真理、阐释正义，他们就有责任为社会确立价值标准。如果他们也与社会上的歪风邪气同流合污，那么整个社会就真的要陷于失范的境地了。所以我认为端正的学风是整个学术事业的生命。

（文章来源：《教育艺术》，莫砺锋）

2009 年管理类（三鹿奶粉）

以"由三鹿奶粉事件所想到的"为题，写一篇 700 字左右的论说文。

📖 审题通关

【独立审题】请认真思考后，独立拟定题目。

【审题测试】请判断以下题目是否合理。

题目 1：道德是市场经济的基石

题目 2：诚实守信是企业发展的根本

题目 3：政府应加强对企业的监管

题目 4：由三鹿奶粉事件所想到的

【参考答案及审题思路】

建议的题目：题目 4。

这道题为命题作文，所以题目非常简单，为：由三鹿奶粉事件所想到的。

不建议的题目：

题目 1、题目 2、题目 3：因为本题为命题作文，不可自拟题目。

但需要注意的是，题目的拟定不等于审题的结束。因为即便题目不需要自拟，也需要在正文中表明观点。该年真题的参考论点：企业当诚信；企业当道德经营；道德是市场经济的基石；诚实守信是企业发展的根本。

📖 参考范文

参考范文一

由三鹿奶粉事件所想到的

由三鹿奶粉事件，我首先想到的是诚信的重量。利润最大化是企业经营的原始追求，诚信是企业必须承担的社会责任。二者共存有时会产生矛盾，但无论如何，诚信经营容不得丝毫疏忽。

三鹿集团的惨淡结局就是企业背弃诚信、欺骗消费者最直接的下场。驰名一时的企业早已被群众视为诚信的代名词，如果说企业破产事小，但是辜负消费者的信任所带来的负面影响是不可估量的。公众形象向来正派的企业赫然被爆出经营欺诈，试问消费者还敢随意交付信任给任何人、任何企业吗？诚信的缺失势必会造成市场经济的萎缩和社会发展的退步，而且社会信用和群众信心的重建并不会像将其打破那般容易。

企业明知道这种做法会带来许多不必要的风险，为什么还是甘愿将诚信的招牌作为"赌注"呢？其答案不难得出。首先，从成本收益的角度考虑，企业坚守诚信形象需要付出较高成本，然而弄虚作假的成本较低。其次，前者并不能在短时间内使企业获得可观利润，甚至很有可能出现即使宣传再多，消费者仍对其无动于衷的结果，企业只能"赔本赚吆喝"；而后者使企业可以从消费者的需求入手，在产品品质上"动手脚、做文章"，使得产品可以在短期内迅速引爆，甚至可以成为企业迅速占领市场、获取可观收入的有效手段。最后，从企业管理权和所有权分离的角度上分析，管理层可能迫于债权人对高额资本回报率的压力或者股东对经营业绩的过分追求，甘愿冒险做出损害第三方，即消费者的权益的决策。总之，他们这样做的根本原因就是利欲熏心。

企业需要明白"纸包不住火"的道理。在自媒体时代，舆论监控能使任何社会丑态无所遁形。企业万不可为图一时的小利而走上不可挽回的道路，诚信不容丝毫疏忽。

参考范文二

由三鹿奶粉事件所想到的

三鹿奶粉事件对全国奶制品企业产生了极其恶劣的影响，人们对奶制品企业产生了信任危机，不愿消费和食用奶粉、牛奶等产品，三鹿集团也因为这次事件而不复存在。企业的经营缺少诚信，就可能会出现如此次一般的产品质量问题，更可能会给整个行业带来危机。若企业重视诚信问题，将有利于其长远、持续地发展下去。

重视诚信是一个企业对消费者知情权的尊重。企业重视诚信问题，可以取得消费者的信任，使其增大对产品或服务的消费量，有利于企业的持续经营。诚信的企业会如实地告知消费者其产品或服务的内容、功能、用途等，而不是夸大其词或隐瞒缺陷。消费者在诚信的企业消费时，可以明确了解产品或服务的信息，并依照这些已知的信息进行消费。顾客购买到与自己认知相符的产品或服务，很可能会产生"下次再来""推荐给其他人"等良好的情绪，对产品、服务或企业进行良好的评价，企业也会因为这种持续性增长的客源而获利、成长。

重视诚信是一个企业对违背法律行为的坚决抵制。诚信的企业不会去做违反法律规定的事情。对于在产品或服务中严禁出现的成分，诚信的企业不会让其出现在自己的产品或服务中；对于自身行业的标准，诚信的企业也会严格遵守，尽量避免出现不合格产品流入市场的现象。因此，执法人员对这样的企业进行质检或突击检查时，很少会发现严重的问题。同时，企业的法律风险也在一定程度上有所降低，更有利于企业稳定地经营下去。

不重视诚信的企业很可能会做出美化产品、隐瞒缺陷、虚假宣传等行为。如果企业不重视诚信，消费者很难获取与真实产品一致的信息。这种行为不仅需要消费者花费更多的精力去辨别产品，更可能会使消费者在消费后产生心理落差，一部分人可能会因此不愿再次消费，甚至影响他人也不愿对此产品进行消费，对企业的经营可能产生较大的影响。

综上所述，企业的诚信，有利于其更好、更长远地发展。

引申参考

引申参考一

诚实守信是企业发展的根本——"三鹿奶粉"事件警示之一

望着病床上的婴幼儿，年轻的父母忧心如焚，恨不得以自己的病痛换取孩子的健康。面对"三鹿奶粉"事件造成的严重危害，生产企业的员工追悔莫及，低下了羞愧的头。富有责任感的奶产品企业高管人员几乎不约而同地向社会发出了保证产品质量的承诺：哪怕自己的企业关门停产，也要营造一个诚实守信、干干净净的市场环境。

这一事件的发生，给人们以警示：一些人唯利是图、不讲道德是祸根。明知道"三聚氰胺"是工业原料，人是不能食用的，为了获取利润，偏要昧着良心将它加到牛奶中；明知道牛奶贩子购买"三聚氰胺"是害人的，"三聚氰胺"的经销商还要几次找上门去推销；明知道牛奶中加进了"三聚氰胺"，奶粉厂还要制成奶产品销售。更令人忧虑的是，这种状况任其蔓延，始作俑者会由无知走向故意，由见利忘义走向谋财害命，由不讲道德走向违法犯罪。这样，我们损失的就不仅是财产，而且是身体的健康，生命的安全；不仅是发展的可能，而且是生存的条件。沉痛的教训告诉我们：没有诚实守信的社会环境，就没有安全的食品。在全体公民中大力倡导"以诚实守信为荣，以见利忘义为耻"，不仅是建设社会主义和谐社会一项十分重大而紧迫的任务，而且是与你我他的生活和发展紧密相关、需要我们每个人自觉承担、主动参与的社会责任和公民义务。

这一事件的发生，给人们以教育：欲建立企业，先建立信誉；欲做大企业，先做好信誉；欲做强企业，必牢守信誉。诚实守信一向被我们民族视为"立人之本""立政之本""进德修业之本"。能做大做强、久盛不衰的企业，有哪个不是恪守信誉的企业？"三鹿奶粉"事件固然给消费者家庭、给社会造成了严重危害，但害人者必害己，损人者必损己。始作俑者正在受到党纪政纪的严肃处理、国家法律的严厉制裁；生产厂家由红红火火的发展变成了冷冷清清的停产整顿，全国奶产业的生产受到了很大冲击，严重影响了在国际市场的竞争力。深刻的教训告诉我们：在信用交易已经成为现代市场主要交易形式的历史条件下，在全社会倡导诚实守信、建立健全社会信用制度，不仅是建立社会主义市场经济秩序、促进市场公平竞争的基础，也是提高国内外市场融合度的必然要求。诚实守信，不仅是做人之根本，也是企业生存和发展之根本。

敢于面对自己过错的企业，能够改正自己错误的企业，这样的企业才有希望和未来。"三鹿奶粉"事件是一个反面教材，相信有关地方、部门和企业能够汲取教训，痛改前非。这样，我们的生活环境、发展环境，将不断得到改善，得到发展，得到提高。我们应该具备这样的素质、拥有这样的能力，我们更应该有这样的信心。

（文章来源：《人民日报》）

引申参考二

道德是市场经济的基石 ——"三鹿奶粉"事件警示之二

"三鹿奶粉"事件发生至今，从层层剥开的事实来看，令人震惊的是一些企业职业道德的沦丧。

民以食为天，食以安为本。食品行业事关生命安全，需要的不仅是技术和资金，更要讲道德和良心。然而，通览"三鹿奶粉"事件中企业的表现，有见利忘义的冲动，有明知故犯的侥幸，有心知肚明的"默契"，就是没有起码的道德良知约束。为追求利润，一些企业置婴幼儿的生命健康于不顾，做出了让母亲泣血、令社会蒙羞的行径。这种行为重创了奶制品行业，更重创了社会的诚信机制。

我们痛心地看到，一些企业的"无德"行为，造成了严重的社会后果，普通百姓对"问题奶粉"议论纷纷，不少消费者因此疑惧重重。连日来，党和国家领导人多次作出重要批示，有关部门雷厉风行地深查原因、追究责任，正是因为这一事件损坏了市场经济的秩序，挑战了社会文明的底线——社会主义市场经济，是法制经济，也是道德经济。一个以人为本的现代社会，绝不能放任见利忘义的行为，绝不允许基本道德的失守。

诚信是社会契约的前提，道德是商业文明的基石。作为人们共同的行为准则和规范，道德是构成社会文明的重要因素，也是维系和谐人际关系、良好社会秩序的基本条件。我们放心走路，是因为我们相信车流会在红灯前停下来；我们安心睡觉，是因为相信屋顶不会无缘无故塌下来。没有这种基本的信任，社会就不可能正常运行；市场经济的基本秩序，也就无从存在。如果诚信缺失、道德败坏、是非不分、荣辱颠倒、文明底线失守，再好的制度也无法生效，再快的发展也会出问题。

"三鹿奶粉"事件再次提醒我们在发展经济的过程中，道德建设的重要性。受"问题奶粉"影响，消费者对奶粉质量安全的信任度骤降，不仅奶制品企业的产品销量大幅滑坡，生产经营陷入困境，广大奶农也因企业减少原奶收购而面临损失。沉痛的教训告诫企业家们：在追逐利润的同时，必须坚守住自己的道德底线，承担起应有的社会责任。以牺牲道德和消费者利益换取利润，最终必然付出沉重的代价。

"三鹿奶粉"事件所暴露的道德缺失，也向全社会发出了预警信号。道德是一切制度运行的社会土壤。在一个国家的文明框架中，道德与法律唇齿相依，缺一不可，必须做到依法治国与以德治国并举。在我们完善社会主义市场经济、推进现代化的进程中，一刻也不能忘记道德建设。只有在全社会深入开展社会主义荣辱观教育，大力加强公民道德、职业道德、企业道德、社会道德建设，在全社会形成诚信守法的良好环境，才能有效构筑牢固的社会文明防线，全面推进社会的科学发展。

（文章来源：《人民日报》）

2008 年管理类（原则与原则上）

"原则"就是规矩，就是准绳。而在日常生活和工作中，常见的表达方式是："原则上……，但是……"。请以"原则"与"原则上"为议题写一篇论说文，题目自拟，700 字左右。

📖 审题通关

【独立审题】请认真思考后，独立拟定题目。

【审题测试】请判断以下题目是否合理。

题目1：变通的重要性

题目2：论原则与原则上

题目3：既要原则，又要变通

题目4：坚持原则，拒绝原则上

题目5：能变通是谈原则的前提

题目6：切勿以原则上代替原则

题目7：我们更要坚守原则

【参考答案及审题思路】

建议的题目：题目4、题目6、题目7。

该年真题的话题难度不大，但容易找错审题方向。这道题的题干要求是"以'原则'与'原则上'为议题写一篇论说文"，但"原则"与"原则上"是矛盾的、不可共存的，故本题不是写二者的共存关系，而是要在二者中"择一"。

需要注意的是，"原则上"并不等同于"变通"，"变通"未必打破原则，但"原则上"一定打破了原则。当原则有不合理之处的时候，我们要做的应该是完善原则，而非直接打破原则。故本题不能选择"原则上"这一方向，而应该选择"原则"这一方向。

行文中需要体现出为何将二者比较后选择了原则。

不建议的题目：

题目1：第一，"变通"不等同于"原则上"，用词不准确；第二，本题不能选择"原则上"这一方向，故该题目错误。

题目2：观点不明确。题目中没有表明立场。

题目3：审题方向错误。本题需要从两个关键词中择一，而非共存。不仅如此，"变通"不等同于"原则上"，用词不准确。

题目5：审题方向错误。本题需要从两个关键词中择一，而非共存。不仅如此，"变通"不等同于"原则上"，用词不准确。

📖 参考范文

遵守原则，拒绝"原则上"

"原则"和"原则上"仅仅一字之差，二者内涵却相差甚远。"原则"是规矩，"原则上"却恰恰相反，口口声声讲"原则上"的人显然不会遵守原则。要遵守原则，就要拒绝"原则上"。

不以规矩，无以成方圆。我们生活在一个由各种"原则"建立起来的社会，而这些"原则"就是规矩、准绳。大大小小的"原则"覆盖了社会生活的方方面面。国家出台法律，调整人们的社会行为，对危害社会和他人正当利益的行为做出处罚；企业制定各项管理规则，让管理更加高效，以维持企业正常经营运转；学校制定校规校纪，为学生学习创造良好环境，引导学生健康成长。这些"原则"虽然约束着人们的行为，但也正是得益于这些"原则"，我们的生活更加和谐有序。

原则建立之后就要遵守，否则原则就会成为一纸空文，毫无效力可言。然而在现实生活中，由"原则"建立起的秩序，却总被一些人的"原则上"打破。"原则上"的问题在于，找个"熟人"，编个"借口"，给个"面子"，"通融"一下，就会获得超越"原则"的诸多"方便"。"原则"在这些人面前不值一提，只是他们获取便利的幌子。口口声声说要"遵守原则"，却削尖了脑袋"钻空子"。"原则上"虽然只比"原则"多出一个"上"字，但多出的却是对原则的漠视和不愿遵守的心态。

这种现象的形成是因为原则执行不力和人们普遍的"原则意识"淡薄。原则制定之后缺少"令行禁止"的魄力，使热衷"原则上"的人有了可乘之机，进而更加淡化了"原则意识"。

所以，面对"原则上"的行为，既要克制自己违背原则的想法，也要加大对原则的执行力度。

文无法则文亡，国无法则国乱。所以，请遵守原则，拒绝"原则上"。

📖 引申参考

引申参考一

从原则到变通是权力走了歪路

2006年至2011年，陈卓尔在担任临高县海洋与渔业局局长及财政局局长期间，利用职务便利，为他人谋取利益，先后收受有关单位和个人贿赂共计450余万元人民币。

"起先有原则，后来学会了变通"，海南一官员被抓后的忏悔似曾相闻。近年来，从查处的贪官污吏来看，绝大部分在从政初期能够守住廉洁底线，后来才一步步滑落腐败深渊。谈到腐败原因，有贪官称是工作需要的，也有说是迫不得已的。此次落马的海南贪官陈卓尔也讲到有原则不好开展工作。然而，笔者认为，从原则到变通是权力走了歪路。

权力是一把双刃剑，用得好造福百姓，用得不好害人害己。陈卓尔就没有用好权力，他将权力当作发财的工具，在办公时谋取私利，在贡献社会时贪图"回报"，在服务社会时追求"享受"。正是没有树立正确的权力观，以至于陈卓尔搞起了自己的小圈子，维护了自己的小利益，也一步步走向堕落。

习近平总书记曾经说过,"当官就不要发财,发财就不要当官"。当官与发财是两条路,但陈卓尔偏偏将两条路合为一条路,认为仕途与发财同步,才是人生幸事。殊不知,这不是幸事,而是"暴风雨"的前兆,多少贪官因为在为官道路上没有分清这两条路,才导致一步错步步错,到头来后悔莫及。

从原则到变通,是"官念"错了。作为领导干部,遵守原则是为官底线,岂能在法纪面前搞变通?刚正不阿与老好人必然不相同,所谓"变通后在圈子里的评价好了,工作开展也顺利多了",这是狭隘的思想在作怪,变通赚得了小团体的认可,但失去了百姓的信任,一时的工作好开展了,但将来定会丢了"饭碗"。

"权为民所用,利为民所谋。"这样的话不断重复,可是仍有部分领导干部记不住这点,依旧在与人民作对。然而,权力既然是人民赋予的,人民就有权将其收回,如果领导干部滥用权力,那就只能等着严苛法纪来"敲门"了。

(文章来源:荆楚网,高静)

引申参考二

多些原则,少些"原则上"

在群众路线教育实践活动的整改阶段,很多单位和地方制订了实施细则、具体办法,既有针对性,操作性也强,效果很好。

但有的文件中,"原则上""一般情况下""尽量"等模糊含混的词汇,时时可见。干部看了心照不宣 —— 有"模糊"就有"空子";群众见了嗤之以鼻 —— 原来"虚晃一枪"。

不同地区、不同行业,情况确有不同,很多时候不能"一刀切",文件中有"原则上"本无可厚非。但如果一个单位的"实施细则"都频频"原则上",就令人不解了。

模糊表达易滋生特权:有"原则上",就有"原则下";有"一般情况下",就有"特殊情况下"。习近平总书记多次强调,必须"坚决反对和克服特权思想、特权现象"。无论是"八项规定"还是反对"四风",无不剑指于此。如果连实施细则都充斥着"原则上""一般情况下"等词汇,势必为特权留下后门。

千里之堤,溃于蚁穴。要在干部和群众间打掉围墙,取信于民,让群众相信执政者"一言既出,驷马难追",就得多些原则,划定"禁区",少些"原则上",杜绝"擦边球"。

(文章来源:《人民日报》)

2007 年管理类（南极司各脱）

电影《南极的司各脱》描写英国探险家司各脱上校到南极探险的故事。司各脱历尽艰辛，终于到达南极，却在归途中不幸冻死了。在影片的开头，有人问司各脱："你为什么不能放弃探险的生涯？"他回答："留下第一个脚印的魅力。"司各脱为留下第一个脚印付出了生命的代价。

审题通关

【独立审题】请认真思考后，独立拟定题目。

【审题测试】请判断以下题目是否合理。

题目1：坚持的重要性

题目2：不要漠视生命

题目3：生命诚可贵，梦想价更高

题目4：留下第一个脚印的魅力

题目5：我们要有敢为天下先的精神

题目6：我们要勇于探索

【参考答案及审题思路】

建议的题目：题目4、题目5、题目6。

这道题是故事类型题目。题干中有一个主语——探险家，发生了一件事——探险，取得了一好一坏两个结果——坏结果是不幸被冻死，好结果是留下了第一个脚印。我们在审题的时候需要对探险家的行为表达态度，从题干中"不幸""魅力"等词能看出来材料对于探险家持支持态度，故审题的方向应该是支持探险家的行为。但需要注意的是，行文中不要对探险的风险避而不谈，应指出牺牲是偶发的风险，否则说服力度会减弱。

故可参考的题目：敢为天下先；勇于探索，实现梦想。其他题目只要合理亦可。

不建议的题目：

题目1：中心不明确。没有写清楚对什么的坚持。

题目2：审题方向错误。题目应表现出对探险家勇于追求梦想的肯定。

题目3：表达有歧义。虽然题目体现出了对梦想的肯定，但不应直接与生命做比较。探险家丧生并非必然发生的结果，而是偶发的风险。

📖 参考范文

参考范文一

成功需要冒险精神

司各脱为在南极留下第一个脚印而付出了生命，但他不惧困难、勇于冒险的精神也激励了无数人。的确，广阔的疆土总是由敢于冒险和探索的人开拓的，生而为人应有此种精神，对于企业来说亦是如此，成功需要冒险精神。

冒险精神是企业生命力的源泉。有很多人害怕冒险，担心风险过大而选择逃避，然而，即使不去冒险，风险就可以避免吗？想必在产业转型升级中销声匿迹的雅虎和柯达已经为那些故步自封、畏首畏尾的企业敲响了警钟。缺少冒险精神的企业，已经在无形之中给自己铐上了一把枷锁。无论是在开拓市场、研发产品、涉猎新领域时，还是在研究新技术的过程中，各企业无时无刻不面临着来自宏观经济和竞争对手的巨大风险。风险永恒存在且避无可避，既然如此，企业就必须具备冒险精神，敢于直面这些风险，主动着手解决风险所带来的种种阻碍，唯有如此，才可为自身提供更多的机会与选择，灵活面对形势变化，为企业创造鲜活的生命力。

冒险精神促使企业发现新的"蓝海"，及早抢占市场先机。众所周知，高收益必然伴随着高风险，企业若想有所成就，冒险精神必不可少。现如今产品差异化是企业竞争力的核心因素。面对消费者极具多样化与时效性的需求，企业如果继续因循守旧，必定会被市场淘汰，而那些秉持冒险精神锐意进取，依靠研发创新赢得市场需求的企业方能在市场竞争中脱颖而出。冒险精神要求企业在激烈的竞争中不断探索新的发展方向，发现新的机遇，从而确立自身优势所在，与对手拉开差距。无论是"寒门贵子"马云、刘强东，还是曾陷入价格苦战的盛景网联，无一不是在不断的冒险与探索中取得成功，这便是最好的佐证。

诚然，具有冒险精神并不等于冒进。"险"是否值得"冒"还需要企业管理者进行客观的衡量与理性的判断，在合理分析可行性后再采取行动才是良策。如果只是不假思索地冒进，不仅难以抓住机遇，还很有可能在与对手的竞争中被"杀"得片甲不留。

综上所述，成功需要冒险精神。

参考范文二

勇于探索，实现梦想

司各脱深知南极探险的过程必然会伴随着风险，但他依然勇敢地选择直面风险，勇于探险，最终在南极留下了第一个脚印，实现了梦想。追梦途中固然伴随风险，但梦想不是唾手可得的，不勇于探索，怎能实现梦想？

探索中发现真知，探索中发现奥秘，人类在一次又一次的探索中离梦想越来越近。没有探索精神，居里夫人不会发现镭元素，科学的进步可能还要推迟很久；没有探索精神，爱迪生发明不了灯泡，我们的世界可能还是一片黑暗；没有探索精神，袁隆平培育不出超级杂交水稻，中国可能还处于饥荒的水深火热之中……人类每一次令人惊喜的进步都离不开这些科学家的探索，失败的风险阻挡不了他们探索的脚步。我们不一定会像他们一样成功，但是我们人生每个阶段的进步都离不开探索，并在探索中不断提高自己，不断接近自己的梦想。

反之，停止探索的脚步就会离梦想越来越远。"力学之父"牛顿早年通过不断探索，在物理学上获得了辉煌的成就，但其晚年却因迷信神学、炼金术而碌碌无为。追逐梦想的过程是不断探索的过程，探索的脚步一旦停止，梦想就很难实现。

有人会说，探索付出的代价太大了，因为承受不了风险，所以不敢冒险；也有人说，不探索，走前人的路，参照别人的成功经验，也能实现梦想。勇于探索确实不能不计风险，但是风险是可控的，我们只要合理估计并加以控制，便能大大减少风险所带来的负面影响。另外，因循守旧不能实现发展，更不能实现梦想。我们每个人都是不同的个体，每个人成功的途径也大不相同，仅仅照搬别人的做法不仅实现不了梦想，还可能得不偿失，离梦想越来越远，因此还需根据个人实际情况探索属于自己的方法。

不仅个人梦想的实现离不开探索，企业、国家的发展更离不开探索。只有敢于探索，企业才能在日新月异、竞争激烈的市场上寻求到合适的发展道路；只有勇于探索，国家才能实现人民幸福感、国家综合国力的提升。

因此，我们不应因风险而停止探索，实现梦想的机会只留给那些不畏风险、勇于探索的人！

引申参考

引申参考一

拿出敢为天下先的勇气

APEC 盛会落下帷幕，以北京雁栖湖为新起点的亚太雁舞才刚刚开始。增长动力从哪里来？多赢红利从哪里来？联动效应从哪里来？毫无疑问，只能从改革中来、从创新中来。"惟改革者进，惟创新者强，惟改革创新者胜"，习近平主席做出的判断，是中国过去 30 余年发展腾飞的切身体会，也是亚太梦想化为现实的必由之路。激发市场蕴藏的活力，全速发动创新引擎，推进高水平对外开放，让老百姓过上更好的日子，前路漫漫，但只要拿出敢为天下先的勇气，锐意改革，激励创新，不断寻求新增长点和驱动力，这样的目标一定能够实现。

——《人民日报》编者

当太平洋成为一个"内海"，中国发展也会走上国内与国际激荡交响、互联互通的新征程。

如果说 2008 年北京奥运会开幕式上，烟花点亮的"大脚印"隐喻了"中国登场"；那么刚刚落幕的北京 APEC 会议，再次用焰火绘出"四季花开"，无疑是向世界宣告"中国绽放"。

的确，与北京奥运一样，这也是一次可以载入史册的盛会。"亚太梦想"的理念，传递"大家庭"的温度；自由贸易区的规划，激发一体化的动力；"一带一路"的蓝图，打通陆地海洋的经络；投资银行的建立，连通共同的金融血脉……这些"中国构想"，打破了停留在理念、口号层面的合作，让

"命运共同体"的概念有了现实的支撑。有国外媒体在分析两份成果文件后感叹，北京 APEC 绘就了新的亚太经济合作路线图。"北京红利"持久而深沉地释放，必将让更多人认识到这次会议对世界的影响，审视其里程碑式的意义。

"生活从不眷顾因循守旧、满足现状者，而将更多机遇留给勇于和善于改革创新的人们。"几经沉沦与抗争、奋发与崛起，今日中国终于站在了世界舞台的聚光灯下，却心怀更大的梦想、眼望更远的前方——那里有浩渺无极的太平洋，有这个蔚蓝色星球繁荣而和平的明天。"惟改革者进，惟创新者强，惟改革创新者胜"，恰如习近平主席在北京 APEC 会议上的铿锵宣示，要共创一个"太平洋时代"，仍需我们拿出敢为天下先的勇气。

长江黄河奔腾入海，太平洋的风吹上绵延无穷的岸。打开视野才能更好地理解中国全面深化改革的胸襟和格局。在新一轮改革构想中，"世界"已经不仅是倒逼的景深，更是主动经略的对象。"亲望亲好，邻望邻好"，习近平主席屡屡引用的俗语饱含着中华文明独特的智慧。拿出 400 亿美元成立丝路基金，出资 500 亿美元发起建立亚洲基础设施投资银行……中国有能力、有意愿向亚太和全球提供更多的公共产品，也欢迎大家搭乘中国发展的快车。当太平洋成为一个"内海"，中国发展的路径也会从"对内改革、对外开放"，走上国内与国际激荡响应、中国与世界互联互通的新征程。

"惟改革创新者胜"，在全球治理的语境下，这一判断更需以"勇气"来搭配。相较于国内改革的湍急险滩，"中国号"巨轮穿越太平洋的航程更加壮阔也更为艰辛。"是深化一体化进程，还是陷入碎片化漩涡？""如何在后国际金融危机时期谋求新的增长动力？"……会议期间，习近平主席在两次演讲中，抛出了六个引人深思的问句。而提问的方式，也正是解题的思路。无论是以科技创新带动能源革命、消费革命，还是通过软硬件和人员互联互通实现一体化，都显示中国在面对世界时，同样有"空谈误国，实干兴邦"的改革气质，同样有"逢山开路，遇水搭桥"的改革决心，更同样有"导夫前路，敢为人先"的改革勇气。

这样的勇气，是拥抱世界的胸怀。中国梦与亚洲梦、亚太梦，与世界各国人民的美好梦想息息相通，同频共振才有共同的和谐繁荣。这样的勇气，是大道行思的理念。以经济为先导、以价值为支撑、以合作为抓手、以文化为纽带，才有"对于人类有较大的贡献"的雄厚底气。这样的勇气，是灵活务实的姿态。促进亚太经合组织回归"合作"初衷，把区域经济一体化水平提升到新的高度，才能走出脚下之路、规则之路和心灵之路。有人认为，当今世界正处于变革的前夜，从科技的突破到治理的创新，"奇点"将至。变革之际，也正是机遇之期。曾几次与机遇女神失之交臂的中国，正该胸怀世界的大局、走向时代的潮头，以更大勇气推动深层次改革创新，驶向民族复兴的彼岸。

1520 年，麦哲伦率领船队越过惊涛骇浪，来到一片平静的海域，船员们感叹"这真是一个太平洋"。近 500 年后，这片大洋边一个古老国度的最高领导人说，太平洋之所以广大，是因为它没有任何自然阻隔。前者是朴素的个人愿望，后者无疑更多是对于人类命运的思考。大时代需要大格局，大格局需要大智慧，大智慧带来大发展，从"深红出浅黄"的北京金秋出发，中国、亚太乃至世界，必将迎来一个花团锦簇的春天。

（文章来源：《人民日报》，2014 年 11 月 14 日 05 版，张铁）

引申参考二

<h2 style="text-align:center">青春更应在奋斗中放光彩</h2>

友人大学毕业后辗转了几家公司,薪水越领越高,心情却未"水涨船高"。深入一聊,是因为觉得有竞争压力,还不够"安稳"。不禁想起年初哈尔滨环卫系统招聘,落败研究生誓言为了生活稳定,"死也要死在编制里"。上大学选"安全"专业,就业时挑战大的不愿去、竞争强的不敢去,工作生活渴望安逸……由此让人感慨,如今一些年轻人,怎么就有一味求稳的心态呢?

不是说青年人不能有求稳心态,注重避险、追求稳健,不轻易出手、拒绝做无把握之选,可说是一类行事风格,也堪称生存哲学。孔子在《礼记·哀公问》中有言:"不能安土,不能乐天;不能乐天,不能成其身。"先求稳,一方面能促人审慎权衡、科学抉择,避免冒进风险;另一方面,也会让个体预期保持在合理范围,有利于稳中求进、稳中有为,积小胜为大胜。但求稳不等于唯稳,尤其对于青年这一独特群体而言,更须警惕过分求稳。

青年人被喻为早上八九点钟的太阳,最有朝气蓬勃、进取求变的精神风貌。诚然,离开校园、闯入社会,难免可能要历经浪高风急,体悟环生险象。也有人说,小人物总是过早与生活短兵相接,品味挫败。但惟其艰难,才更显勇毅;惟其笃行,才弥足珍贵。假如血气方刚之时就不思精进、患得患失,何谈创新,又遑论伟大变革?假如风华正茂之际就"精神早衰"、畏葸不前,又靠什么实现人生意义、升华生命价值?从这个意义上讲,年轻人不应尊崇"万石之钟,不以莛撞起音"的老成稳重,更当挥洒"到中流击水,浪遏飞舟"的青春激情。

古罗马历史学家塔西佗曾写道:"有冒险才有希望。"一个充满生机的社会,必定有胸怀梦想、敢言挑战、不惧风险的群体;一个国家和民族臻于创新的活力,也源自无所畏惧的果敢担当和不计成败的进取之心。试想,乔布斯治下的苹果公司,之所以能引领科技风潮、赢得国际市场,不正在于研发团队一次又一次的潜心试错?朱熹平教授及其团队,若非大胆假设、穷尽可能,又怎能证明庞加莱猜想、破解百年悬疑?寻找解读成功的密钥,恰在于积极求变,而非消极求稳。

也应看到,年轻人的过分求稳心态,亦有社会原因。失败不足惧,如何对待失败更关键。"失败是成功之母",在未知道路上放手探索,乃是青春之特权。正如恩格斯所说,年轻人犯错是可以原谅的。倘若社会氛围对于失败过于严苛,青年就可能惮于尝试,甚至会留下挫败感的心理阴影,其结果也必然导致"失败是失败之母"。允许失败、宽容不成功,不仅是成熟社会的应有风尚,更应成为公民的常识与素养。正因如此,美国《商业周刊》才把"宽容失败"列为硅谷文化的重要一环。积极创造条件,以制度设计打开机遇闸门,鼓励进取、宽容失败,青年人方能成为创新生力军。

青春需要以奋斗来定位坐标,用进取来成就无悔,切勿因万事求稳而丢弃"拼一把"的决心,遗失"搏一回"的信念。泰戈尔把激情喻为鼓满船帆的风,"风有时会把船帆吹断,但没有风,帆船就不能航行"。求新求变的激情,常在不经意间照亮命运的彩虹,也是发展进步永不枯竭的动力,我们的社会不可失,青年人更不可失。

(文章来源:《人民日报》,2013年11月22日04版,李浩燃)

2006 年管理类（和尚挑水）

根据以下材料，围绕企业管理写一篇论说文，题目自拟，700 字左右。

两个和尚分别住在东、西两座相邻的山上的寺庙里。两山之间有一条清澈的小溪。这两个和尚每天都在同一时间下山去溪边挑够一天用的水。久而久之，他们就成为好朋友了。光阴如梭，日复一日，不知不觉已经过了三年。有一天，东山的和尚没有下山挑水，西山的和尚没有在意："他大概睡过头了。"哪知第二天，东山的和尚还是没有下山挑水；第三天、第四天也是如此；过了十天，东山的和尚还是没有下山挑水。西山的和尚担心起来："我的朋友一定是生病了，我应该去拜访他，看是否有什么事情能够帮上忙。"于是他爬上了东山，去探望他的老朋友。

到达东山的寺庙，西山和尚看到他的老友正在庙前打拳，一点也不像十天没喝水的样子。他好奇地问："你已经十天都没有下山挑水了，难道你已经修炼到可以不用喝水就能生存的境界了吗？"东山和尚笑笑，带着他走到寺庙后院，指着一口井说："这三年来，我每天做完功课后，都会抽空挖这口井。如今终于挖出水来了，我就不必再下山挑水啦。"西山和尚不以为然："挖井花费的力气远远甚于挑水，你又何必多此一举呢？"

📖 审题通关

【独立审题】 请认真思考后，独立拟定题目。

【审题测试】 请判断以下题目是否合理。

题目1：企业当立足长远

题目2：人生要有长远目标

题目3：坚持的重要性

题目4：懂得变通

题目5：企业当创新

【参考答案及审题思路】

建议的题目：题目1。

本题是故事类型材料。题干中两个和尚做出了不同的选择，得到了不同的结果。西山和尚需要继续日复一日地挑水，东山和尚则不需要继续挑水。故我们应该支持东山和尚，找到东山和尚和西山和尚的差异性。两者最大的差异就是一个图眼前轻松，另一个图未来轻松。故本题的中心方向为"长远"。需要注意的是，虽然故事本身与企业无关，但是题干要求中明确提出了需要围绕企业管理展开。故题目及行文中还要体现出企业。

故可参考的题目：企业当立足长远；无远虑，必有近忧。其他题目只要合理亦可。

不建议的题目：

题目2：论证范围错误。题干中明确要求围绕企业管理展开，故不能把"人生"作为论证范围。

题目3：中心词错误。题干中肯定东山和尚的行为，需要找到两位和尚的差异性。而西山和尚一直在坚持打水，这也是一种坚持。故不能将"坚持"作为中心词。

题目4：中心词错误。变通在本题中太过于宽泛，应该写清楚如何变通。

题目5：中心词错误。当东山和尚告诉西山和尚可以挖井的时候，西山和尚对此不屑一顾，不是西山和尚想不到这个方法，而是他目光短浅，没有从长远考虑。故两者并不是创新观念的差异，而是眼光长远性的差异。

参考范文

企业成功需要目光长远

不同于西山和尚每天只知道下山去溪边挑够一天用的水，东山和尚每天做完功课，都会抽空挖井，这也使其最后不必再下山挑水，就可以每天都有水喝。两个和尚的行为给了我们启发，我们要懂得把目光放长远。依我之言，企业亦是如此。

企业目光长远，指的是管理者以长远的目光看待企业发展的问题，意味着不局限于事物的表面现象，而是深入挖掘企业运营过程中的方方面面，并结合行业竞争的总体态势，防范可能遇到的风险，规划企业前进的方向。

一方面，目光长远有利于企业更好地抓住机遇、迎接挑战。面对越来越激烈的市场竞争，只有目光长远才可能不断地超越原来的发展水平，为企业创造更多的生存和发展机会。在企业经营过程中，可能会受到经济政策、市场需求、科学技术以及企业自身局限等不同因素的影响，提早进行规划并实施适当的举措将帮助企业科学合理地判断目前所处的方位，把握优势，看到不足，在一定程度上避免其在发展过程中出现错误和失误，从而切实增强自身实力，积极迎接风险和挑战。

另一方面，目光长远有利于企业切实防范风险。在经济发展迅猛、社会环境不断改善、科技水平不断提高的今天，企业往往会过度沉浸于当前的平稳运行之中，从而忽视了在未来发展道路上可能会面临的困境。其实任何一个企业，即使是在发展的鼎盛时期，也可能会有阻碍其前进的因素存在。正如尼康不得已退出中国并不是因为被同行打败，而是被具有强大摄像功能的智能手机取代。这启发我们，企业需要目光长远，去预测可能到来的风险。

当然，有的人可能会说，眼前的事情都还没有处理好就迫不及待地开拓未来，是一种盲目的前进。但我们所说的目光长远其实是在着眼于现实事物的发展状况，以及理性、客观的分析基础之上实施的举动。

综上，企业目光长远，铺就的成功之路才会足够辉煌。

2005 年管理类（丘吉尔的决策）

根据下述内容，自拟题目写一篇短文，评价丘吉尔的决策，说明如果你是决策者，在当时的情况下你会做出何种选择，并解释决策依据。700 字左右。

第二次世界大战期间，英国首相丘吉尔曾做出一个令他五脏俱焚的决定。当时，盟军已经破译了德军的绝密通信密码，并由此得知德军下一个空袭目标是英国的一个城市考文垂。但是，一旦通知这个城市做出任何非正常的疏散和防备，都将引起德军的警觉，使破译密码之事暴露，从而丧失进一步了解德军重大秘密的机会。所以，丘吉尔反复权衡，最终下令，不对这个城市做任何非正常的提醒。结果，考文垂在这次空袭中一半被焚毁，上千人丧生。然而，通过这个密码，盟军了解到德军在几次重大战役中的兵力部署情况，制定了正确的应对策略，取得了重大的军事胜利。

【乃心老师小贴士】该年真题考查的并非论说文，而是案例分析试题，与近年考试方向不一致，故不做详细的审题分析。若是将题干材料当作论说文进行审题，可参考题目为：领导者要顾全大局。

参考范文

丘吉尔的决策：正确还是错误？

英国首相丘吉尔的决策在历史上一直备受争议。其中之一就是在第二次世界大战期间，他为了保守盟军破译德军通信密码的机密，决定不提醒英国的考文垂其为德军的下一个轰炸目标。结果该城市受到重创，上千人死亡。虽然后来盟军通过这个密码取得了重大军事胜利，但是这个决策还是让人们一直在思考：丘吉尔的决策是正确的还是错误的？

从当时的情况来看，丘吉尔的决策是正确的。当时的英国正处于危急关头，德国空军不断轰炸英国各地，英国需要尽可能了解德军的情况，制定正确的战略。破译德军通信密码对于盟军来说是一次重大突破，如果失去这个机会，将会对后续战争产生不可预估的影响。而且，如果英国政府对考文垂发出疏散警告，德军很有可能会意识到他们的通信密码已经被破解，从而改变他们的通信方式，这将使盟军失去进一步了解德军情报的机会。因此，为了对重要情报保密，丘吉尔的决策是正确的。

尽管从道德和人性的角度看，丘吉尔的决定很难被接受——数千人的生命被置于危险之中。然而，这不完全是一次糟糕的决策，更是一种不可避免的牺牲。在第二次世界大战期间，情报信息的重要性不言而喻。此外，当时德军的秘密通信加密水平极高，破解这一加密系统是非常困难的。因此，获得德军的信息至关重要，而这个决定的结果最终证明了其价值。

如果我是当时的决策者，我也会做出像丘吉尔一样的决定。作为一名决策者，我必须要优先考虑国家的利益，这是我的职责和使命所在。我会依照当时的情况，评估这个决定是否会影响其他关键性的情报信息，以及是否可以使用其他方法来保护该城市的民众。如果没有更好的方法，我也会像丘吉尔一样权衡利弊，并从国家利益出发，做出最好的选择。

总的来说，丘吉尔的决策是正确的，作为决策者，必须考虑国家的长远利益。

2004 年管理类（旅行者和三个人）

根据以下材料，自拟题目撰写一篇 600 字左右的论说文。

一位旅行者在途中看到一群人在干活，他问其中一位在做什么，这个人不高兴地回答："你没有看到我在敲打石头吗？若不是为了养家糊口，我才不会在这里做这些无聊的事。"旅行者又问另外一位，他严肃地回答："我正在做工头分配给我的工作，在今天收工前我可以砌完这面墙。"旅行者问第三位，他喜悦地回答："我正在盖一座大厦。"他为旅行者描绘大厦的形状、位置和结构，最后说："再过不久，这里就会出现一座宏伟的大厦，我们这个城市的居民就可以在这里聚会、购物和娱乐了。"

审题通关

【独立审题】请认真思考后，独立拟定题目。

【审题测试】请判断以下题目是否合理。

题目1：理想的重要性

题目2：一花一世界，一叶一菩提

题目3：态度决定高度

题目4：从不同的角度看问题

题目5：要有长远意识

题目6：积极心态的重要性

【参考答案及审题思路】

建议的题目：题目6。

本题是故事类型。题干中三个人虽然做着同样的工作，但是在面对旅行者的提问时，他们的回答却完全不同。故本题的审题方向是要寻找三个人的本质差异。

显然本题中更应该支持的是第三个人。第三个人呈现出来的特点就是态度更加积极、更乐观。故可参考的题目：要有积极的态度；好的心态拥抱幸福人生。

不建议的题目：

题目1：中心词不准确。题干中三个人描述的是对当下工作的看法，而非理想。

题目2：观点不明确。题目中没有清晰地呈现出想表达的观点。

题目3：结果错误。题干中没有告诉我们三个人最后的结局，所以无法判断其最终的高度，不应改变题意。

题目4：观点不明确。这一题目过于空泛，没有指出应该以什么样的角度看问题。

题目5：中心词不准确。本题中三个人的主要差异是态度、心态，而非意识的长远与否。

参考范文

积极态度的重要性

　　三个人做着相同的工作，却拥有不同的工作态度，这也使其各自拥有了不同的人生幸福感。从他们的身上也让我们看到了积极态度的重要性。

　　积极的工作态度可以让人更有责任心，责任心决定着一个人发展的宽度。积极的工作态度是一丝不苟的，尤其在工作中，有责任心的人才会被予以重任，因此就会有脱颖而出的机会。而消极怠工、草草了事的人往往会陷入一种消极的氛围，不被上司看重，拘泥于枯燥的工作，看不到自己的上升空间，人生目标变得狭隘，成了那个只能看到"石头"却看不到"大厦"的工人。

　　积极的人生态度可以使人勇于直面困难，勇于直面困难决定着一个人发展的长度。"自信人生二百年，会当水击三千里"，如果面对困难没有自信和坦然的态度，毛泽东怎能写出如此豪迈雄浑的诗篇？直面困难可以让我们在挫折中积累生活经验，可以让企业在一次次碰壁中成长。无论是个人还是企业，如果在面对困难时抱着消极避世的态度，那么你的潜能可能会被埋没，人生价值或企业目标也就很难实现，沦为那个只能看到"墙"却看不到"大厦"的工人。

　　积极的处世态度可以让人磨炼秉性，提高素养，优秀的行为素养决定着一个人发展的高度。沉静笃实者，势必会选择韬光养晦，以丰富自己的学识和内涵，建立正确的人生观和价值观，树立远大的人生目标，并为之不懈奋斗；而轻佻浮躁者，对任何事物都是浅尝辄止，缺少了深入的思考，也就不会在任何方面有建树，"假大空"势必会与理想渐行渐远。

　　由此可见，积极的态度可以衍生众多有利于成功的优秀品质，而这些品质对一个人的发展起到了潜移默化的决定性作用。因此，只有拥有积极的人生态度，我们才能让理想照进现实，建成人生的"摩天大楼"。

2003 年管理类（未考）

提示：该年只考了一篇评论性写作（即现行的论证有效性分析）和一篇文章缩写，未考论说文，与近年的考试风格差异较大，故不对该年真题做进一步解析。

2002年管理类（压力）

阅读下面一段材料，按要求作文。

在这次激烈的招聘考试中，有些志在必得的应聘者未能通过，有些未抱希望的应聘者却取得了好成绩。前者说，压力太大，影响了发挥；后者说，没有压力，发挥了高水平。看来，压力确实会破坏人的情绪。但是，人们又常说，没有压力就没有动力，这说明压力又不可缺少。究竟应当如何认识和对待压力呢？

请以"压力"为话题，写一篇文章，题目自拟，不少于700字。

审题通关

在早年的考试中，考试大纲并未规定考试文体为论说文，该年真题就不算严格意义上的论说文，而是话题作文，可以围绕话题展开讨论。

所以在审题的时候，大家可以当作论说文来审，给出明确观点，如压力就是动力。也可以当作话题作文来审，围绕话题展开讨论，如正确认识和对待压力。

参考范文

正确认识和对待压力

压力是人类生活中不可避免的一部分，既可以是推动我们前进的动力，也可以是困扰我们的心魔。在工作、学习、生活等方面，人们都面临着不同程度的压力。如何认识和对待压力，将影响我们的心理健康和生活质量。

首先，要正确认识压力。压力不是一种消极的情绪，而是一种积极的动力。它可以激发我们的内在潜能，推动我们不断进步。当我们在工作中面对具有挑战性的任务时，适度的紧迫感会使我们的工作效率和创造力得到提高，我们也会更加珍惜时间和机会。因此，适度的压力是必要的，它可以促进我们的成长和发展。

其次，要避免过度的压力。当我们的压力超过自身的承受范围时，它会成为一种负担，阻碍我们的发展。过度的压力会导致我们的心理失衡，产生焦虑、紧张等不良情绪。因此，我们需要在工作、学习和生活中保持一定的心理平衡，避免过度压力的产生。在面对压力时，我们可以尝试放松身心，进行一些有益的休闲活动，如运动、阅读等，以缓解压力和恢复能量。

最后，要善于应对压力。面对压力时，我们要学会用正确的方式应对。第一，要保持良好的心态和信心，相信自己的能力和价值。第二，要制定合理的计划和目标，分步骤逐步完成任务。第三，要加强沟通和合作，积极寻求帮助和支持。第四，要及时调整心态、目标和计划，适时调整自己的状态和方向。

综上所述，正确认识和对待压力，是人们保持心理健康和生活质量的重要方面。压力是推动我们前进的动力，但也需要我们避免过度的压力并善于应对压力。只有正确认识和应对压力，我们才能在生活和工作中不断进步，实现自己的人生价值。

2001 年管理类（成功女神）

根据所给的材料，写一篇 600 字左右的议论文，题目自拟。

1831 年，瑞典化学家萨弗斯特朗发现了钒元素。对这一重大发现，后来他在给他的朋友化学家维勒的信中这样写道："在宇宙的极光角，住着一位漂亮可爱的女神。一天，有人敲响了她的门。女神懒得动，在等第二次敲门。谁知这位来宾敲过后就走了。她急忙起身打开窗户张望：'是哪个冒失鬼？啊，一定是维勒！'如果维勒再敲一下，不是会见到女神了吗？过了几天又有人来敲门，一次敲不开，继续敲。女神开了门，是萨弗斯特朗。他们相晤了，钒便应运而生！"

审题通关

【独立审题】请认真思考后，独立拟定题目。

【审题测试】请判断以下题目是否合理。

题目1：论钒元素的发现
题目2：如何找到幸运女神
题目3：坚持敲门，好运会来到
题目4：锲而不舍有利于成功

【参考答案及审题思路】

建议的题目：题目4。

本题为故事类型，题干给出了两个人的行为并进行对比，我们需要找到两个人所发生事件的区别：维勒没有坚持，而萨弗斯特朗坚持敲门。其本质区别是：是否坚持、锲而不舍，大家应基于这一方向进行审题立意。本题题目可拟为题目4，即锲而不舍有利于成功。

不建议的题目：

题目1：没有明确观点。
题目2：没有明确观点。
题目3：直接引用了题干情节，没有对此进行解读，中心不够明确，不利于下文的展开。

参考范文

锲而不舍，促成功

萨弗斯特朗一次又一次地敲响女神之门，最终发现了钒元素，让人们对元素有了更深入的认识，他的成功也反映了一个重要的品质，那就是"锲而不舍"，同时也告诉了我们锲而不舍的重要性。

首先，锲而不舍是成功的必要条件之一。成功往往需要长时间的积累和不断的尝试，锲而不舍能够帮助我们坚定信念，不放弃自己的目标。只有持之以恒地付出努力，才有可能在一次次的尝试中获得经验和技能，达到自己的目标。

其次，锲而不舍可以培养自己的毅力和耐力。成功的道路往往充满了挑战和困难，而不屈不挠的毅力和坚韧不拔的耐力是克服困难的重要武器。在困境中，坚守信念和意志，坚强地前行，不轻易放弃，是获得成功的重要条件。

此外，锲而不舍还能让我们更好地适应变化和调整策略。成功往往需要我们适应环境和情况的变化，及时调整策略。但是，调整并不等于放弃，相反，我们应该坚持不懈地追求目标，不断尝试新的方案和方法，直到找到适合自己的方式。

最后，锲而不舍的精神可以让我们更加深刻地理解自己和生命的意义。在艰苦的努力和追求中，我们会不断地挑战自己的极限和认知，逐渐领悟到自己真正想要的是什么，进而看清自己的内心，寻找到生命的意义。

综上所述，锲而不舍是成功的必要条件之一，具有帮助我们培养毅力和耐力、适应变化和调整策略、深刻理解自己和生命意义等多方面的作用。只有在坚定信念、持之以恒地追求自己的目标的同时，不断地积累经验和技能，才能最终取得成功。

2000 年管理类（毛泽东周谷城）

根据所给材料写一篇 500 字左右的议论文，题目自拟。

　　解放初期，有一次毛泽东和周谷城谈话。毛泽东说："失败是成功之母。"周谷城回答说："成功也是失败之母。"毛泽东思索了一下，说："你讲得好。"

审题通关

【独立审题】请认真思考后，独立拟定题目。

【审题测试】请判断以下题目是否合理。

题目 1：成功与失败

题目 2：成功与失败的转化关系

题目 3：成功是失败之母

题目 4：失败是成功之母

题目 5：居安思危才能成功

题目 6：生于忧患，死于安乐

题目 7：要学会转变视角

【参考答案及审题思路】

建议的题目：题目 3、题目 6。

本题的题干形式为：

人物一：A。

人物二：B。

人物一：你对。

通过形式不难看出，两个人对于 B 达成了共识，故该题的审题方向不应是全部信息的堆叠，而应该重点关注 B。

将 B 代入，即关注的核心内容应该为周谷城所说的话，即"成功是失败之母"。

本题直接用材料中的观点作为立意即可，也可进行变形，使中心更为明确。

故可参考的题目：成功是失败之母；生于忧患，死于安乐。

不建议的题目：

题目 1：中心词错误，无明确观点。

题目 2：中心词不明确，无明确观点。

题目 4：审题方向错误，背离题意。

题目 5：逻辑有缺陷，表达过于绝对。
题目 7：中心词不明确，没有说明如何转变视角。

参考范文

莫使"成"中生"败"

"失败乃成功之母"称得上是名言中的名言，意为失败者只要从失败中吸取教训，奋力而为，成功将继之于后。多少年来，它给失败者和身处逆境者以信心和力量，成为他们的座右铭。然而细细想来，"成功"之中又何尝不是常有"失败"的阴影潜伏？

一些人通过自己的努力，在事业上取得了很大成就，积累了巨大的财富，甚至登上了高位，赢得了各种殊荣，可谓"成功"。但成功之后，有些"成功者"不思进取，甚至忘乎所以，或躺在功劳簿上睡大觉，或居功自傲，视法律和道德为儿戏，终沦为失败者甚至阶下囚，先成后败、因成而败。

卧薪尝胆，逆境求胜，是人性固有的奋进一面，古今中外不乏这样的例证；胜而怠，赢而骄，成而懈，则是人类心理的劣性，这样的例子古今中外也比比皆是。失败往往成为一种力量和强心剂，成功有时则是包袱和麻醉剂。失败者不吸取教训加倍努力肯定无法转败为胜，成功者不警觉清醒再上新台阶必然转胜为败。败中取胜不易，成功之后立于不败之地更难。成功者得意扬扬、忘乎所以的嘴脸，有时比失败者的垂头丧气还要不堪。

古语云："学如逆水行舟，不进则退。""学"如此，人生的其他方面也是如此。朱熹也说，"凡人不进便退也""无中立不进退之理"。在信息社会的今天，知识也在以惊人的速度"折旧"，只有不断地更新知识才能紧跟时代的步伐，否则时代会把我们抛得越来越远。当今社会竞争异常激烈，只有具备坚忍不拔的毅力和精进不止的品格，才能不断前进，在学业和事业上立于不败之地；只有胜而不怠、赢而不骄、成而不懈，不断开拓进取，才能走进知识、事业、人格的新境界。

可见，若说"成功乃失败之母"，虽有些文字游戏的味道，却也不失为一句警策之语。

（改编自《人民日报》，2015 年 07 月 06 日 24 版）

1999 年管理类（画一天，卖一年）

根据所给材料写一篇 500 字左右的议论文，题目自拟。

一位画家在拜访德国著名画家门采尔时诉苦说："为什么我画一张画只要一天的时间，而卖掉它却要等上整整一年？"门采尔严肃认真地对他说："倒过来试试吧，如果你用一年的时间去画它，那么只需一天就能够把它卖掉。"

📖 审题通关

【独立审题】请认真思考后，独立拟定题目。

【审题测试】请判断以下题目是否合理。

题目1：坚持的重要性

题目2：效率的重要性

题目3：厚积有利于薄发

题目4：韬光养晦有利于锋芒毕露

【参考答案及审题思路】

建议的题目：题目3、题目4。

本题是一个故事类型材料，两组故事情节的结果截然相反，审题过程中我们需要找到是什么样的过程差异导致了结果差异。

过程差异是，一张画，一个人画了一年，另一个人画了一天，这背后体现的就是前者在积累、韬光养晦、注重质量，而后者则急于求成。

结果差异是，前者的画卖得快，后者的画卖得慢，这其实体现的就是成功的快慢。

故综合这两组因素，我们可以将题目拟为：韬光养晦有利于锋芒毕露；厚积有利于薄发；要效率，更要质量。

不建议的题目：

题目1：那位画家坚持卖一年画也是一种坚持，故这个题目没有体现出那位画家和门采尔的本质差异。

题目2：两个人画画加卖画的时间都是一年零一天，故没有直观地体现出效率的差异。

📖 参考范文

要效率，更要质量

画家的"一日之作"不被市场所喜爱，门采尔给出了问题产生的原因，其言外之意是想告诉画家，重效率的同时要兼顾作品质量。这告诉我们：企业在高效发展时，不能顾此失彼，要保证质量。

很多企业为了追求高效发展，往往会以产品质量的下降作为代价。归其原因无非企业急于求成，然而效果却很可能适得其反。企业如果缺少扎实的经济基础和经验基础，还处于发展中便好高骛远，试图一步登天，即试图迅速在竞争市场中站稳脚跟并与业内龙头对峙。这势必要消耗大量的人力、物力，会给企业带来不必要的经济压力，同时还可能会紧缩企业的资金流通量，导致生产投入等各方面资金缩水，从而影响产品的质量。

过于讲究效率，导致产品质量的下降会带来一系列恶果。其一，业内龙头企业凭借自身的经济优势，势必会与其他企业在竞争市场中产生贸易摩擦，比如价格战，如此对企业的发展是极其不利的，甚至企业自身的发展会被强势企业拖垮；其二，自身产品质量的下降将导致消费者的认可度和消费黏性的下降，进而导致客户群体的流失，如此便会进一步延长企业的现金回收期，导致资金周转进一步受阻，陷入恶性循环。

健康稳健的企业发展是边际效益递增的——企业在发展前期虽然效率较低并且进步较慢，但是只要保证了产品质量，步步为营，企业未来的发展必将获得质的飞跃。由此可见，与其"三步并作两步走"，不如坚守质量关，这样"画"才能脱销。

1998 年管理类（儿童高消费）

根据所给材料，写一篇 500 字左右的议论文，题目自拟。

当前，儿童高消费已经越来越严重，许多家长甚至让孩子吃名牌、穿名牌、用名牌、玩名牌，而自己却心甘情愿地过着节俭的日子。

审题通关

【独立审题】请认真思考后，独立拟定题目。

【审题测试 1】请对下列论说文试题进行审题，并思考这道试题与 1998 年真题之间的关系。

(2018 年经济类综合能力考试论说文真题) 阅读下面的材料，并据此写一篇不少于 600 字的论说文，题目自拟。

近期有报道称，某教授颇喜穿金戴银，全身上下都是世界名牌，一块手表价值几十万，所有的衣服和鞋子都是专门定制的，价格不菲。他认为对"好东西"的喜爱没啥好掩饰的。"以前很多大学教授都很邋遢，有些人甚至几个月都不洗澡，现在时代变了，大学教授应多注意个人形象，不能太邋遢了。"

【审题测试 2】请判断以下题目是否合理。

题目 1：注重名牌又何妨

题目 2：物质供给需适度

题目 3：儿童高消费不可取

题目 4：不应过度重视品牌

【参考答案及审题思路】

第 1 道测试题的参考题目为：

"穿金戴银"又何妨

本题与 1998 年真题高度相似，都是讨论对名牌、高消费等的态度，但是立意方向截然相反，这主要是由题干所体现出来的情感倾向所决定的。在此，想借助两道题的对比提醒各位同学，相似题的拟题方向很可能是完全相反的，千万不要根据固有认知来判断拟题方向，一定要从题干出发，找准拟题方向。

第 2 道测试题的参考答案如下：

建议的题目：题目 2、题目 3、题目 4。

本题对于儿童高消费的行为持批判态度，故题目应体现出对儿童高消费的否定态度。

故可参考的题目：儿童高消费不可取；物质不应过度。其他题目只要合理亦可。

不建议的题目：题目 1。

参考范文

参考范文一

物质供给需适度

现如今越来越多的家长对子女生活上的供给逐渐从吃得饱演变为吃得好，从穿要得体转变为穿要"贵气"。无论是出于父母的宠爱还是物质的富足，父母的行为都无可厚非，但是我认为，物质供给需适度，精神培养不可无。

家长过分提高子女的消费标准，容易造成精神品质培养的缺位。家长皆抱着望子成龙的期许，盲目地将培养重心放在子女的生活水平上，希望其能有一个适合成长发展的更为优越的外部条件，但这往往会忽视精神品质的培养。对未成年人的未来发展有着深远影响的恰恰是品质的塑造，物质条件的影响微乎其微。"李天一"案件就是一个道德培养缺位的典型。过分满足未成年人的物质需求往往会滋生骄奢淫逸的不正风气，轻者碌碌无为，重者锒铛入狱。

过度的物质供给，会影响到未成年人积极价值观和健康人生观的形成。物质的富足会造成互相攀比，这种违背社会主义核心价值观的行为不利于未成年人的身心健康。此外，过分强调吃穿会使其忽略对知识技能的学习，好逸恶劳、缺乏真才实学，只注重形式主义者无法在社会中立足。另外，家长无度地宠溺子女还会给家庭增加不必要的经济压力，百害而无一利。

反之，倡廉节俭有助于让未成年人体会到物力维艰的真正含义，使其明白努力奋斗的必要性和重要性，有助于其树立正确的价值观导向。同时，节约意识有助于其培养积极上进的求学心态，建立健全人格，使其未来得以在社会上立足和发展。

家长可以转变培养重点，将钱花在培养孩子品性的"刀刃上"，让未成年人提早明白"踏实做人、认真做事"的道理。所以，物质丰富只是人才形成的充分条件，精神培养才是人才培养不可或缺的必要条件。

参考范文二

儿童高消费：浮华背后的危害

近年来，儿童高消费现象越来越严重，许多家长纷纷给孩子提供名牌服饰、电子设备等高档物品，这样的消费模式给孩子带来了浮华和虚荣，其背后隐藏着种种危害。儿童高消费不仅没有带来实际的利益，反而会对孩子的身心健康造成不良影响。

首先，儿童高消费会导致孩子的消费观和人生观扭曲。在家长的引导下，孩子们很容易以物质为中心，忽视学习和成长的重要性。他们会过分地在意名牌，认为只有拥有更多的高档物品才能得到别人的认可和赞赏。这种消费观念一旦形成，很有可能会对他们的未来产生深远的影响。

其次，儿童高消费会破坏经济平衡与家庭和谐。许多家庭因为孩子的高消费而负债累累，家庭支出失控，造成了极大的经济压力。家长为了满足孩子的需求，常常加班赚钱或者降低生活质量，给自己和孩子带来极大的心理压力。同时，父母为了让孩子过上好的生活而疏忽了陪伴和关心，这也会对家庭关系造成负面影响。

最后，儿童高消费会对孩子的身心健康造成损害。过度的物质享受会让孩子变得浮躁和功利，追求外在的物质享受，而忽视内在的精神需求。儿童时期是孩子身体和心理发育的关键时期，过度的消费和浮华的生活方式会影响孩子的身体和心理健康，导致孩子出现各种健康问题。

综上所述，儿童高消费现象的背后隐藏着巨大的危害，我们不能只看到眼前的物质享受，而忽视了长远的影响。

【乃心老师小贴士】该年考试的字数要求为500字左右，但为了提高该年真题的参考价值，该范文是按照700字左右的字数要求展开的。

1997 年管理类（洋招牌）

根据所给材料，写一篇 500 字左右的议论文。题目自拟。

时下，商店、企业取洋名似乎成了一种时尚，许多店铺、厂家竞相挂起了洋招牌，什么爱格尔、欧兰特、哈勃尔、爱丽芬、奥兰多等触目皆是。翻开新编印的黄页电话号码簿，各种冠了洋名的企业也明显增多。甚至国货产品广告，也以取洋名为荣。

📖 审题通关

【独立审题】请认真思考后，独立拟定题目。
【审题测试】请判断以下题目是否合理。

题目 1：取洋名又何妨
题目 2：莫要以取洋名为荣
题目 3：名字对企业发展的影响
题目 4：国货当振兴

【参考答案及审题思路】

建议的题目：题目 2。

该年真题主要讨论的是"取洋名"的问题，从题干中"甚至"等表达能感受到材料对于"取洋名"的态度是拒绝的。故审题方向为：莫要以取洋名为荣。

不建议的题目：

题目 1：方向错误，该题目支持取洋名。
题目 3：偏离主题，题干没有讨论名字对发展的影响。
题目 4：题干讨论的是取名的问题，不是国货发展的问题。

📖 参考范文

莫要以取洋名为荣

近年来，商家取洋名已经成为一种时尚，不仅仅是为了追求新颖和时尚，更多的是为了提升品牌形象和产品的市场竞争力。然而，我们不能仅仅因为这种行为在当前社会风靡而盲目跟风。我们需要认真思考，商家取洋名的行为对于我们的文化和经济发展是否有好处，以及这种行为会给我们带来什么样的风险和挑战。

首先，商家取洋名可能会对我们的文化产生负面影响。在我们的传统文化中，我们有着独特的语言和文化符号，这些符号和语言是我们文化的重要组成部分。然而，商家取洋名的行为却会逐渐地淡化我们自己的文化符号,导致我们的文化日益缺乏独特性和创造力。这将使我们在国际文化交流中处于弱势地位,难以与其他国家的文化竞争。

其次,商家取洋名并不一定能够为企业带来真正的利益。在市场竞争激烈的当今社会,企业需要更多地关注产品的质量和服务水平,而不是依靠取洋名来提升品牌形象。商家取洋名的行为只是一个表象而已,并不能证明产品质量好、服务水平高。如果企业不能提供优质的产品和服务,仅妄想依靠取洋名来吸引顾客,最终只会导致企业的失败和倒闭。

拒绝商家取洋名看起来可能有些小题大做,但实际上这是为了更好地尊重文化的多样性和建立文化自信心。通过使用本土的语言和文化来给品牌命名,商家可以更好地表现自己的特色和文化底蕴,更好地与当地消费者建立联系;同时,也能够避免涉及其他国家或民族的文化和历史,从而减少文化冲突的可能性;更重要的是,对自身语言和文化的倡导,会不断地加强我们的文化自信心。

因此,我们应该摒弃取洋名为荣的心态,倡导和支持本土品牌和文化符号的发展和壮大。

MBA 综合能力考试论说文真题

2013 年 10 月（实现中国梦）

阅读以下资料，给全国的企业经理写一封公开信，并在信前添加合适的标题文字，700 字左右。

改革开放以来，中国经济发展的速度举世瞩目。按国际货币基金组织的统计，在 188 个国家与地区中，1980 年，我国按美元计算的 GDP 位列第 11 位，只是美国的 7.26%，日本的 18.63%，从 2010 年起位列世界第 2 位，成为世界第二大经济体。到 2012 年，我国的 GDP 是美国的 52.45%，日本的 137.95%，与 30 年前不可同日而语。然而，从能源消耗看，形势非常严峻。1980 年，我国能源消耗总量为 6.03 亿吨标准煤，到 2012 年增加到 36.20 亿吨，为 1980 年的 6 倍。按石油进口量排名，1982 年我国在世界排名中位列第 43 位，从 2009 年起上升到第 2 位，而且面临继续上升的困境。与能源消耗相关的污染问题也频频现于报端，引起全国民众和政府的极大关注。能源消耗和污染问题已经成为阻碍我们实现"中国梦"的两个难关，对此，我们要群策群力，攻坚克难。

审题立意

该年真题的题干中明确要求给全国的企业经理写一封信，所以大家在行文的时候需要体现出书信的风格，并且论证对象是企业。本题的参考题目为：节能减排，走可持续发展之路；既要金山银山，也要绿水青山。

参考范文

参考范文一

节能减排，推动企业可持续发展

尊敬的企业经理们：

中国经济发展的速度举世瞩目，但同时也面临着严峻的能源消耗和污染问题。这不仅对企业的发展构成挑战，也给我们实现"中国梦"带来了阻碍。因此，我们需要共同应对这个问题，共同节能减排，推动企业可持续发展。

首先，共同应对能源消耗和污染问题是企业的社会责任。企业是社会的一部分，应该承担起维护社会环境的责任。如果企业只顾自身利益而忽略环境污染和能源消耗的问题，不仅会损害社会公共利益，也会影响到企业的形象和声誉，从长远来看对企业发展不利。

其次，共同应对能源消耗和污染问题是企业可持续发展的必要条件。随着全球气候变化越来越显著，自然灾害、水资源紧缺、食品供应不足等问题难以避免，这些问题将对企业的供应链和业务运营产生影响，企业不得不采取措施适应这种变化。如果企业忽略环境保护，长期以来只顾眼前利益，必然会自食其果，遭受经济、社会和环境三方面的损失。而只有积极应对环境问题，才能够为企业带来更好的商业机会和可持续发展的未来。

最后，共同应对能源消耗和污染问题是企业发展的竞争优势。在当前全球范围内，环保经济、清洁能源、低碳产业已经成为经济发展的新趋势，而企业的环保意识和能源管理水平将成为衡量企业竞争力的重要指标。有数据显示，企业积极采取环保措施，不仅可以提高资源利用率，降低成本，还可以提高企业品牌形象和企业信誉，吸引更多消费者和投资者。

因此，我们应该共同应对能源消耗和污染问题，采取可持续的措施，建立绿色经济、低碳经济，为企业的可持续发展和社会的可持续发展做出积极贡献，为实现"中国梦"尽一份力。

参考范文二

既要金山银山，也要绿水青山

尊敬的企业经理们：

你们好！

改革开放以来，我们国家的发展取得了令世人瞩目的成果。现在的我们已不是20世纪70年代的经济落后国家，作为世界第二大经济体的我们已经实现了国家整体实力的飞跃，并向着实现"中国梦"的伟大目标继续努力前进着。但是在这个成绩的背后，能源消耗和环境污染问题也越发严重，急需治理。

改革开放初期，为了提高国家的工业水平，煤炭、石油等能源作为工业生产的必需品被大量使用。虽然工业发展取得了长足进步，但是能源使用中所产生的废气、废料被随意排放。尽管当年的时代背景特殊，但现在的中国早已不是当年百废待兴的落后国家，我们不仅要继续发展，还要保护好我们自己的家园。因为这不仅是给后人留下的最宝贵的财产，也是实现"中国梦"的必经之路。

在保护、治理环境的同时，用发展新能源来代替原始能源也是有效的手段。原始能源作为不可再生能源，终有一天会被开采殆尽。我国作为能源消耗和进口大国，一旦能源短缺，我们的经济和民生都会受到沉重打击。发展新能源不仅可以发展新产业，促进传统行业转型升级，也可以确保我们在其他国家限制能源进口通道的时候不受制于人。

尽管减少能源消耗和治理环境污染都需要投入大量的人力、物力去整治、开发新能源和新技术，但是，各位可曾想过，一旦环境污染到了无法弥补的时候，我们再进行治理所要花费的人力、物力会更多，当环境污染已经危及我们的生活时，当我们连自身的健康都无法保证时，我们还怎样发展企业呢？

就像习近平总书记总结的那样，当年的我们，为了金山银山，不要绿水青山；现在的我们，既要金山银山，也要绿水青山。"中国梦"不是一个人的梦，"中国梦"也不是一两个人就能实现的，是需要全社会共同努力才能实现的，作为奋斗在第一线的企业的中坚力量，你们更是能在这其中大有作为的部分。让我们一同为实现"中国梦"而努力奋斗！

参考范文三

节能降耗，共建美丽中国

尊敬的各位企业经理：

你们好！

改革开放以来，我国经济建设取得了举世瞩目的成就，已跃升为全球第二大经济体。与此同时，我国能源消耗形势严峻，能源污染频现报端。为此，我向各位企业经理发出倡议：节能降耗，从现在做起，维护生态环境，共建美丽中国。

长期以来，企业的粗放式发展给我国的生态环境造成了极其恶劣的影响。企业普遍存在缺乏能源使用规划的情况，能源利用的低效率致使污染严重，影响了人们的健康生活。而治理污染又需要投入大笔资金，却收效甚微，形成了"先污染，后治理"的恶性循环。以上种种无不是由于企业利益至上、贪婪无度的心态在作祟。

企业以盈利为目的无可非议，但企业在追求自身利益的同时，不应忘记承担社会责任。身为企业经理，也不能只顾眼前的"金山银山"，更要为子孙后代留下"绿水青山"。企业要将眼光放得长远，注重生态保护，选择既能够保护环境，也能让企业长期经营的可持续发展方式。只顾眼前利益、竭泽而渔者，不但会破坏环境，而且会让企业陷入"明年无鱼"的困境，反而害了自己。

现如今，我国已进入经济发展新阶段，新的社会发展状况对企业发展也提出了新要求。实现节能降耗，需要企业主动转型，由粗放向集约过渡，促进产业升级，从源头上控制污染的过度排放。同时，要建立节能降耗的规章制度，控制各生产环节的能耗。作为企业经理，还要注重发挥创新精神，集思广益，鼓励提高能源利用效率，高效利用清洁型能源。还应当加强对员工节能降耗意识的宣传和培训，提倡绿色环保行为，将环保意识融入企业文化。

环境与我们每个人都息息相关，保护环境也需要我们每个人身体力行。让我们共同努力，节能降耗，共建美丽中国。

参考范文四

厉行节能减排，走可持续发展之路

尊敬的企业经理人：

你好！

自改革开放以来，我国经济迅猛发展，目前已经成为全球排名第二的经济体。但是随之而来的是严峻的能源消耗问题以及亟待解决的环境污染问题，它们甚至已经成为实现"中国梦"的阻碍。因此，如何高效地解决这些问题已成为当务之急。

毋庸置疑，国家会大力支持经济的发展升级。但是，面对环境问题，我们也要做出应有的改变。

技术的迅速发展、科研人才的涌现、强有力的资金支持，为我国发展绿色经济提供了充足的条件。我们从大自然索取能源，也要保护大自然，如此人类才能和自然和谐相处。

能源消耗和环境污染问题也会影响到企业的发展升级。随着能源需求的增加，除了采购成本增加之外，处理废气、废水的后续成本亦随之攀升。但考虑到虎视眈眈的竞争对手、消费者的消费水平等因素，产品涨价并不是最优的解决方案，大部分企业只能压缩利润。长此以往，企业的资金很可能无法支持扩大再生产和研发新产品。如此，企业也会陷入困境。

但是，节能减排发展绿色经济为我们指引了新的方向。近年来国家一直在支持绿色能源的研发，企业要想打破能源消耗的困境，就应该大力采用绿色能源，它们可以提供充足的能量，却只产生极少的污染物，有助于企业降低生产成本。无论是对企业，还是对环境、对人民，这都是更好的选择。走可持续发展之路，才是长久发展之计。

我们可以回看西方工业国家的经济发展史，它们大都经历了"发展—污染—治理—再污染"的痛苦过程，前车之鉴，后事之师。我们应以此为戒，做到发展经济的同时保护好环境。我们既要金山银山，也要绿水青山。身在当代，心为千秋，子孙后代的发展也要以环境为基础，因此我们的责任更加重大。

让我们一起贡献自己的力量，将节能减排落实到行动中，走可持续发展之路！

引申参考

绿水青山就是金山银山

建设生态文明是关系人民福祉、关乎民族未来的大计，是实现中华民族伟大复兴中国梦的重要内容。

1. 良好生态环境是最普惠的民生福祉

生态文明是人类社会进步的重大成果。人类经历了原始文明、农业文明、工业文明，生态文明是工业文明发展到一定阶段的产物，是实现人与自然和谐发展的新要求。建设生态文明，不是要放弃工业文明，回到原始的生产生活方式，而是要以资源环境承载能力为基础，以自然规律为准则，以可持续发展、人与自然和谐为目标，建设生产发展、生活富裕、生态良好的文明社会。

人与自然的关系是人类社会最基本的关系。自然界是人类社会产生、存在和发展的基础和前提，人类可以通过社会实践活动有目的地利用自然、改造自然，但人类归根结底是自然的一部分，在开发自然、利用自然的过程中，人类不能凌驾于自然之上，人类的行为方式必须符合自然规律。人与自然是相互依存、相互联系的整体，对自然界不能只讲索取不讲投入、只讲利用不讲建设。保护自然环境就是保护人类，建设生态文明就是造福人类。

历史地看，生态兴则文明兴，生态衰则文明衰。古今中外，这方面的事例众多。恩格斯在《自然辩证法》一书中就深刻指出，"我们不要过分陶醉于我们人类对自然界的胜利。对于每一次这样的胜利，自然界都对我们进行报复"，"美索不达米亚、希腊、小亚细亚以及其他各地的居民，为了得到耕地，毁灭了森林，但是他们做梦也想不到，这些地方今天竟因此而成为不毛之地"。历史的教训，值得深思！

中华文明传承五千多年，积淀了丰富的生态智慧。"天人合一""道法自然"的哲理思想，"劝君莫打三春鸟，儿在巢中望母归"的经典诗句，"一粥一饭，当思来之不易；半丝半缕，恒念物力维艰"的治家格言，这些质朴睿智的自然观，至今仍给人以深刻警示和启迪。

我们党一贯高度重视生态文明建设。二十世纪八十年代初，我们就把保护环境作为基本国策。进入新世纪，又把节约资源作为基本国策。多年来，我们大力推进生态环境保护，取得了显著成绩。但是经过三十多年的快速发展，积累下来的生态环境问题日益显现，进入高发频发阶段。比如，全国江河水系、地下水污染和饮用水安全问题不容忽视，有的地区重金属、土壤污染比较严重，全国频繁出现大范围、长时间的雾霾污染天气，等等。

这些突出的环境问题对人民群众的生产生活、身体健康带来严重影响和损害，社会反映强烈，由此引发的群体性事件不断增多。这说明，随着社会发展和人民生活水平不断提高，人民群众对干净的水、清新的空气、安全的食品、优美的环境等的要求越来越高，生态环境在群众生活幸福指数中的地位不断凸显，环境问题日益成为重要的民生问题。正像有人所说的，老百姓过去"盼温饱"现在"盼环保"，过去"求生存"现在"求生态"。

2. 保护生态环境就是保护生产力

改革开放以来，我国坚持以经济建设为中心，推动经济快速发展起来，在这个过程中，我们强调可持续发展，重视加强节能减排、环境保护工作。但也有一些地方、一些领域没有处理好经济发展同生态环境保护的关系，以无节制消耗资源、破坏环境为代价换取经济发展，导致能源资源、生态环境问题越来越突出。比如，能源资源约束强化，石油等重要资源的对外依存度快速上升；耕地逼近十八亿亩红线，水土流失、土地沙化、草原退化情况严重；一些地区由于盲目开发、过度开发、无序开发，已经接近或超过资源环境承载能力的极限；温室气体排放总量大、增速快；等等。这些状况不改变，能源资源将难以支撑、生态环境将不堪重负，反过来必然对经济可持续发展带来严重影响，我国发展的空间和后劲将越来越小。习近平总书记指出："我们在生态环境方面欠账太多了，如果不从现在起就把这项工作紧紧抓起来，将来会付出更大的代价。"

环顾世界，许多国家，包括一些发达国家，都经历了"先污染后治理"的过程，在发展中把生态环境破坏了，搞了一堆没有价值甚至是破坏性的东西。再补回去，成本比当初创造的财富还要多。特别是有些地方，像重金属污染区，水被污染了，土壤被污染了，到了积重难返的地步，至今没有恢复。英国是最早开始走上工业化道路的国家，伦敦在很长一段时期是著名的"雾都"。一九三〇年，比利时爆发了世人瞩目的马斯河谷烟雾事件。二十世纪四十年代的光化学烟雾事件使美国洛杉矶"闻名世界"。殷鉴不远，西方传统工业化的迅猛发展在创造巨大物质财富的同时，也付出了十分沉重的生态环境代价，教训极为深刻。

中国是一个有十三亿多人口的大国，我们建设现代化国家，走美欧老路是走不通的。能源资源相对不足、生态环境承载能力不强，已成为我国的一个基本国情。发达国家一两百年出现的环境问题，在我国三十多年来的快速发展中集中显现，呈现明显的结构型、压缩型、复合型特点，老的环境问题尚未解决，新的环境问题接踵而至。走老路，去无节制消耗资源，去不计代价污染环境，难以为继！中国要实现工业化、信息化、城镇化、农业现代化，必须走出一条新的发展道路。

我们只有更加重视生态环境这一生产力要素，更加尊重自然生态的发展规律，保护和利用好生态环境，才能更好地发展生产力，在更高层次上实现人与自然的和谐。要克服把保护生态与发展生产力对立起来的传统思维，下大决心、花大气力改变不合理的产业结构、资源利用方式、能源结构、空间布局、生活方式，更加自觉地推动绿色发展、循环发展、低碳发展，决不以牺牲环境、浪费资源为代价换取一时的经济增长，决不走"先污染后治理"的老路，探索出一条环境保护的新路，实现经济社会发展与生态环境保护的共赢，为子孙后代留下可持续发展的"绿色银行"。

3. 以系统工程思路抓生态建设

习近平总书记强调，环境治理是一个系统工程，必须作为重大民生实事紧紧抓在手上。要按照系统工程的思路，抓好生态文明建设重点任务的落实，切实把能源资源保障好，把环境污染治理好，把生态环境建设好，为人民群众创造良好生产生活环境。

要牢固树立生态红线的观念。生态红线，就是国家生态安全的底线和生命线，这个红线不能突破，一旦突破必将危及生态安全、人民生产生活和国家可持续发展。我国的生态环境问题已经到了很严重的程度，非采取最严厉的措施不可，不然不仅生态环境恶化的总态势很难从根本上得到扭转，而且我们设想的其他生态环境发展目标也难以实现。习近平总书记强调："在生态环境保护问题上，就是要不能越雷池一步，否则就应该受到惩罚。"要精心研究和论证，究竟哪些要列入生态红线，如何从制度上保障生态红线，把良好生态系统尽可能保护起来。对于生态红线，全党全国要一体遵行，决不能逾越。

优化国土空间开发格局。国土是生态文明建设的空间载体，要按照人口资源环境相均衡、经济社会生态效益相统一的原则，统筹人口分布、经济布局、国土利用、生态环境保护，科学布局生产空间、生活空间、生态空间，给自然留下更多修复空间，给农业留下更多良田，给子孙后代留下天蓝、地绿、水净的美好家园。加快实施主体功能区战略，严格实施环境功能区划，构建科学合理的城镇化推进格局、农业发展格局、生态安全格局，保障国家和区域生态安全，提高生态服务功能。要坚持陆海统筹，进一步关心海洋、认识海洋、经略海洋，提高海洋资源开发能力，保护海洋生态环境，扎实推进海洋强国建设。

全面促进资源节约。大部分对生态环境造成破坏的原因是来自对资源的过度开发、粗放型使用，如果竭泽而渔，最后必然是什么鱼也没有了。扬汤止沸不如釜底抽薪，建设生态文明必须从资源使用这个源头抓起，把节约资源作为根本之策。要大力节约、集约利用资源，推动资源利用方式根本转变，加强全过程节约管理，大幅降低能源、水、土地消耗强度。控制能源消费总量，加强节能降耗，支持节能低碳产业和新能源、可再生能源发展，确保国家能源安全，努力控制温室气体排放，积极应对气候变化。加强水源地保护，推进水循环利用，建设节水型社会。严守十八亿亩耕地保护红线，严格保护耕地特别是基本农田，严格土地用途管制。加强矿产资源勘查、保护、合理开发，提高矿产资源勘查、合理开采和综合利用水平。大力发展循环经济，促进生产、流通、消费过程的减量化、再利用、资源化。

加大生态环境保护力度。良好生态环境是人和社会持续发展的根本基础。要以解决损害群众健康突出环境问题为重点，坚持预防为主、综合治理，强化水、大气、土壤等污染防治，着力推进重点流域和区域水污染防治，着力推进颗粒物污染防治，着力推进重金属污染和土壤污染综合治理，集中力量优先解决好细颗粒物(PM2.5)、饮用水、土壤、重金属、化学品等损害群众健康的突出问题，切实改善环境质量。实施重大生态修复工程，增强生态产品生产能力，推进荒漠化、石漠化综合治理，扩大湖泊、湿地面积，保护生物多样性，提高适应气候变化能力。

（文章来源：《人民日报》，2014年07月11日12版）

2012 年 10 月（3G 和 4G 时代）

2012 年 7 月 6 日《科技日报》报道：

我国主导的 TD-LTE 移动通信技术已于 2010 年 10 月被国际电信联盟确立为国际 4G 标准。TD-LTE 是我国自主创新的第三代移动通信技术 TD-SCDMA 的演进技术。TD-SCDMA 的成功规模商用为 TD-LTE 的快速发展奠定了坚实的基础。目前，TD-LTE 已形成由中国主导、全球广泛参与的产业链，全球几乎所有通信系统和芯片制造商都已支持该技术。

在移动通信技术的 1G 和 2G 时代，我们只能使用美国和欧洲的标准。通过艰难的技术创新，到 3G 和 4G 时代中国自己的通信标准已经成为世界三大国际标准之一。

审题立意

该年真题在审题和行文的时候需要注意以下两点：第一，创新≠技术创新。本题讨论的是技术创新，不应扩大到创新的层面。第二，本题干以国家为主体，故不应强行关联到企业。本题的参考题目：技术创新是强国之本。

参考范文

参考范文一

科技创新有利于提高国际竞争力

科技创新是现代社会中不可或缺的一部分，它不仅可以促进社会的发展，还可以提高国家的竞争力。在当今日益激烈的国际市场竞争中，具备强大的科技创新能力已经成为一个国家强大的必要条件。而我国主导的 TD-LTE 移动通信技术的成功，充分证明了科技创新对于一国国际竞争力的提高具有重要的意义。

首先，科技创新可以提高产品和服务的效率和质量。随着科技的进步，生产技术和生产工具得到了很大的改进，这使得生产过程更加高效和精确。例如，制造业中的自动化生产线和数字化设计软件可以大大提高生产效率和产品质量。这使得产品可以更好地满足市场需求，产品竞争力随之得到了提高，公司的销售额和利润也稳步增长。

其次，科技创新可以促进新的产业发展。通过科技创新，新的产业得以诞生，如人工智能、物联网、生物科技等。这些新兴产业具有巨大的潜力，可以为国家带来新的经济增长点。此外，这些产业的诞生和发展还能带来就业机会，提高人们的生活水平。

再次，科技创新可以提高一个国家在国际舞台上的竞争力。随着全球化进程的加速，国际竞争变得越来越激烈。只有通过科技创新，一个国家才能在国际舞台上获得更强的竞争力。例如，中国自主创新的 TD-LTE 移动通信技术，已经成为全球广泛采用的通信标准之一。这促进了中国通信产业的快速发展，同时也使得中国在国际通信市场上拥有了更大的话语权和市场份额。

最后，科技创新还可以提高一个国家的国防实力。现代战争已经演变为科技和信息战争，只有拥有先进的科技，一个国家才能在国防领域具备更强的实力。例如，美国之所以能够成为全球军事强国之一，就是因为其在科技创新上投入了巨大的资源和精力，推动了许多先进军事技术的发展。

综上所述，科技创新对于一个国家的发展和竞争力至关重要。只有加大对科技创新的投入和支持，才能使得国家在全球化的竞争中站稳脚跟，获得更持续的发展。

参考范文二

技术创新是强国之本

中兴事件让国人感受到切肤之痛，"落后就要挨打"的道理依然没有过时。中兴已然，但是对核心技术的掌握与开发的重要性需要得到各行各业的重视，因为技术创新是强国之本。

技术创新可以使企业摆脱依赖，加快发展的步伐。美国的芯片技术就是中兴发展的拐杖，借力前进虽然可以节省发展初期的各种成本，但并非长久之道。企业渐渐摆脱外力辅助的过程就是自我鞭策进步的过程。此外，"天下没有免费的午餐"，企业尽早地研发出自己的核心技术，可以获得主动性和竞争力，有效降低上游企业垂直吞并和战略性兼并的可能性，使企业可以将切身利益摆在第一位，不用看"他人脸色"行事，使自身的经营行为更为独立自主。

技术创新可以节约大量成本，提高经营利润。掌握核心技术可以使企业减少不必要的开支，从而减少核心技术成本在产品总成本中所占的比例，进一步提升企业产品的性价比，由此扩大销售渠道，招徕更多的消费者和技术需求商，多方位地开展业务，提高企业的盈利能力。

反之，一旦核心技术受制于人，轻者使企业分崩离析，重者会影响到本国经济的发展。企业被扼住咽喉，就如同受人摆布的木偶，授人以柄，发展就会受到阻碍。此外，企业的存亡还牵涉到国民生计的问题。企业发展受阻，免不了面临裁员和经营收缩，容易增加社会就业压力，不利于社会的稳定和经济的稳健发展。

诚然，有人会说"背靠大树好乘凉""研发核心技术费时费力"。但是从长远发展来看，这些说法都不是振兴国力的最优解。核心技术所带来的预期收益远远超过其研发成本，此举并非得不偿失。

由此可见，亦步亦趋是自取灭亡，技术创新才是强国之本。

2011 年 10 月（地委书记种树）

2010 年春天，已持续半年的干旱让云南很多地方群众的饮水变得异常困难，施甸县大亮山附近群众家里的水管却依然有清甜的泉水流出，他们的水源地正是大亮山林场。乡亲们深情地说："多亏了老书记啊，要不是他，不知道现在会是什么样子。"

1988 年 3 月，61 岁的杨善洲从保山地委书记的岗位上退休，婉拒了省委书记劝其搬至昆明安度晚年的邀请，执意选择回到家乡施甸县种树。20 多年过去了，曾经山秃水枯的大亮山完全变了模样：森林郁郁葱葱，溪流四季不断；林下山珍遍地，枝头莺鸣燕歌……

一位地委书记，为何退休后选择到异常艰苦的地方去种树？

"在党政机关工作多年，因工作关系没有时间去照顾家乡父老，他们找过多次我也没给他们办一件事。但我答应退休后帮乡亲们办一两件有益的事，许下的承诺就要兑现。至于具体做什么，考察来考察去，还是为后代绿化荒山比较现实。"关于种树，年逾八旬的杨善洲这样解释。

审题立意

该年真题为故事类型材料，虽然故事没有结果，但从故事情节的描写中不难看出对杨善洲的态度是肯定的。故本题的审题方向：肯定杨善洲的行为。可参考立意：许下的承诺要兑现；我们要信守承诺。

参考范文

参考范文一

一诺值千金

古人云：君子一言，驷马难追。无论是古代曾子杀猪的故事，还是如今杨善洲因信守承诺而放弃颐养天年，最终造福了大亮山百姓而被人称赞的故事，都启示着我们：要做一个一诺值千金的人。

遵守诺言是人类共同的美德，遵守诺言就是讲信用，做到言必信，行必果。试想，倘若当今社会无人信守承诺，我们的社会将会多么冰冷无序。

一个遵守承诺的人能给大家带来更多的正能量与安全感，其实不仅人如此，企业亦如此。

一诺值千金能使企业形象深入人心，促进企业最大化地占有市场。企业遵守承诺，意味着愿意为产品的使用效果、使用时长等负责，意味着企业对自身有要求、对产品有信心，且遇到问题敢于承担，更愿意把顾客当作上帝。这样的企业当然更容易走进千家万户，成为消费者的首选。当海尔大厦在纽约矗立之时，无数国人为此自豪，"真诚，相伴永远"的广告语就是海尔对消费者的承诺，并且其积极履行承诺，这为其取得巨大成功立下了汗马功劳。

一诺值千金能使企业更好地肩负起社会责任与使命，从而研发出更多性价比高的优质产品。一个信守承诺的企业是不能缺少社会公德心的，从选材到加工到销售到售后，每个环节都有企业的一份承诺在其中。这样的企业就会不愿意掺假、造假，而更加注重品质，更倾向于研发出真正造福社会的产品。震惊世人的三鹿集团造假事件让这个家喻户晓的品牌成为人民的伤痛，触目惊心的大头娃娃背后就是三鹿集团不遵守对消费者的承诺而导致的道德缺失。可见，不信守承诺的企业难以取得长远的成功。

在众人害怕地沟油、添加剂的时代，一诺值千金如同夏日微风滋润人心，如同冬日炭火温暖人心，其也是企业长盛不衰的法宝。倘若每个企业都注重承诺，看重质量、重视信用，那就能推动加快实现"中国梦"这一伟大历史进程的步伐。

企业要想到达成功的彼岸，就要永远紧握一诺值千金这支船桨。

参考范文二

做人要信守承诺

从光秃荒山到水清林深，杨善洲兑现其"退休后帮乡亲们办一两件有益的事"的承诺，用实际行动为乡亲们实现了绿水青山梦。他的故事给我们以启迪：做人要信守承诺。

为什么要信守承诺？一方面，信守承诺可以建立起良好的个人信誉。信守承诺是一个人的立身之本，正所谓"人而无信，不知其可"，朋友之间交往，如果许下"风雨无阻"的承诺，就不要再把"风雨"当作失信的借口，这样才会在朋友之间构筑信任的桥梁，才可能做到难时有人相助，困时有人相依。另一方面，信守承诺可以提高合作效率。合作就是一个相互信守承诺的过程，若是合作双方不能做到信守承诺，而是反复违约，则合作难以推进，效率也大打折扣。

背离承诺可能使人失去他人信任，沦为被戏谑的"小丑"，也会使其对自己失望。生活中，有着太多随意许诺，却从不兑现的人。那种人较一诺千金的人而言看似活得轻松自在，但这种假象不会持久，一个人失信多了，他的诺言也就被当成戏言，可信度大打折扣。不仅身边的人看轻他，他自己也会在品尝失信之"苦果"后，被懊悔侵袭而萎靡，人一旦沾上那种潦倒的气味，就会对自己感到失望而陷入自我怀疑，做人的光彩也会黯然无色。

然而，有人却认为信守承诺的"成本"远高于背离承诺。比如，约定交付的产品要用高级材料，商人因较低等级的材料可能在外观上并无差别而选择该材料以蒙混过关，收获不当利益。实际上，这种降低承诺"成本"的伎俩，在日后很容易被人识破，一旦假象被撕碎，失信于人的本质被揭穿，这种商人将损失重要客户，失去市场份额，不但原本的利益无法实现，更会坍塌在"失信"的标签下。

故做人要信守承诺，一诺值千金。

引申参考

引申参考一

信守承诺立身之本

林肯曾经说过:"你能够欺骗所有的人于一时,也能够永远欺骗一些人,却不可能永远欺骗所有的人。"一个人只有诚信才能立身,一个国家只有取信于民才能立国。一个社会要和谐发展,必须依靠法律和制度来规范,同时也必须借助于道德的力量来引导。在人类的道德体系中,诚实守信的理念是最重要的基本理念之一,也是中华民族的传统美德。

在任何行业、任何领域,从事任何活动,都要以"诚信"确立自己的地位。孔子曰:"自古皆有死,民无信不立""人而无信,不知其可乎!"这些都说明诚实守信是个人立身之本,也是处理人际关系的首要德行。

自古以来,立身处世,待人接物,都可以归结为"信用"问题,"信用"是最重要的一条道德准则,信守承诺是为人处世的前提。

信守承诺的人说到做到,拥有良好的口碑,容易赢得他人的支持与合作,所以能够办成事,成大事。生活中,一些人习惯背信弃义,口是心非,缺乏信用度,甚至采取欺骗手段牟利。表面上,他们一时得逞,但是从长远角度来看,失去的是宝贵的信用。之后,别人就会对你视而不见、听而不闻,想做成一件事无异于"水中捞月"。

社会生活中,人与人之间存在着错综复杂的利害关系,充满着激烈而残酷的竞争。正因为如此,人们之间少了真诚、坦率,多了虚伪、矫情。在这一背景下,如果我们本着真诚的态度为人处世,就容易获得他人的信任和支持。"立身存笃信,景行胜将金",为人处世老实忠厚讲信用,品行高尚胜过有金银财富,更加难能可贵。其实对一个人来说,"诚实守信"既是一种道德品质和道德信念,也是每个公民的道德责任和义务,更是一种崇高的"人格魅力"。

对于一个国家和政府来说,"诚实守信"是国民素质的体现。对内,它是人民拥护政府、支持政府、赞成政府的一个重要支撑;对外,它是显示国家地位和国家尊严的象征,是国家自立自强于世界民族之林的重要力量和标志。

"君子养心莫于诚",成为英雄和模范的毕竟还是少数人,但是我们每一个公民都应该将诚信作为立身之本,作为自己最重要的道德品质。在以后的生活中不管是为人处世,还是做事立业,只要我们高举着"诚"和"信"的旗帜,就有理由相信我们的社会能更加和谐美好!

(文章来源:淮北文明网,刘茹方)

引申参考二

论诚信

(一)诚信,是公民道德的一个基本规范,牵动着亿万人民群众的心。

"以诚实守信为重点",这是党的十六大在阐述加强思想道德建设问题时提出的一个重要论断。这个新论断，既是对公民道德建设的新认识，又是对贯彻《公民道德建设实施纲要》的新要求，具有很强的指导性和针对性。

（二）实践表明，现代社会是诚信需求日益增长的社会，市场经济是信用经济、法制经济。全面建设惠及十几亿人口的更高水平的小康社会，改革将更加深入，开放将更加扩大，经济将更加发展，民主将更加健全，科教将更加进步，文化将更加繁荣，社会将更加和谐，人民生活将更加殷实，这些都迫切要求在全社会营造诚信的环境，完善诚信的制度。新世纪新阶段，加强诚信建设愈益成为一项关乎我国经济和社会发展的重要任务。

（三）什么是诚信？诚，即真诚、诚实；信，即守承诺、讲信用。诚信的基本含义是守诺、践约、无欺。通俗地表述，就是说老实话、办老实事、做老实人。人生活在社会中，总要与他人和社会发生关系。处理这种关系必须遵从一定的规则，有章必循，有诺必践；否则，个人就失去立身之本，社会就失去运行之规。

（四）诚实守信是中华民族的传统美德。哲人的"人而无信，不知其可也"，诗人的"三杯吐然诺，五岳倒为轻"，民间的"一言既出，驷马难追"，都极言诚信的重要。几千年来，"一诺千金"的佳话不绝于史，广为流传。

（五）时代的进步推动着观念的更新。随着社会主义现代化的发展，社会生活巨大而深刻的变化赋予诚信这一传统美德日益丰富的时代内容，也促使人们对诚信的理解从伦理道德的范畴提升到制度建设的层面。诚信不仅是一种品行，更是一种责任；不仅是一种道义，更是一种准则；不仅是一种声誉，更是一种资源。就个人而言，诚信是高尚的人格力量；就企业而言，诚信是宝贵的无形资产；就社会而言，诚信是正常的生产生活秩序；就国家而言，诚信是良好的国际形象。诚信是道德范畴和制度范畴的统一，讲诚信有利于社会效益和经济效益的统一，加强诚信建设体现了法制建设与道德建设、依法治国与以德治国的紧密结合。

（六）毋庸讳言，我们的社会在诚信建设方面还存在种种问题，信用缺失引发的矛盾经常发生。从市场反映出的情况来看，无照经营、商标侵权、制假售假、合同欺诈、虚假招标、骗税逃税、伪造假账、恶意拖欠、变相传销……这种种行为像"病毒"一样侵蚀着社会的肌体，像"沙尘暴"一样吞噬着信用的"绿洲"。不讲诚信、欺骗欺诈已成为人人痛恨的一大公害，成为制约社会主义市场经济健康发展的一大障碍。

（七）从全面贯彻"三个代表"重要思想的高度，我们可以更加深刻地认识到加强诚信建设的极端重要性。诚信是发展先进生产力的助推器，符合先进生产力的发展要求，不讲诚信是对生产力的破坏；诚信是传统文化的精华，又是先进文化的重要内容，不讲诚信是对传统文化的亵渎，更与先进文化的前进方向背道而驰；诚信体现了最广大人民的根本利益，不讲诚信严重损害人民利益。

（八）从计划经济体制走向社会主义市场经济体制，是一场重大的历史变革。这个变革过程给我们带来了蓬勃生机，也带来了一些问题。一方面，我们的社会迸发出前所未有的活力，生产力迅速发展，分配方式日益多样，人民逐步富裕，生活丰富多彩。祖国大地海阔天广，千帆竞发。人们有了更多的选择机会和实现个人价值的广阔舞台。另一方面，市场也有其自身的弱点和消极方面。商品交换的法则容易侵蚀人们的精神领域，引发见利忘义、道德失范。对纷繁复杂的社会现象，我们应做出正确判断。看不到改革开放和市场经济对社会进步的巨大促进作用，看不到我们社会生活的主流，是不对的；看不到包括倡导诚信在内的公民道德建设的必要性和紧迫性，对失信行为放任自流，无所作为，也是不对的。

（九）有一种观点认为，市场经济只讲赚钱，不问手段，"赚钱是好汉，没钱玩不转"，讲不讲诚信无关紧要。这是对市场经济的一种误解。

诚然，有市场就会发生欺诈现象，这是古今中外任何市场都无法避免的。但从本质上看，欺诈现象并不是市场本身的必然属性。从最基本的意义上说，市场经济是交换经济。人们在市场上进行的交易也是信用的交易，信用是维系交换行为的无形纽带，失去这根纽带，交换就无法健康地进行。我们要健全"统一、开放、竞争、有序"的现代市场体系。这里的"有序"，核心内容就是讲诚信。诚信是市场秩序的支柱，是市场繁荣的基石；失信必然损害市场，丧失市场。无论哪一种市场经济，实际上都离不开诚信，都应大力倡导诚信。市场经济当然要讲利益，但这不能成为不讲诚信的理由。"君子爱财，取之有道。"这里所讲的"道"，一个重要内涵就是诚信。

市场经济又是法制经济。英国古典经济学家亚当·斯密说，没有公正就没有市场经济。如果追求金钱名利超出对智慧和道德的追求，整个社会便会产生道德情操的堕落，结果是公正性原则被践踏，市场经济趋于混乱。也有经济学家指出，有效的基于个体自由竞争基础上的市场机制，必须有一定的道德秩序予以支持。从现代社会来看，市场不仅表现为实际的、特定的买卖场所，更有一套法律规则和道德伦理体系，这些构成了市场经济的前提。现代信用制度实际上就是建立在诚信基础之上的契约关系。有诺必践，违约必究，经济活动才能正常运转。信用度越高，经济运行就越顺畅；信用度越低，经济运行成本就越高，诚信空气稀薄的社会环境甚至会窒息经济发展的活力。

我们要建设的社会主义市场经济体制是一项前无古人的伟大创举。这种经济体制不仅同社会主义基本经济制度、政治制度结合在一起，而且同社会主义精神文明结合在一起。社会主义市场经济对诚信提出了更高的要求。"诚信为本，操守为重"是社会主义市场经济的题中应有之义，离开诚信的道德和法制的力量，社会主义市场经济体制的完善就无从谈起。去年，我国成为全世界吸收外资最多的国家，我国适应经济全球化进一步发展和加入世贸组织的新形势，在"引进来"的同时积极地"走出去"，不断开拓国际市场，扩大对外贸易，一个重要原因就是中国人说话算数，遵守国际规则，在世界上享有良好信誉。诚实守信，过去、现在和将来都是经济发展的重要条件。在经济全球化时代，伴随着信息化的发展和网络经济的兴起，诚信已成为扩大交往、走向世界的通行证，由诚信带来的利益和由不诚信导致的损害，将因经济全球化而成倍放大。

（十）有一种观点认为，诚信是一种理想化的美德，现实生活中做不到，讲诚信者往往吃亏。这种认识带有很大的片面性。

不可否认，在现实生活中的确存在不诚信者占便宜、老实人吃亏的现象，但这毕竟不是我们社会生活的普遍现象。改革开放二十多年来取得的巨大成就，是与广大人民群众的艰苦奋斗、诚实劳动紧密联系在一起的。在党的富民政策指引下，千百万群众扎实苦干，合法经营，照章纳税，奔向小康。这是基本方面，是社会主流。

"言而无信，行之不远。"大量事实证明，制假售假、坑蒙拐骗，可逞一时之快，得一时之利，但必以东窗事发、身败名裂而告终。假的终究是假的，谎言就是谎言，没有拆不穿的假象，没有识不破的骗局。从古至今，没有一项事业能够建立在无诚不信的沙滩之上。诚实劳动尽管艰辛，却坦坦荡荡，踏踏实实。只有诚实劳动才能最终通向成功。而"吃亏论"本身，在某种意义上是在为老实人鸣不平，也是对诚信的呼唤。还有一些人，即使因诚信而一时吃了亏，仍不改初衷，堂堂正正做人，老老实实做事，这是对推进全社会诚信建设的宝贵贡献，正在越来越受到社会的赞赏和人们的尊敬。随着社会的发展、制度的完善，依靠诚信而获得成功的现象会越来越普遍，不讲诚信而付出的代价会越来越沉重，这是总的趋势，不可阻挡。

（十一）还有一种观点认为，我是想讲诚信的，但别人不讲，我也只好不讲了。这种态度是不可取的。

诚信是全体公民都应该遵循的基本道德规范。诚信可以是对社会、对他人的期望，但首先应该是对自己的要求。自己的诚信不能以他人的诚信为前提。对一个有责任感的公民来说，正确的做法应当是身体力行，影响周围，而不能人云亦云，随波逐流。有一位北京市民说："树立诚信意识要从每个人做起，只有自己做到了诚信，才能要求别人也这样做。社会由个体组成，每个人都以诚信要求自己，社会就会成为一个诚信社会。"这句话很朴实，但说出了一个深刻的道理。社会学和心理学的研究表明，自己的诚信与赢得他人的诚信成正比，自己越诚信，就越会赢得他人的诚信回报。人们都希望生活在一个诚信无欺的环境中，诚信环境的形成取决于每个人对诚信所持的态度。诚信建设是每个人的事，也是全社会的事。这就需要大家积极参与，添砖加瓦，从我做起，从现在做起，从具体的事情做起。提高全社会的诚信水平，人人有责，人人有利，个个出力，个个受惠。如果你骗我一下，我骗你一下，骗来骗去，只能落个"两败俱伤"。如果等全社会所有的人都讲诚信之后自己再讲诚信，那是等不到的，那等于为自己的不讲诚信寻找借口，无异于推卸自己作为社会的主人在诚信建设中应当承担的责任。

（十二）诚信的养成不是自然而然的过程，只有通过坚持不懈、持之以恒的教育和自我教育才能化作自觉的行动。良好的教育犹如春风化雨，一个社会，无论在什么时候、什么情况下，都要高度重视对公民的教育引导，不断提高人们的精神境界和道德修养。

"言必信，诺必诚""小信诚，大信立"。诚信教育必须从大处着眼，从小处入手，从娃娃抓起，从日常生活抓起。要在全社会树立诚信光荣、失信可耻的社会风气和强有力的舆论氛围。共产党员必须发挥先锋模范作用，在诚信建设方面同样如此。实事求是、诚实守信，与立党为公、执政为民息息相关，每一个共产党员都要做重操守、讲诚信的人，做言行一致、说到做到的人，以自己的表率作用，带动群众投身于诚信建设之中。

诚实守信，重在实践，贵在积累。勿以善小而不为，勿以恶小而为之，去小恶而从善，积小善成大德，这是提高公民诚信水平的必由之路。

（十三）诚信建设靠教育，更靠法制。当前社会的信用缺失，既与诚信教育不够有关，更与法规的滞后、政策的不完善和制度的不健全相联系。在我们的社会生活中，如果缺乏真实的交易信息、企业法人信息及其他相关信息的记录和披露制度，那必将为失信行为留下可乘之机；如果司法公正得不到有效保证，"起诉不受理，受理不开庭，开庭不审判，审判不执行"，那就不可能为诚信提供法律保障；如果对失信、造假、欺骗等行为惩罚不力，处罚的代价远低于造假、欺骗所得的利益，那就必然导致失信行为屡禁不止；如果违法比守法能获得更大利益，贪赃枉法比严格执法能获得更多好处，就很难让广大公民信守法律。有道是，舞弊者得利，效仿者纷至；舞弊者受罚，接踵者敛迹。

（十四）在诚信问题上，一手抓制度建设，一手抓教育引导，这是依法治国与以德治国相结合的具体体现。完善而合理的制度可以有效遏制各种无诚无信的欺诈作弊行为，有利于诚信美德的巩固和弘扬。大力推进社会主义思想道德体系的建设，广泛开展群众性精神文明创建活动，又能给制度的建立和完善以强有力的推动。在诚信教育倡导的"谁诚信谁光荣"的基础上，制度建设的推进将为"谁诚信谁得利"提供保证。坚持两手抓、两手都要硬，通过正确的教育导向、舆论导向、制度导向、利益导向的推动，全社会的诚信水平必将不断跃上新台阶，达到新高度，取得新成效。

（十五）共铸诚信，群众需要榜样，社会需要引导。领导干部、领导机关和职能部门的表率作用，事关全局，事关长远。在所有的社会信誉中，领导机关的信誉至关重要。各级领导干部，肩负着人民的重托，一言一行与社会诚信紧密相关，一定要提高素质、转变作风、改进工作，以实际行动取信于民。各级领导干部和政府工作人员都应当自觉承担起自己的责任，讲真话，做实事，言行相符，言出厉行，全心全意为人民服务，努力在推进全社会的诚信建设中发挥带头作用。

（十六）诚信建设是一个长期、复杂、曲折、渐进的过程。一些市场经济发育相当成熟的发达国家在诚信方面仍问题不少，丑闻不断。我们是社会主义国家，不仅应当创造出比其他社会制度更加发达的物质文明，而且应当孕育出更加先进的精神文明。历史总是在解决自己面临的问题中向前迈进。我国建立社会主义市场经济体制的时间还不长，在诚信建设方面还存在这样那样的问题，但我们有信心、有能力以更快速度、更高质量推进全社会的诚信建设。

（文章来源：《人民日报》，任仲平）

2010年10月（荣钢集团捐款）

唐山地震孤儿捐款支援汶川灾区

2008年5月18日，在中宣部等共同发起的《爱的奉献》抗震救灾大型募捐活动中，天津民营企业荣程联合钢铁集团有限公司董事长张祥青代表公司再向四川灾区捐款7 000万元，帮助灾区人民重建"震不垮的学校"。至此，荣程联合钢铁集团公司在支援四川灾区抗震救灾中累计捐款1亿元。

"我们对灾区人民非常牵挂，荣钢集团人大多来自唐山，亲历过32年前的唐山大地震，接受过全国人民对唐山灾区的无私援助，32年后为四川地震灾区捐款，回馈社会，是应尽的义务，我们必须做！"张祥青说。

张祥青在1976年唐山大地震时失去父母，年仅8岁的他不幸成为孤儿，他深深感受到来自全国四面八方的涓涓爱心。1989年，张祥青与妻子张荣华开始了艰苦的创业历程，从卖早点、做豆腐开始，最后组建了荣钢集团。企业发展了，荣钢集团人不忘回报社会，支援汶川地震灾区是其中一例。

审题立意

本题为故事类型，虽然没有结果，但从故事情节的描写中不难看出对张祥青的态度是肯定的。故审题方向为：肯定张祥青的行为。本题的参考题目：心系感恩。

参考范文

心系感恩

上述材料中，天津民营企业董事长张祥青小时候经历过唐山大地震，失去父母成了孤儿，但他得到了很多帮助，也正因为此，在汶川地震时，他多次捐款回馈社会，心系感恩地去帮助更多人。张祥青之事告诉我们，要懂得感恩，将受恩于人的事铭记于心中。

常言道，滴水之恩当涌泉相报，心系感恩是人生中自我修养的重要一课。我们从象牙塔步入社会后，真正的人生之旅便开启了，在这趟旅程中，我们可能会经历数不胜数的失败与挫折，施惠者的一句鼓励、一个肯定的眼神或者一个实际的支持行动都会对我们产生或大或小的影响。而向施惠者感恩，是因为我们懂得，正是在危难之中他人给予了我们帮助，才支撑我们坚强地面对人生中的艰难险阻。心系感恩，感恩他人的帮助，这不仅能体现一个人的价值观，更能体现一个人的道德素质修养。

心系感恩是一种生活态度，是一个人幸福与否的指标之一。一个懂得感恩的人，内心是充盈的，而充盈的内心则为我们面对生活中的一切提供了源源不断的能量，进而使得我们更加乐观地面对生活并获得幸福。相反的，一个不懂感恩的人，即便得到了他人的帮助，也会觉得理所应当，埋怨身边的一切，这样的生活态度不仅会让人变得自怨自艾，甚至会让人陷入自毁的境地。这样一来，又有何幸福可言呢？

有人说，心系感恩放在现如今这个快速发展的物质时代已经不适用了，太多的人心系感恩最终反被他人利用，管好自己才是正道。其实，我们所说的心系感恩并非盲目的、漫无目的的感恩，而是建立在理性分析基础之上的感恩。生活中难免会有被他人利用的时候，但这种情况仅是生活中的小概率事件，在绝大多数的时候，心系感恩不仅可以让他人感受到温暖，也是自我实现的表现。

让我们学会感恩，心系感恩吧。

2009 年 10 月（牦牛群）

根据以下材料，结合企业管理写一篇 700 字左右的论说文，题目自拟。

《动物世界》里的镜头：一群体型庞大的牦牛正在草原上吃草。突然，不远处来了几只觅食的狼。牦牛群奔跑起来，狼群急追……终于，有一头体弱的牦牛掉队，寡不敌众，被狼分食了。

《动物趣闻》里的镜头：一群牦牛正在草原上吃草。突然，来了几只觅食的狼。一头牦牛发现了狼，它的叫声提醒了同伴。领头的牦牛站定与狼对视，其余的牦牛也围在一起，站立原地。狼在不远处虎视眈眈地转悠了好一阵，见没有进攻的机会，就没趣地走开了。

审题立意

该年真题为故事类型材料。材料中出现两组主语、发生了两件事、得到了两个结果。故审题过程中要寻找两个事件的差异。显然，前一组牦牛各自为战，而后一组牦牛更加团结，故审题方向为：团结协作的重要性。

参考范文

危难时刻更需要团结协作

面对觅食的劲敌狼群，一边是牦牛群分散逃生，然而终有体弱的牦牛掉队被吃掉；另一边则是牦牛群坚定地站立在原地不动，团结一致对抗狼群，结果狼见状走开。这两个截然不同的结局启发着我们：面对危难时刻，团结协作更易战胜困难。

团结协作并不是没有效率的单一个体相加，也不是不讲求集体目标的个人主义，团结协作意味着团队中的个体为了集体利益，整合资源、协作分工、优势互补地完成团队目标。

那么，我们为什么要强调团队内部的团结协作，而非个人的拼搏奋斗呢？

一方面，团结协作有利于我们应对外部挑战。面临危难时刻，只有团结协作、一致对外才能保证整体的完整。今天是这头体弱的牦牛被吃掉，明天也许就是另一头，后天呢？牦牛群还会存在吗？不可否认，一人走，可以走得很快，然而想要走得长远，则需要团队成员一起走。"覆巢之下安有完卵"，只有克服外部环境的不确定性，为团队发展创造稳定良好的环境，才可能保障个体成员更好地发展。

另一方面，团结协作有利于提高效率、节约资源，更好地完成目标。从企业的层面看，面对强大的市场竞争对手时，企业通过各部门的团结协作，整合优势资源，剔除落后因素，能更有效率地完成产品升级、服务优化，从而降低竞争对手的威胁；从国家的层面看，面对民族复兴路上的困难时，通过各族人民的团结协作、共同努力，国家能加快生产力效益转化，促进科技创新力提升，带动产业升级,也有利于传统文化价值的挖掘,促成文化认同,从而早日实现"中国梦"。

值得注意的是,我们所强调的团结协作并非否认个人主观能动性的发挥和个人才华的施展,毕竟是个人组成了团体,只有个体作用得到发挥,才能促进团体进一步发展。不过,个体在发挥其才华与能力时应将团体的利益放在首要位置,只有这样才能在团体的平台上最大限度地推动团体的发展。

综上,我认为,面对危难时刻时,我们更应团结协作以战胜困难。

📖 引申参考

讲团结是做好工作的重要保证

讲团结是中华民族的优良传统。俗语"和为贵""家和万事兴""人心齐,泰山移""二人同心,力可断金"等,都是在说明团结的重要性。所谓团结,是指人们为了集中力量、实现共同理想或者完成共同任务而联合或结合在一起。它具有鲜明的集体属性,是两人以上的集体行为,是一个群体或一个团体组织内部人与人之间关系融洽程度的具体体现。融洽程度越高,团结程度也越高。因此说,团结是力量的源泉,是战胜困难的法宝,是做好各项工作的重要保证。

讲团结是凝聚单位内部合力的需要。一个单位不论大小、人数多少,都是按照一定的程序和职能组建起来的。其成员来自四面八方,年龄有大有小,性别有男有女,工龄有长有短,阅历有深有浅,能力有强有弱,水平有高有低,并且每个人的性格、气质、修养、利益诉求不同,思维方式和接受能力也不同。在这样构成复杂的集体内部,如果不讲团结,不讲合作共事,思想就难以统一,合力就不能形成,什么样的事情也干不成、办不好。

讲团结是干事创业的前提和基础。要想干好工作,完成任务,必须建立在团结的基础上。许多人都有这样的感受:工作、生活在一个风清气正、团结和谐、相互信任的环境里,就会心情舒畅、精神愉悦,浑身有使不完的劲儿,就可以集中精力做事情、一心一意干事业。反之,工作、生活在一个矛盾重重、关系紧张、彼此猜忌的环境里,就会心情沮丧、精神压抑,难以全身心地投入工作,自然也就无法成就一番事业。可以这样设想一下,一个单位如果没有统一意志,各唱各的调,各吹各的号,一盘散沙、四分五裂,即使每个人的个体能力再强,素质再高,本事再大,也不可能有大的作为。

讲团结是在政治上实现共同进步的必然要求。经商者图获利,务农者求富裕,从政者讲的是有为、有位,要求进步之心,人皆有之。如果一个单位风不正、气不顺,搞窝里斗,荣誉面前你争我夺,势必就会造成鱼死网破、两败俱伤的局面。

讲团结是树立良好社会形象的关键。一个单位的社会形象非常重要,而社会形象的好坏又与单位内部每个人的一言一行有着密切的关系,一荣俱荣,一损俱损。如果闹不团结,不仅损害党的事业,损害他人,也损害自己,于党、于国、于人、于己,有百害而无一利。

讲团结是一个人思想意识和道德品质的内在要求。一个思想意识、道德品质好的人,一般来讲都具备心地善良,与人为善,待人诚恳,光明磊落,讲大局、识大体,集体主义观念强,自觉维护团结的特点。相反,如果不注重团结,不善于团结,自由散漫,我行我素,不分场合乱说乱讲、搬弄是非,那么,这样的人一定是一个低级趣味的人,甚至是一个品行不端、道德不好的人。

总之,团结问题至关重要。团结既是一种资源,又是一种环境,不仅出战斗力、出生产力,而且也出效率、出政绩、出干部,还能完善和提升一个人的社会形象。加快经济发展,推进事业进步,开创各项工作新局面,都离不开团结。

(文章来源:《人民日报》,中共东平县委党校常务副校长王玉堂)

2008 年 10 月（卷柏）

南美洲有一种奇特的植物——卷柏。说它奇特，是因为它会走。卷柏生存需要充足的水分，当水分不充足时，它就会把根从土壤里拔出来，整个身躯卷成一个圆球状。由于体轻，只要稍有一点风，它就会随风在地面滚动。一旦滚到水分充足的地方，圆球就会迅速打开，根重新钻到土壤里，暂时安居。当水分又不充足，住得不称心如意时，它就会继续游走，以寻求更好的生存环境。

难道卷柏不走就不能生存了吗？一位植物学家做了一个实验：用挡板圈出一块空地，把一株卷柏放到空地中水分最充足的地方，不久卷柏便扎根生存下来。几天后，当这里水分减少时，卷柏便拔出根须，准备漂移。但实验者用挡板对其进行严格控制，限制了它游走的可能。结果实验者发现，卷柏又回到那里重新扎根生存；而且在几次将根拔出又不能移动以后，便再也不动了；而且，卷柏此时的根已经深深扎入泥土，长势比任何时期都好，也许它发现，根扎得越深，水分越充分……

📖 审题立意

本题为故事类型材料。题干中两组卷柏的差异是：第一组四处游走，第二组专注扎根，结果第二株卷柏的长势更好。本题的参考题目：专注成就未来；我们要专注。

📖 参考范文

专注成就未来

当水分不充足或"住"得不称心如意时，卷柏会游走以寻求更好的生存环境，但当实验者用挡板对其进行严格控制后发现，卷柏开始将根深深地扎入泥土，长势也比任何时期都好。不难发现，卷柏之所以能够获得比任何时期都要好的长势，关键在于它的专注。其实，卷柏如此，人亦如此。

在我们的工作生活中，不乏这样一些人，他们能够始终追求一个坚定的目标，并为此付出不懈的努力，日复一日，年复一年，将原本简单的事做到极致。事实上，往往是这些专注并脚踏实地的人，更能收获成功。被誉为"日本天妇罗之神"的早乙女哲哉，将炸天妇罗作为其一生专注的事业，如今已经成了天妇罗界无人能与之相提并论的料理达人；著名俄文翻译家草婴，一生都在追求像原著一样的艺术标准，以一人之力完成了《托尔斯泰小说全集》的翻译壮举，正是因为一辈子只专注做翻译这一件事，才使其在翻译界备受尊崇。实际上，无论是"日本天妇罗之神"早乙女哲哉还是俄文翻译家草婴，他们的专注无疑为其最终的成功打下了坚实的基础。

相反，若是我们做任何事都只有三分钟热度，坐这山望那山，那么最终只会一事无成。古往今来，因为专注而成功的人数不胜数，同样，因为不专注而影响大局，最终失败的人也不计其数。试想，倘若我们对待任何事情，在短暂的热情过后便再也提不起兴致，又怎能期望在自己所从事的领域中充分发挥特长，成为该领域中的佼佼者呢？

  值得注意的是，我们所说的专注并不是一味投入，不顾全大局，而是迎合时代潮流，朝着正确的方向、方法去专注、去努力。如果逆势而为，或者朝着错误的方向投入而不肯变通，那么最终将难以达到令人满意的结果。

  综上所述，我们应专注，专注成就未来。

2007年10月（眼高手低）

著名作家曹禺先生说过这样一段话：我看，应该给"眼高手低"正名。它是褒义词，而不是贬义词。我们认真想一想，一个人做事眼高手低是正常的，只有眼高起来，手才能跟着高起来。一个人不应该怕眼高手低，怕的倒是眼也低手也低。我们经常是眼不高，手才低的。

审题立意

这道真题并不难，但是真正能够准确审题的同学并不多。

这道题的中心词是"眼高"，根据字面意思，结合上下文分析，很容易将其翻译为"目标高远"。很多同学的审题到此就结束了，却忽视了题干中的另外一个关键信息，即"手"，根据字面意思和上下文进行分析，可将其翻译为"行动"。

可见，这篇材料想探讨的不仅仅是"眼"的问题，而是"眼"和"手"的关系问题。题目和行文中最好将"手"予以体现。本题的参考题目：为"眼高手低"正名；"眼高"才能"手高"。

参考范文

参考范文一

眼高手低应得到提倡

许多人都认为，眼高手低是没有准确自我认知的人的一种自负的表现，然而这种观点是十分片面的。

首先，"眼高"是为了防止"手低"。"眼高"是一种高的预期、高的目标，"手低"是指自己当前的能力还不及自己的期望值。然而"眼高手低"有错吗？这只不过是给自己设定一个奋斗目标而已。如果一个人对自己的要求是自己实际的行动能力，甚至还不及自己现在的实力，那么这个人还有前进的动力，还有努力的方向吗？一个初创企业即便在现阶段不为大众所知，但仍应有抢占市场份额的野心、做大做强的拼劲，以防在行动上畏首畏尾，最终错失良机而被淘汰。一个成熟的企业仍需要以"眼高"给自己更高的要求，而非沉沦于已有的成就，企业应永远保持空杯心态，以未达到的目标激励自己前行，这样才能稳固当前的竞争优势。

其次，"眼高手低"只是暂时的"手低"。滴滴公司就是一个很好的例子。初创时的滴滴，竞争对手无数，对于一个新兴产业来说，只有在市场份额位居第一时才有可能得到更长远的发展。因此，与其他企业不同，滴滴不满足于自己已有的市场份额与收入，不惜牺牲当前的利润，以换取更多的市场份额。如果当时的滴滴同其他企业一样，满足于已有的收入，没有"眼高"的目标，那么现在同样会遭到淘汰。

最后,"眼低"会让自己的实力越来越差。我们制定在自己实力之上的目标无疑是希望有一天可以达到自己想要的样子,这并不是自己的认知偏差,而是不满足现状的态度。如果一个人只是做自己力所能及的,那么他何来奋斗的动力,只会重复自己的行为而永远得不到提升,最终也只会在竞争中被淘汰。

综上,眼高手低不是痴人说梦,而是不畏将来的决心和对自己的严格要求。因此,眼高手低值得被我们提倡和实践。

参考范文二

眼高,方能行远

"眼高手低"原形容人目标设得过高而力所不能及。但眼高手低并非坏事,志存高远,一时的能力不足尚有来日,若是眼低了,哪怕能力再强也再难有大的突破。

眼高,意味着把眼界放开,目标设高。不管是个人还是企业,只有有了宏观的规划,才能在之后的扩张中有不断革新技术的动力,才能步步为营。不论是阿里巴巴要建立最大的 B2B 平台,还是京东决定部署全国物流网络,一个企业变革性的决定往往都曾被嘲笑过"眼高手低",这或者是既得利益者对于入场者的阻拦,或者是"眼低群众"对于改变本身的偏见,但这都不足以证明"眼高"是一件坏事。

手低,是眼高状态下最坏的情况,却是眼低状态下的常态。如果目标本身就不高,那么哪怕再努力,所能实现的最好也不过是"低"结果。为何寒门难出贵子?更多的时候并不是寒门学子努力不够,也不是教育资源分配不均衡,而是周围的环境导致其不知"天外有天",眼界一旦被局限,手伸得再高也不过是重复上演伤仲永的故事。

然而,很多人对眼高存在着一定的误解,认为眼高就是好高骛远、不切实际。实际上,眼高并不意味着做白日梦,只想着一步登天、一蹴而就,而是要在定下目标的同时找准努力的方向,稳扎稳打。乐视生态因其多领域同时盲目扩张而导致的陨落就为我们敲响警钟。同样,一时的能力欠缺不足以说明高目标就是错的,不能因为一次的失败便否定眼高的作用,而是要从中反思,积蓄力量,再次出发。

"眼"是格局,"手"是行动,只有把格局打开,"取法其上",努力所能达到的上限才高,哪怕最后只得其中,也都远胜于取法其下而得其下。

2006 年 10 月（可口可乐）

根据以下材料，围绕企业管理写一篇论说文，题目自拟，700 字左右。

20 世纪 80 年代，可口可乐公司因为缺少发展空间而笼罩在悲观情绪之中：一方面，它以 35% 的市场份额控制着软饮料市场，这个市场份额几乎是在反垄断政策下企业能达到的最高点；另一方面，面对更年轻、更充满活力的百事可乐的积极进攻，可口可乐似乎只能采取防守的策略，为一两个百分点的市场份额展开惨烈的竞争。尽管可口可乐的主管很有才干，员工工作努力，但是他们内心其实很悲观，看不到如何摆脱这种宿命：在顶峰上唯一可能的路径就是向下。

郭思达（Roberto Goizueta）在接任可口可乐的 CEO 后，在高层主管会议上提出这样一些问题：
"世界上 44 亿人口每人每天消费的液体饮料平均是多少？"
答案是："64 盎司。"（1 盎司约为 28 克）
"那么，每人每天消费的可口可乐又是多少呢？"
"不足 2 盎司。"
"那么，在人们的肚子里，我们市场份额是多少？"郭思达最后问。

通过这些问题，高管和员工们关注的核心问题不再是可口可乐在美国可乐市场中的占有率，也不再是在全球软饮料市场中的占有率，而变成了在世界上每个人要消费的液体饮料市场中的占有率。而这个问题的答案是：可口可乐在世界液体饮料市场中的份额微乎其微，少到可以忽略不计。高层主管们终于意识到，可口可乐不应该只盯着百事可乐，还有咖啡、牛奶、茶甚至水，而这一市场的巨大空间远远超出人们的想象。

📖 审题立意

该年真题很多同学立意为转换视角，这个立意方向是对的，但是不够精准，因为没说清楚应如何转变；还有同学立意为创新，这个立意就不太切题了，因为题干侧重的不是创新，而是如何从当前的小圈子跳到更大的圈子中。本题的参考题目：眼界决定高度。

📖 参考范文

放眼全局收获更多

人们常说，有高峰就有低谷，有时不仅有低谷，还有身后紧紧追赶的竞争者；高峰的风景虽美，但是下坡的困境也让人悲观不已，即便是可口可乐公司这样的行业巨头也是如此。但是如果跳出可乐行业，着眼于整个饮料市场，未尝不会走出困境，收获更多。

当企业放眼全局，不再只专注于眼前，不仅可以寻找更多的机遇，还能缓解自身压力。与其耗费大量资金、人力去在已接近峰值的空间里钻牛角尖，不如在其他行业里寻找突破口，利用已有的企业资源，在其他行业里未必不能大展拳脚。现在的强企多数都是跨行业经营，拥有多个业务，其中不乏将相关业务发展为主营业务的案例。例如，华为依托通信行业发展手机市场，万达背靠地产行业投资电影文化产业，都是放眼全局，多领域发展的典范。

同时，放眼全局不仅可以增加企业文化底蕴，也有助于培养基层员工的大局意识。一家企业，基层员工不仅是企业创利的一线人员，也是企业政策的最终执行者。拥有全局意识更有助于员工对工作的把握与实施，更好地执行企业的管理，也有助于减少员工的悲观思想，进一步提升企业的效益与竞争力。

然而，如果可口可乐公司依然较真于与百事可乐的那百分之一二的市场份额，那么势必要投入大量的资金用于可乐的营销。这样不仅可能在与百事可乐公司的竞争中造成两败俱伤的局面，而且一旦自身所占市场份额超过反垄断政策的标准，还可能承担相应的法律责任。所以，当可口可乐公司跳出与百事可乐公司之间的斗争，着眼于咖啡、牛奶等市场时，将收获更多。

当你登上一座山峰后，既有高处的风景，也有下山的陡峭。如果只担心下山，不如抬头关注另一座山峰。当将另一座山峰作为下一个目标时，下山的路不仅变成了攀登另一座高峰的上坡路，也将是收获下一个成就的起点。

2005年10月（一首小诗）

根据下面这首诗，写一篇700字左右的论说文，题目自拟。
如果你不能成为挺立山顶的苍松，
那就做山谷一棵小树陪伴溪水淙淙；
如果你不能成为一棵大树，
那就化作一丛茂密的灌木；
如果你不能成为一只香獐，
那就化作一尾最活跃的小鲈鱼，享受那美妙的湖光；
如果你不能成为大道宽敞，
那就铺成一条小路目送夕阳；
如果你不能成为太阳，
那就变成一颗星星在夜空闪亮。
不可能都当领航的船长，
还要靠水手奋力划桨；
世上有大事、小事需要去做，
最重要的事在我们身旁。

审题立意

该年真题的材料为一首小诗，看似内容很多，但实际上最后一句话是总结句，直接点明了观点，即最重要的事在我们身旁。本题的参考题目：做好身边力所能及的事；最重要的事在我们身边。

参考范文

做好身边力所能及的事

正如这首小诗中所说："世上有大事、小事需要去做，最重要的事在我们身旁。"我们应做好身边力所能及的事。

所谓做好身边力所能及的事，就是在自己的力量限度内做好身边所能做到的事，切不可盲目行事。

从当下成长来看，做好身边力所能及的事有利于我们精益求精地打好基础。即便是看上去极其渺小的一些事情，只要你真正肯花费精力将其逐一做好，那也是一种伟大的行为，这也会在悄无声息之中为你造就实现更大目标的可能。正如"股神"巴菲特，人们往往看到的只是他的辉煌成绩和数不清的资产，其实他在每一次选股时都经过了认真思考、仔细分析，并且做了最好和最坏的打算。他只做身边力所能及的事，不断夯实前进的基础。这在一定程度上给予了我们启发，做好身边力所能及的事，既能够保证自己的正常节奏不会错乱，也能确保精益求精。

从未来发展来看，做好身边力所能及的事有利于我们抓住机遇，实现质变。在信息时代背景之下，人才的竞争也日趋激烈，想要取得自己在学业或事业上的突破性进步似乎变得不再简单，但成功也并非遥不可及。人生就像是一盒巧克力，你永远不知道下一块是什么味道。若是你肯脚踏实地地做，尽自己能力去做好身边每一件力所能及的事，或许等到机遇降临的时候，破茧成蝶时的欣喜会让你觉得之前的一切都是值得的。也正是因为之前所有的努力与坚持，才会让期待已久的成功到来。

然而，需要注意的是，我们所说的要做好身边力所能及的事，并不是目光短浅，没有志向，而恰恰是因为我们有想要实现的目标，所以我们才会做好眼下的每一件事，为目标打好基础，这样目标被实现的可能性才能大一些。

综上所述，做好身边力所能及的事，便会愈来愈接近成功。

2004 年 10 月（滑铁卢战役）

在滑铁卢战役的第一阶段，拿破仑的部队兵分两路。右翼由拿破仑亲自率领，在利尼迎战布鲁查尔；左翼由奈伊将军率领，在卡特勒布拉斯迎战威灵顿。拿破仑和奈伊都打算进攻，而且，两个人都精心制订了对各自战事而言均为相当优秀的作战计划。但不幸的是，这两个计划均打算用格鲁希指挥的后备部队，从侧翼给敌人以致命一击，但他们事前并没有就各自的计划交换意见。当天的战斗中，拿破仑和奈伊所发布的命令又含糊不清，致使格鲁希的部队要么踌躇不前，要么在两个战场之间疲于奔命，一天之中没有投入任何一方的作战行动，最终导致拿破仑惨败。

审题立意

该年真题为故事类型材料。题干中故事的结果为惨败，故审题方向是寻找导致惨败的原因。题干中有两个情节导致惨败，一是"他们事前并没有就各自的计划交换意见"，二是"拿破仑和奈伊所发布的命令又含糊不清"。这两个情节的共性就是：缺乏有效沟通。本题的参考题目：成功需要有效沟通。

参考范文

有效沟通助力发展

在滑铁卢战役中，由于拿破仑和奈伊事前缺乏有效沟通，并没有就各自的计划交换意见。并且，在当天的战斗中，拿破仑和奈伊所发布的命令又是含糊不清的，最终导致拿破仑惨败。于我看来，有效沟通助力发展。

管理中的有效沟通，就是指强调可理解的信息、思想和情感，在两个或是两个以上主体间的传递交换的过程，同时发挥出应有的人员激励和协调功能，促使各方在工作上达成共识。

有效沟通有利于提高工作效率，化解管理矛盾。随着时代的发展，社会的专业分工越来越精细，组织内部为了实现共同的目标，无不需要充分沟通、互相理解。同时，为了使决策更贴近市场变化，组织内部的信息流程也要分散化，使组织内部的通信有效传递，向下可到最低责任层，向上可到高级管理层，并横向流通于各个群体之间。在信息的流动过程中必然会产生各种矛盾和阻碍因素，在部门之间、职员之间进行有效的沟通才能化解这些矛盾，促使工作顺利进行。

有效沟通有利于激励成员，形成健康、积极的组织文化。在实际的工作和生活中，每个人都有得到他人尊重、理解和实现自我价值的需要。对于组织成员来说，他们能否高效地工作，能否对企业萌生出归属感、忠诚心及责任感，以及他们能否从自己的日常工作中得到满足，在很大程度上取决于

"有效沟通"的实现程度。管理者应重视、尊重员工，发挥他们的经验优势，与他们经常接触，相互交流，给予适当的培训，以调动其工作积极性。

值得注意的是，我们所说的有效沟通，并不是脱离实际经营情况进行的盲目沟通，而是管理者站在企业战略发展全局的层面上进行的全面交流，是与时代发展趋势相吻合的有效沟通。

综上所述，有效沟通助力发展。

2003 年 10 月（读经读史）

"读经不如读史。"

对上述观点进行分析，论述你同意或不同意这一观点的理由，可根据经验、观察或者阅读，用具体理由或实例佐证自己的观点。题目自拟，全文 500 字左右。

📖 审题立意

很多同学反映该年真题审题难度较大。其实这道题的出题形式很简单，就是择一类型，应该对"读经不如读史"这一观点选择同意或者反对。

如果同意：读经不如读史。

如果反对：读史不如读经、读经读史同样重要。

本题审到这层即可作为正确方向。如果想更具体些，可以解读为理论与实践的关系。

但需要注意的是，读经和读史都需要提及，不能只谈其中一个。

📖 参考范文

读经不如读史

从古至今，有人执着于经，有人坚守着史，经史孰轻孰重之争似乎从未停止。于我而言，相较于读经，读史更具有现实意义。

诚然，四书五经作为中华传统文化的基石，蕴涵着许多优秀的具有普世意义的思想资源，对于治疗当今信息时代的许多社会疾患有着不可或缺的借鉴意义。但非常遗憾的是，读经固有诸多好处，有一个缺问题终无法回避，即我们从经书中汲取精华的同时，也在被动地接受别人的思想，无论这一思想是否有历史局限性，是否存在片面的观点。

史书则不然。培根说的"读史使人明智"一点也不假。历史过程不是单纯的事件过程，而是行动的过程，有其思想内涵，读史所要求索的正是这个内在的思想和逻辑。如果说读经可以培养出文人，那么读史造就的则是智者。读史大可以看到历史形势变化，小可以看到个人成长足迹。读史可以使我们思考在特定环境下，历史人物为何做出那样的判断，可以思考历史为什么会如此发展，可以从中领略古人的智慧，体会历史的规律。

不仅如此，读史的过程能够帮助我们总结出自己的思路，产生新的思想，"以史为镜，可以知兴替"说的就是这个道理。如同学习数学，知道概念和定理固然重要，但是更重要的是懂得如何推理、如何解题，掌握利用数学的方式进行逻辑思考、解答问题的能力，否则，仅知道概念定理毫无用处。

经让人明白道理，史让人知道过程、促进思考，而授之以鱼不如授之以渔。

　　无论是读经还是读史，都能给我们带来思考和启发，但我们应该有所侧重。读经虽然会使我们明白道理，但我们也容易在头脑中形成条条框框，限制自己的思维，故步自封。读史则可以让人明白历史发展的过程，能让人以发展的眼光看问题，促进创新。

　　故一言以蔽之，读经不如读史。

【乃心老师小贴士】该年考试的字数要求为500字左右，但为了提高该年真题的参考价值，该范文是按照700字左右的字数要求展开的。

2002年10月（易经）

中国古代的《易经》中说："穷则变，变则通。"这就是说，当我们要解决一个问题而遇到困难无路可走时，就应变换一下方式方法，这样往往可以提出连自己也感到意外的解决办法，从而收到显著的效果。

请以"穷则变，变则通"为话题写一篇作文，可以写你自己的经历、体验或看法，也可以联系生活实际展开议论。

📖 审题立意

该年真题为话题类型材料，直接围绕"穷则变，变则通"这一话题展开即可，文章的题目可以与该话题保持一致，也可以不一致。

📖 参考范文

变革的力量

"穷则变，变则通"，这是中国古代的《易经》中的一句名言，告诉我们在面对问题时，应该尝试用新的思路、新的方法去解决问题，从而达到突破困境的目的。这句话对于我来说，不仅仅是一句充满古代智慧的名言，更是我的人生座右铭。

在我自己的经历中，我曾经遇到过许多难以解决的问题，但是我总是通过改变方法来解决问题。比如，我曾经在学习过程中遇到一道特别难的数学题，思考了很长时间也没有头绪。于是，我改变了思考方法，尝试了不同的计算方法，最终解决了这道题目，也得到了老师的赞扬。在这件事情中，我深刻地体会到了"穷则变，变则通"这句话的含义。

除了个人经历之外，我也在职场中见证了这句话的力量。改变思考方式的力量，不仅可以解决个人问题，还可以对公司发展起到重要的作用。公司需要时刻关注市场变化和客户需求，及时调整业务方向和产品战略，以满足不断变化的市场需求。只有持续不断地改变思考方式，才能在激烈的市场竞争中立于不败之地。

然而，"穷则变，变则通"不仅仅适用于个人经历和职场环境，更适用于各个领域的发展。作为一名学生，我常常听到老师说："教育需要改革。"这句话的背后正是"穷则变，变则通"的思想。面对日新月异的社会变革和教育需求，教育领域需要不断地改革和变革，以适应社会的需要。

同样，在工业和商业领域，也需要不断的变革和改革。例如，在汽车工业中，新能源汽车的兴起，推动汽车工业进行结构性改革；在商业领域中，电商的兴起，也促使传统零售商转型升级，以适应新的市场需求。

总之，"穷则变，变则通"这句话在不同领域都有着广泛的适用性。我们也应该看到变革的力量，在变化中寻找机会。

2001 年 10 月（相马赛马）

近些年来，新闻媒体经常报道公开招考公务员，乃至招考厅局级领导干部的消息，这同我国传统习惯中的"伯乐相马"似乎有了不同。请以"相马""赛马"为话题，写一篇 600 字左右的议论文，题目自拟。

审题立意

本题是一道择一类型试题，需要在"相马"和"赛马"之间进行选择。题干中已经明确告诉我们"赛马"是当前招考公务员所采纳的方式，故我们应更加倾向"赛马"。本题的参考题目为：我们更要"赛马"。

参考范文

"赛马"优于"相马"

随着社会的进步和教育制度的改革，我国不仅人才辈出、累结硕果，而且人才逐渐朝着多方面、多维度发展。人才的选拔主要有两种方式："相马"和"赛马"。"相马"指的是提拔人才，"赛马"指的是人才通过竞技脱颖而出。我认为现如今应该通过"赛马"的方式进行人才选拔。

相比于"相马"，"赛马"的方式保证了社会公平。前者选拔人才的方式很容易造成腐败现象的发生。首先，裙带关系、走后门现象会让拥有真才实学的人怀才不遇，同时"关系户"可能会降低政府部门的工作效率，使政府失去公信力，导致政府下发的政策、法规难以落实。其次，"相马"无法客观、准确地检验出人才的含金量，如果没有一个可衡量工作能力的参考系，就很有可能让虚有其表、华而不实的"伪人才"上位，造成社会资源的浪费。再者，现如今"知识改变命运"是社会主流价值观，以"相马"的方式选拔人才与此相冲突，会造成"学得好不如关系硬""寒门难出贵子"等大众意识形态的出现，如此不良的社会风气势必会影响学生对学习的认知，使我国教育事业的发展受到阻碍。

相比之下，以竞技的方式选拔人才更能让人才崭露头角。这种方式极大地激励了学生的求学热情，在公平竞争的条件下可以使综合素质最高的人脱颖而出，从而实现人尽其才。此外，通过竞技，可以根据岗位所需，定向地进行人才筛选，尽快使企业或者政府部门获得对口人才，从而节省考察时间和社会资源。

虽然"伯乐相马"的典故也说明了"相马"所存在的优势，但是在科技高度发达、专业精细划分的现代社会，选拔人才的方式显然不可同日而语。

由此可见，对人才的选拔不仅要慧眼识珠，更要通过专业技能的较量，有效地进行人才选拔，让"真人才"脱颖而出。

2000 年 10 月（幼儿园）

根据下面一则材料，写一篇不少于 500 字的议论文，题目自拟。

有人问一位诺贝尔奖奖金获得者："您在哪所大学学到了您认为是最主要的一些东西？"出人意料，这位学者回答说是在幼儿园，他说："把自己的东西分一半给小伙伴们，不是自己的东西不要拿，东西要放整齐，做错事要表示歉意，要仔细观察大自然。从根本上说，我学到的全部东西就是这些。"

审题立意

该年真题为故事类型材料，题干的结果是好的，故审题方向是应该向该学者学习。题干中学者的行为是多个事件，我们应寻找多个事件的共性。小事、分享、细节等作为关键词都不够全面，因为无法涵盖"仔细观察大自然"这一行为。最理想的中心词是：习惯。大家可以基于这一中心拟定题目。

参考范文

好的习惯影响人生

"把自己的东西分一半给小伙伴们，不是自己的东西不要拿，东西要放整齐，做错事要表示歉意，要仔细观察大自然。从根本上说，我学到的全部东西就是这些。"这位诺贝尔奖奖金获得者的话引发了人们对好习惯的思考。习惯是一种长期形成的行为方式，对人的一生有着至关重要的影响。好的习惯可以塑造人的品格，帮助人实现自我价值，而坏的习惯则会阻碍人的成长和发展。

首先，好的习惯可以帮助人塑造良好的品格。品格是指一个人的性格、行为和思想等方面所形成的总和，它代表着一个人的品质和道德水平。好习惯能够使人形成正义、勇敢、诚实、宽容等美德，这些美德构成了一个人的品格。例如，习惯于尊重他人的观点和意见可以使人成为一个懂得包容和尊重他人的人；习惯于勤劳和努力可以使人成为一个不断追求进步的人。因此，养成好的习惯对于塑造一个人的品格具有重要意义。

其次，好的习惯能够帮助人实现自我价值。评价一个人的自我价值是指对个体自身能力、价值和贡献的评估。好的习惯可以帮助人充分发挥自己的能力，提升自身的价值。例如，习惯于思考问题和积极学习可以使人具有更加丰富的知识储备和更好的思维能力；习惯于与他人合作和交流可以使人具有更好的沟通和协作能力。这些能力的提升将帮助人更好地实现自我价值，同时也将促进个体的发展和进步。

最后，坏的习惯将会阻碍人的成长和发展。坏习惯通常是由于人们在生活中的不良行为方式和思维方式所形成的，如贪图享受、懒惰、自私等。这些不良习惯可能会导致个体的能力下降，自我价值的丧失，甚至会对人的身心健康造成不良影响。

综上所述，好的习惯影响人生，我们应注重好习惯的培养。

1999 年 10 月（领导者素质）

以"小议企业领导者的素质"为题，写一篇 500 字左右的议论文。

审题立意

本题为命题作文，故题目就是"小议企业领导者的素质"。尽管不需要拟定题目，但还是不能省略审题的过程，因为需要在行文中表达出自己的观点。该年真题可以从两个角度展开。第一个角度是论证某一种领导者素质的重要性，另一个角度是论证领导者素质这一整体的重要性，也就是论证高素质领导者的重要性。更建议大家选择第二个角度分析。

参考范文

小议企业领导者的素质

作为现代社会中各种组织的核心，领导者的素质对于组织的成功和发展具有重要的影响。高素质的领导者不仅具有强大的影响力，而且能够在团队内部建立良好的沟通、协作和信任关系，从而提高团队的凝聚力和协作效率，达成共同的目标。

首先，高素质的领导者能够更好地激发团队成员的工作热情和动力。他们能够以身作则，树立良好的榜样，让团队成员更加信任和尊重他们。同时，高素质的领导者能够准确地判断团队成员的能力和潜力，因此可以更好地激励他们发挥个人优势，实现个人和团队的共同发展。

其次，高素质的领导者能够更好地理解和倾听团队成员的意见和建议。他们能够主动与团队成员沟通，了解他们的需求和想法，并根据实际情况灵活地调整团队策略和决策。这种有效的沟通和倾听机制可以增强团队的凝聚力和信任度，从而提高团队的工作效率，取得良好的工作成果。

最后，高素质的领导者能够更好地应对复杂的工作环境和挑战。他们具有极强的决策能力和分析能力，能够全面地考虑各种因素，并做出明智的决策。他们还能灵活地应对各种意外事件和突发情况，及时调整和优化团队工作计划，确保团队能够有效地应对各种工作挑战和变化。

综上所述，高素质的领导者对于组织的成功和发展具有重要的影响。因此，我们应该重视领导者的素质培养，提高领导者的素质水平，助力组织更好地实现自身的发展目标。

1998年10月（下棋）

用下面的一段话作为一篇议论文的开头，接下去写完一篇立论与它观点一致的议论文。字数要求500字左右，题目自拟。

投下一着好棋，有时可以取得全盘的主动。但是，光凭一着好棋，并不能说有把握最后胜利，还必须看以后的每着棋下得好不好。

审题立意

该年真题的审题方向较简单，即：要下好每步棋。需要注意的是，材料在讨论棋的问题，但我们在行文中不要一直讨论棋的问题，而是要合理引申到更有价值的主体。同时还需要注意，该年真题的题干中明确要求要把题干作为开头，故行文过程中不需要重新拟定开头。

参考范文

下好每一着棋

在围棋比赛中，每一着棋都至关重要。一个小小的失误可能会导致全盘崩盘，一着精妙的好棋则可以扭转败局。投下一着好棋，可以取得全盘的主动，但是，光凭一着好棋，并不能说有把握最后胜利，还必须看以后的每着棋下得好不好。同样，在人生道路上，每一步的选择和决策都至关重要。每一步都可能是人生道路中的关键转折点，决定着未来的方向和归宿。

生活中的每一个选择都可以看作是一着棋。无论是选择职业、选择朋友、还是选择投资，都需要谨慎考虑，以免犯下错误。一次糟糕的选择可能导致一系列不好的后果，甚至改变整个人生的轨迹。而一次明智的选择则可以为未来奠定基础，推动人生向更好的方向发展。

当我们面对重要的决策时，需要思考每一步的长远影响，仔细权衡利弊。我们不能只关注眼前的利益，而忽视后续可能带来的风险和损失。同时，我们也不能过于谨慎，而犹豫不决，错失机会。我们需要把握好度，找到平衡点，决策时既要有冒险精神，又要有风险控制的意识。

与围棋比赛类似，人生道路也充满了未知和变数。有时我们可能会遭遇不可预测的挑战和困难，这时我们需要及时调整策略，寻找突破口。有时我们可能会遇到机会和挑战并存的时刻，需要我们灵活应对，勇于拥抱变化。只有不断思考、不断尝试，才能在人生的道路上走得更远。

综上所述，每一着棋都需要我们集中注意力和思考，每一步选择和决策也需要我们认真对待和深思熟虑。只有当我们下好每一着棋，做出明智的选择和决策，才能在人生的道路上走得更远、更稳健、更成功。

【乃心老师小贴士】该年考试的字数要求为500字左右，但为了提高该年真题的参考价值，该范文是按照700字左右的字数要求展开的。

1997 年 10 月（格言）

以你最喜欢的一句格言，写一篇 500 字左右的议论文。

📖 审题立意

该年真题的审题方向极为灵活。大家可以任选一句与自己擅长的话题相关的格言，并展开论证。

📖 参考范文

行动胜于言辞

"行动胜于言辞"是一句被广泛引用的格言，它告诉我们，实际行动比口头承诺更有价值。在当今这个讲究效率、竞争激烈的社会里，这句话更是被人们所推崇和实践。

首先，我们可以从"行动胜于言辞"的实际意义来解释这句格言的内涵。言辞可以是虚假的或者没有行动力的，而行动才能真正改变事物和实现目标。假如我们只是口头承诺，却不付诸实际行动，那么我们所说的话语就只是一个空洞的形式，没有任何实际意义。而只有通过实际行动，我们才能够真正地实现自己的目标和愿望，也让别人看到我们的才华和价值。

其次，行动也是建立信任的关键。在人际关系中，通过实际行动，我们才能够更好地赢得别人的信任和尊重。如果我们只是口头承诺，却不付诸实际行动，那么我们的诚信度就会被人质疑。相反，只有通过实际行动，我们才能够让别人看到我们的能力和诚信，从而建立起良好的声誉和稳固的人际关系。

最后，这句格言还告诉我们，成功需要不断地付出努力和坚持。"光说不练假把式"，话说得再好听不付诸行动也没有意义。只有通过实际行动，不断探索和尝试，我们才能不断提高自己的能力和实现更高的目标。

总之，"行动胜于言辞"这句格言具有很深刻的内涵和实践价值，我们应该注重实际行动，不断探索和尝试，以达到自我价值和梦想的实现。

经济类综合能力考试论说文真题

2023 年经济类（社会事务的处理）

一种社会事务，往往涉及诸多因素（如春运涉及交通设施、气候条件、民俗文化、经济环境、科学技术等），所以要依赖诸多部门的通力合作才能处理好。

📖 审题立意

该年真题的审题难度较低。材料要达成的目的是处理好社会事务，提供的方法是依赖诸多部门的通力合作。故审题方向为"依赖诸多部门的通力合作有利于处理好社会事务"。大家可以在这一审题方向的基础上拟定题目。本题的参考题目：合作有利于处理社会事务；处理社会事务需要通力合作。

📖 参考范文

处理社会事务需要通力合作

在当今社会，社会事务的处理常常涉及多个方面，仅凭某一方的力量和资源来解决，效果往往不尽人意。而通力合作则可以让不同方面的人员和机构共同合作，充分利用各自的资源和优势，以达到更好地处理社会事务的效果。

首先，通力合作可以加强资源整合。不同的人员和机构拥有不同的资源和优势，通力合作可以让这些资源和优势得到更好的整合和利用。比如，在处理某个社会问题时，政府、企业、非营利组织可以通力合作，政府提供资金和政策支持，企业提供技术和设备支持，非营利组织提供社会服务和人力支持。这样，各方面的资源和优势得到了充分利用，可以更好地解决社会问题。

其次，通力合作可以提高工作效率。通力合作可以让不同的人员和机构在各自的领域内发挥最大的作用，以提高整个工作的效率。比如，在处理突发火灾时，警察、医生和消防员等各部门人员可以通力合作：警察负责维护治安秩序，医生负责救治伤员，消防员负责扑灭火灾……各方面的工作得到了合理的分工和安排，可以更快速、更有效地应对突发事件。

最后，通力合作可以提高社会凝聚力。通力合作可以让不同的人员和机构在共同合作的过程中建立起良好的互信和合作关系，进而提高社会的凝聚力和稳定性。比如，在处理社会矛盾时，政府、企业、非营利组织可以共同合作，通过对话和协商解决矛盾，建立起相互信任和合作的关系。这样，社会凝聚力得到了提高，可以更好地保障社会的稳定性。

综上所述，通力合作是处理社会事务的有效方式，可以加强资源整合、提高工作效率和提高社会凝聚力。诸多部门应该积极进行通力合作，以更好地应对社会事务的问题和挑战。

2022 年经济类（免费乘坐交通工具）

我国不少地方规定老年人可以免费乘坐公共交通工具，这一规定体现了对老年人的关怀。但是这一规定在具体实施过程中出现了一些问题。如在早晚高峰时，老年人免费乘车在一定程度上影响了上班族的通勤；还有，有些老年人也由于各种原因无法享受这一福利。因此，有的地方把老年人免费乘车的福利改为发放津贴。

📖 审题立意

该年真题题干中提供了两种为老年人提供福利的方式，一种是免费乘车，另一种是发放津贴，故该题为择一类型试题，选择哪一种方式展开论证都可以。但更建议大家选择支持发放津贴。因为发放津贴在体现关怀的同时，还能够消除题干中提到的老年人免费乘车的弊端。还有同学选择将两者结合让老年人自由选择，或者提供第三种方案，如果能化解题干中的困境，且论证清楚，也是可以的。

📖 参考范文

参考范文一

老年人免费乘车改为发放津贴，这个可以有

我国不少地方规定，老年人可以免费乘坐公共交通工具。这一规定在体现对老年人的关怀的同时，也出现了不少问题。因此，有的地方把老年人免费乘车的福利改为发放津贴。这一措施既体现了对老年群体的关怀，又缓解了公共交通的压力，值得进一步推广。

将老年人免费乘车改为发放津贴，这么做的好处至少有三点：

一来可以调整老年人的出行习惯。如果将免费乘坐公共交通工具改成发放津贴，老年人乘车时与其他人一样需刷卡付费，老年人出行就会更加理性，"吃个早点买个菜就从城南坐到城北"的现象肯定会大大减少。

二来可以降低早晚高峰期老年人出行的频率。因为过去实施的 70 岁以上老年人可以随时随地免费乘车的政策，让不少老年人在早晚高峰期出门散步，与年轻人在车上争座位，导致许多年轻人无座可坐，甚至从上车一直站到下车。如果将老年人免费乘坐公共交通工具改成发放津贴，选择早晚高峰期出行的老年人就会大大减少，公共交通就不会像现在那么拥挤，座位也不会那么紧张了。这样会大大提高上班族乘坐公交的舒适度和满意度。

三来可以将专项福利变成普惠福利。过去实施的 70 岁以上老年人免费乘车的政策，受益的仅仅是选择公交出行的老年人群体，而那些容易晕车或腿脚不便的老年人则无法享受这一福利。如果将老年人免费乘车改为发放津贴,则这一政策可以实现对同一城市相同年龄群体的全覆盖执行。这样更能体现这一优惠政策的公平性,老年人的福利也可以得到进一步提升,进而达到提升老年人的获得感和幸福感的目的。

综上,老年人免费乘车改为发放津贴,这个可以有。

(改编自《老年人免费乘公交改为发放补贴,这个可以有!》,华声在线,2019 年 01 月 27 日)

参考范文二

发放津贴更可取

"老有所养"一直是我国社会保障制度的基本理念之一,重视对老年人的关怀也是社会文明进步的重要体现。在这个基础上,国内许多地方规定老年人可以免费乘坐公共交通工具。然而,这一规定的实施却存在不少问题,例如,老年人在早晚高峰时段免费乘车会影响上班族的通勤;一些老年人由于种种原因无法享受到这一福利。因此,我认为发放津贴更可取。

首先,老年人免费乘坐公共交通工具给其他市民的出行带来了不便。特别是在早晚高峰时段,本来就有限的公共交通资源被老年人因可以免费乘坐而占用,不仅导致上班族的通勤时间被拖延,还会让车厢拥挤不堪,甚至产生安全隐患。相比之下,老年人在领取到津贴以后,出行会更加理性,降低给其他市民的出行造成不便的可能性。而且这一措施还可以根据老年人的具体出行情况来制定津贴标准,更具灵活性和针对性。

其次,一些老年人由于诸多原因无法享受免费乘坐公共交通工具的福利。比如一些老年人居住在偏远地区,公共交通不便;还有一些老年人因为身体原因无法乘坐公共交通工具。对于这些老年人来说,即便有免费乘坐公共交通工具的规定,实际上也无法享受到这一福利,反而会让他们感到更加失落和无助。相比之下,发放津贴可以根据老年人的实际需求进行分配,不会让一些老年人因为各种原因而失去享受福利的机会,能够真正体现社会福利政策对老年人的关爱和照顾。

最后,发放津贴可以鼓励老年人更加自主地选择出行方式。老年人的身体条件和出行需求各不相同,有些老年人可能更愿意选择步行、骑自行车等出行方式,而不是只乘坐公共交通工具。发放津贴可以让老年人更加自主地选择出行方式,更加符合老年人的实际需求和心理感受。

综上所述,虽然老年人免费乘坐公共交通工具体现了社会福利政策对老年人的关怀,但是发放津贴的方式更可取。

2021 年经济类（食蚁兽）

巴西热带雨林中的食蚁兽在捕食时，使用带黏液的长舌伸进蚁穴捕获白蚁，但不管捕获多少，每次捕食都不超过 3 分钟，然后去寻找下一个目标，从来不摧毁整个蚁穴。而那些没有被食蚁兽捕获的工蚁就会马上修复蚁穴，蚁后也会开始新一轮繁殖，很快产下更多的幼蚁，从而使蚁群继续生存下去。

审题立意

该年真题为寓言故事类型。写作不应仅讨论寓言故事本身，而应引申到合理的话题范围。

题干故事中，食蚁兽并没有摧毁整个蚁穴，而是只取走了它所需的食物。这样，剩余的白蚁得以继续生存和繁殖，为下一轮的食物供应做好准备。同时，工蚁也修复了受损的蚁穴，保障了整个蚁群的生存环境。它们都没有只顾眼前的利弊，而是立足长远。故本题的审题方向为：立足长远有利于可持续发展。大家可以在此方向上拟定题目。

参考范文

立足长远以实现可持续发展

在巴西热带雨林中，食蚁兽的捕食行为给我们一个重要的启示，那就是立足长远是可持续发展的关键。在食蚁兽捕食过程中，它不会摧毁整个蚁穴，只是捕获白蚁，并且每次捕食的时间也不会超过 3 分钟。这种行为既保证了蚁群的生存，也保证了食蚁兽有足够的食物，从而维持着整个生态系统的平衡，实现了可持续发展。类比到人类社会，我们也需要像食蚁兽一样立足长远，注重可持续发展。

首先，立足长远可以帮助我们更好地规划和管理资源。如果我们只考虑眼前利益，盲目开采和滥用资源，那么很可能会造成严重的后果，短期内的经济利益可能会带来长期的环境问题和经济损失。相反，如果我们从长远考虑，就可以更好地规划和管理资源，避免浪费和滥用，从而实现可持续发展。

其次，立足长远有利于维护自身形象。如果人们只追求短期利益，可能会采用不道德和不合法的手段获取利益，这样会损害自身的形象和声誉，从而影响其长远发展。以企业的长远发展为例，通过遵守法律法规、积极履行社会责任、建立良好的社会关系等方式，可以提升企业声誉，树立良好的企业形象，从而实现可持续发展。

最后，立足长远可以推动社会的进步和发展。如果我们只关注眼前的利益，往往会忽视更重要的、需要长期关注的社会问题，比如教育、医疗、公平和正义等等。相反，如果我们从长远考虑，就可以更加重视社会问题，推动社会的进步和发展，从而实现可持续发展。

环境会影响后代的生存和发展。因此，立足长远，注重可持续发展，也是我们应尽的责任和使命。总之，我们应立足长远，以实现可持续发展。

2020 年经济类（退休老人马旭）

阅读下面的文字，根据要求作文。请结合实际写一篇 600 字左右的论说文。

2018 年，武汉一名退休老人向家乡木兰县教育局捐赠 1 000 万元，引起了广泛的关注。这笔巨款是马旭与丈夫一分一毫几十年积攒下来的，他们至今生活简朴，住在一个不起眼的小院里，家里没有一件像样的家具。

马旭于 1932 年出生于黑龙江省木兰县，1947 年参军入伍，在东北军政大学学习半年后，成为解放军第四野战军的一名卫生员，先后参加过解放战争、抗美援朝战争，期间多次立功受奖。20 世纪 60 年代，她被调入空降兵部队，成为一名军医，后来主动要求学习跳伞，成为新中国第一代女空降兵。此后 20 多年里，马旭跳伞多达 140 多次，创下空降女兵跳伞次数最多和年龄最大两项纪录。

如今，马旭的事迹家喻户晓，许多地方邀请她参加各类活动，她大多婉拒。她说："我的一生都是党和部队给的，我只是做了我力所能及的事。只要活着，我们还会继续攒钱捐款，把自己的一切献给党和国家。"

审题立意

该年真题为故事类型。虽然故事的最后没有交代结果，但其明显对于马旭的事迹持肯定的态度。所以我们的审题方向就是去题干中寻找马旭值得称赞的地方，即：无私奉献。

参考范文

我们应践行奉献精神

马旭是一位退休老人，她与丈夫把一分一毫几十年积攒下来的巨款捐赠给了家乡的教育局。这件事情引起了广泛的关注，马旭的事迹也被人们所传颂。她是一个奉献者的典范，她的精神值得我们学习和践行。

奉献精神是一种对社会无私贡献和服务的精神，是一种为了集体和社会利益而放弃个人利益的精神。它是中国传统文化中重要的价值观之一，具有非常重要的历史价值和现实意义。

首先，奉献精神是实现个人价值的必要条件。奉献并不是放弃自己的一切，而是通过将自己的精力、知识、财富和时间投入为社会做贡献的事业中，实现自己的价值。只有在实现社会价值的过程中，个人才能获得更高的自我价值和满足感，从而获得更加充实和有意义的人生。

其次，奉献精神是社会进步的必要条件。一个社会的进步不仅取决于科技进步和经济发展，更取决于人们对社会责任的承担和对公共利益的认识。只有人们愿意为社会公共利益做出奉献，才能形成良好的社会氛围，推动社会不断向前发展。

最后，奉献精神是国家繁荣的重要条件。强大的国家需要大量的人民为之奉献，只有当一代代具有奉献精神的人民将国家和民族利益放在首要位置，并做出不懈的努力，才能实现国家的发展和繁荣。

总之，奉献精神是一个国家和社会的重要价值观念，它不仅有助于实现个人的价值和充实的人生，也有助于社会进步和国家繁荣。我们应该践行奉献精神，从个人行动做起，积极投身到为人民、为社会、为国家做贡献的事业中去，为创造更加美好的未来而努力。

2019年经济类（毛毛虫实验）

阅读下面的材料，并据此写一篇不少于600字的论说文，题目自拟。

法国科学家约翰·法伯曾做过一个著名的"毛毛虫实验"。这种毛毛虫有一种"跟随者"的习性，总是盲目地跟着前面的毛毛虫走。法伯把若干个毛毛虫放在一只花盆的边缘上，首尾相接，围成一圈。他在花盆周围不远的地方，撒了一些毛毛虫喜欢吃的松叶。毛毛虫开始一个跟一个，绕着花盆，一圈又一圈地走。一个小时过去了，一天过去了，毛毛虫们还在不停地、固执地团团转。一连走了七天七夜，终因饥饿和筋疲力尽而死去。这其中，只要有任何一只毛毛虫稍稍与众不同，便立刻会吃到食物，改变命运。

审题立意

材料中毛毛虫的结局是因饥饿和筋疲力尽而死去，显然我们的审题方向是应该避免毛毛虫的行为。究其根本，是盲目跟随导致毛毛虫最终衰竭而死，所以我们的审题方向可进一步确定为避免盲目跟随。大家应基于这个方向进行拟题。

参考范文

参考范文一

我们应拒绝盲从

法国科学家约翰·法伯的"毛毛虫实验"向我们展示了一种让人惋惜的场景：一群毛毛虫在花盆周围不停地转圈，直到因饥饿而死亡，只因它们不愿意摆脱自己的惯性思维。这个实验不仅让我们认识到毛毛虫的"跟随者"习性，也提醒我们应拒绝盲从，应秉持独立思考的精神，以更加理性和客观的态度来看待事物。

首先，盲从可能导致我们思想贫乏和缺乏特性。当我们总是盲从他人的意见和观点时，我们可能会失去自己的思考方式和独特的个性特点。此外，盲从也容易让我们成为他人的傀儡，失去自己的判断力。因此，我们应该保持一定的独立思考能力，对他人的观点进行理性评估，然后自主地做出决策。

其次，盲从也可能限制我们的创新能力。创新需要我们拥有独立思考的能力，在一个高度竞争的社会中，创新能力是非常重要的，而盲从会使我们的思想变得僵化，使我们失去独立思考的能力，阻碍我们创新能力的发展。如果我们一味跟从他人的思路，那么我们就会失去探索未知领域的机会，无法在新领域中进行尝试和实践，并发掘新的想法。

最后，盲从还可能让我们失去自由。如果我们一味跟从他人的脚步，我们的思想和行为将不再是自由的，而是被他人控制的。我们的选择将受到限制，我们的自由将受到剥夺。因此，我们应该学会独立思考，掌握自己的命运，做出自己的决策，并对自己的决策负责。

总之，我们应该拒绝盲从，保持独立思考的精神。在信息和思想的冲击中，我们应该保持一颗开放、包容的心态，但也应该在思考和判断的过程中保持清醒和理智。只有这样，我们才能拥有真正的自由、独立和创新精神。

参考范文二

拒绝盲从

毛毛虫"跟随者"的特性使得自己无法跳出他人的轨迹，只能一味顺着既定路线转圈，最终导致了悲剧的发生。这启示我们应该拒绝盲从，学会聆听自己内心的声音。

一味盲从，不利于我们形成独立思考的能力。在微博、贴吧等社交平台上，每天都会出现各种热点新闻事件，事件下方不乏各种意见不一的评论，但粉丝众多的"流量大V"所留的评论往往会收获大量的点赞与支持，从而在一定程度上引领舆论的导向，这也导致许多人并未充分了解实际情况便已经旗帜鲜明地"站好了队"。但事件的真实结果往往会出乎人们的意料，随之而来的是"道歉"以及"微博大V"们的形象崩塌。因此，如果未经过思考便盲目采纳他人的意见，久而久之，会使我们如牵线木偶一样，容易受到他人意见的左右，做出非理智的决策，最终失去独立思考的能力。

一味盲从，不利于我们取得收益的最大化。在股票投资领域，有一种现象被称为"羊群效应"，这是指投资者没有一套自己的投资策略，只会跟随他人的投资来操作，在各种策略中摇摆不定。股票市场讲究的是策略以及博弈，具有"羊群效应"特征的投资者，因为盲从他人而无法利用他人的失误采取逆向投资的策略，往往只能获得市场平均水平的收益，甚至有可能在他人判断失误时一并遭受损失，最终无法获得最大化的收益。

拒绝盲从，有利于激发我们的潜力，提升创新能力。华为在众多手机公司采用国外先进操作系统与软件生态的时候没有选择盲从，而是潜心研发属于自己的一套生态体系，最终成为世界顶尖的创新科技公司。遇事不盲从，优先独立地思考出解决方案，能够更好地发挥我们的主观能动性，开拓思维，极大程度地提升创新能力。

需要注意的是，拒绝盲从并不代表凡事都特立独行，与他人格格不入，也不意味着不接受他人的建议。拒绝盲从指的是一种遇事先学会独立思考的习惯，在充分了解事态全貌的基础上，可以有选择地听取他人的良言益语，最终做出正确的决策。

拒绝盲从，学会独立思考，未来的天空一定会更加开阔。

参考范文三

我们应拒绝盲从

在法国科学家的实验中，盲目跟随前面的毛毛虫在花盆边缘绕着圈走的毛毛虫最终无一逃过因饥饿和力竭而死去的命运，尽管在花盆不远处就放着食物。这个实验让我们看到了拒绝盲从的重要性。

首先，盲从代表的是一种盲目跟随他人，缺乏独立思考、判断的行为和选择。生活中，许多人会基于怕冒风险、怕担责任、不想自己思考等原因而选择盲目跟随他人，以此来获得某种程度上的心理安全感。但随着经济社会的不断发展以及对人个性化思维、批判性思考能力的不断重视，习惯于盲从的人不得不面对机会缺失、竞争力降低、个人能力得不到锻炼等问题。

其次，盲目跟随他人就默认把选择的权利交予了他人。人与人之间做出任何行为的动机在很大程度上都会存在一定差异。"甲之蜜糖，乙之砒霜。"一个人做出的选择并不等于所有人的最优解，如果选择正确，那么盲从者从中获益的多少有待考量；一旦选择失误，盲从者付出的代价却未必居于人后。无论面对哪种结果，盲从者都可能心怀愤懑却无可奈何。

而当我们拒绝盲从时，能够基于自身实际情况，具体问题具体分析，那么无疑就掌握了做出选择的主动权。一方面，求新求变有时候可能会有意外的收获，尤其是在面对一些僵局、死局等困难的情况下，行动往往比坐以待毙要拥有更多机会；另一方面，即使方法不奏效或失败了，也能让决策者，即我们自身获得宝贵的经验，为下一次的尝试增加成功的可能性。

基于以上考量，我们应拒绝盲从。

2018年经济类（教授穿金戴银）

阅读下面的材料，并据此写一篇不少于600字的论说文，题目自拟。

近期有报道称，某教授颇喜穿金戴银，全身上下都是世界名牌，一块手表价值几十万，所有的衣服和鞋子都是专门定制的，价格不菲。他认为对"好东西"的喜爱没啥好掩饰的。"以前很多大学教授都很邋遢，有些人甚至几个月都不洗澡，现在时代变了，大学教授应多注意个人形象，不能太邋遢了。"

审题立意

本题主要是对教授的行为和观点发表看法。材料中教授并没有违反规则，也没有对他人或社会造成不良影响。故我们可以不倡导这样的行为，但是也不应批判。建议审题方向是包容教授的选择。

参考范文

参考范文一

穿金戴银又何妨

最近，有报道称某教授穿着名牌，戴着金银首饰，甚至其手表的价值都能高达几十万。这一消息引起了不少人的质疑，认为教授应该保持低调，不应该过于张扬自己的财富和地位。然而，我们应该重新审视这个问题，不要把对名牌和金银首饰的追求视为一件可耻的事情，而应该理性看待这种现象。

首先，一个人喜欢穿金戴银并不一定代表其为虚荣的人。对美好事物的追求是人之常情，欣赏高质量、高品质的东西并不能被定义为虚荣。许多人购置舒适的住房、享用美味的食物、获取优质的教育资源和医疗服务等等，这些都是对生活品质的追求，与穿戴名牌并无二致。就像欣赏艺术品和购买高档家电一样，人们也可以欣赏和购买高品质的服装和珠宝饰品。

其次，一个人喜欢穿戴名牌并不一定代表其为浪费金钱的人。在现代社会，名牌产品的价格确实很高，但是大部分人对于这些品牌的价格也有着一定的误解。不同的品牌针对不同的市场和消费人群，有着不同的价格定位是无可非议的，而且产品的价格也取决于其内在价值和品质，因此不能简单地将购买价格高昂的名牌产品归结为"浪费金钱"。此外，很多人在购买名牌时也有自己的节约方法，比如选择二手商品、使用优惠券、在打折季购买等等，这也是一种节约金钱的方式。

最后，一个人穿戴什么样的服装和首饰并不应该成为其是否适合从事某一职业的评价标准。事实上，人们对于个人形象的认可已经不再局限于传统的"端庄稳重"的标准，越来越多的人注重个性化和时尚化的穿着。对于大学教授来说，他们的职业要求并不在于他们是否穿着名牌，而在于他们的学识和教学能力。因此，教授是否穿着名牌和他们的学术能力并无关系。

综上，穿金戴银并不是什么大问题。虽然一些人认为这种行为有些浮华，甚至是道德上的问题，但我认为这只是一种个人选择。每个人都有权决定自己的消费方式，只要不触犯道德底线，其选择就应该得到尊重。

参考范文二

穿金戴银无须过分苛责

随着经济与社会的不断发展与进步，部分教授穿金戴银的现象引发公众热议。但是，只要是通过合理、合法的手段获得的好东西，不必加以掩饰，我们也无须对此戴着有色眼镜看待和过分苛责。

教授穿金戴银引发热议，究其根源，不过是人们自古以来对于"书生"有着清苦贫寒的刻板印象。中华人民共和国成立后，条件虽然艰苦，却培养了一批又一批的人才。提起读书人、学者，在人们脑海中都浮现出潜心钻研、安贫乐道的形象。此外，出于"勤俭节约是中华民族传统美德"的道德约束，穿戴奢靡自然被认为不符合人们对教授的印象。

教授穿金戴银的现象缘何产生？教授有经济能力穿金戴银，恰恰反映了不仅其基本的生理需求得到了满足，还有能力追求更高层次的需求。近些年，国家越来越重视教育，百年大计，教育为本，教授的待遇也相应地得到提升。而教授穿金戴银从某方面来讲，恰恰是学术界良性发展的反映，是社会愈发重视学术的体现。

部分教授穿金戴银的现象对于个人和整个学术界都有积极的作用。从个人角度来讲，穿金戴银是教授个人努力的成果，可以激励其他人更加努力地进行学术研究，以提升自身的物质生活水平。从社会层面上讲，如果整个学术界都可以得到正向反馈，则有利于营造良好的学术氛围。

然而，部分人仍担心穿金戴银会助长奢靡之风，不利于教授树立良好的形象。这种看法是片面的。一方面，这些收入如果都是教授通过自身努力合法取得的，那么本人可以自由支配，社会公众无须过多苛责；另一方面，之所以会有人质疑这种现象，是因为教授的收入不透明化，造成了社会公众的信息不对称。因此，我们应当将教授的薪酬机制细节化、公开化，在加强社会对教授这一群体薪酬体系监督的同时，也有助于解除大众对教授收入的质疑。

综上，教授穿金戴银本不是一件错事，更无须过分苛责。我们社会应秉持包容之心并完善相关的机制，从而使教授这一群体可以更自由地追求高品质生活。

2017 年经济类（穷人福利）

阅读下面的材料，以"是否应该对穷人提供福利？"为题，写一篇不少于 600 字的论说文。

国家是否应该对穷人提供福利存在较大的争论。反对者认为：贪婪、自私、懒惰是人的本性。如果有福利，人人都想获取。贫穷在大多数情况下是懒惰造成的。为穷人提供福利相当于把努力工作的人的财富转移给了懒惰的人。因此，穷人不应该享受福利。

支持者则认为：如果没有社会福利，则穷人没有收入，就会造成社会动荡，社会犯罪率会上升，相关的合理支出也会增多，其造成的危害可能大于提供社会福利的成本，最终也会影响努力工作的人的利益。因此，为穷人提供社会福利能够稳定社会秩序，应该为穷人提供福利。

审题立意

该年真题为命题作文，故题目不可以自拟。但需要注意的是，尽管题目不需要重新拟定，但还是要审题，在行文中交代明确的观点。本题很明显是一道择一类试题，由于当前社会主流的做法是为穷人提供福利，故更建议大家选择没有争议的方向，即要为穷人提供福利。

参考范文

参考范文一

是否应该对穷人提供福利？

国家是否应该为穷人提供福利是一个备受争议的话题。有些人认为，为穷人提供福利将助长懒惰和贪婪的风气；而还有人则认为，福利对于穷人是必需品，因为他们没有足够的收入来维持自己的生活，且通过向穷人提供福利还可以稳定社会秩序。在我看来，国家应该为穷人提供福利。

首先，由于各种原因，穷人通常没有足够的收入来支持自己的医疗费用、住房费用，甚至是食品费用。在这种情况下，福利对于穷人来说是必要的，因为他们需要这些资源来维持基本生存，摆脱饥饿和疾病，从而使他们更容易融入社会。此外，福利可以包括提供培训和教育，以帮助穷人提高技能和知识水平，从而有更好的就业机会。

其次，对穷人提供福利可以起到稳定社会秩序的作用。如果没有福利，穷人将很难维持其生计，从而可能会使社会陷入动荡的境地。这不仅会对穷人自己造成伤害，还会对整个社会造成危害。因此，提供福利可以减少犯罪率，增加社会稳定性，这对整个社会来说是有益的。

再者，对穷人提供福利可以促进社会经济增长。穷人通常很难获得良好的教育和工作机会，这会使得他们难以发挥潜在的才能为社会做出贡献。然而，通过提供的福利，他们可以获得必要的支持，以此提高他们的受教育水平，帮助他们获得更多就业机会，从而增加他们的收入，激发社会的经济活力，促进社会的经济增长。

最后，反对者认为提供福利会助长懒惰和贪婪的风气，这是不正确的。事实上，大多数穷人都想通过自己的努力改善自己的生活状况，他们只是没有机会或资源来实现这一目标。提供福利并不会让穷人变得懒惰或贪婪，而是为他们提供了一个更好的起点，使他们能够以更好的状态来面对生活。

综上所述，国家应该为穷人提供福利。

参考范文二

是否应该对穷人提供福利？

尽管当下我国经济崛起，但不断扩大的贫富差距问题逐渐受到人们关注，而是否应该为穷人提供福利更是颇受争议。我认为，国家应当为穷人提供福利。

"授人以鱼，不如授人以渔"，考虑到人性的懒惰、贪婪，简单的现金补助无法从根本上解决问题。这里所说的"福利"不仅仅是简单的现金补助，更是一揽子综合福利计划，如职业培训、定向就业政策、思想引导等。

首先，对穷人提供福利有利于稳定社会秩序，促进社会和谐。马太效应表明了这样一种社会现象：凡是有的，还要给他，使他富足；但凡没有的，连他所有的，也要夺去。这使得贫者越贫，富者越富。如果能通过社会再分配对穷人提供福利，有利于缓解这一困境，稳定社会秩序，促进社会和谐。

其次，为穷人提供福利能够提升他们工作的积极性，有利于其从根本上摆脱贫困，从而缩小贫富差距。"仓廪实而知礼节，衣食足而知荣辱"，接受福利后，穷人的基本生存需求可以得到满足，努力工作提高生活品质也就成了他们的下一步目标。同时提供的职业培训福利也能不断提高他们的就业能力，增加就业成功的可能，使其拥有稳定的收入，让他们彻底摆脱贫困，从而不断缩小贫富差距，更有利于我国社会公平的实现。

最后，倘若不为穷人提供福利，很有可能会造成社会动荡。如果穷人没有收入，为了维持生计，有些人会选择偷盗、抢劫等违法犯罪行为，社会犯罪率会大大提高，其造成的危害可能大于提供社会福利的成本。此外，如果没有正确的思想引导，穷人们很容易产生"仇富"的情绪，从而使社会价值观产生扭曲，动摇社会秩序的稳定。

综上所述，为了促进社会稳定和可持续发展，国家应当为穷人提供福利。

参考范文三

是否应该对穷人提供福利？

随着经济水平的不断提高，我国的贫富差距也在不断扩大。针对国家是否应该为穷人提供福利这一问题，也引起了较大的争议。在我看来，国家应该为穷人提供福利。

国家提供的福利，并不完全是经济上的支持。"授人以鱼，不如授人以渔"，在引导穷人脱贫的过程中，除了要给予一定的经济支持外，更重要的是要推动贫困地区的产业发展，为穷人提供相关的就业保障政策。这种制度上的福利往往比经济上的福利更重要，它可以真正地让穷人摆脱"穷"的现状。

　　国家为穷人提供福利，源于稳定社会秩序的需要。如果不能满足穷人生活的基本保障，不能让他们吃饱、穿暖，势必引起社会矛盾的激化。穷人为了让自己生活下去，就可能违法犯罪，威胁努力工作的人的生命财产安全，引起社会的动荡。政府为了减少违法犯罪、缓解社会动荡和稳定社会秩序，就要付出更多的人力、物力成本。因此，为稳定社会秩序，国家应该为穷人提供福利。

　　有人认为，国家为穷人提供福利，就是把努力工作的人的财富转移给懒惰的人，这种观点是片面的。有很大一部分人的贫穷并不是懒惰导致的，贫穷的原因除了考量其主观上是否努力外，还需要考虑很多的其他因素。如一个人受教育程度低，不具有劳动能力，甚至其所在地的经济发展程度差等，都可能导致一个人处于贫穷状态。对于这些不是由懒惰导致贫穷的人，我们应该给他们提供福利，促进他们自身的发展。

　　综上所述，国家应该为穷人提供福利。只有为穷人提供福利，才能更好地实现社会的均衡进步与全面发展。

2016年经济类（延迟退休）

阅读下面的材料，以"延长退休年龄之我见"为题，写一篇不少于600字的论说文。

自从国家拟推出延迟退休政策以来，就受到了社会各界的广泛关注，同时也引起激烈的争论。为什么要延长退休年龄？

赞成者说，如果不延长退休年龄，养老金就会出现巨大缺口；另外，中国已经步入老年社会，如果不延长退休年龄，就会出现劳动力紧缺的现象。

反对者说，延长退休年龄就是剥夺劳动者应该享受的退休福利，退休年龄的延长意味着领取养老金时间的缩短；另外，退休年龄的延长也会给年轻人就业造成巨大压力。

审题立意

该年真题为命题作文，故题目不可以自拟。但需要注意的是，尽管题目不需要重新拟定，但还是要审题，在行文中交代明确的观点。本题很明显是一道择一类试题，由于当前社会主流的做法是支持延迟退休，故更建议大家选择没有争议的方向，即要支持延迟退休。

参考范文

参考范文一

延长退休年龄之我见

近年来，关于延长退休年龄的争议不断，无论是赞成还是反对，都有其道理。作为一个中立的观察者，我认为，延长退休年龄不仅有利于个人，也有利于国家和社会的长远发展。

首先，延长退休年龄可以让老年人继续为社会做贡献。随着医学技术的进步和生活水平的提高，现代人的健康状况和寿命都得到了大幅提升。这意味着，人们可以更长时间地保持工作能力，而要求老年人一到目前规定的年龄就立刻退出劳动力市场，显然有些跟不上时代的发展。对于个人来说，继续工作可以增加收入，丰富人生经验，维持社交关系，让晚年生活更加有意义。对于国家和社会来说，延长退休年龄可以充分利用老年人的经验和知识，提高生产效率，减轻财政压力，推动社会进步。

其次，延长退休年龄不一定意味着退休福利的减少。政府可以通过多种方式来保障老年人的福利权益，如提高养老金发放比例、加强社会保障、完善医疗保障制度等。同时，延长退休年龄也不是一蹴而就的过程，可以逐步推进，给个人和社会充分的适应时间。

当然，对于延长退休年龄，反对者的担忧也是可以理解的。他们认为，延长退休年龄会给年轻人就业造成巨大压力，而且也不能保证老年人在工作中能够保持高效率和积极性。但是，如果我们把就业群体看作一个整体，那么我们就可以寻求更好的解决方案。比如，政府可以推出一系列鼓励就业的政策，如减税降费、扶持中小微企业、提高技能培训等，来促进年轻人就业；同时，通过加强对老年人的培训，针对其特征，进行合理的职责分工，使他们能更好地适应工作需求，保持工作积极性。

总之，延长退休年龄虽然存在一些问题和困难，但是如果我们以积极的态度去面对和解决这些问题，就可以推动个人、社会和国家的长远发展。

参考范文二

延长退休年龄之我见

在经济下行与人口老龄化的双重压力下，国家拟推出延迟退休政策，这引起了社会的广泛关注。

赞成者认为，延长退休年龄是解决上述问题的有效方式；反对者则认为，这不仅损害了本应退休人群的利益，而且增加了年轻人的就业负担。在我看来，延长退休年龄是一种良性措施，主要理由如下：

第一，延长退休年龄有利于缓解养老金缺口。在人口老龄化的背景下，养老金缺口主要是指养老金基金收不抵支的状况。从收支平衡角度来看，通过延长退休年龄既有利于减少养老金的支出，又增加了养老金的金额。因此，延长退休年龄是解决"缺口"的有效途径。

第二，延长退休年龄有利于激发知识型员工的潜能，实现人力资源的充分利用。现行法定退休年龄较小会造成一个问题，即知识型员工的就业年限使他们的职业生涯周期和人力资本的投入与产出不相匹配，导致人力资源及人力资本被闲置和浪费。通过延长退休年龄这一举措，在一定程度上能使员工的知识能力与职业能力高度匹配，从而最大限度地提高经济效益。

第三，延长退休年龄并不意味着给青年劳动力造成压力，反而会成为一种动力，激励年轻人更加踏实学习，掌握专业技能，不断提高自身素质，成为更具有创造力和竞争力的人才。此外，延长退休年龄留下的熟练劳动者能使资源更快地得到有效利用，在增加国民产出的同时为年轻人创造新的就业机会。

最后，延长退休年龄并不是剥夺劳动者的退休福利。一方面，国家对于延长时限往往是设置在合理范围内，保证劳动者应该享受到的退休福利。另一方面，国家将养老金减少的支出用于经济社会、医疗改革等方面，以便提高人民退休后的幸福指数。

总之，延长退休年龄符合我国经济、财政、人口等各方面的现实状况，更有利于国家发展和人民幸福，因而应延长法定退休年龄。

参考范文三

延长退休年龄之我见

我国经济已由高速增长阶段转向高质量发展阶段，经济结构进入转型期，人口出现负增长，劳动市场对劳动力需求旺盛。同时社会保障制度亟待完善，尤其是养老金方面。对此，延长退休年龄为社会提供了一个有效的解决方案。

延长退休年龄能够适应我国经济的转型升级。延长退休年龄能为社会提供更多劳动力，有效缓解劳动力紧缺的现象，从而支撑经济平稳过渡。同时，由于退休的延迟，部分传统岗位的供应量减少，这能够激励刚步入职场的年轻人自主创业，尝试新兴职业，这恰恰适应了当下社会的变革与转型的新趋势。

延长退休年龄能够推动社会保障制度的完善。延长退休年龄能够减轻我国养老金发放的压力，由于原先本应领取养老金的人继续参与工作，在减少领取养老金人数的同时，能继续为养老金提供资金来源，为完善社会保障制度提供了更宽裕的时间。

当然，有人肯定会对此提出异议。很多人会认为延长退休年龄是剥夺了劳动者的福利，然而退休年龄的延长虽然看上去使得领取养老金的时间缩短了，但是，相较之前，延迟退休人员可多获得几年工资，有些人未必不愿意这样做；不仅如此，退休年龄的延长也未必会给年轻人造成巨大压力。首先，社会在转型，将会创造出更多新型工作，提供更多的就业岗位。其次，政策的推行，将会让年轻人更有职场竞争意识，使他们更主动地适应社会，提高个人技能，谋求新发展，因此，延迟退休不一定会给年轻人造成巨大压力。

综上所述，延长退休年龄是适应社会发展的大势所趋，对于此项政策的推行，总体前景是乐观的，只要在政策的具体推行中，注重个人的具体需求，拒绝"一刀切"地延长退休年龄，延迟退休将促进经济的转型，推动制度的完善，激励个人的发展。

参考范文四

延长退休年龄之我见

自国家拟推出延迟退休政策以来，争议和讨论一直层出不穷。而我认为，延长退休年龄无论是在社会保障构建，还是在契合社会发展背景等诸多方面，都具有实施的必要性和可行性，综合利弊考虑，值得推行。

延迟退休助力完善社会保障。当前我国已经步入老龄化社会，代际之间人口数量和比例明显不平衡，这使得未来社会保障的资金收入分配存在较大的压力。作为覆盖全国、惠及万家的基本政策，延迟退休是保障未来养老金发放以及社保缴纳费用平稳发展的关键一环。延迟退休能够有效地调整劳动人口和退休人口比例。养老金的充裕，将有力地保障那些已经达到退休年龄的养老公民"老有所依"，也能够使仍在劳动工作的公民"老有所盼"。

延迟退休符合当前的社会发展和分工背景。在我国公民平均寿命延长，医疗体系日渐完善，社会分工逐渐精细化、智能化的背景下，延迟退休既是发展背景所驱，也是提高人才利用效率的有效措施。现代人的个体生活质量、工作方式和环境已经发生较大改变，在人工智能等技术的辅助下，很多工作不再依赖体力，而是需要根据工作经验、行业理解等进行深入思考，这使得即便面临退休，很大一部分人的身体素质和工作能力仍然能够继续工作。延长退休年龄使这部分劳动人群有机会继续在岗位上完成自我价值的"二次发热",同时也调动了各种积极因素,整合社会人力资源,使社会分工更有效、更完善。

诚然,延长退休年龄背后的担忧和反思不无道理。年轻人就业压力、养老年限减短的确都是政策实施后短时间内可能凸显的问题。但国家后续政策的丰富和完善将逐步对新政策落地后可能出现的负面影响有较好的应对和修正。权衡利弊,延长退休年龄政策的优势显而易见,不能因为其可能存在的负面影响就因噎废食,拒绝改革,而应逐渐完善,渐进推行。

基于此,延长退休年龄值得推行。

2015 年经济类（取乎其上）

根据下述材料，写一篇 600 字左右的论说文，题目自拟。

《论语》云："取乎其上，得乎其中；取乎其中，得乎其下；取乎其下，则无所得矣。"

《孙子兵法》云："求其上，得其中；求其中，得其下；求其下，必败。"

审题立意

该年真题为说理类型，两段材料都在鼓励我们要"求其上""做求其上者"。故我们的题目也应该基于此拟定。

参考范文

目标高远，做"求其上者"

无论是《论语》还是《孙子兵法》，都在劝告我们应"取乎其上"，做"求其上者"，也就是告诉我们应目标高远。

首先，做高远目标的人可以获得更多的成就感和满足感。当一个人有远大的抱负，追求更高、更宏伟的目标，就会不断地成长和进步，不断地突破自己，面对挫折时不轻言放弃。当具有这种信念并为目标不懈努力，我们就会有更多的机会获得成功和成就，也会有更多的满足感和幸福感。

其次，做目标高远的人可以拥有更幸福的人生。一个人如果只制定能轻易实现的目标，就很容易对现状产生满足感，导致自己停滞不前，缺乏进取心。只有制定高目标，不断挑战自己的极限，才能激发个人的内在动力。当个人实现了自己的高目标时，会有一种无以言表的成就感和满足感，这种成就感和满足感不仅可以推动个人不断追求更高的目标，还可以增强个人的自信心和自尊心，从而带来更加稳定和幸福的人生。

再次，做目标高远的人可以带来更多的机会和发展。只有拥有更高的目标和更深的追求，我们才能创造接触新的领域和人才的机会，发现新的机会和发展方向。这些机会和发展不仅可以带来更多的成就和满足感，也可以让我们不断地拓展自己的视野和能力，为未来的发展打下更坚实的基础。

最后，做目标高远的人可以影响和启发他人。当我们追求更高的目标和更深的追求时，我们的行动和成就可以成为他人的榜样，激励更多的人加入追求高远目标的行列中。

综上所述，我们应目标高远，做"求其上者"。

2014 年经济类（勇气）

根据下述材料，写一篇 600 字左右的论说文，题目自拟。

我懂得了，勇气不是没有恐惧，而是战胜恐惧。勇者不是感觉不到害怕的人，而是克服自身恐惧的人。

—— 南非前总统纳尔逊·曼德拉

审题立意

该年真题为说理类型，题干中在解释什么是真正的勇气，审题方向较为清晰，可参考题目为：要勇于克服自身恐惧。

参考范文

要勇于克服自身恐惧

勇气是一个人基本的品质之一，它是实现自我价值和追求幸福的必要条件。在生活和工作中，我们经常会遇到各种各样的困难和挑战，而要战胜这些困难和挑战，需要勇气。然而，很多人误解了勇气的含义，认为勇气就是没有恐惧，这是错误的。勇气不是没有恐惧，而是能克服自身恐惧。

为什么要勇于克服自身恐惧呢？

第一，克服恐惧可以让我们更好地成长。恐惧是一种本能的反应，它让我们在面对危险时保持警觉。然而，当恐惧变得过度时，就会阻碍我们的成长和发展。当我们逃避应对挑战时，我们便失去了学习新技能和提高能力的机会。面对日新月异的世界，停留在狭小的舒适区，会使得我们感到越来越不自在。而克服恐惧，会让我们敢于直面困难，走出舒适区，更好地成长。

第二，克服恐惧可以让我们变得更加自信。恐惧和缺乏自信心是密不可分的，因为恐惧会让我们失去自信心，而缺乏自信心又会导致我们更加害怕面对恐惧。勇于克服自身恐惧可以帮助我们建立起自信心。当意识到自己有能力面对困难和挑战，这种自信会让我们更有动力去追求自己的目标，并且更加坚定地走向通往成功的道路。

第三，克服恐惧可以让我们获得更多的机会。当我们克服恐惧时，会变得更加敢于尝试新的事物，不再害怕风险或失败，这样就有更多的机会接触到新的事物、结交新的朋友；不仅如此，克服恐惧还会让我们变得更加开放包容，变得更有魅力和魄力，从而促进我们发现新的机会，并以更积极的态度去面对新鲜的事物。

综上，我们应勇于克服自身的恐惧，收获真正的勇气。

2013 年经济类（尚拙）

根据下述材料，写一篇 600 字左右的论说文，题目自拟。

被誉为清代中兴名臣的曾国藩，其人生哲学很独特，就是"尚拙"，他曾说"天下之至拙，能胜任天下之至巧，拙者自知不如他人，自便会更虚心"。

审题立意

该年真题为说理类型，审题方向较为明显，可参考立意为：做人当"尚拙"。

参考范文

做人当"尚拙"

正如曾国藩所说："天下之至拙，能胜任天下之至巧，拙者自知不如他人，自便会更虚心"。这一人生哲学对我们如今依然有启发意义，提醒我们，做人当"尚拙"。

尚拙，是不断反思自己的缺点，将"笨"变一种优势，以天下之至拙，胜天下之至巧的处世智慧。有时候聪明是捷径，看上去占尽先机，但其实危机重重；笨拙也许显得迟钝，但如果坚韧不拔，将会无比锋利。"笨"人如果具备了死磕到底的精神，反而比聪明人更容易成功。为什么这么说呢？

首先，"尚拙"的人更虚心、更肯付出、更懂坚持。如果一个人总是表现得过于聪明和自信，那么很容易让人觉得傲慢自大，从而产生负面影响。然而，"尚拙"提醒我们要知道自己的能力是有限的，不可能完全掌握所有的事情。只有承认自己的不足，才能够更虚心地接受别人的意见和建议，不断进步。当我们能够拥有谦虚之心，更容易与人为善，避免因傲慢而带来的负面影响。

其次，"尚拙"的人逆商比较高，抗打击能力更强。在实践中，我们难免会犯错，这是一个人不断成长的过程。如果我们只注重成功，而不愿意面对失败，那么我们可能会错失很多机会。但是如果我们"尚拙"，接受自己的错误，不被挫折所击倒，从中学习并不断完善自己，那么我们就能够更好地成长和发展。

最后，"尚拙"的人做事更扎实。"尚拙"的人不懂取巧、不走捷径、遇到问题只知道硬钻过去，所以做事不留死角，基础打得好。相反，那些有小聪明的人不愿意下笨功夫，遇到困难绕着走，基础打得松松垮垮，结果走不远。所以，"笨拙"的人看起来行动缓慢，其实越往后就走得越快。就像盖房子，地基打得牢，房子就盖得高。

综上，做人当"尚拙"。

2012 年经济类（抢购茅台）

中国大陆 500 毫升茅台价格升至 1 200 元，纽约华人聚居区法拉盛，1 000 毫升装的同度数茅台价格为 220 至 230 美元，500 毫升约合 670 元人民币。因海外茅台价格便宜，质量有保证，华人竞相购买，回国送人。

这些年，中国游客在海外抢购"MADE IN CHINA"商品的消息已不是什么新鲜事了。服装、百货、日用品，中国造的东西，去了美国反而更便宜。有媒体报道 Levi's 505 牛仔裤，广东东莞生产，在中国商场的价格是 899 元人民币，在美国的亚马逊网站的价格是 24.42 美元，合人民币 166 元，价格相差 5.4 倍。

（摘自《茅台酒为何在美国更便宜？》，《新京报》，2011 年 1 月 7 日）

审题立意

该年真题的材料给出了一个社会热点，审题过程中我们可以基于这一热点表达自己的态度。建议的审题方向是：理性分析这一现象；抨击这一现象。

参考范文

茅台酒为何在美国更便宜？

近年来，"MADE IN CHINA"的商品在国外的价格比国内便宜的现象备受瞩目，让不少国人对国内商品的价格感到不满，认为这样的做法是"见人下菜碟"。为何茅台酒在国外反而更便宜？这是由多种因素共同导致的。

第一，税负不同。我国鼓励白酒出口，白酒出口退税率大致在 15% 左右，因此茅台酒出口时会有 15% 的退税机制。但是国内为了限制烟、酒等不利于国民健康的消费品的流通，采取了高额的税收加以控制。这会对产品的定价造成一定的影响。

第二，市场定位及供求不同。在国内，茅台酒一直都定位为高端品牌，带有社交属性。除此之外，升值空间大也为茅台酒带来巨大的收藏价值，因此价格也就水涨船高。而在国外，并没有那么多延伸价值，因此价格也就没有上升空间。

第三，消费习惯不一样。国外的消费人群更习惯喝红酒和啤酒，对于白酒的接受度不够。在海外市场，茅台几乎都是华人购买的，因为消费人群少，所以国外市场定价也便宜，如果其需求和国内一样，那么茅台价格将只增不减。

第四，经销商过多。茅台酒之所以贵，其经销模式也是重要原因。茅台酒厂只负责生产酿酒，不负责销售环节，而是把这一环节交给了经销商，在一层又一层的经销商操作下，茅台价格越来越高。

茅台在国外没有这么多经销商，价格自然相对较低。

当然，尽管存在以上客观的因素，但也不能成为茅台等产品价格"外低内高"的托词，也无法排除其"见人下菜碟"的嫌疑。为解决这一矛盾，各方应该通力合作，完善税收制度、经销模式、找准品牌定位及受众群体等，将出口的茅台酒价格调整到和国内一致的水平，这样不但可以有效遏制"回流"，还可以彰显茅台强大的品牌自信力。

综上，我们应理性看待茅台价格"外低内高"的现象，基于问题的根源有针对性地解决问题，不要一味抨击，也不应坐以待毙。

（改编自《出口茅台酒出厂价上涨，与国内一致》，雪球网，2022年1月7日）

2011 年经济类（蚁族）

自 2007 年以来，青年学者廉思组织的课题组对蚁族进行了持续跟踪调查。廉思和他的团队撰写的有关蚁族问题的报告多次得到中央领导的批示和高度重视。在 2008 年、2009 年对北京蚁族进行调查的基础上，课题组今年在蚁族数量较多的北京、上海、广州、武汉、西安、重庆、南京等大城市同时展开调查，历时半年有余，发放问卷 5 000 余份，回收有效问卷 4 807 份，形成了第一份全国范围的蚁族生存报告。此次调查有一些新发现，主要有：随着高校毕业生就业形势的日趋严峻，蚁族的学历层次上升；蚁族向上流动困难，"三十而离"；五成蚁族否认自己属于弱势群体；等等。

（摘自《调查显示：蚁族学历层次上升，五成人否认自己弱势》，《中国青年报》，2010 年 12 月 10 日）

审题立意

该年真题的材料给出了一个社会热点，主要阐述了蚁族这一群体的困境。故审题方向可以为对这一群体予以关注。题目可基于这一方向拟定。

参考范文

蚁族的问题需要全社会的共同关注和解决

随着高校毕业生就业形势的日趋严峻，越来越多的年轻人加入了蚁族的行列。蚁族现象的出现，不仅对蚁族个体自身造成了巨大的生活和心理压力，也反映了社会的某些问题，需要全社会的共同关注和解决。

首先，蚁族的学历层次上升反映了目前的就业形势严峻。由于就业市场上的竞争日益激烈，年轻人为了能够在就业市场中获得一席之地，不得不通过取得更高的学历来增强自身的竞争力。但是，这也给年轻人带来了沉重的经济负担。他们不仅需要支付高昂的学费，还要忍受长时间的学习压力。在这个过程中，一些年轻人被迫成为蚁族，为了能够维持基本的生活开支而在城市里过着拮据的生活。

其次，蚁族向上流动困难也是需要重视的问题。根据调查结果显示，许多蚁族面临晋升困难的问题，甚至有不少人因此选择"三十而离"，放弃在原单位的工作，另谋高就。这些现象的背后，往往是由于蚁族在职场上的人际关系和职业发展机会受到限制。相比于一些背景较为显赫的人，蚁族的成长轨迹和经验都显得不那么亮眼，难以引起公司高层的重视和赏识。此外，蚁族由于年龄和家庭压力等原因，更难以承担起接受职业培训和学习进修的压力，这也给他们的职业发展带来了更大的阻力。

最后，是关于蚁族是否属于弱势群体的问题。尽管廉思等人的调查显示，有五成蚁族否认自己属于弱势群体，但在我看来，这种观点并不完全正确。从整体上来看，蚁族在经济和社会地位上都处于相对较弱势的地位，而且面临的就业、住房、婚姻等问题都比其他群体更为严峻。此外，蚁族也是青年群体中的一部分，与其他青年相比，他们在教育、文化、人际关系等方面面临着很多特殊问题。因此，将蚁族看作弱势群体，从而为他们争取更多的福利和权益，是非常必要的。

综上所述，蚁族问题是当前社会中非常严重的一个问题，需要引起广泛的重视和关注。